电子口岸实务操作与技巧

——通关篇（第二版）

“关务通·电子口岸系列”编委会◎编著

中国海关出版社

图书在版编目（CIP）数据

电子口岸实务操作与技巧．通关篇／“关务通·电子口岸系列”编委会编著．—2版．—北京：中国海关出版社，2014.10
（关务通·电子口岸系列丛书）
ISBN 978-7-5175-0037-7

Ⅰ.①电… Ⅱ.①关… Ⅲ.①电子政务-应用-海关管理-口岸管理-中国 Ⅳ.①F752.5-39

中国版本图书馆CIP数据核字（2014）第226161号

电子口岸实务操作与技巧——通关篇（第二版）

DIANZI KOUAN SHIWU CAOZUO YU JIQIAO——TONGGUAN PIAN (DI ER BAN)

作　　者：“关务通·电子口岸系列”编委会
总 策 划：谭　宁
策划团队：郭　坤　马　超
责任编辑：马　超
助理编辑：郭　坤　王晓艳
责任监制：王岫岩　赵　宇
美术编辑：张　帆
出版发行：中国海关出版社
社　　址：北京市朝阳区东四环南路甲1号　　邮政编码：100023
网　　址：www.hgcbs.com.cn；www.hgbookvip.com
编 辑 部：01065194242-7585（电话）　　01065194234（传真）
发 行 部：01065194221/4238/4246（电话）　　01065194233（传真）
社办书店：01065195616/5127（电话/传真）　　01065194262/63（邮购电话）
印　　刷：北京新华印刷有限公司　　经　　销：新华书店
开　　本：710mm×1000mm　1/16
印　　张：22.75　　字　　数：345千字
版　　次：2014年11月第2版
印　　次：2015年7月第2次印刷
书　　号：ISBN 978-7-5175-0037-7
定　　价：48.00元

【第二版】

“关务通·电子口岸系列”编委会

主　任　肖逢刚
副主任　刘晓平　韩　坚　白建军　王　可
委　员　常世慧　王赞洲　胡　伟　陈志林　刘军辉
　　　　　邢　巍　陈　晞　郑宇峰　梁　明

“关务通·电子口岸系列”统审组

成　员　（按姓氏笔画排序）
　　　　　方晓丽　李　彬　李　静　张　勇　周金萍
　　　　　郝大兵

“关务通·电子口岸系列”编写组

成　员　（按姓氏笔画排序）
　　　　　于春光　王永来　王玲玲　王燕娜　司丽丽
　　　　　朱　彪　朱肖辉　刘　姗　纪光辉　杨　萌
　　　　　杨方雷　李西锋　吴春林　沈　晗　沈丽平
　　　　　张　波　张云芳　胡景利　姜绍真　高　冰
　　　　　彭　雯　路震宇

【第一版】

“关务通·电子口岸系列”编委会

主　任　肖逢刚

副主任　刘晓平　韩　坚　康　川　张彦平　白建军

委　员　常世慧　王赞洲　杨文晖　沈　威　王　可
邢　巍　王明全　郑宇峰　梁　明

“关务通·电子口岸系列”统审组

成　员　（按姓氏笔画排序）

王　雷　王政远　甘黎妍　龙　玄　李新云
沈维嘉　张　波　张润秋　周金萍　郭　宏
胡景利　董　云　傅元良　熊　涛　穆传利

“关务通·电子口岸系列”编写组

成　员　（按姓氏笔画排序）

于春光　马　艳　王永来　王会君　王玲玲
毛　杰　冯　强　刘　兴　刘　姗　纪光辉
吕　斌　任珊珊　朱　彪　朱肖辉　杨　萌
苏恒通　吴春林　沈丽平　张云芳　张文杰
张留培　林丰强　欧廷如　金　毅　赵京波
姜绍真　徐　霖　翁蓓露　高　冰　高　静
彭　雯　舒盛辉　鲁　威　路震宇　腾　静
戴胜敏

第二版前言

“关务通·电子口岸系列”丛书作为面向广大电子口岸用户，为用户工作和学习提供业务指导的官方图书，自2012年首次出版发行以来，已经进行了五次加印，受到社会各界的广泛好评。

党的十八大以来，在全面深化改革的大背景下，进出口领域改革步伐不断加快，党的十八届三中全会明确要求口岸管理相关部门要实现“信息互换、监管互认、执法互助”。海关也正在加快推进上海自贸区监管服务制度创新、京津冀区域通关一体化、国际贸易“单一窗口”建设、关检合作“三个一”等一系列重大业务改革，这一切都为电子口岸建设创造了全新的发展机遇。在此期间，电子口岸根据中央关于口岸管理工作的新要求，紧跟海关一系列业务改革的步伐，对相关系统功能进行了调整优化，并不断深化应用，优化服务，相继开发了两岸海关原产地联网核查系统、香港海关葡萄酒通关征税便利措施网上申报系统等新项目，为加强政府监管、便捷企业通关提供了更加有力的支持。

为了便于电子口岸用户及时了解电子口岸业务及系统操作的变化，中国电子口岸数据中心约请富有一线工作经验的专家，结合当前海关业务改革和电子口岸的最新发展，对“关务通·电子口岸系列”丛书进行了修订，希望能够为电子口岸用户提供具有针对性的通关指导。

《电子口岸实务操作与技巧——通关篇》出版以来，受到社会各界读者的青睐，也收到了诸多热心读者的反馈和建议。本次改版，编者结合当前电子口岸的最新发展成果和企业用户的宝贵意见，对书籍内容进行了精心修订，具体内容如下。

根据目前海关税费电子支付整合系统取代网上支付系统的新情况，删除了第五章“网上支付实务操作与技巧”，原第六章改为第五章，原第七章改为第六章。

对本书原有章节的部分内容进行增加与调整，主要包括第一章“进口付汇实务操作与技巧”增加了“付汇证明联打印”功能；第二章“出口收汇实务操作与技巧”增加了“收汇核销联打印”功能；第十一章“企业管理实务操作与技巧”改为“企业管理（新）实务操作与技巧”，并对整章内容进行了调整和更新。

根据电子口岸集中申报业务的推广应用，增加了集中申报业务的介绍篇幅，原第八章“集中申报实务操作与技巧”改为第七章“一般贸易货物集中申报实务操作与技巧”，增加了第八章“加工贸易货物集中申报实务操作与技巧”，对于一般贸易集中申报和加工贸易集中申报业务分两章分别介绍，并对原有内容进行了适当调整。根据电子口岸公路舱单和运输工具业务的推广应用，增加了第十三章“公路舱单和运输工具实务操作与技巧”，将公路舱单和运输工具相关操作单独作为一章进行介绍。将原第十三章“通关作业无纸化实务操作与技巧”改为第十四章。

根据海关总署令第221号《中华人民共和国海关报关单位注册登记管理规定》，自2014年3月13日起所有从事报关业务的报关员更名为报关人员。至此，2005年3月31日出台的海关总署令第127号《中华人民共和国海关对报关单位注册登记管理规定》，同时废止。报关人员是指报关单位向海关备案，专门负责办理所在单位报关业务的人员。本书在编写过程中，考虑到读者的阅读习惯和业内通俗说法，继续沿用“报关员”这一称呼，其含义等同于“报关人员”。特此说明。

本书第一版由中国电子口岸数据中心深圳数据分中心（以下简称深圳数据分中心）编写，改版工作也由深圳数据分中心负责修改，深圳数据分中心各级领导对本书的编写工作给予了大力支持，提出了很多宝贵的意见，同时中国电子口岸数据中心也提供了技术和业务方面的帮助，在此表示衷心的感谢。

由于时间仓促，相关修订与完善内容难免有所缺漏，还请读者给予批评指正，我们也将再接再厉，更好地满足读者的需要。关务通邮箱：guanwutong @ mail. customs. gov. cn。

编者

2014年7月

第一版前言

电子口岸是经国务院批准，由海关总署会同14个部委共同建设的跨部门、跨地区、跨行业信息平台。它依托国家信息公共网络，将进出口管理流、资金流、货物流集中存放于一个数据库中，实现进出口相关管理部门间与大通关流程相关的数据共享和联网核查，并向进出口企业提供预录入、报关申报、网上支付、出口退税、信息查询等“一站式”服务的集口岸通关执法管理与相关物流商务服务于一体的大通关统一信息平台。截至“十一五”末，中国电子口岸平台已实现与13个国家主要口岸管理部门、15家商业银行，以及香港工贸署、澳门经济局和欧盟委员会税收与关税联盟总司的联网，开发联网应用项目23个，累计入网企业66.4万余家，日均处理单证130多万笔，基本实现了大通关关键环节的联网核查和网上办事。

中国电子口岸数据中心每年会接听60余万个热线咨询电话，主要集中在业务咨询、业务操作、异常问题处理等方面。由此可见，企业迫切需要一套电子口岸方面的教材，以指导其开展日常的进出口业务。为了让广大电子口岸用户更全面、更准确地了解电子口岸，中国电子口岸数据中心特组织编写了“关务通·电子口岸系列”丛书。其作为电子口岸唯一指定的正版官方图书，极具实用性和可读性，相信一定会让读者受益匪浅。

本书按照章节结构分为电子口岸执法系统（浏览器版）和电子口岸预录入系统（电子口岸预录入系统）两大部分，共十三章。其中，电子口岸执法系统共五章，分别介绍进口付汇、出口收汇、进口增值税、出口退税和网上支付5个子系统；电子口岸预录入系统共八章，分别介绍报关申报、转关申报、集中申报、减免税申报、减免税后续管理、企业管理、舱单和运输工具动态申报、通关无纸化改革8个子系统。各章节根据实际需要，包括功能概述、操作流程和注意事项几个部分。

本书作为“关务通·电子口岸系列”丛书中的一本，建议与《电子口岸实用功能》、《电子口岸实务操作与技巧——加贸篇》、《电子口岸疑难解惑400例》配套使用，不仅可以帮助企业全面了解电子口岸的情况，准确操作电子口岸相关业务系统，解决实际难题，而且可供电子口岸工作人员及高校相关专业学生参考。

由于时间仓促，书中难免存在问题，还望读者批评、指正，联系邮箱：guanwutong@mail.customs.gov.cn。

编　者

2012年9月

目 录

电子口岸执法系统（浏览器版）

电子口岸预录入系统

电子口岸执法系统（浏览器版）

电子口岸执法系统（浏览器版）主要向进出口企业和政府部门提供出口收汇、出口退税等联网核查功能，实现海关、外汇局、国税、银行等部门与大通关流程相关的数据共享，通过实行“电子底账+联网核查”的方式，有效遏制走私、逃套汇、骗退税等活动。

第一章　进口付汇实务操作与技巧

中国电子口岸进口付汇系统，汇集了全国海关进口报关单外汇证明联电子的底账数据，是企业、外汇局和外汇银行查询、核查外汇数据的平台。进口付汇系统的存在，确保了对外付汇业务的真实性，有效杜绝了骗汇的不法行为。

第一节　功能概述

进口付汇系统是针对用户进口付汇环节开发的进口报关单联网核查系统。该系统为用户提供报关单进口付汇证明联打印、结关报关单查询及数据综合查询的功能。

第二节　操作流程

一、进入系统

用户登录电子口岸网站，将操作员卡插入读卡器中，输入密码进入系统，如图 1－1 所示。

二、进入“进口付汇”子系统

点击“进口付汇”子系统，如图 1－2 所示。

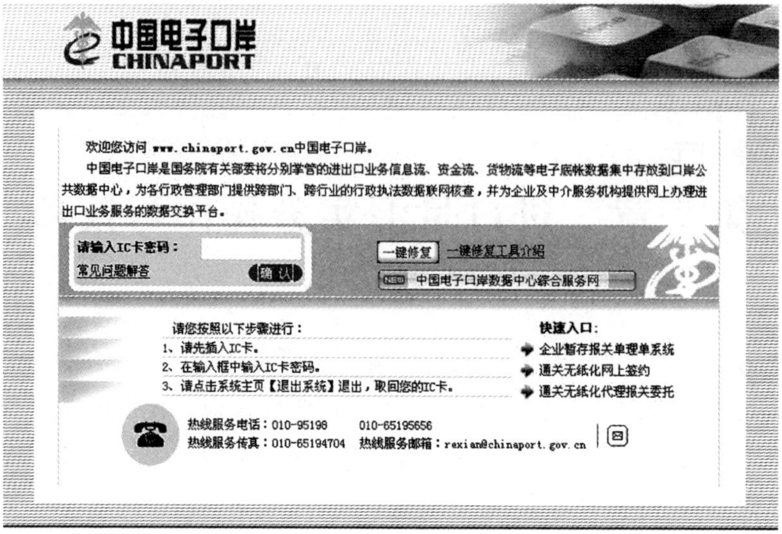

图 1－1

图 1－2

三、报关单付汇证明联打印

用户进入进口付汇系统后，可使用报关单付汇证明联打印功能，打印报关单的付汇证明联，如图 1－3、图 1－4 所示。

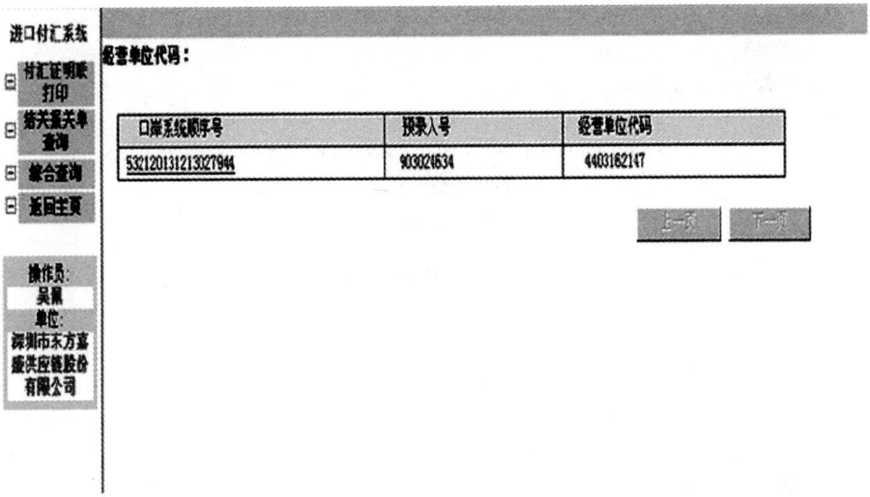

图 1－3

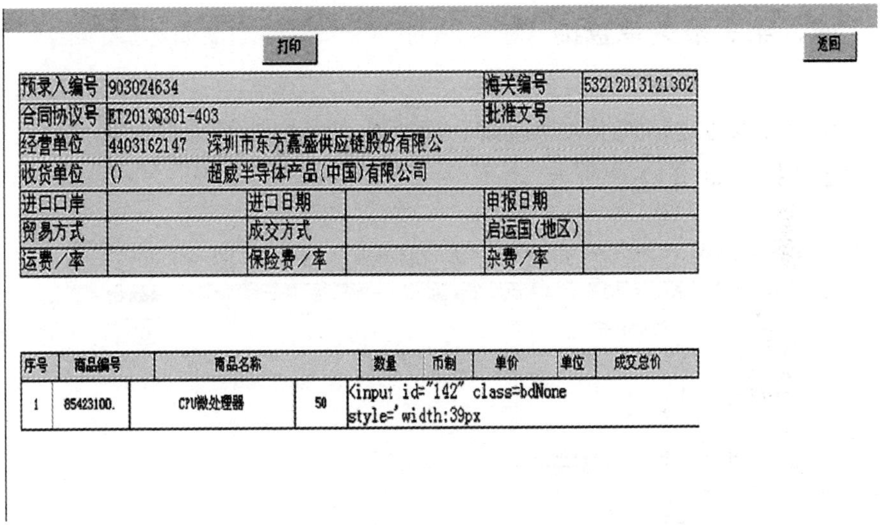

图 1－4

需要注意的是，外汇管理 A 类企业在打印报关单付汇证明联时应使用 A4 打印纸，外汇管理 B 类和 C 类企业，不能通过电子口岸系统打印报关单付汇证明联（如图 1－5 所示），需要去当地海关打印付汇证明联。

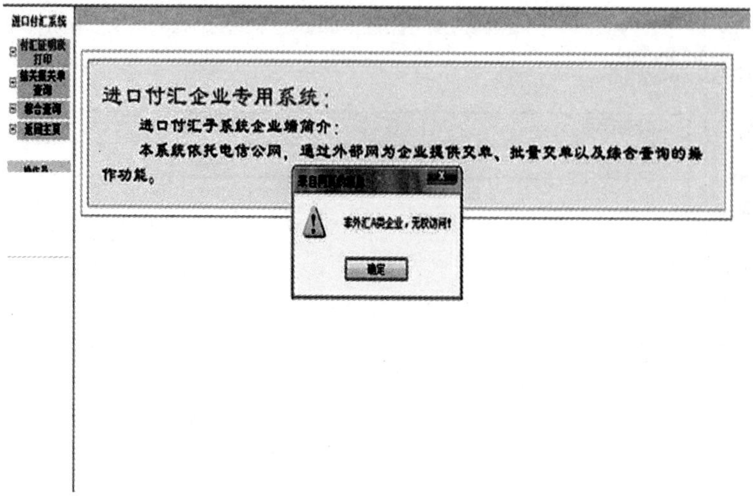

图 1 - 5

四、结关报关单查询

用户可以通过结关报关单查询功能，查询参加外汇局总量核查的进口报关单数据，如图 1 - 6 所示。

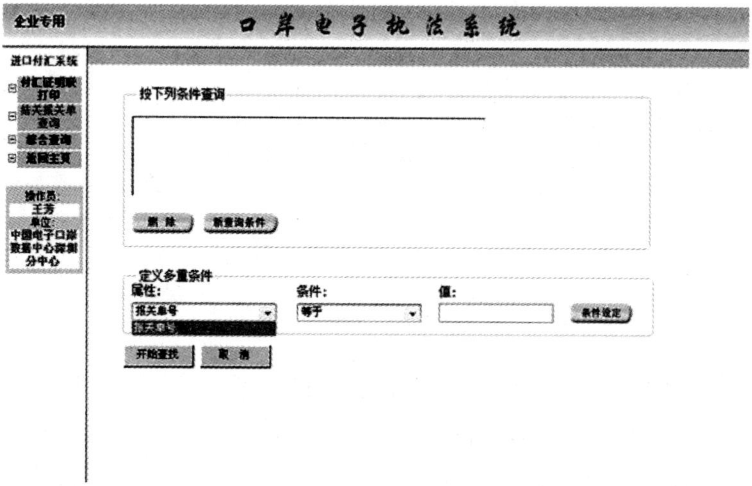

图 1 - 6

五、综合查询

用户可以通过综合查询功能，根据报关单的预录入号查询企业交单有关历史数据，查询内容包括“报关单信息及核注结案情况”以及“报关单操作明细”，如图 1－7 所示。

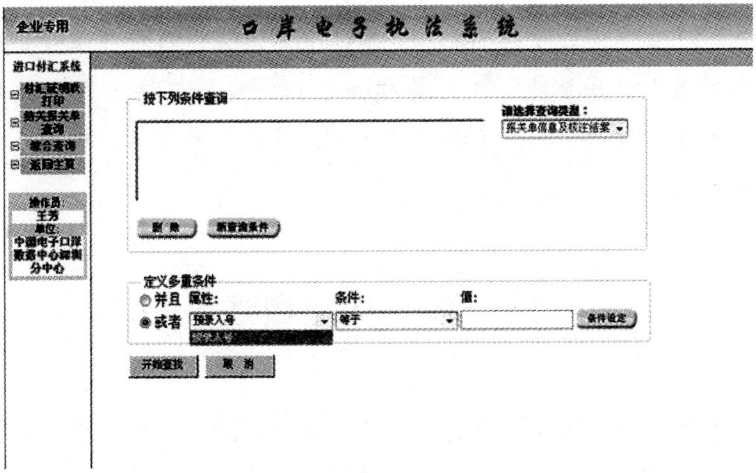

图 1－7

第三节　注意事项

进口付汇系统操作注意事项如下。

- 报关单号是海关审结后的 18 位报关单号。
- 预录入号是报关单中国电子口岸数据中心统一编号后 9 位。

第二章　出口收汇实务操作与技巧

中国电子口岸出口收汇系统，汇集了全国海关出口报关单外汇核销联电子的底账数据，是企业、外汇局和外汇银行查询、核查外汇数据的平台。出口收汇系统的存在，确保了对外收汇业务的真实性，有效杜绝了骗汇的不法行为。

第一节　功能概述

出口收汇系统是针对用户出口收汇环节开发的出口报关单联网核查系统。该系统为用户提供报关单收汇核销联打印、出口结关报关单查询、组合查询、出口收汇核查情况的功能。

第二节　操作流程

一、进入系统

用户登录电子口岸网站，将操作员卡插入读卡器中，输入密码进入系统，如图 2－1 所示。

二、进入“出口收汇”子系统

点击“出口收汇”子系统，如图 2－2 所示。

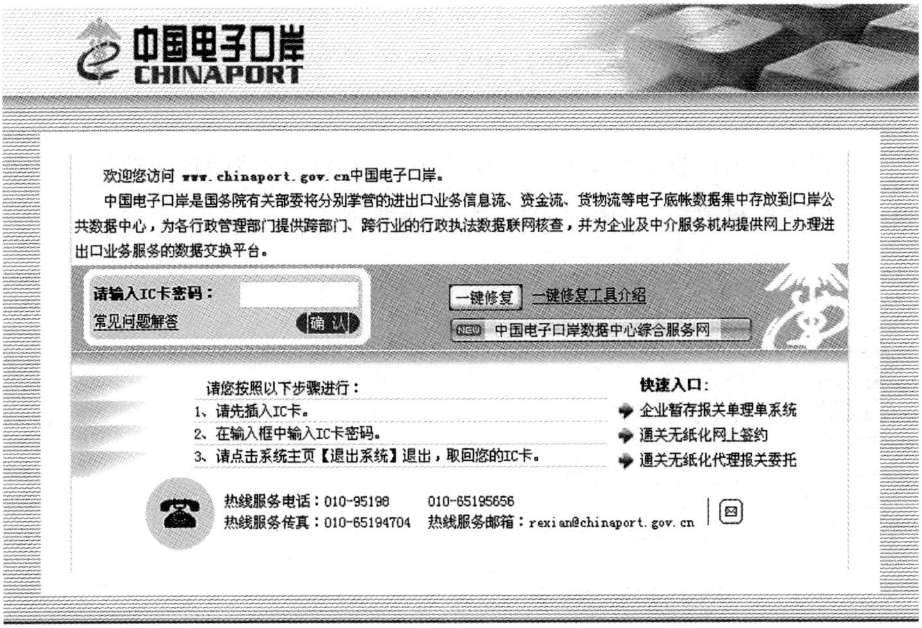
中国电子口岸
CHINAPORT
欢迎您访问 www.chinaport.gov.cn中国电子口岸。
中国电子口岸是国务院有关部委将分别掌管的进出口业务信息流、资金流、货物流等电子底帐数据集中存放到口岸公共数据中心，为各行政管理部门提供跨部门、跨行业的行政执法数据联网核查，并为企业及中介服务机构提供网上办理进出口业务服务的数据交换平台。
请输入IC卡密码：
常见问题解答
确 认
一键修复
一键修复工具介绍
中国电子口岸数据中心综合服务网
请您按照以下步骤进行：
1、请先插入IC卡。
2、在输入框中输入IC卡密码。
3、请点击系统主页【退出系统】退出，取回您的IC卡。
快速入口：
企业暂存报关单理单系统
通关无纸化网上签约
通关无纸化代理报关委托
热线服务电话：010-95198 010-65195656
热线服务传真：010-65194704 热线服务邮箱：rexian@chinaport.gov.cn

图 2－1

中国电子口岸
企业专用
退出系统
软件更新
本软件最新更新日期:20050601
您的IC卡有效期截止至:2014年03月13日
修改口令
输入旧口令
输入新口令
输入新口令
确认
请选择要进入的子系统
身份认证管理
舱单申报
转关申报
加工贸易
出口收汇
减免税申报
报关申报
出口退税
网上支付
汽车证明
制卡发卡
出口加工区
申请注册
ATA单证册
快件管理
增值税管理
小型船舶
电子账册
网上保险
公路口岸
进口付汇
QP系统License申请
环保许可证联网
短信息服务
报关计分
农药进出口联网查询
海关税费电子支付
企业理单
通关无纸化网上签约
代理报关委托

图 2－2

三、报关单收汇核销联打印

用户进入出口收汇系统后，可使用报关单收汇核销联打印功能，打印报关单的收汇核销联，如图 2－3、图 2－4 所示。

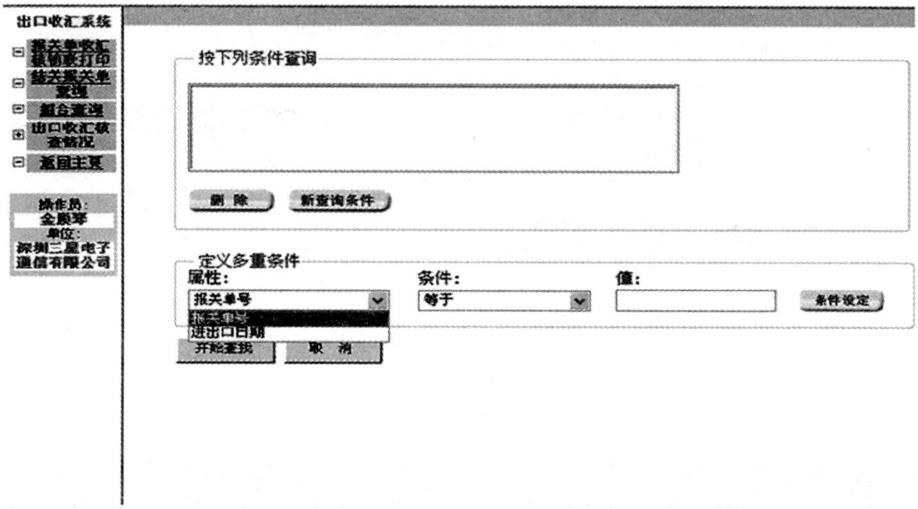

图 2－3

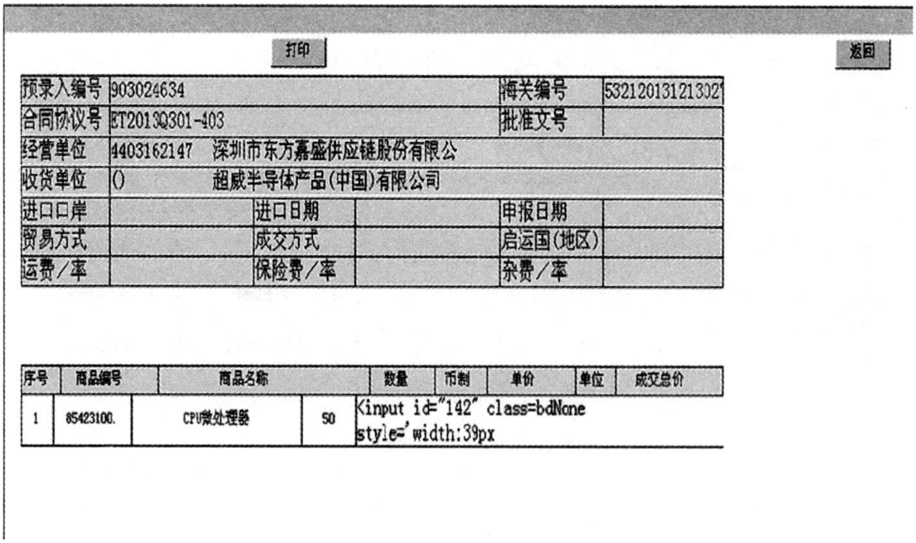

图 2－4

需要注意的是，外汇管理A类企业在打印报关单收汇核销联时应使用A4打印纸，外汇管理B类和C类企业，不能通过电子口岸系统打印报关单收汇核销联（如图2－5所示），需要去当地海关打印报关单收汇核销联。

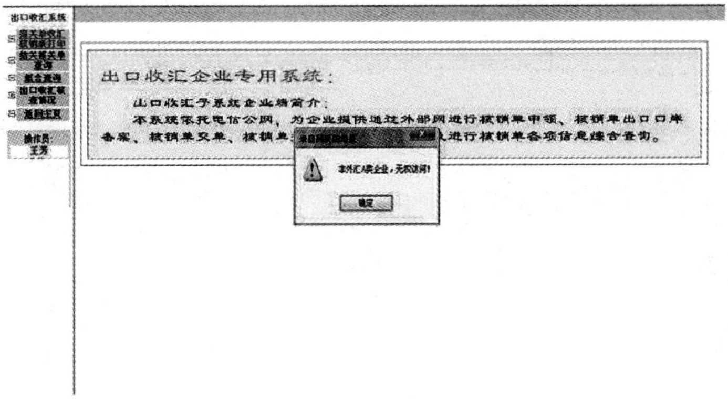

图2－5

四、结关报关单查询

用户可以通过结关报关单查询功能，查询参加外汇局总量核查的出口报关单数据，如图2－6所示。

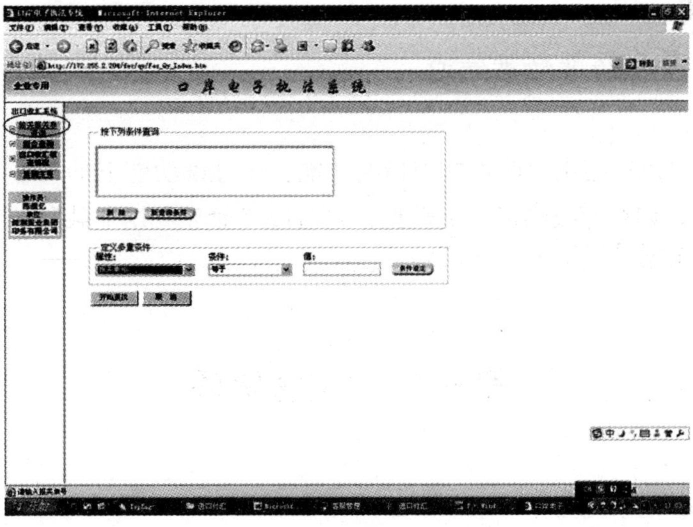

图2－6

五、组合查询

用户可以组合查询功能，选择“核销单号”、“外汇局使用状态”、“发单日期”、“交单日期”等查询要素，查询核销单有关历史数据，如图2－7所示。

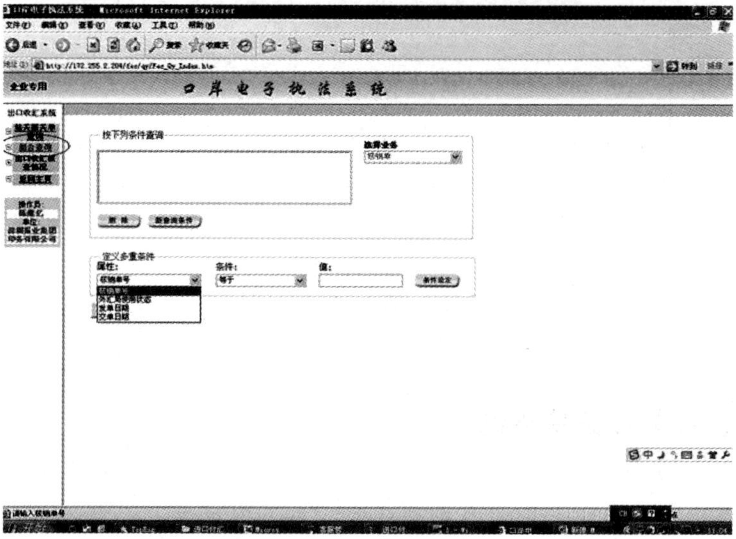

图2－7

六、出口收汇核查情况

用户可以使用出口收汇核查情况功能，通过该功能下的“业务数据查询功能”查询企业收结汇历史数据，并通过“业务数据下载”进行相关业务数据的下载，如图2－8所示。

第三节　注意事项

出口收汇系统操作注意事项如下。

- 报关单号是海关审结后的18位报关单号。

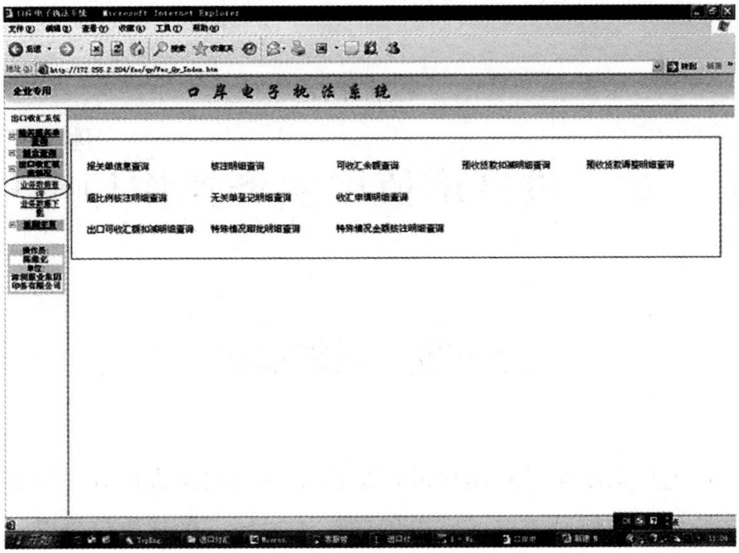

图 2 - 8

第三章　进口增值税实务操作与技巧

第一节　功能概述

进口增值税系统是针对用户进口增值税单联网核查而开发的系统。该系统为企业用户提供了进口增值税单的确认、指定抵扣单位以及税单电子数据的下载和打印功能，实现了海关总署和国税总局对进口增值税单的联网核查。

第二节　操作流程

一、进入系统

使用经营单位操作员卡登录电子口岸网站，将操作员卡插入读卡器中，输入密码进入系统，如图3－1所示。

二、进入“增值税管理”子系统

点击“增值税管理”子系统，如图3－2所示。

三、税单确认

点击“税单确认”菜单，如图3－3所示。

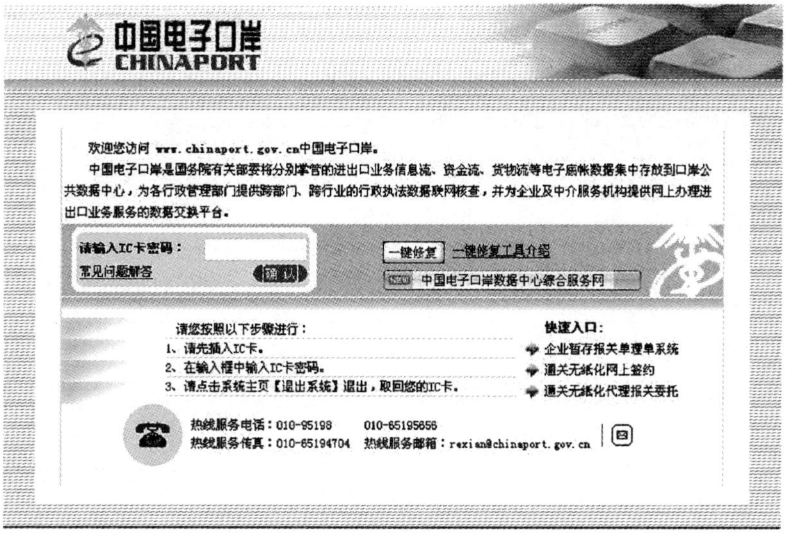

图 3－1

图 3－2

（一）点击“经营单位抵扣”按钮

选择查询属性、条件后，录入查询数值，可调出需要进行确认的税单数据。也可以不录入查询数值，直接点击“开始查找”按钮，即可调出经营单位当前所有未确认的税单数据。经营单位可以选择多票税单进行批量确认，也可以对某票税单单独确认，如图 3－4、图 3－5 所示。

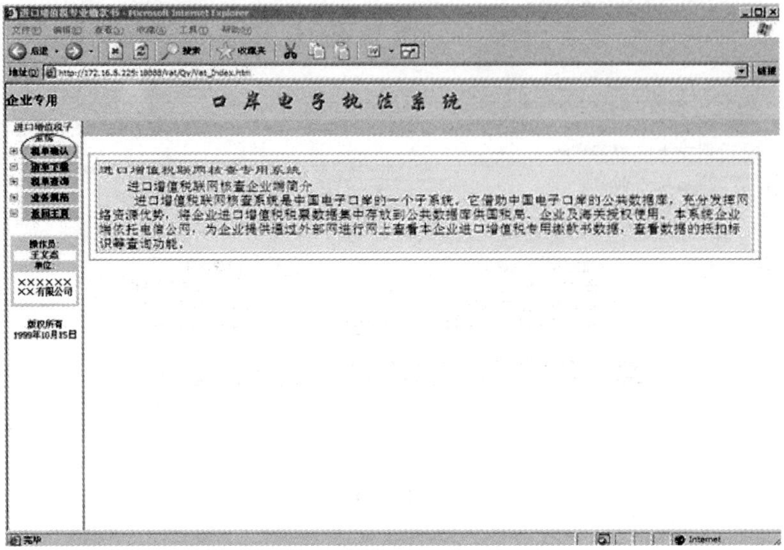

图 3－3

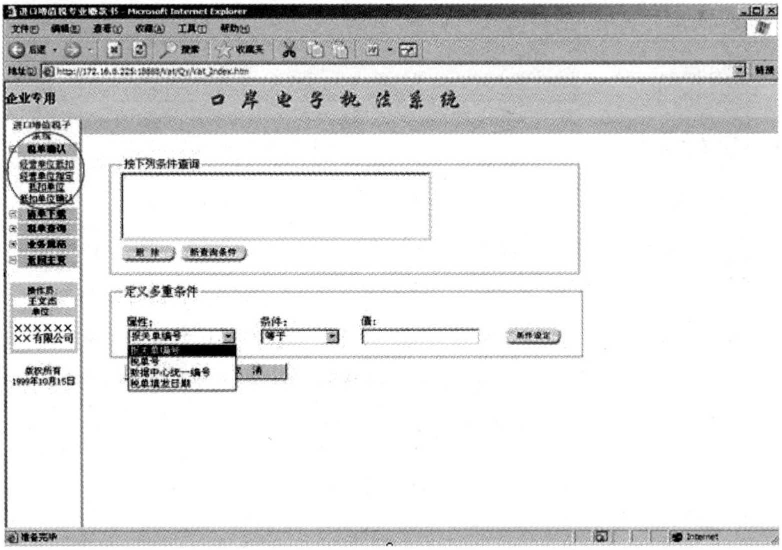

图 3－4

1. **经营单位批量确认**

经营单位选中需要批量确认的税单，点击“批量确认”按钮，系统提示是否批量确认，点击“确定”按钮，系统提示批量确认成功，如图 3－6 所示。

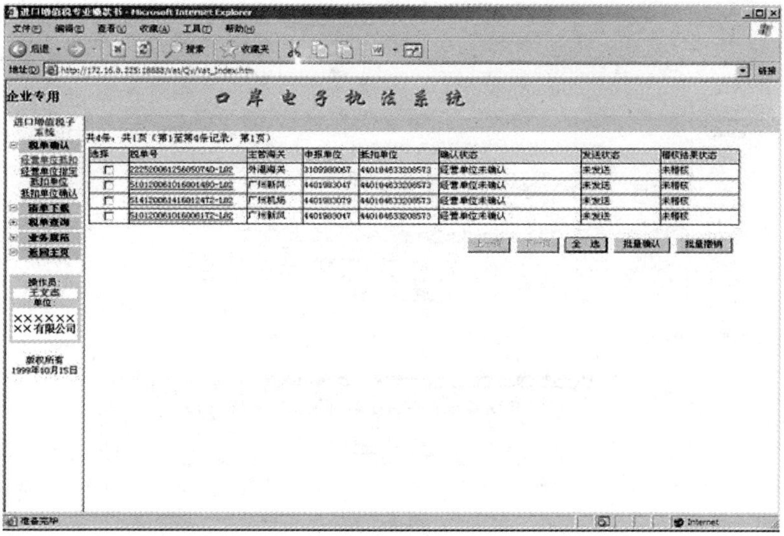

图 3－5

图 3－6

2. **经营单位单票确认**

经营单位点击税单编号进入税单明细界面，点击“提交确认”按钮，对税单进行单票确认，如图 3－7 所示。

3. **经营单位批量撤销**

若经营单位认为税单数据不应由本企业进行抵扣，可对税单进行“撤

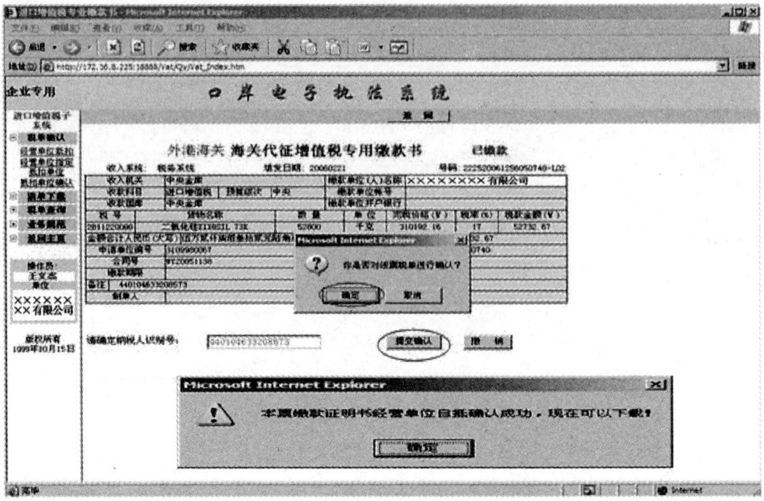

图 3－7

销”操作。经营单位选中列表中需要批量撤销的税单，点击“批量撤销”按钮，系统提示是否批量撤销。点击“确定”按钮，系统提示批量撤销成功，如图 3－8 所示。

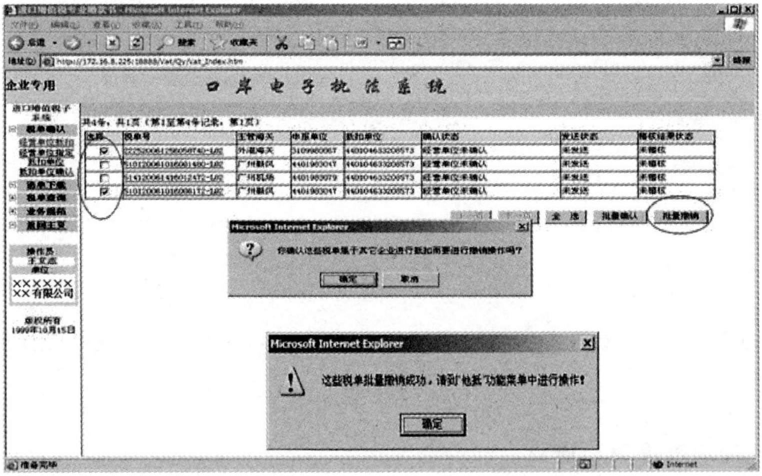

图 3－8

4. **经营单位单票撤销**

经营单位查找需要撤销的某票税单，点击“撤销”按钮，系统提示是否撤销。点击“确定”按钮，系统提示单票撤销成功，如图 3－9 所示。

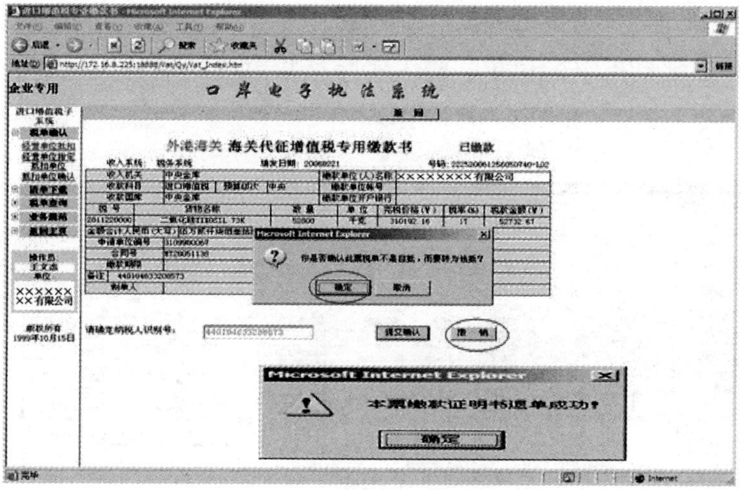

图 3－9

经营单位撤销成功后，再转到“经营单位指定抵扣单位”模块中查找税单，并指定实际抵扣单位。

（二）经营单位指定抵扣单位

如果经营单位不对进口增值税单进行确认操作，则需要指定抵扣单位，由抵扣单位进行确认，如图 3－10 所示。

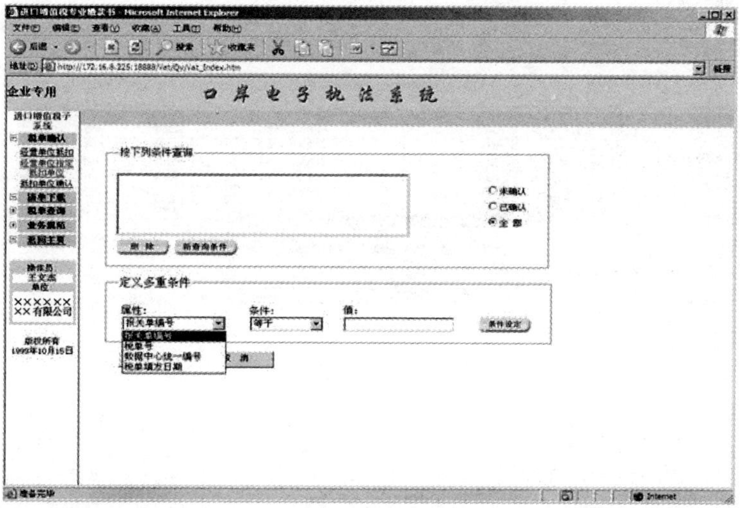

图 3－10

1. 经营单位批量指定抵扣单位

选中需批量指定的税单，输入实际抵扣单位的纳税人识别号，点击“批量确认”按钮，如图 3－11 所示。

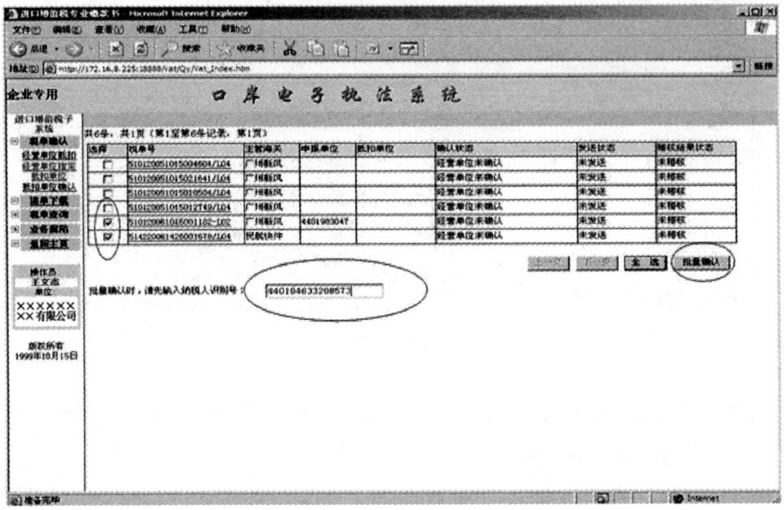

图 3－11

系统提示是否批量确认，点击“确定”按钮，如图 3－12 所示。

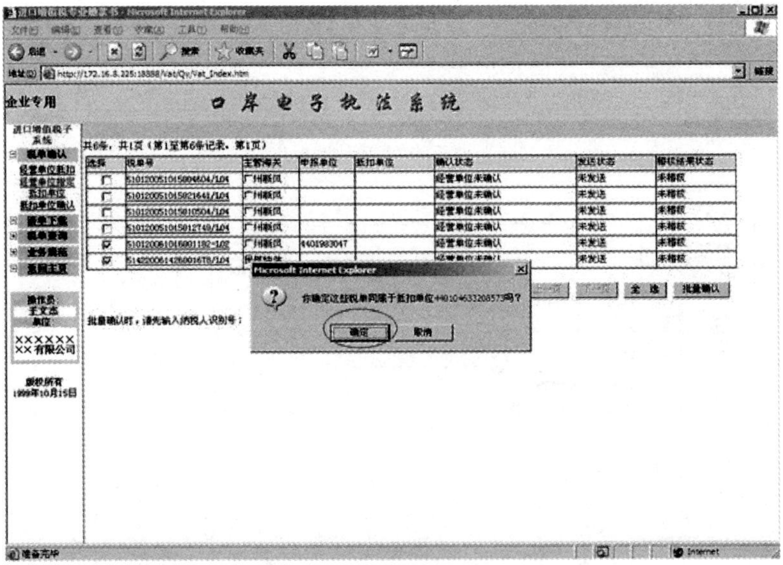

图 3－12

系统提示批量指定抵扣单位确认成功，如图 3 – 13 所示。

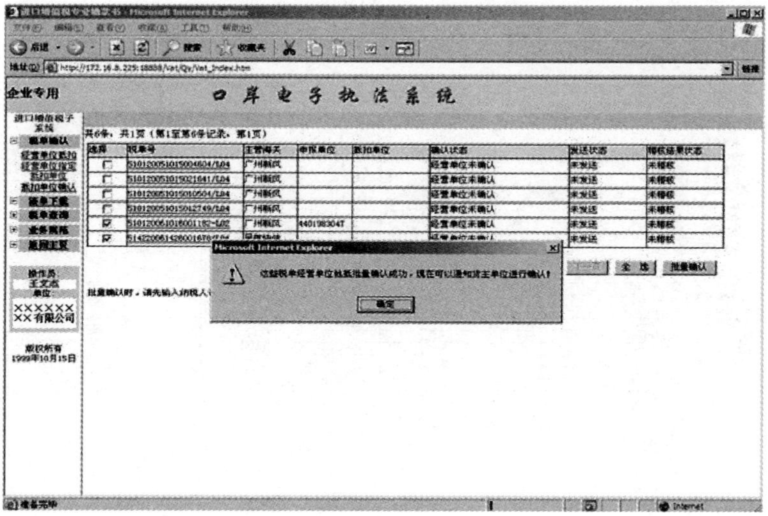

图 3 – 13

2. 经营单位单票指定抵扣单位

点击需确认的税单编号进入明细界面，输入抵扣单位纳税人识别号，点击“提交确认”按钮，系统提示是否进行税单确认，点击“确定”按钮，如图3 – 14 所示。

图 3 – 14

系统提示指定抵扣单位确认成功，如图 3－15 所示。

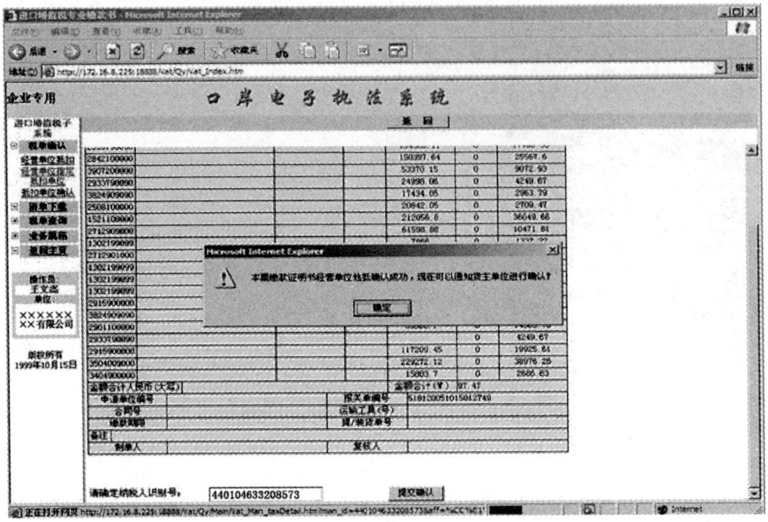

图 3－15

（三）抵扣单位确认

经营单位对进口增值税单进行指定抵扣单位后，由抵扣单位对税单进行确认，如图 3－16 所示。

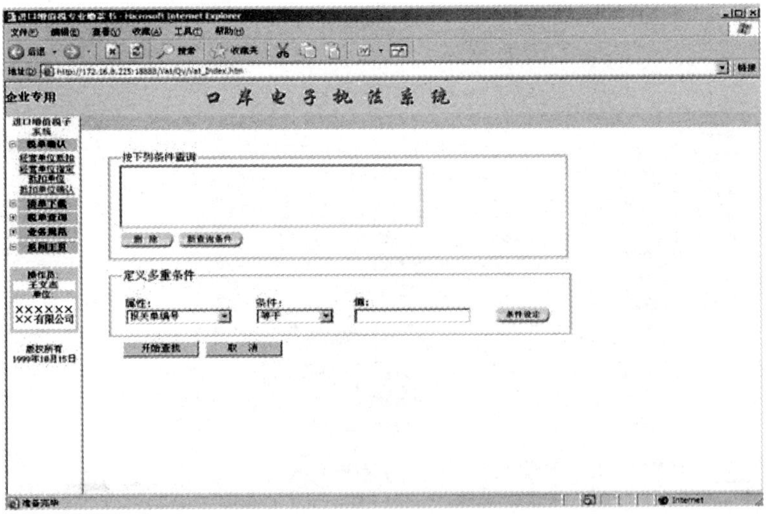

图 3－16

1. **抵扣单位批量确认**

选中需批量确认的税单，点击“批量确认”按钮，系统提示批量确认成功，如图 3－17 所示。

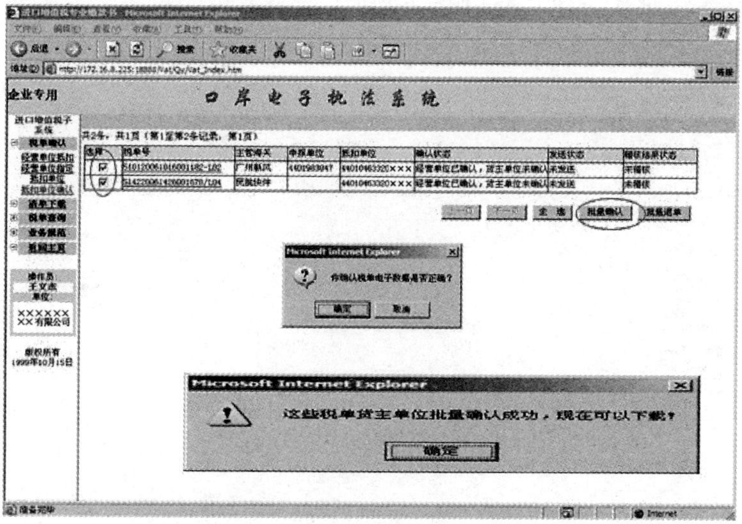

图 3－17

2. **抵扣单位单票确认**

选择需确认的某票税单，点击“提交确认”按钮，对税单进行单票确认，如图 3－18 所示。

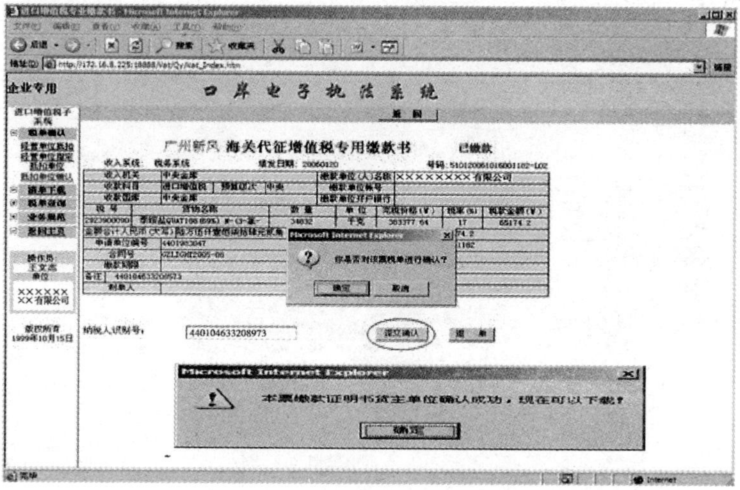

图 3－18

3. **抵扣单位批量退单**

若抵扣单位发现有不应由本企业进行抵扣的税单（可能是由于经营单位指定了错误的抵扣单位造成的），抵扣单位可进行退单操作，交由经营单位重新指定抵扣单位。抵扣单位选中需批量退单的税单，点击“批量退单”按钮，系统提示批量退单成功，如图 3－19 所示。

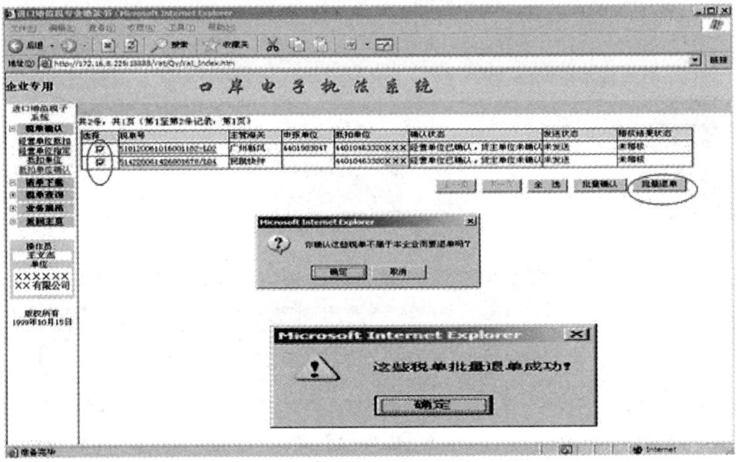

图 3－19

4. **抵扣单位单票退单**

选择需退单的某票税单，点击“退单”按钮，系统提示是否进行退单操作，点击“确定”按钮，系统提示退单成功，如图 3－20 所示。

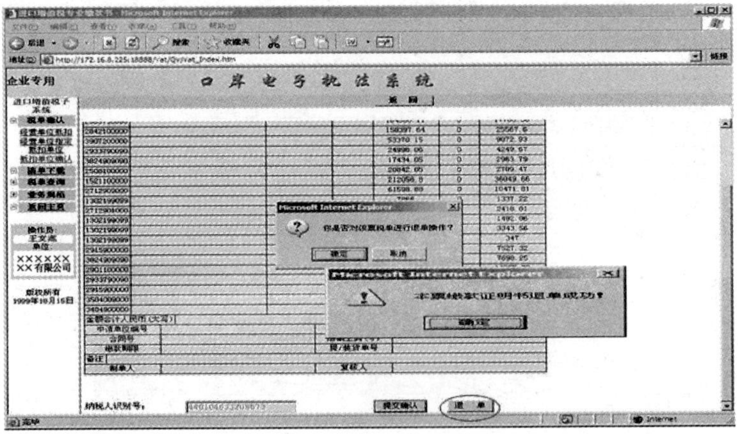

图 3－20

四、清单下载

抵扣单位（包括经营单位）对税单进行确认后，可以对“海关完税凭证抵扣清单”电子数据进行下载、打印。抵扣单位可录入税单填发日期所属年月的区间或不录入查询数值，直接点击“开始查找”按钮，如图 3－21 所示。

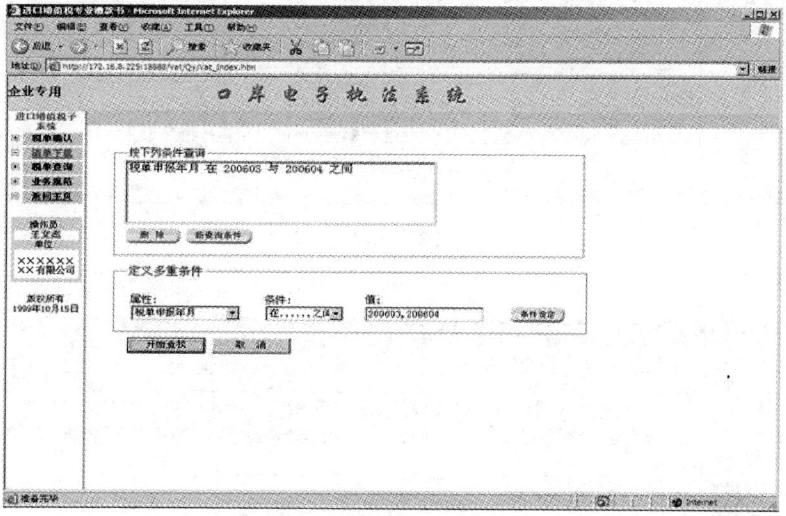

图 3－21

系统显示当前抵扣单位已经确认但尚未进行抵扣的税单数据列表，抵扣单位可以勾选需要下载的税单，也可以点击“全选”按钮，选中当前列表中的所有税单，点击“下载打印”按钮，如图 3－22 所示。

进入清单下载打印界面，如图 3－23 所示。

在清单下载和打印前，需要补充录入一些数据：税款所属期（4 位年份＋2 位月份，其中税款所属期的年月必须与企业到国税部门进行抵扣的税单所属区间一致）、纳税人名称、主管税务机关代码、主管税务机关名称。此外，企业也可根据需要对每票税单的“备注”进行填写。补充录入完毕后，点击“清单下载”按钮，系统提示清单下载成功，并提示清单文件下载的路径，如图 3－24 所示。

图 3－22

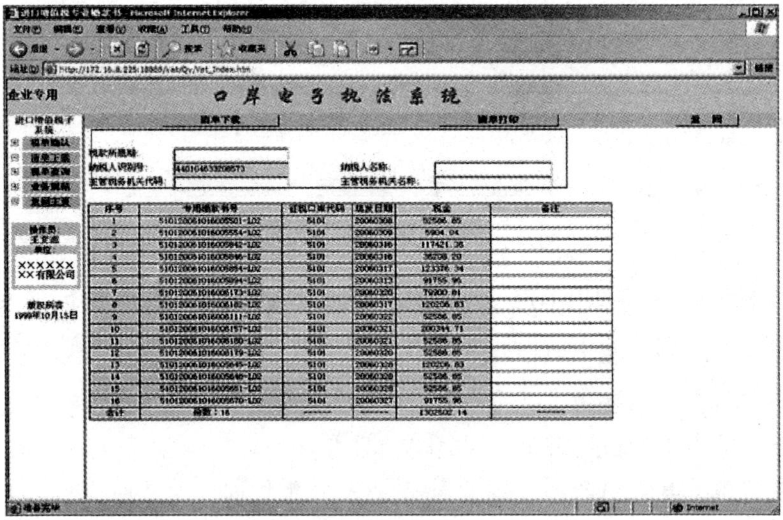

图 3－23

点击“清单打印”按钮，抵扣单位可进行“海关完税凭证抵扣清单”纸面单证的打印，系统弹出打印预览界面，并提示打印格式，如图 3－25 所示。

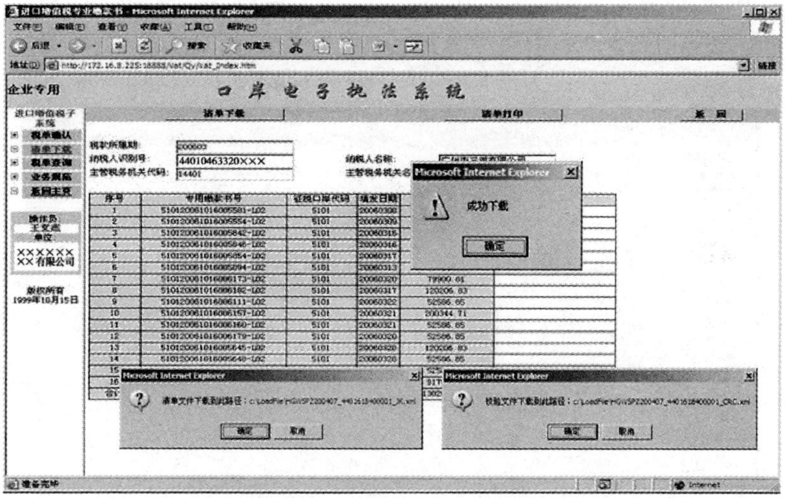

图 3 - 24

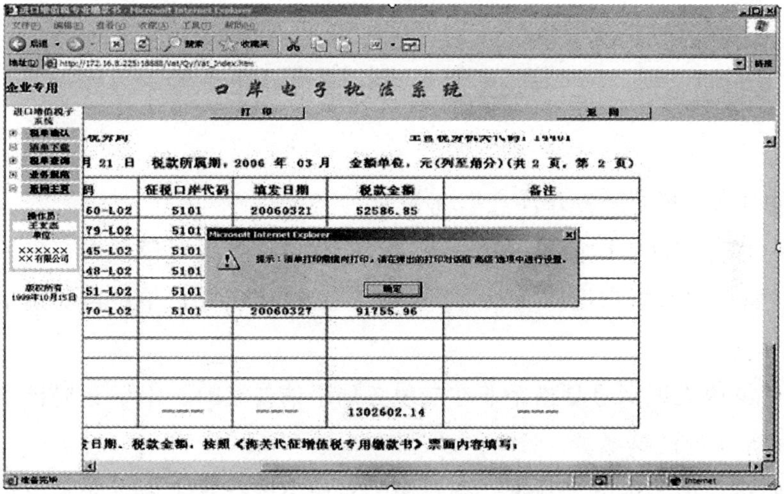

图 3 - 25

五、税单查询

在税单查询模块，经营单位、抵扣单位可以对属于本企业的税单数据进行查询，但不能进行确认等操作，如图 3 - 26 所示。

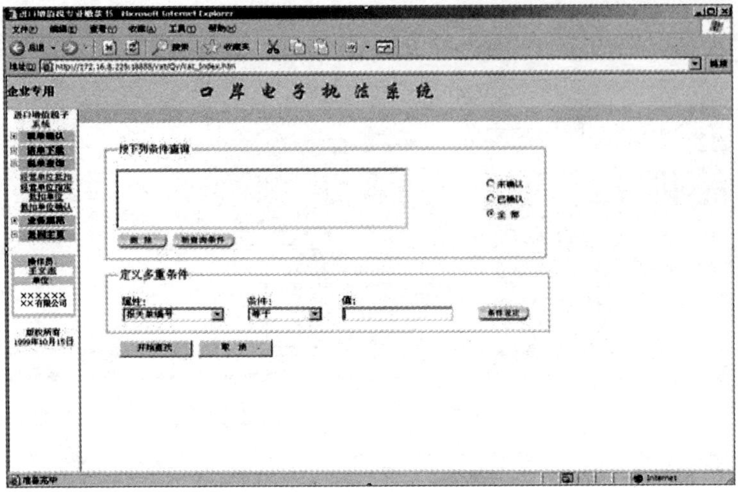

图 3－26

第三节 注意事项

进口增值税系统操作注意事项如下。

- 在办理进口增值税抵扣业务时，经营单位直接对税单进行确认，或者是经营单位先指定抵扣（收货）单位，抵扣（收货）单位再对税单进行确认。
- 纳税人识别号是指企业在向税务局申请备案时，由税务局核发给企业的税务登记证编号。
- 进口增值税电子数据必须是海关对税单进行核销后发送至电子口岸的数据。
- 税单确认后发现不属于该抵扣的税单，此种情况可以联系中国电子口岸数据中心修改税单的状态，即把“已确认”修改为“未确认”的状态。
- 如果经营单位在操作指定抵扣单位时将纳税人识别号输入有误，只要抵扣单位未进行税单确认，经营单位均可重新对税单进行指定，以最后一次指定的数据为准。如果抵扣单位已作确认，必须联系总署中国电子口岸数据中心作处理。

第四章　出口退税实务操作与技巧

第一节　功能概述

出口退税系统是针对出口报关单退税证明联的联网核查而开发的系统。该系统将海关总署从各口岸海关采集的出口退税报关单电子底账数据保存在电子口岸中国电子口岸数据中心，在企业确认后，中国电子口岸数据中心再将该电子底账数据传送给国税总局，国税总局收到后通过网络下发给各地国税局供具体操作人员查询。该系统为国税局进行出口退税操作提供了可靠的电子依据，进一步提高了工作效率和执法的准确性，为纳税人办理出口退税提供了良好的外部数据环境，同时有效地杜绝了利用国家出口退税政策实行骗税的不法行为。

第二节　操作流程

一、进入系统

用户登录电子口岸网站，将操作员卡插入读卡器中，输入密码进入系统，如图 4 -1 所示。

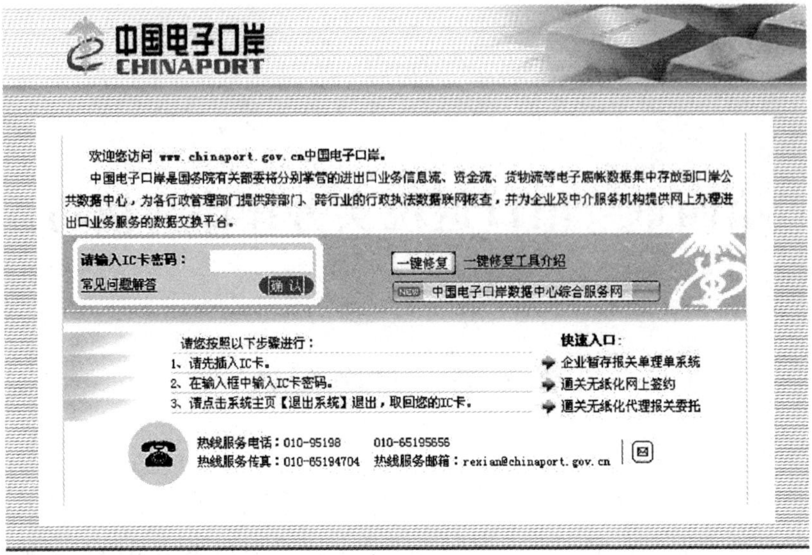

图 4－1

二、进入“出口退税”子系统

点击“出口退税”子系统，如图 4－2 所示。

图 4－2

三、结关信息

用户在“结关信息”列表中可以查看到所有已结关的报关单列表，如图4－3所示。用户查询到报关单已结关后，可以向海关申请打印出口报关单退税证明联（黄联），用于办理出口退税操作。

图4－3

四、数据报送

数据报送菜单下有三种报送方式，分别是查询报送、选择报送和全体报送，用户可选择任何一种方式进行操作。

（一）查询报送

用户通过“数据报送”功能下“查询报送”操作，查询出口退税报关单电子数据，如图4－4所示。

点击报关单号，查看详细信息，如图4－5所示。

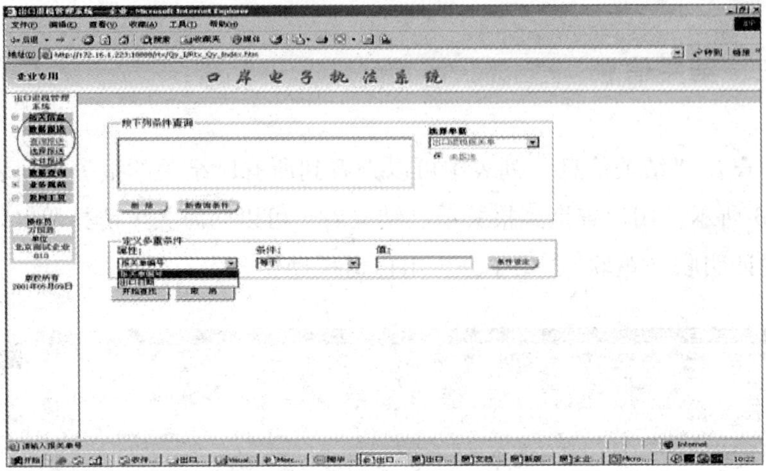

图4－4

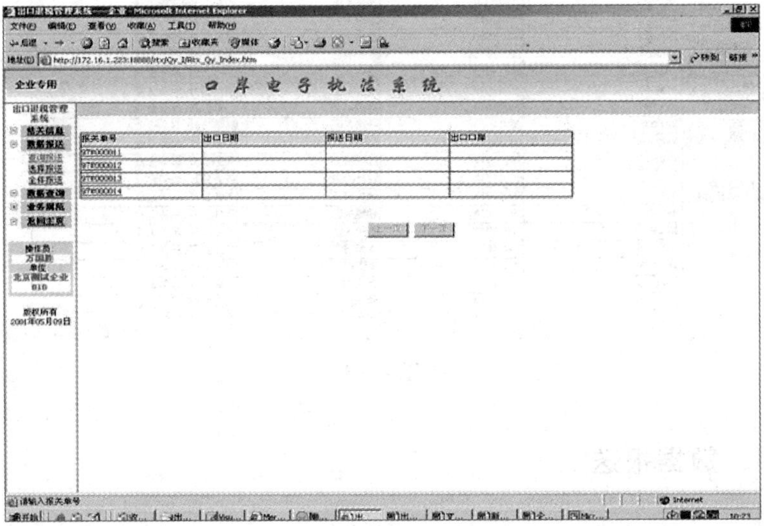

图4－5

点击表头和表体查询报关单数据，核对无误后点击“报送”按钮，如图4－6所示。

（二）选择报送

用户点击“选择报送”菜单，系统自动列出所有未报送的出口退税报关单数据，全部选中或单独选择报关单号后点击“报送”按钮，如图4－7所示。

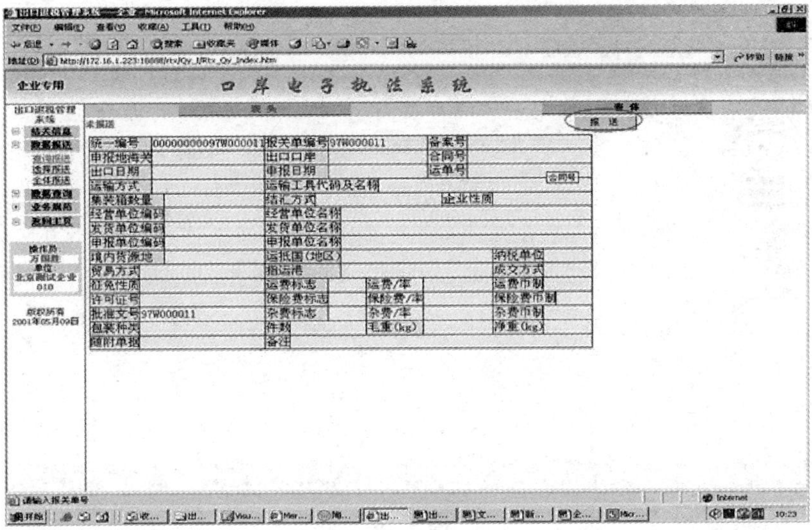

图 4 – 6

图 4 – 7

（三）全体报送

用户可以通过全部报送操作，将所有未报送国税局的报关单一次性全部报送，如图 4 – 8 所示。

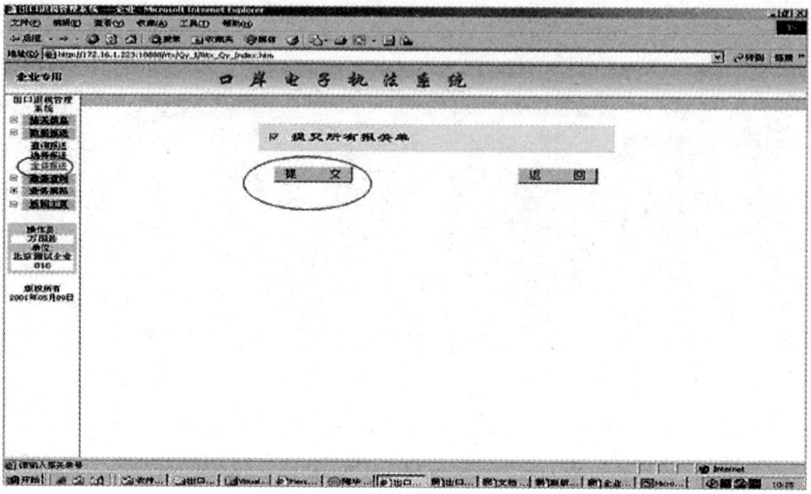

图 4－8

五、数据查询

“数据查询”菜单下有两种查询方式，分别是“状态查询”和“综合查询”。用户可根据需要选择不同的查询方式，如图 4－9、图 4－10 所示。

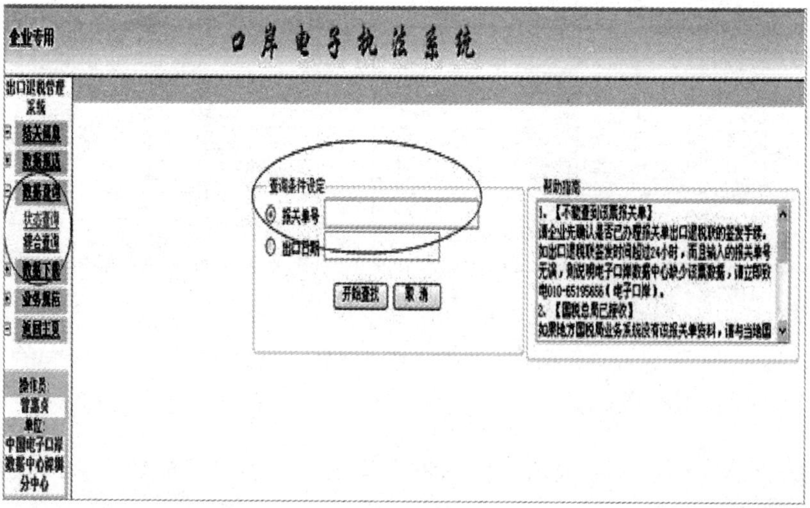

图 4－9

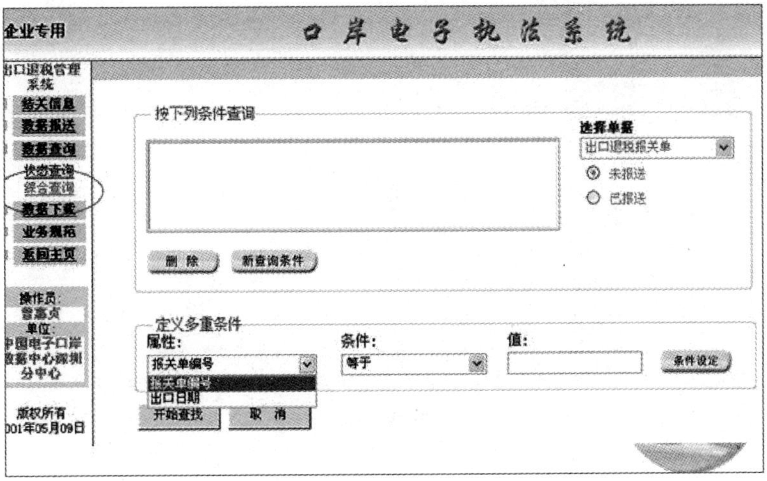

图 4－10

六、数据下载

用户可以通过“数据下载”功能“出口报关单”选项查询到已报送的报关单数据，并下载到本地默认路径，用户也可以选择不查询直接下载。下载报关单后，再登录国税局出口退税申报系统导入已下载的报关单数据，如图 4－11、图 4－12 所示。

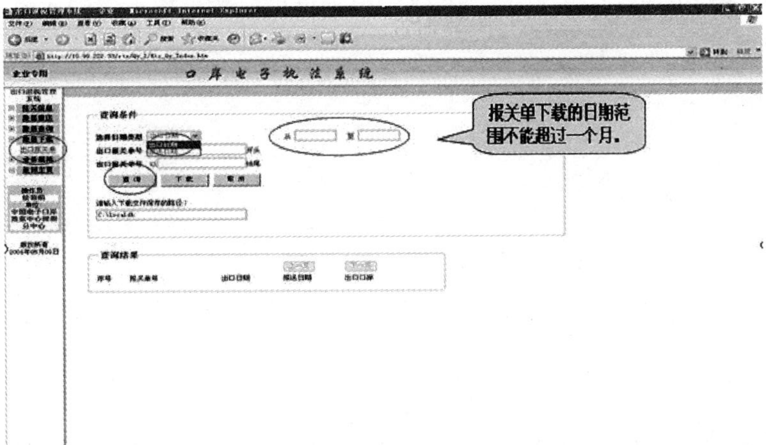

图 4－11

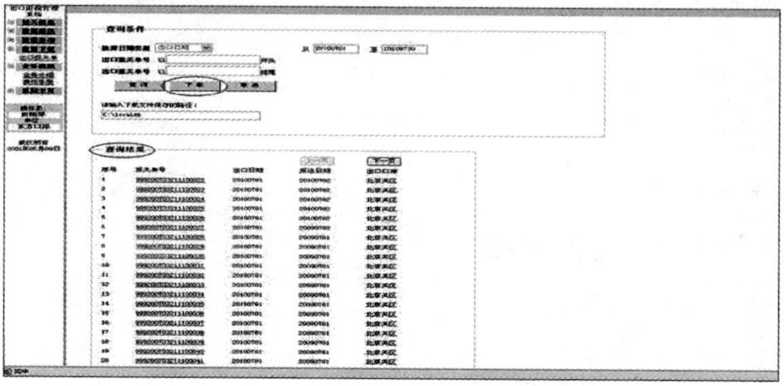

图 4－12

第三节　注意事项

出口退税系统操作注意事项如下。

- 在“数据查询”中，查询条件中的报关单编号必须为 18 位。
- 已经报送的报关单在海关修改后，用户无须再次报送。
- 用户在报关单报送前发现报关单内容有误时应联系现场海关，申请修改报关单相关内容并重新签发报关单退税联。
- 出口退税报关单数据“下载”前须进行数据报送，否则无法下载。

电子口岸预录入系统

电子口岸预录入系统（QP版）主要为电子口岸用户提供了报关单数据、账册备案、减免税证明、企业管理等相关手续的录入、申报、查询、打印等功能，实现了与海关系统传输各类通关数据，并能够实时查询海关审核回执。该系统架构简洁、易于安装、使用方便、安全稳定。

第五章　报关申报实务操作与技巧

第一节　功能概述

报关申报系统是根据进出口业务特点及广大进出口用户快速通关的需求而设计开发的。该系统可以为用户提供方便、快捷的报关单，转关运输提前报关单，转关运输申报单提前录入、申报，相关数据查询，海关回执查询，业务统计等，从而有效提高报关企业的工作效率。

第二节　操作流程

一、进入系统

用户进入 Windows 系统，从 Windows 桌面上双击“电子口岸预录入客户端”图标，如图 5 - 1 所示。

将报关员 IC 卡或者用户操作员卡插入读卡器或 USB 接口中，输入密码后进入系统，如图 5 - 2 所示。

点击“报关申报”按钮，即可进入报关申报界面，如图 5 - 3 所示。

二、报关单录入/暂存/上载/申报/批量申报

（一）报关单录入 / 暂存

点击“报关单”按钮选择下拉菜单中选项，进入报关申报子系统界

面，如图 5 -4 所示。

图 5 -1

图 5 -2

中国电子口岸预录入系统 0100000125802
中国电子口岸通关系统
您好，数据库测试
企业管理
舱单申报
转关申报
加工贸易
电子帐册
减免税申报
报关申报
保税仓库
汽车零部件
系统维护
电子手册
内销征税申报
预归类申请
无纸化手册
减免税后续
通关单
保税核查
备案数据下载
系统激活
集中申报
报关单
旅客舱单
新舱单
运输工具
免税店免税商品管理
企业管理(新)

图 5－3

QUICKPASS

图 5－4

在页面的功能菜单上，点击“报关单（1）”按钮，选择下拉菜单中的进口报关单（A）、出口报关单（B）、进境备案清单（C）、出境备案清单（D）、进口属地报关（E）或出口属地报关（F），以出口报关单为例，如图5－5所示。

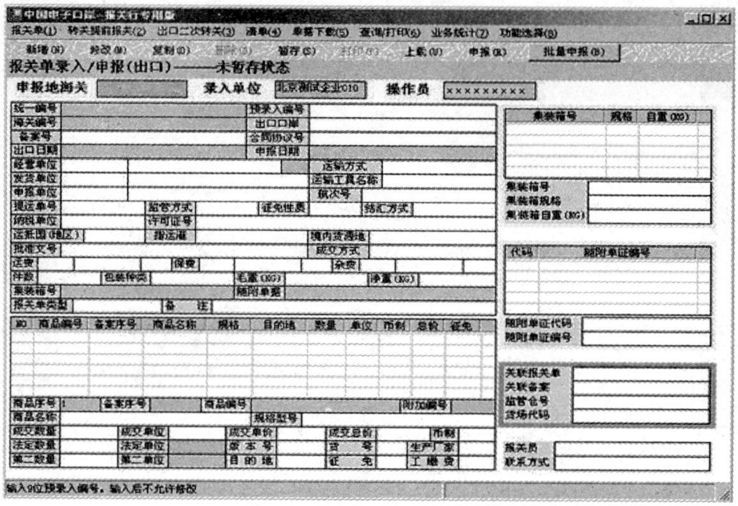

图5－5

操作员首先录入“申报地海关”，按空格键即可调出相应代码，选中代码即显示相关内容；也可以直接输入海关代码或海关的中文名称。数据录入完毕后，点击“暂存”按钮，暂存成功后，系统将显示暂存成功的对话框，如图5－6所示。

图5－6

（二）报关单上载

数据录入完毕后，如需上载，点击“上载”按钮，系统通过逻辑校验和单证校验，该票报关单数据即将被传送至中国电子口岸数据中心，并弹出对话框，如图5－7所示。

图 5－7

（三）报关单申报

数据录入完毕后，需要向海关申报的，点击“申报”按钮，系统通过逻辑校验和单证校验，该票报关单数据将被传送至中国电子口岸数据中心，并由其将数据传送到海关审单中心。此时系统弹出对话框，如图 5－8 所示。

图 5－8

（四）报关单批量申报

在报关单录入界面下，点击右上方的“批量申报”按钮，进入批量申报界面，如图 5－9 所示。

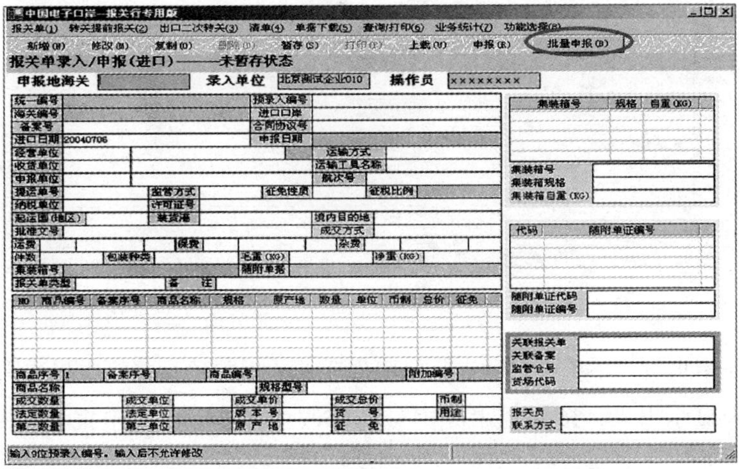

图 5－9

在查询条件设定对话框内选择任一查询方式，输入相应查询条件，点击“开始查询”按钮，系统将自动列出所有符合查询条件的结果，如图5－10所示。

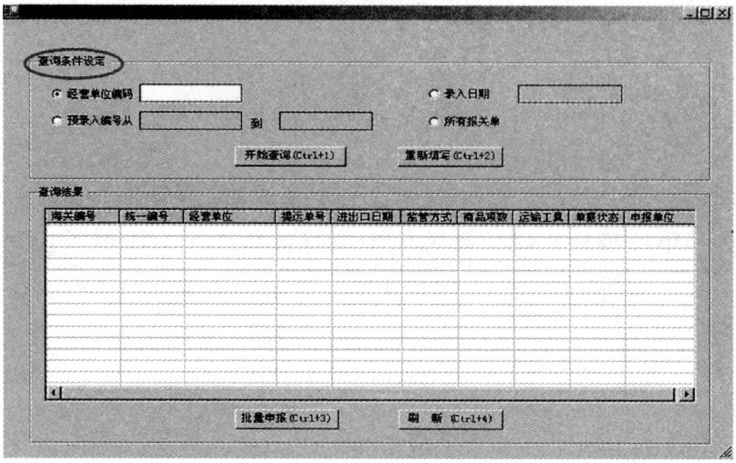

图5－10

选择需要批量申报的报关单，点击“批量申报”按钮，如图5－11所示。

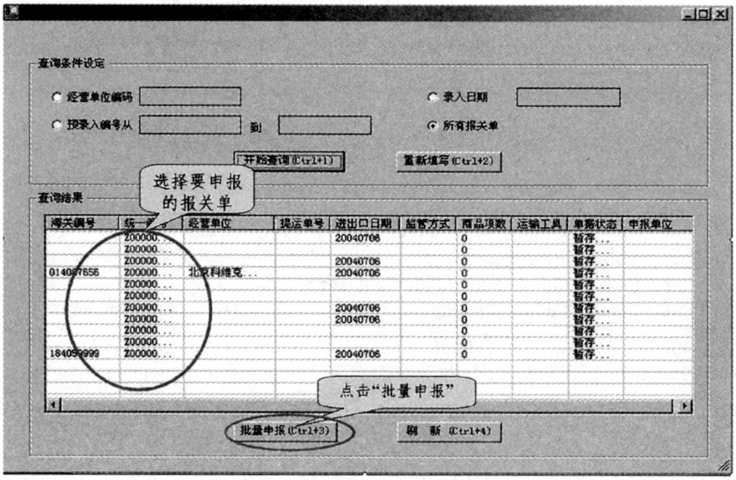

图5－11

批量申报后，系统会自动提示已申报成功的报关单，并将申报失败的报关单的原因显示出来，按照提示原因进行修改后，均可再次申报，如图5－12所示。

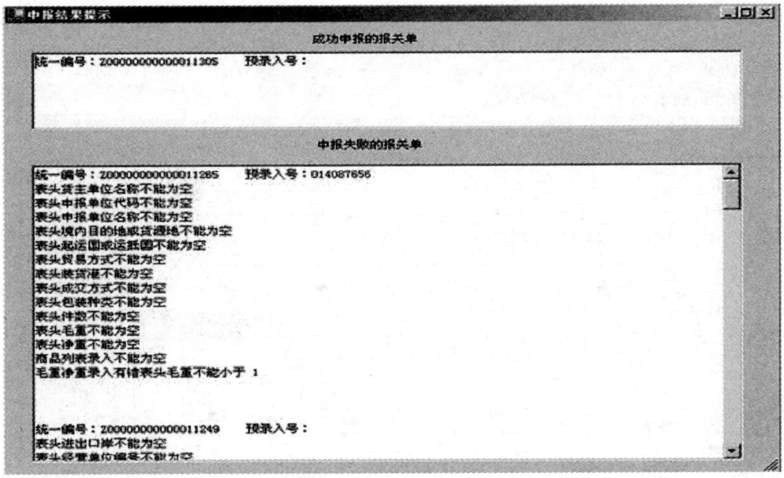

图 5－12

（五）规范申报

1. 一般报关单的规范申报预录入

一般报关单是指不需要调用备案数据的报关单。对需要调用备案数据的报关单，如手册、减免税，在预录入报关单时，相关信息（如规格型号栏信息）会自动调用原备案数据。

（1）规范申报要素组成。

规范申报要素分为两部分：全国统一的规范申报要素和直属关区的规范申报要素。一般报关单预录入时，全国统一的规范申报要素在前，为必填项，各直属关区的规范申报要素在后，为选填项，如图 5－13 所示。

（2）规格型号栏的录入。

根据商品 HS 编号的不同，要求填报的规格型号的申报要素也不同。选择确认商品编号（或录入商品编号）后，点击“确定”按钮，系统会自动检索判断该商品是否具有总署要素信息及直属关区本地规范要素信息，并按照检索结果显示“商品申报要素”界面内容，可依次根据要素名称提示逐行填写，填写内容自动合成商品规格型号的内容。

规格型号栏字符扩大至 255 个字节（127 个汉字），并显示已经录入字节数与总字节数的比率。录入完毕商品申报要素后点击“确定”按钮，系

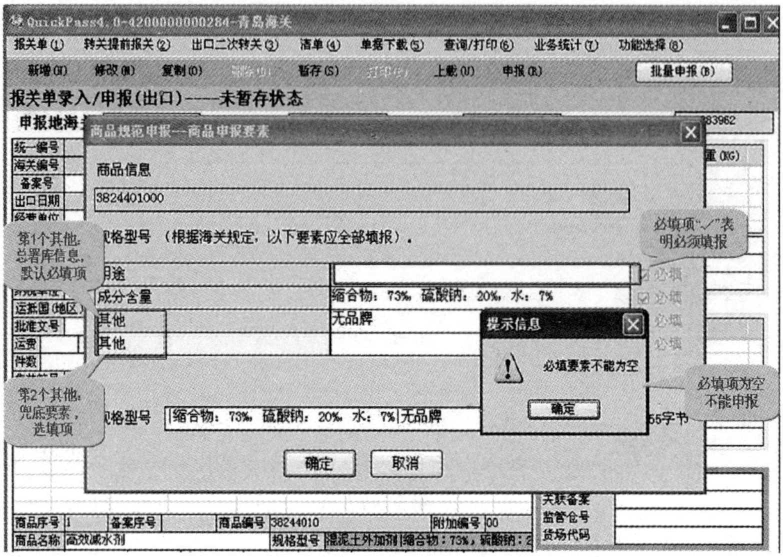

图 5－13

统自动将每条要素的内容以"｜"为分隔符进行合成，反填至报关单界面内的规格型号字段内，如图 5－14 所示。

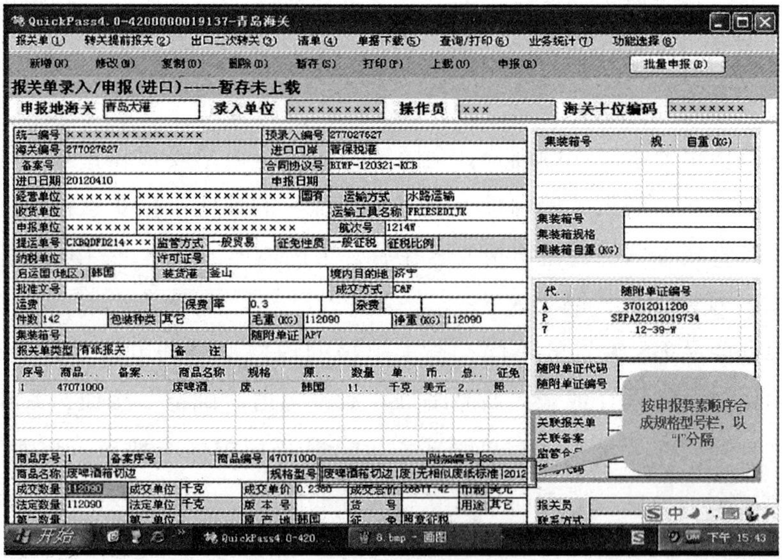

图 5－14

（3）规格型号栏的修改。

如发现规格型号栏录入有误，调出需要修改规格型号的商品，右键点击规格型号字段，系统弹出“重新归类”和“归类查看”两个按钮，如图5－15所示。

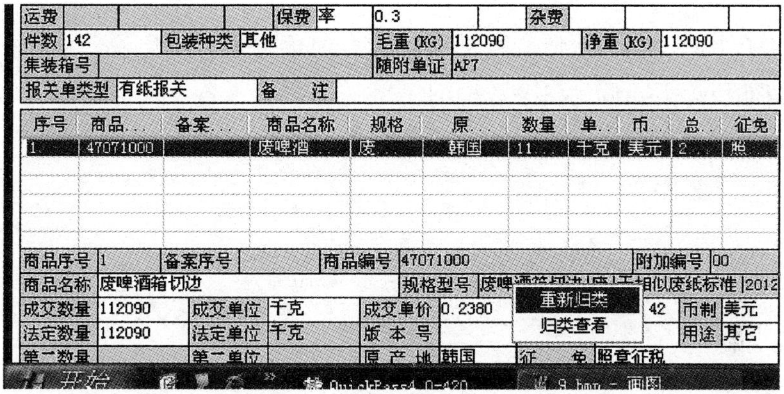

图5－15

点击“重新归类”按钮，系统再次弹出商品申报要素录入窗口，可在此窗口中对申报要素的内容进行修改，如图5－16所示。

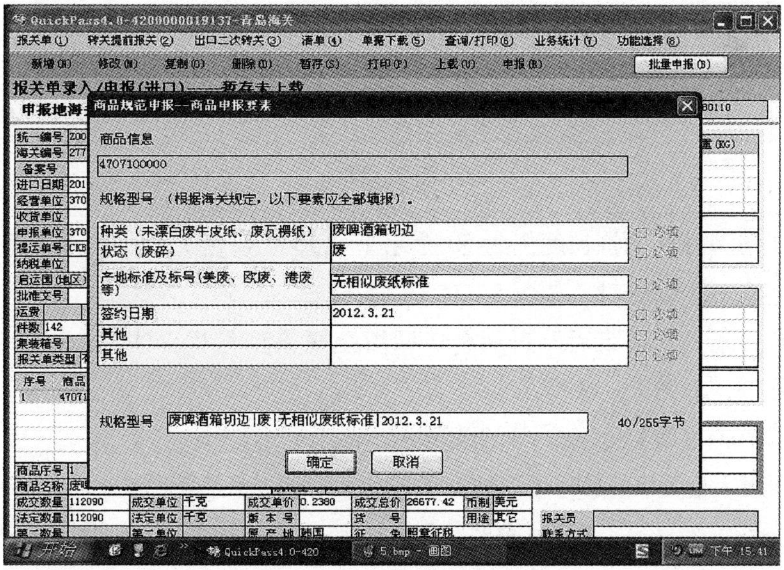

图5－16

（4）规格型号栏的查看。

点击“归类查看”按钮，系统再次弹出商品申报要素查看窗口，可在此窗口中对申报要素的内容进行查看，所有的要素都不可修改。

2. 需要调用备案数据报关单的规范申报预录入

（1）备案数据预录入。

电子手册、电子账册、无纸化手册、加贸手册、减免税、减免税后续和内销征税等需要调用备案数据的子系统中，录入备案商品信息时，同样有规范申报要素提示，但没有必填项要求，即使不录入，按“确定”按钮也可通过，如图5－17所示。

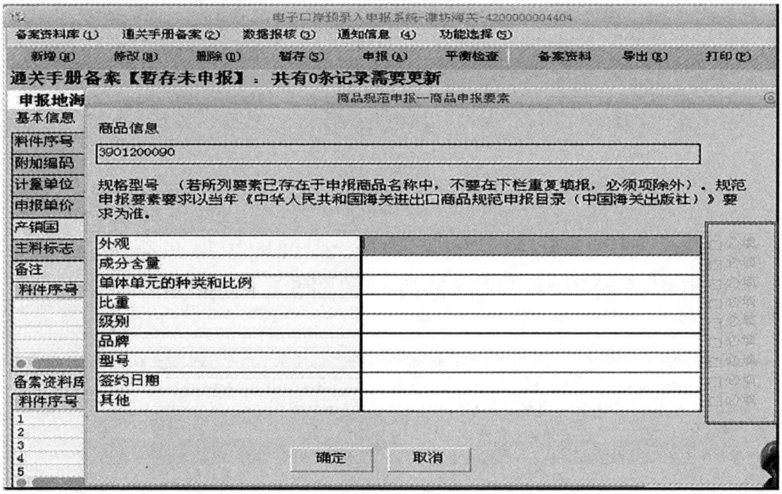

图5－17

规格型号栏字符长度仍为50个字节（25个汉字），预录入大于25个汉字后将不予以通过，如图5－18所示。

各要素录入结束后，自动合成回填至规格型号栏。注意：以“;”作为分隔符，如图5－19所示。

（2）有备案数据报关单的预录入。

预录入报关单的过程中，录入“备案号”后，预录入系统认为此报关单中只有一个要素，会将调用过来的“规格型号”内容直接填到“规格型号”栏第一个申报要素（除品名外）栏内，其他申报要素栏为空，如图5－20所示。

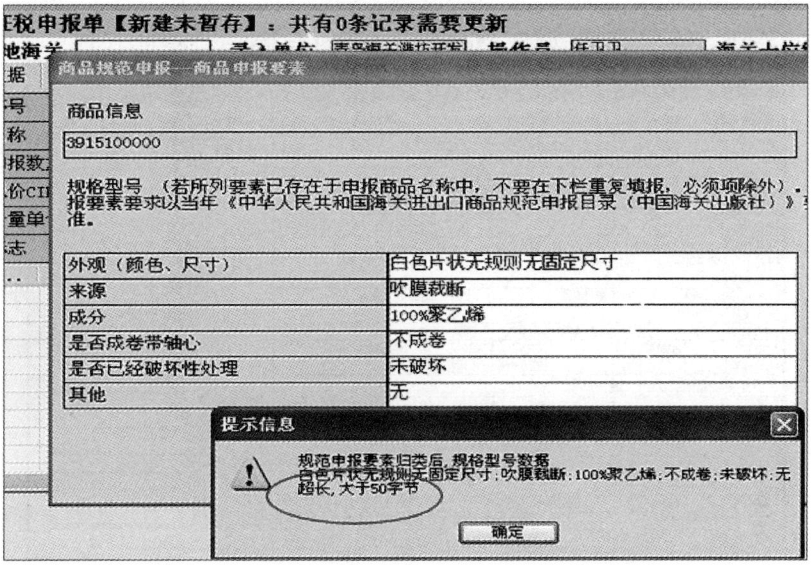

图 5 - 18

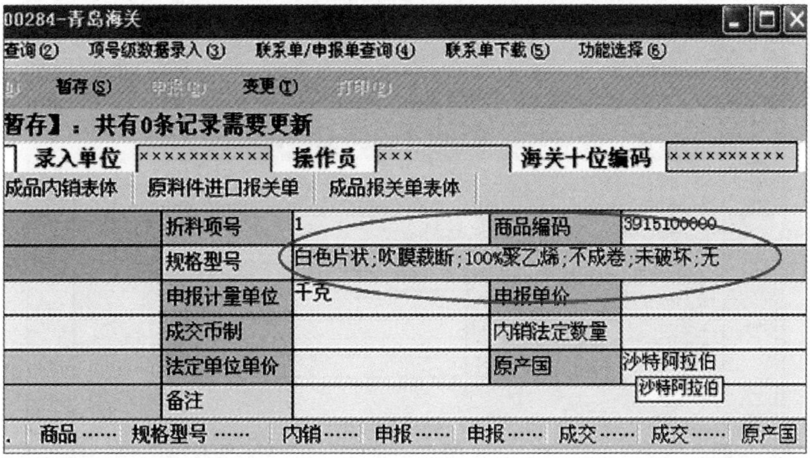

图 5 - 19

建议不要在报关单申报界面直接修改，而是到生成备案数据的原始系统中进行商品变更，以保证报关单的商品申报数据与原系统中的备案数据不会产生差异，以免影响报关单的后续管理，如图 5 - 21 所示。对于没有备案而需要补充填报的要素内容，建议在报关单备注栏内予以补充。

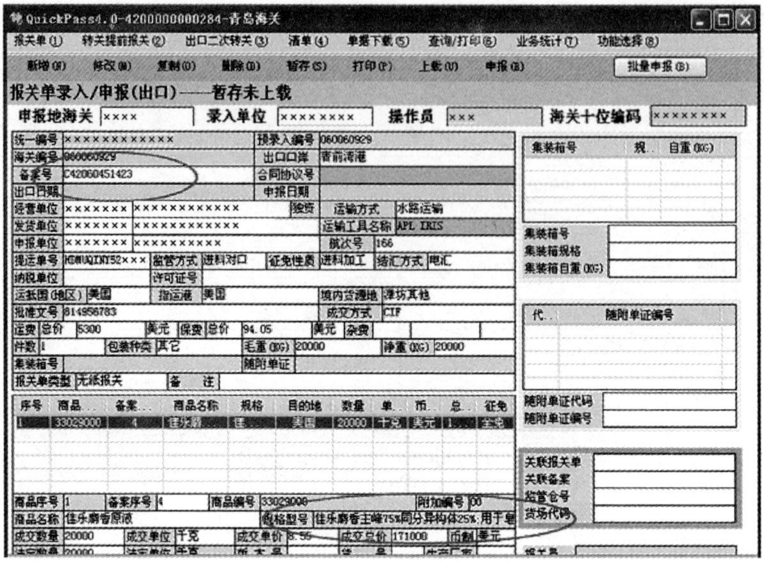

图 5－20

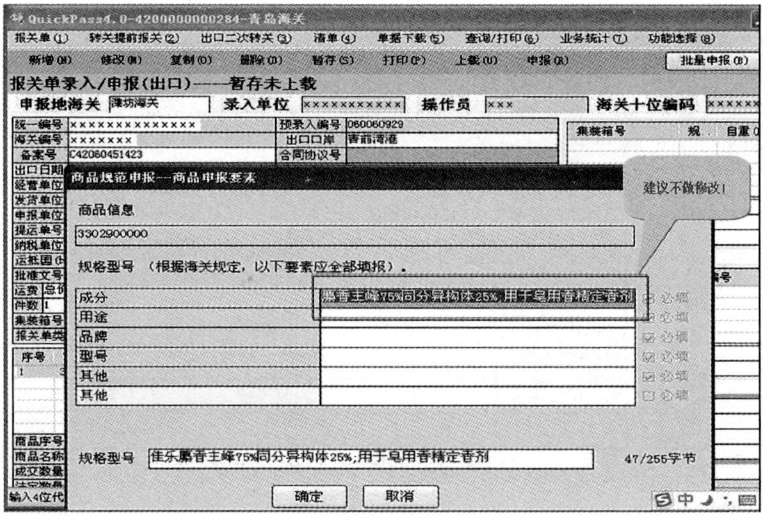

图 5－21

（六）补充申报

目前，补充申报单都是通过纸质形式申报和流转。报关单系统内增加补充申报管理功能后，补充申报单的录入申报分为两种情况：一是报关单申报时的主动补充申报，企业在报关单商品表体录入完后，继续录入补充申报单，补充申报单同报关单一起申报；二是在通关环节中的被动补充申报，海关接受报关单申报后，如果需要企业进行补充申报，海关将向电子口岸发送补充申报指令，企业重新查找到报关单进行补充申报单录入。

1. **补充申报单主动申报**

（1）主动申报录入。

报关单商品表体录入完成后，鼠标选中“表体数据”，点击鼠标右键，在弹出的下拉菜单中选择“补充申报”，企业选择补充申报单类型进行录入申报。企业可同时进行多项业务（价格、归类、原产地）补充申报，每一票补充申报单只允许针对一项业务中的一项商品，每一票报关单允许填报多份补充申报单。以进口报关单为例，如图 5－22 所示。

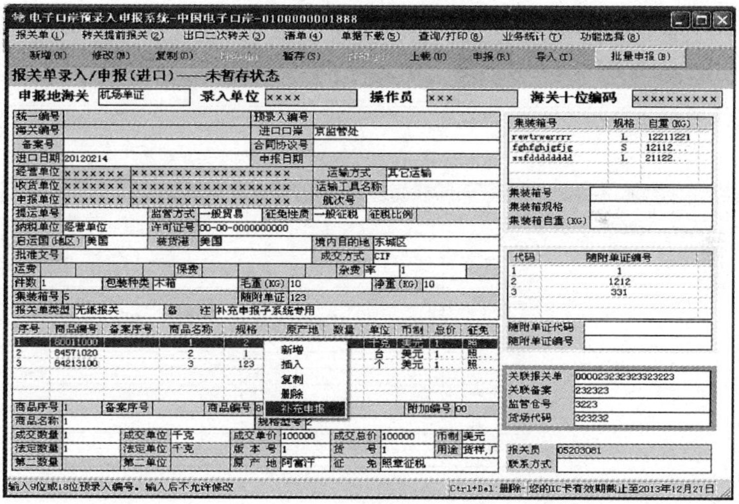

图 5－22

进入补充申报单录入界面，补充申报单的左侧显示报关单录入的商品项，右侧为补充申报单录入界面，分为价格补充申报单、归类补充申报单、原产地补充申报单三个表，如图 5－23 所示。

首先在页面左侧的商品项列表处选中需要补充申报的商品项，此时页面右侧的补充申报单类型变为可选，选择需要录入的申报单类型，进入申

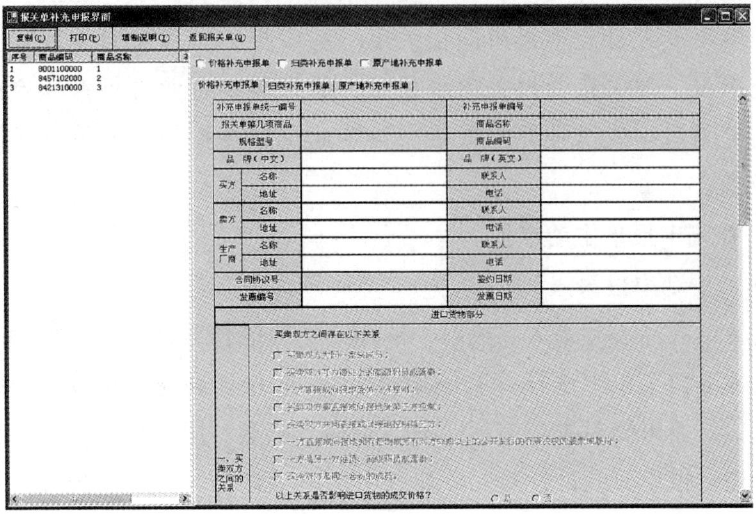

图 5－23

报单录入界面。此处以价格申报单为例，系统自动调出该商品项对应的商品序号、商品名称、规格型号、商品编码信息，其余各项由企业自行填写，如图 5－24 所示。

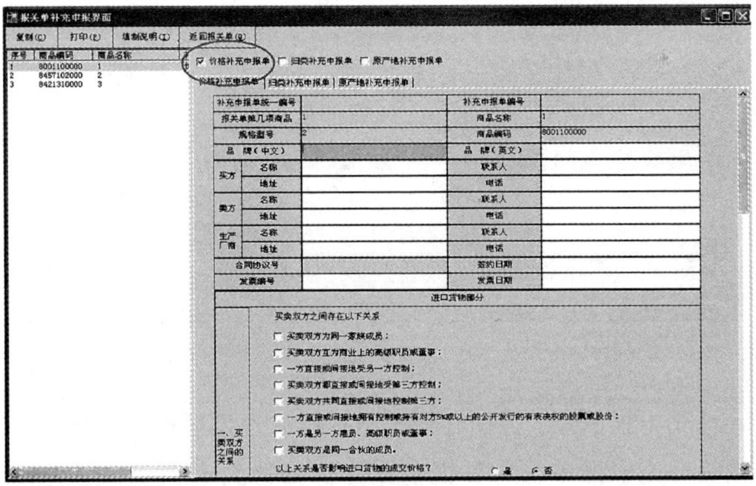

图 5－24

填写完所有需要申报的补充申报单后，点击页面上方的“返回报关单”按钮，然后进行“暂存”、“申报”即可，如图 5－25 所示。

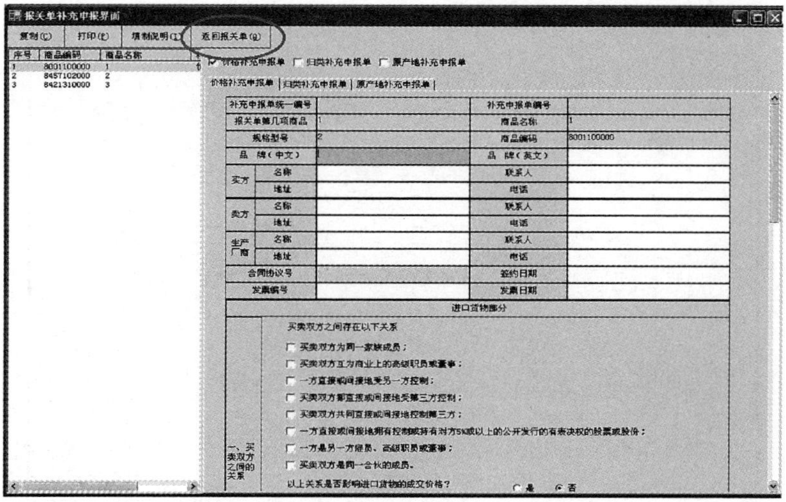

图 5－25

（2）报关单查询。

报关单申报成功后，可进入查询/打印——单据查询/打印界面。录入查询条件，点击“开始查询”按钮，调出查询的报关单数据。如果该报关单状态为已审结，并且没有接到海关要求补充申报的电话通知，则表明该份报关单及补充申报单已经由海关审批通过，整个补充申报单主动申报流程完毕。

2. 补充申报单被动申报

海关接受报关单申报后，如果认为需要企业补充申报，会向电子口岸发送补充申报指令，企业根据海关要求进行相应类别补充申报的录入申报，每一票补充申报单只允许针对一项业务中的一项商品，每一票报关单允许填报多份补充申报单，具体需要补充申报的商品项及补充申报单类别根据海关指令进行申报，未收到海关指令的报关单不能录入申报补充申报单。申报流程同补充申报单主动申报。

（1）补充申报单查询。

如果海关通知未进行补充申报的报关单需要进行补充申报或已申报的补充申报单需要修改，则在“查询/打印——补充申报单查询”界面，进行查询，如图 5－26 所示。

查询方法（以价格补充申报单被动申报为例）。

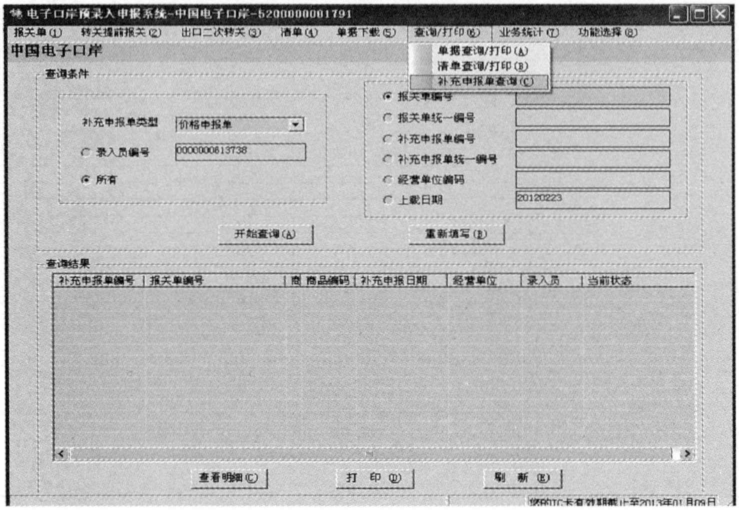

图 5－26

在“补充申报单查询”界面，左侧的查询条件可在下拉菜单中选择“价格申报单”、“归类查询”、“原产地查询”三种。在右侧的条件设置处设置查询条件，点击“开始查询”按钮，即可查询到补充申报单信息。此价格补充申报单回执为：“商品项 1 重新申报价格补充申报单，商品项 3 价格补充申报单海关已接收。”点击页面左下方的“查看明细”按钮，如图 5－27 所示。

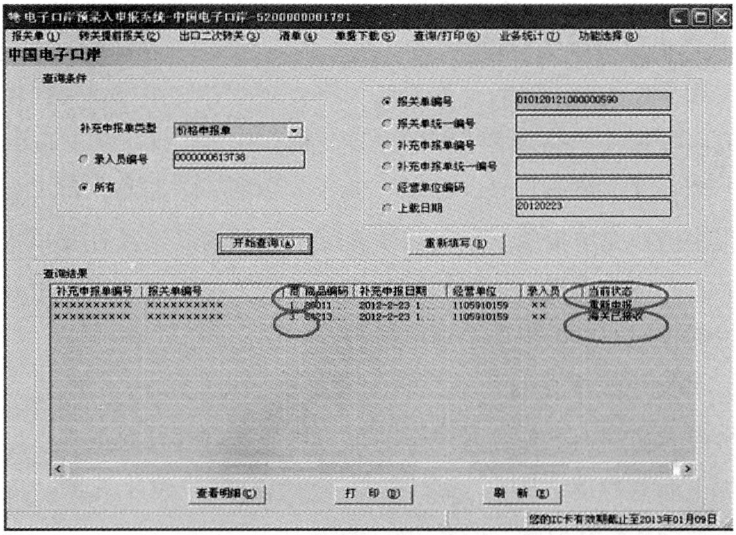

图 5－27

（2）补充申报单录入。

进入被动补充申报界面，此时商品项 1 的录入界面为可录入状态，如图 5－28 所示。

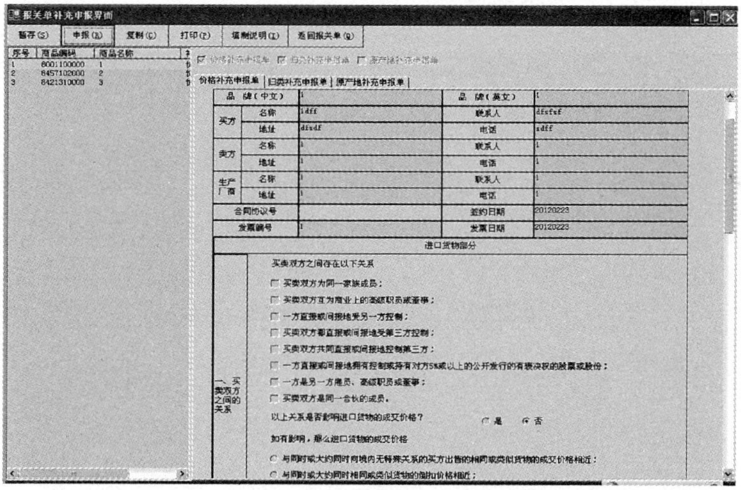

图 5－28

重新录入数据后，点击页面左上方的“暂存”按钮（注：此处有别于主动申报），系统提示“暂存成功”，如图 5－29 所示。

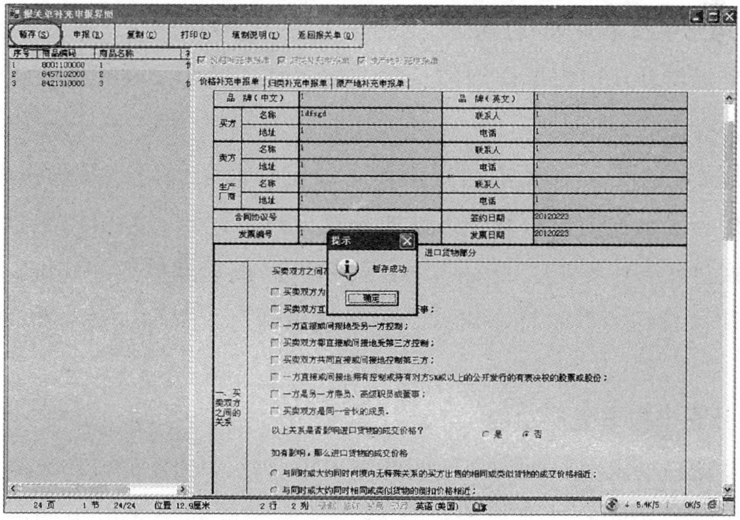

图 5－29

点击页面左上方的“申报”按钮（注：此处有别于主动申报），系统提示“申报成功”。申报成功后，进入“查询/打印——补充申报单查询”界面，设定查询条件，即可查询到补充申报单信息，当状态为“海关已接收”时，整个被动申报流程完成，如图 5－30 所示。

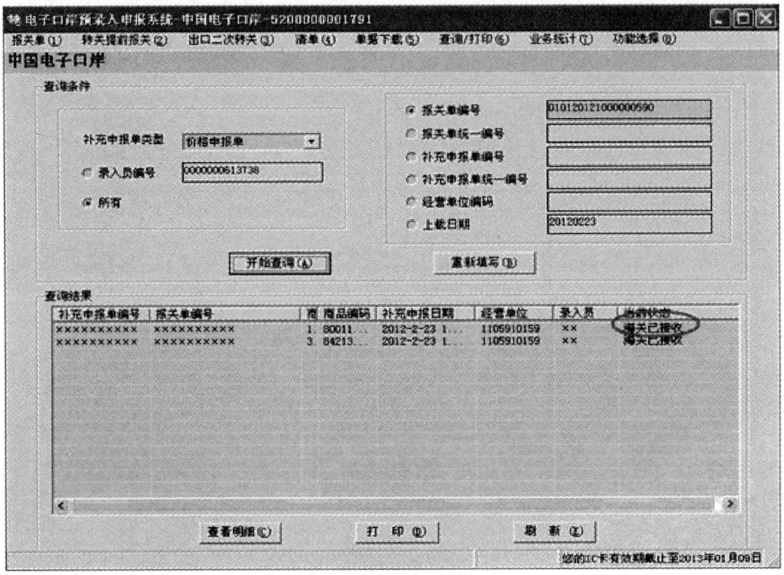

图 5－30

3. **补充申报单查询/打印**

系统提供补充申报单详细信息的查询、打印功能。在系统页面的功能菜单上，点击“ 查询/打印——补充申报单查询”，用户在补充申报单类型处选择需要查询的补充申报单类型，设定查询条件后，系统执行查询，在结果列表显示栏内显示符合条件的补充申报单记录，并给出单据的当前状态和回执状态。点击“查看明细”按钮可以查看该单证的详细信息。点击“打印”按钮，设定打印格式，可对该单证进行打印操作，如图 5－31 所示。

4. **补充申报单复制功能**

企业用户录入完一个商品项的补充申报信息，如图 5－32 所示。

当其他商品项的补充申报信息与已录入完成的补充申报商品项一致时，可以将鼠标选中需要录入的商品，然后点击页面上方的“复制”按

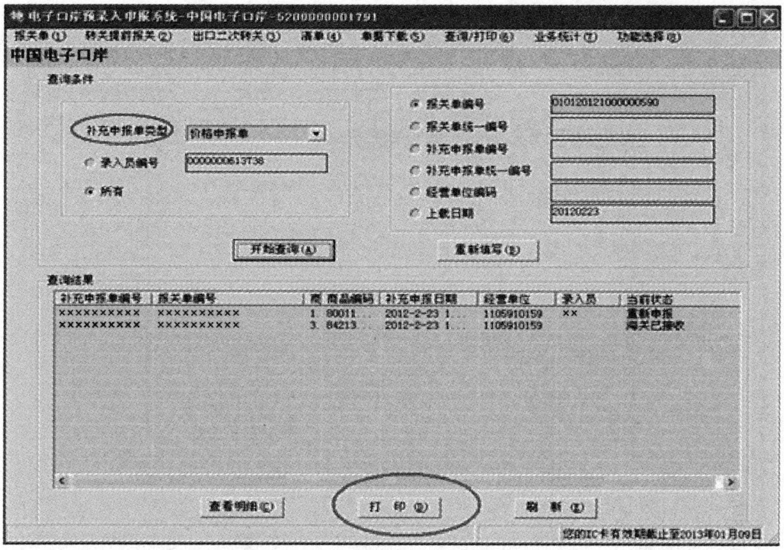

图 5 - 31

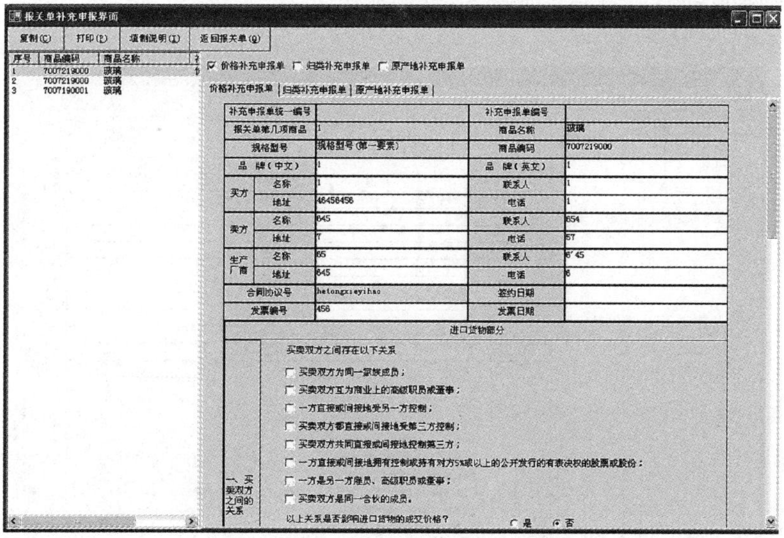

图 5 - 32

钮，弹出复制补充申报数据界面。选择“从哪个商品信息中复制补充申报数据”，再选择“要复制的补充申报单类型”，选择完成，点击“确认”按钮，如图 5 - 33 所示。

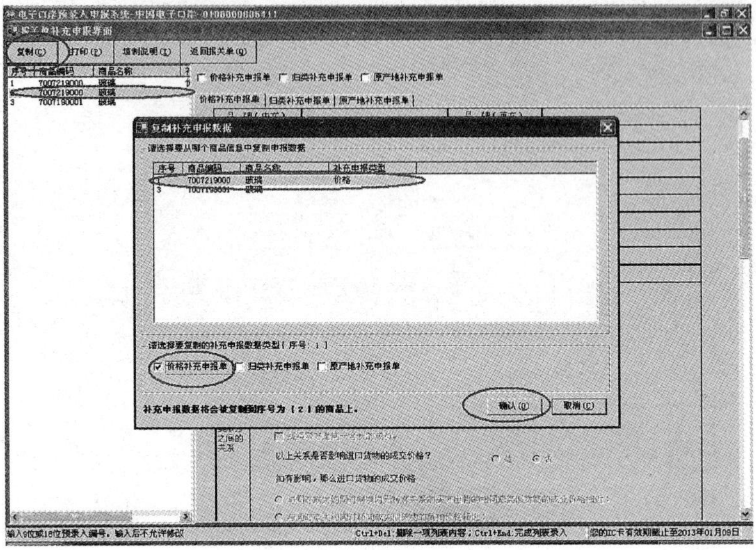

图 5 - 33

系统自动完成复制，如图 5 - 34 所示。

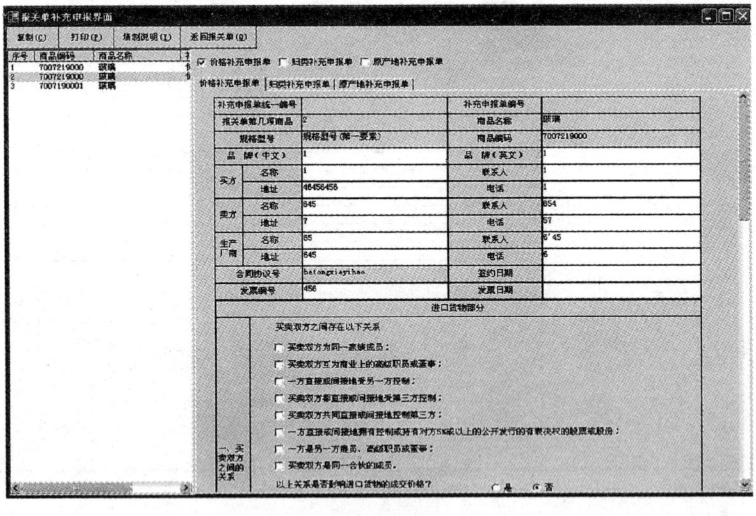

图 5 - 34

说明：被动补充申报复制功能的操作流程同主动补充申报复制功能。

5. 业务统计

在系统页面的功能菜单上，点击“业务统计——补充申报单统计”，进入业务统计界面，设定统计条件，点击“开始统计”按钮，即可完成统计操作，如图5－35所示。

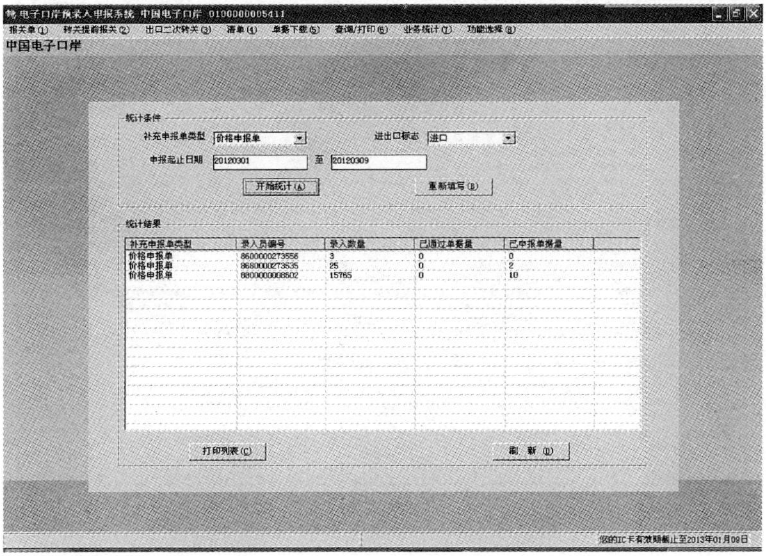

图5－35

6. **补充申报单填制说明**

在补充申报单录入界面，点击页面上方的“填制说明”按钮，如图5－36所示。

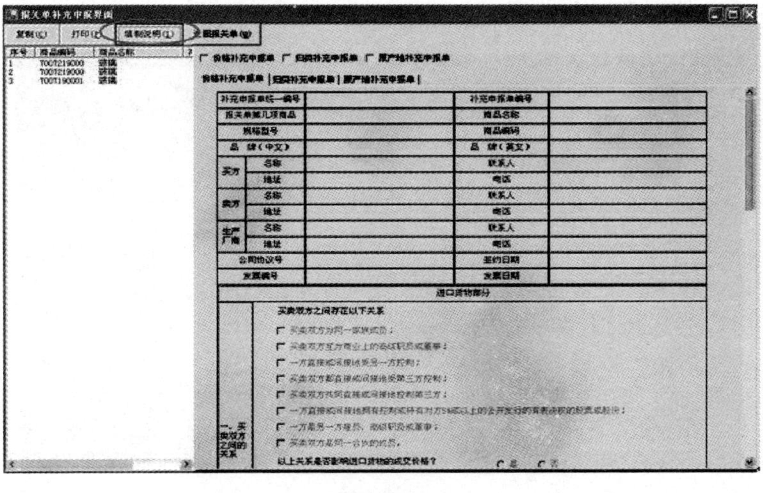

图5－36

系统提供了“价格补充申报单的填制说明”、“归类补充申报单的填制说明”、“原产地补充申报单的填制说明”，如图 5－37 所示。

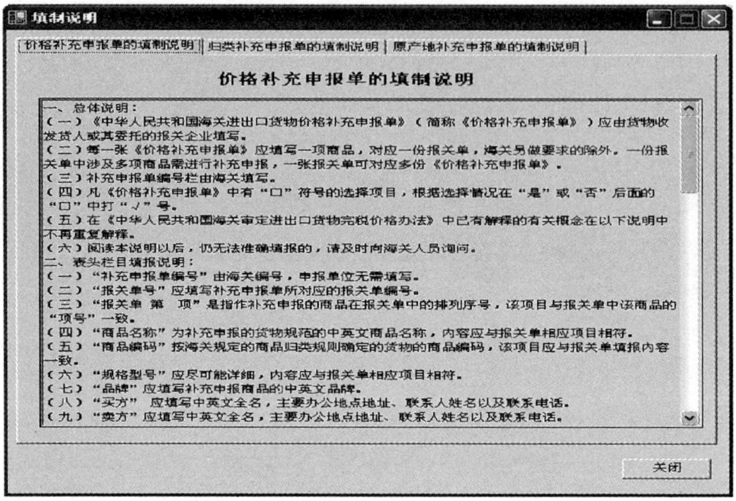

图 5－37

三、转关提前报关录入/申报

（一）进入“转关提前报关”界面

点击“转关提前报关”，选择下拉菜单中的相应业务，进入界面录入相关数据，如图 5－38 所示。

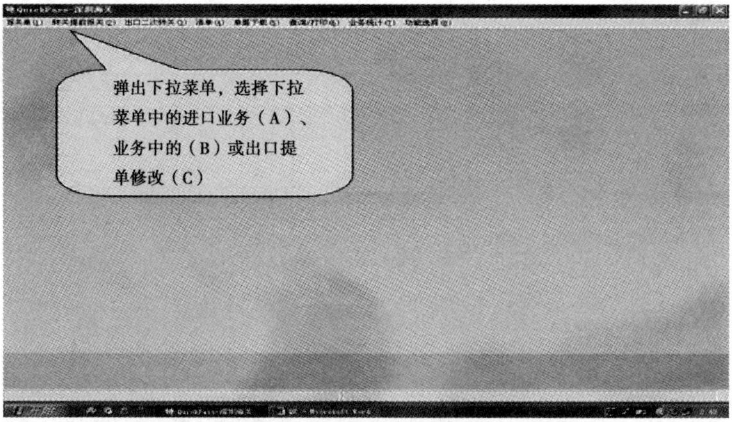

图 5－38

（二）非广东模式

如果申报地口岸不是广东关区，非广东模式“运输工具名称”一栏为灰，即无须填写。出口转关报关单录入/申报（非广东模式）界面，如图5－39所示。

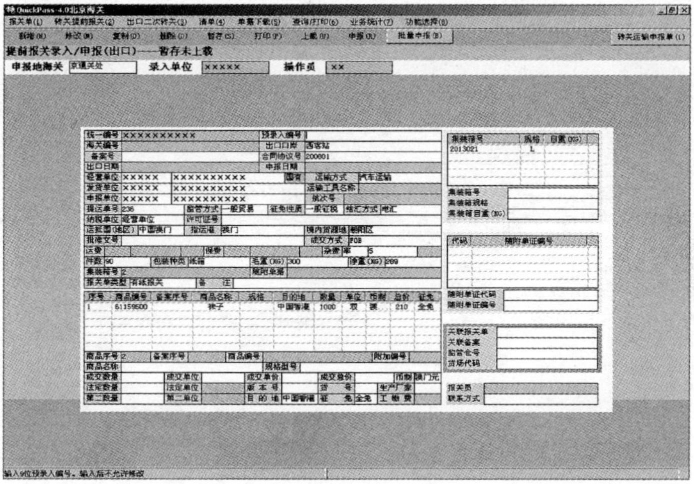

图5－39

进口转关报关单录入/申报（非广东模式）界面，如图5－40所示。

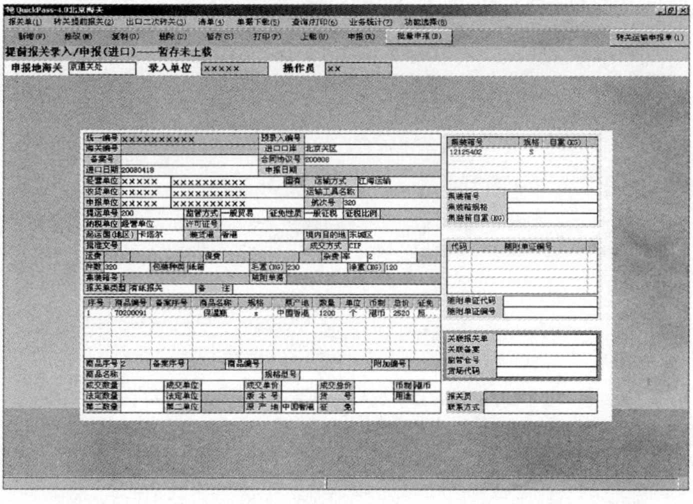

图5－40

在转关提前运输报关单录入/申报界面上完成相应的录入、暂存后，再点击右上方“转关运输申报单”按钮，即可进入“转关运输提前报关录入/申报”界面。

进口转关运输申报单（非广东模式）界面，如图5－41所示。

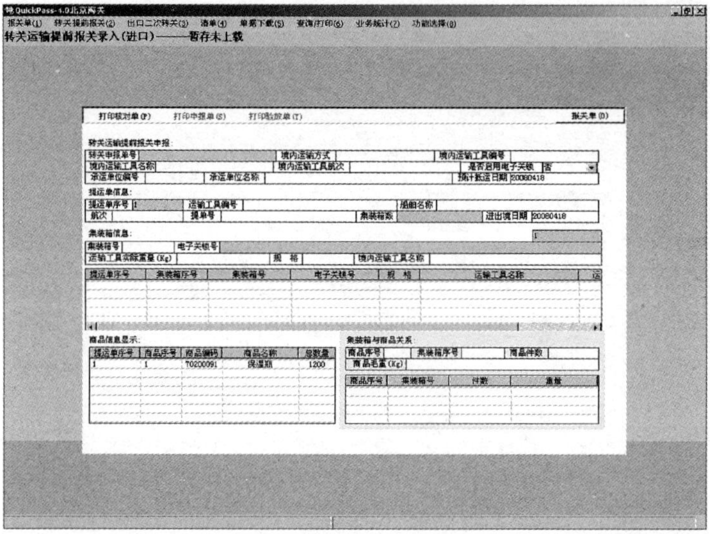

图5－41

出口转关运输申报单（非广东模式）界面，如图5－42所示。

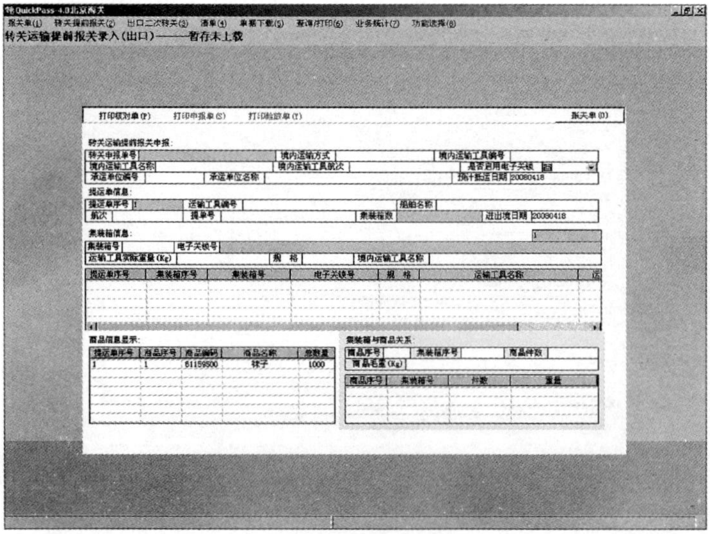

图5－42

录入完毕后，先进行暂存，再点击右上方的“报关单”按钮，返回“转关运输提前报关单”界面后，再进行申报。

（三）广东模式

如果申报地口岸是广东关区，则广东模式“运输工具名称”一栏不为灰，即需要填写。进口转关报关单录入/申报（广东模式）界面，如图5－43所示。

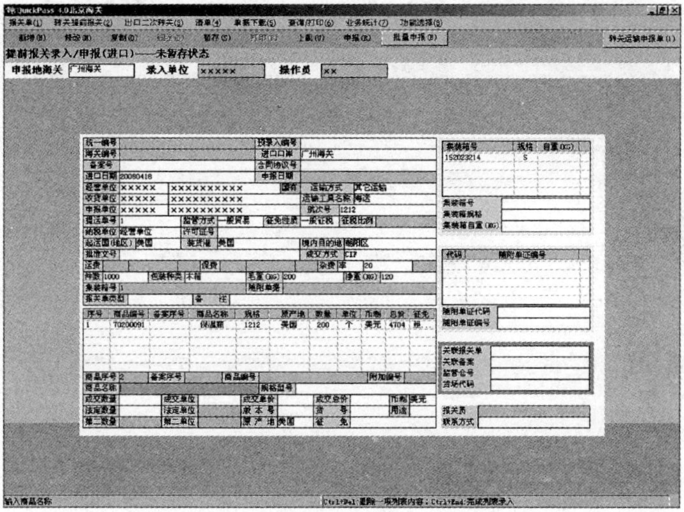

图5－43

出口转关报关单录入/申报（广东模式）界面，如图5－44所示。

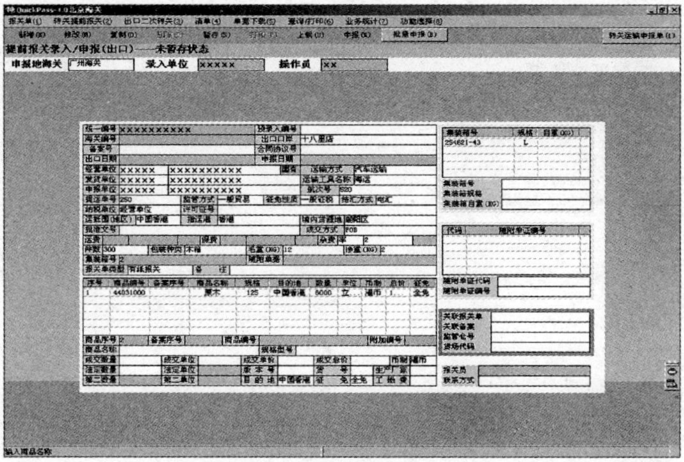

图5－44

在转关提前运输报关单录入/申报页面上完成相应的录入、暂存后，再点击右上方“转关运输申报单”按钮，即可进入“转关运输提前报关录入/申报”界面。

进口转关运输申报单（广东模式）界面，如图 5－45 所示。

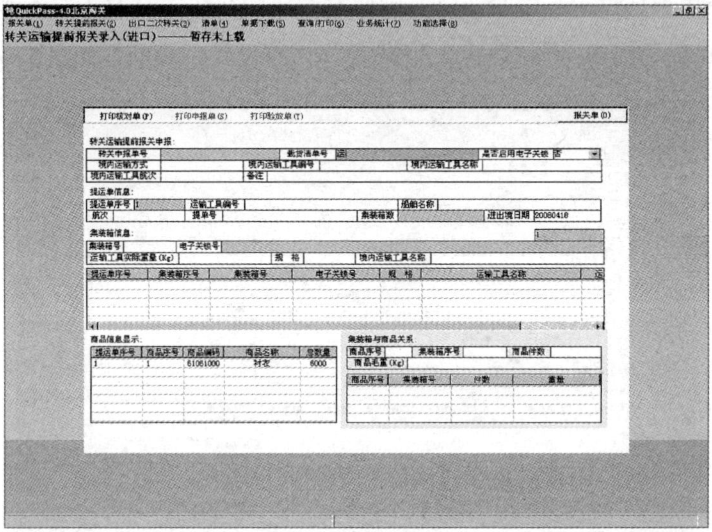

图 5－45

出口转关提前报关单录入/申报（广东模式）界面，如图 5－46 所示。

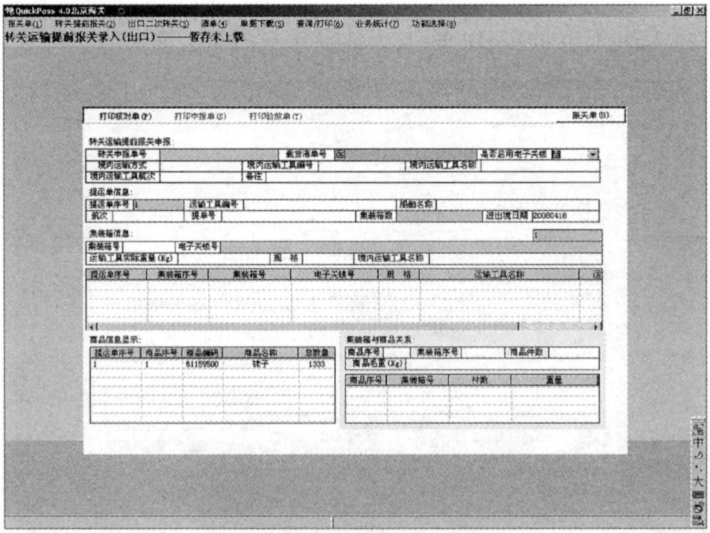

图 5－46

录入完毕后，先进行暂存，再点击右上方的“报关单”按钮，返回“转关运输提前报关单”界面后，再进行申报。

四、出口二次转关

出口二次转关的相关操作与转关提前报关中的出口业务操作相同。具体操作参见转关提前报关。

五、清单

（一）进入“清单”界面

在界面的功能菜单上，点击“清单”按钮，弹出下拉菜单，选择下拉菜单中的进口业务（A）或出口业务（B），进入清单录入/申报界面（以进口业务为例，出口操作同进口），如图5－47所示。

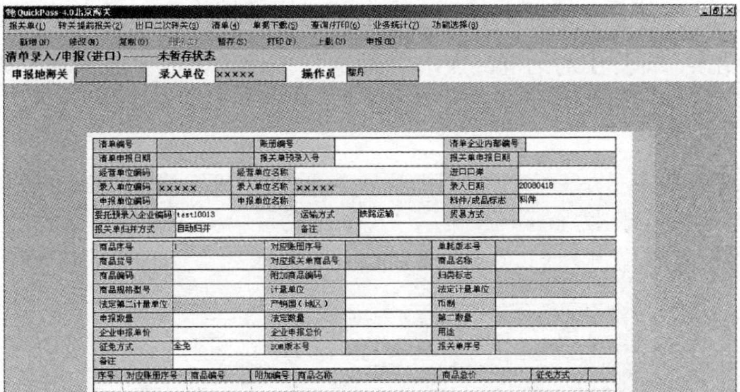

图5－47

（二）清单录入/暂存/上载/申报

清单数据录入完毕，暂存后数据将保存在预录入系统4.0服务器。点击“暂存”按钮，即弹出对话框，点击“确定”按钮，完成暂存操作，如图 5－48 所示。

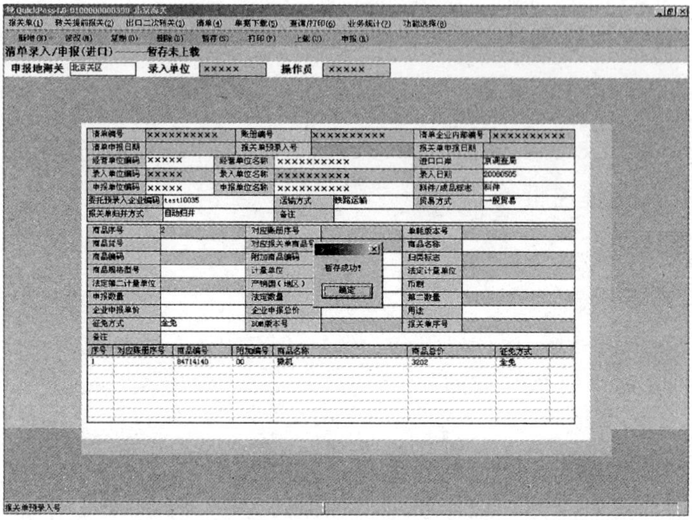

图 5－48

数据录入完毕后，需要上载到中国电子口岸数据中心，点击“上载”按钮，若无录入错误，即弹出对话框，点击“确定”按钮，完成上载操作，如图 5－49 所示。

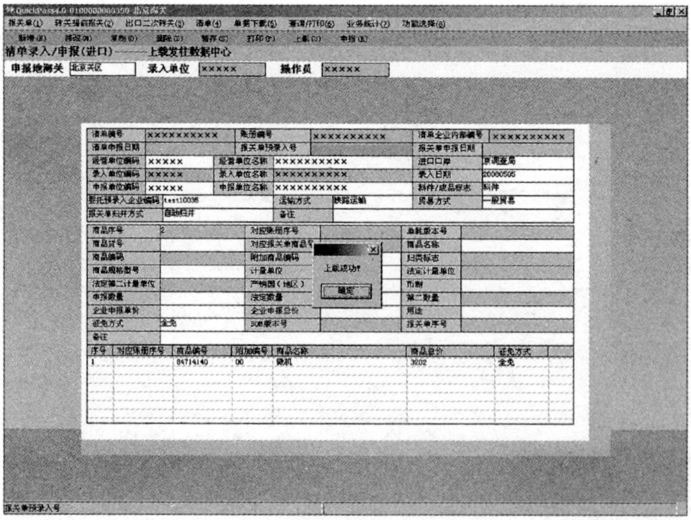

图 5－49

数据录入完毕后，需要向海关申报，点击“申报”按钮，若无录入错误，即弹出对话框，点击“确定”按钮，完成申报操作，如图 5 - 50 所示。

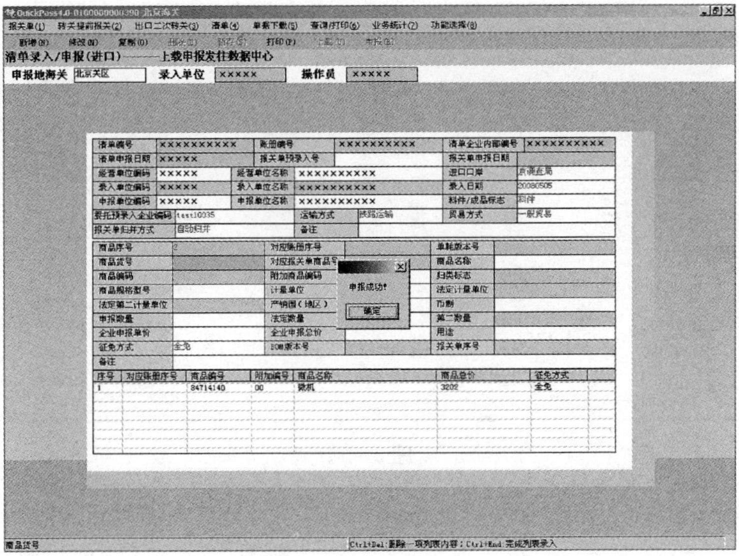

图 5 - 50

（三）清单查询

清单申报成功后，可在查询/打印中查询已申报的清单状态。详细操作请见本章“查询/打印”的“清单查询/打印”功能介绍。

六、单据下载

（一）清单下载

在页面的功能菜单上，点击“单据下载”按钮，弹出下拉菜单，选择下拉菜单中的清单下载（A），即可进入单据下载页面。设定下载条件，点击“查询”按钮，在查询结果一栏中显示符合条件的清单信息，选中该清单，还可以选择“下载单据类型”为“大清单”、“小清单”或“清单报关单”，点击“下载”按钮，如图 5 - 51 所示。

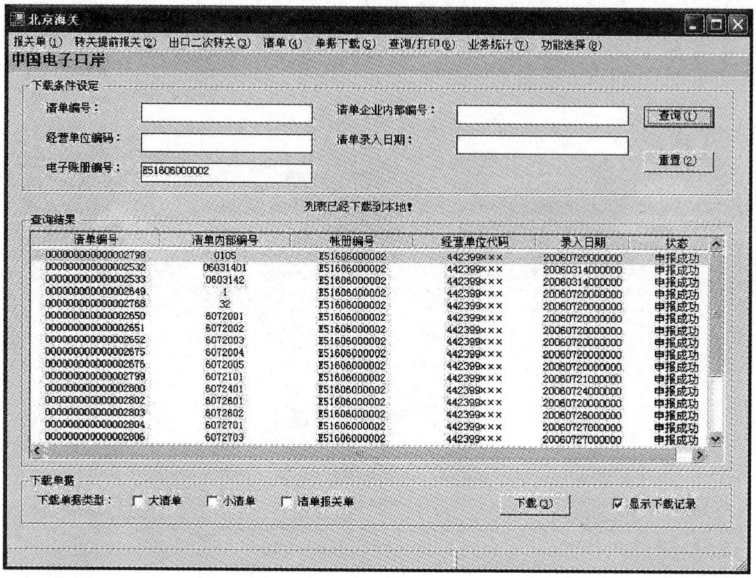

图5－51

下载完成后，系统提示所有下载记录，显示框显示“下载操作完成”，完成清单的下载。点击“关闭”按钮，如图5－52所示。

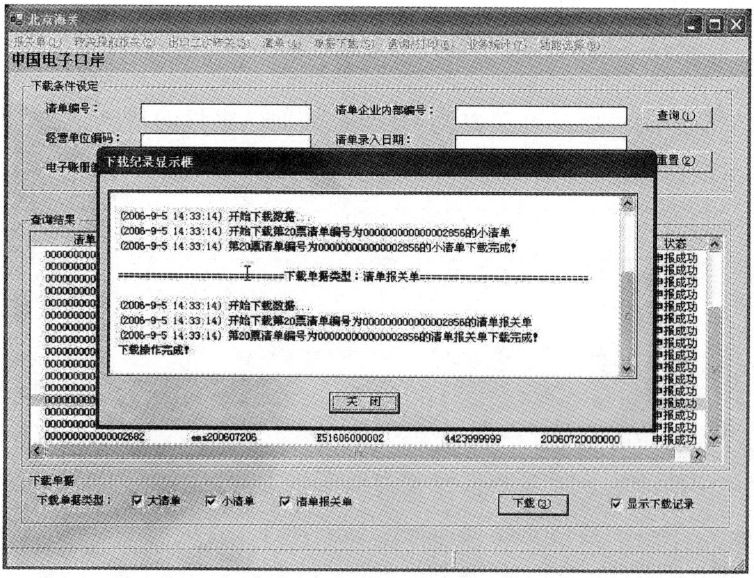

图5－52

（二）电子手册报关单下载

该功能是提供给清单中的“委托预录入企业”（清单中相应的字段名称为：委托预录入企业编号）下载已经生成的报关单时使用的。在页面的功能菜单上，点击“单据下载”按钮，弹出下拉菜单，选择下拉菜单中的电子手册报关单下载（B），即可进入单据下载页面。设定下载条件，点击“查询”按钮，在“查询结果”一栏中显示所要查询的清单信息，选中该清单，点击“下载”按钮，如图 5－53 所示。

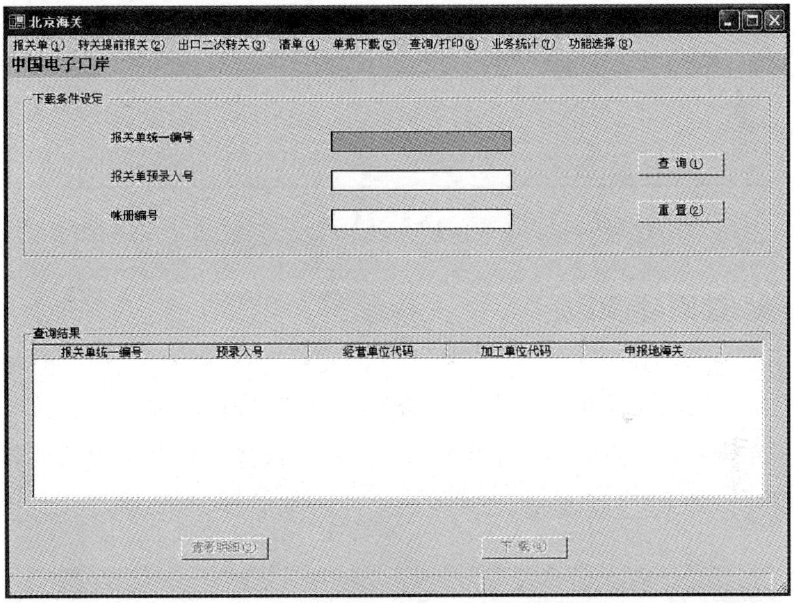

图 5－53

（三）其他报关单下载

设定下载条件，点击“查询”按钮，在“查询结果”一栏中显示所要查询的报关单信息，选中该报关单，点击“下载”按钮，如图 5－54 所示。

说明：清单中的委托预录入企业被默认为报关单的录入单位。

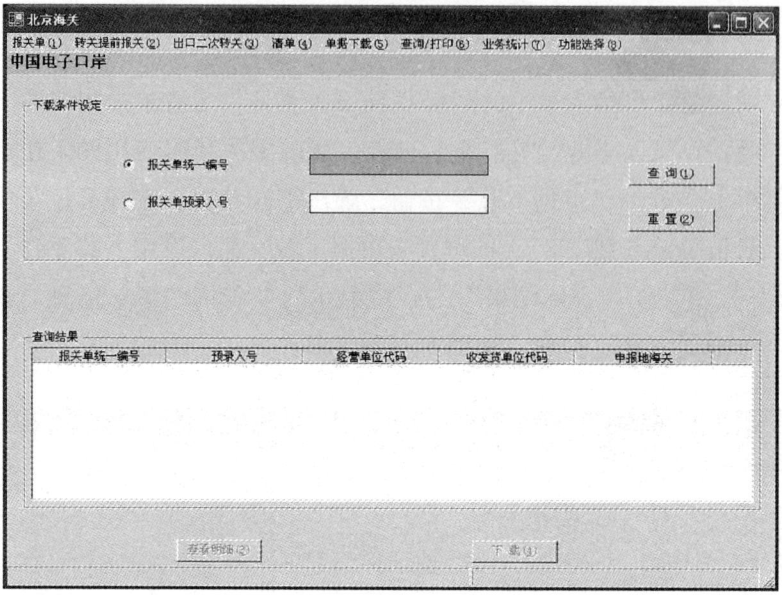

图 5 -54

七、查询/打印

在页面的功能菜单上，点击“查询/打印”按钮，弹出的下拉菜单中包括“单据查询/打印”、“清单查询/打印”，选择下拉菜单中的“单据查询/打印”，如图5 -55 所示。

图 5 -55

选择任一查询方式，输入相应查询条件，点击“开始查询”，如图 5－56 所示。

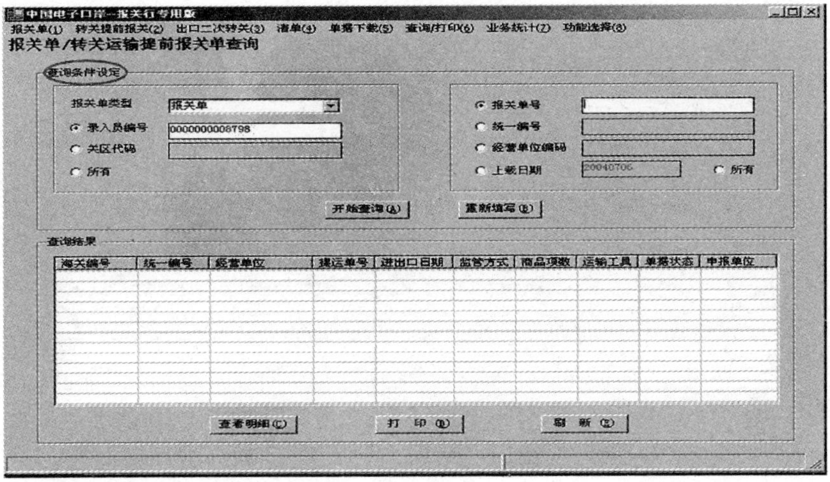

图 5－56

在查询结果列表中可选择其中一份报关单，查看明细。如需打印，则点击“打印”按钮，可将所需要的报关单打印出来，如图 5－57 所示。

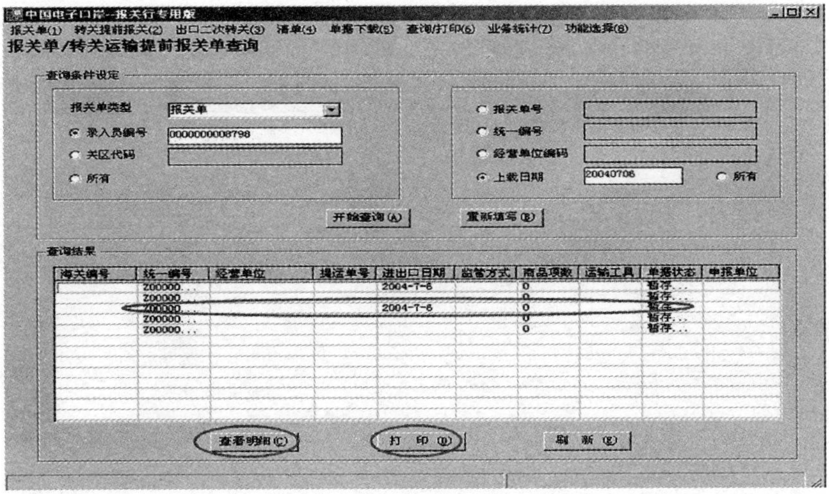

图 5－57

在报关单打印界面，系统提供了标准格式与套打格式两种，使用标准格式打印，即用A4纸直接打印；使用套打格式打印，即用已购买的报关单打印。选择打印的单据种类，点击“打印”按钮即可，如图5-58所示。

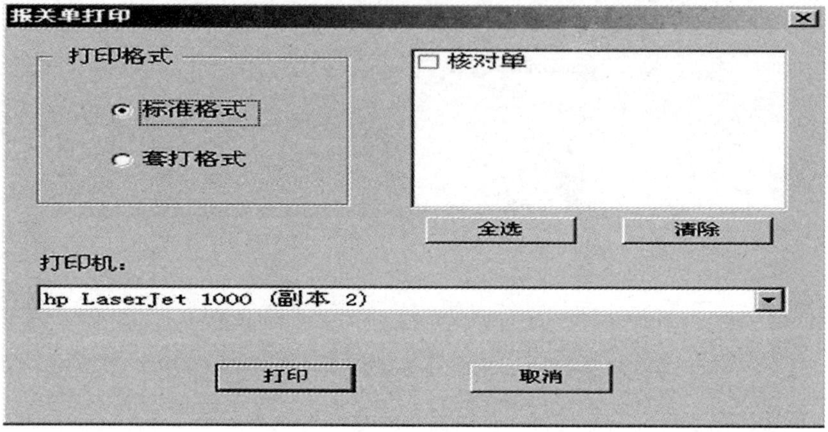

图5-58

八、业务统计

点击“业务统计”，进入业务统计界面，如图5-59所示。

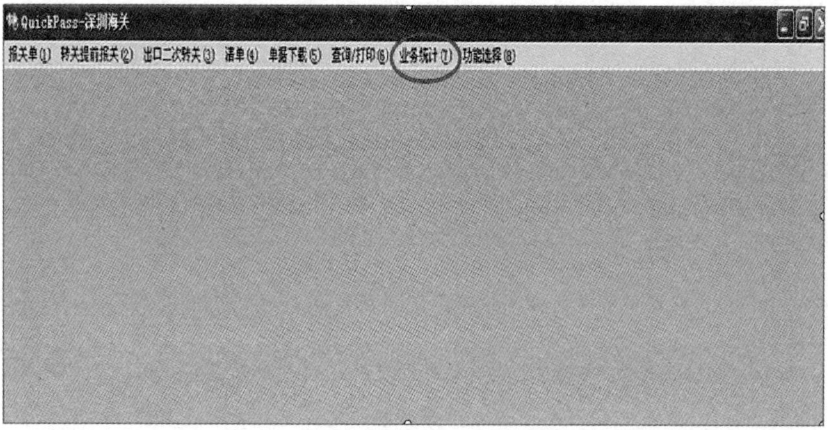

图5-59

选定起止条件，任选一种统计条件后，在图5-60中点击“开始统

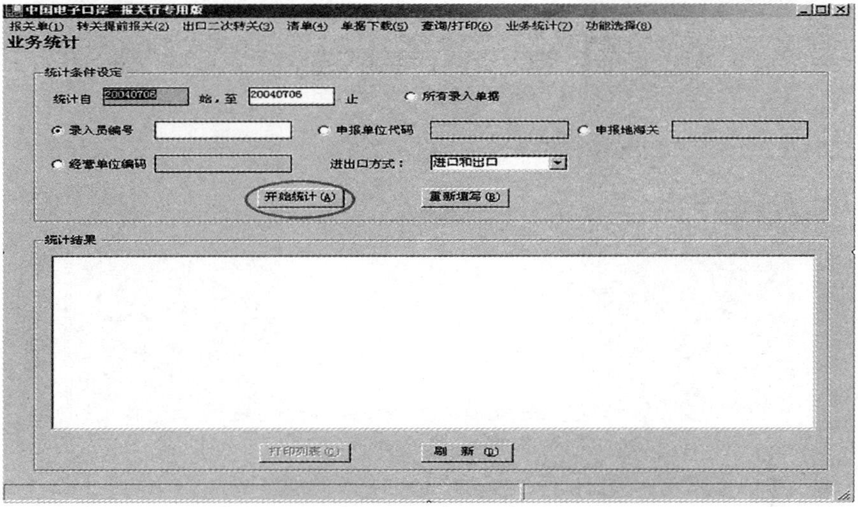

图 5－60

计”按钮，即在统计结果列表中显示相应的统计结果，如图 5－61 所示。

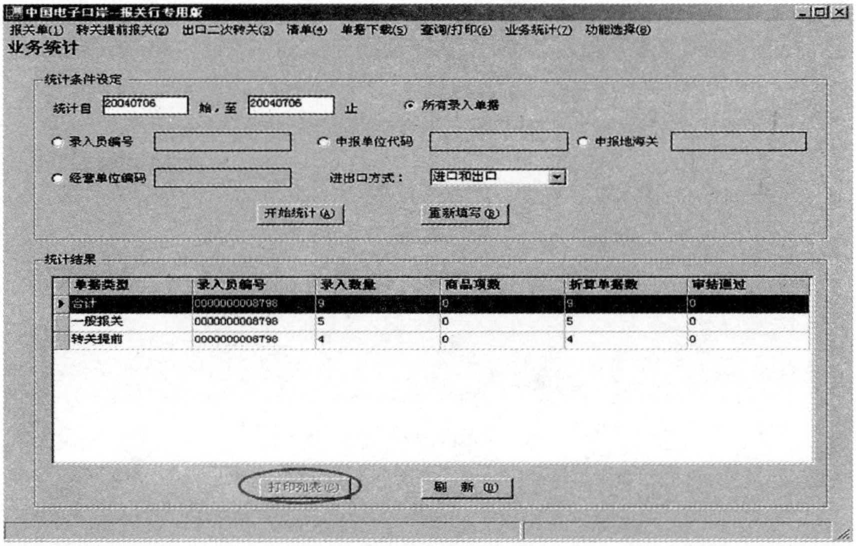

图 5－61

在上图中，点击“打印列表”按钮，即可将统计的报关单数据以列表形式打印出来，如图 5－62 所示。

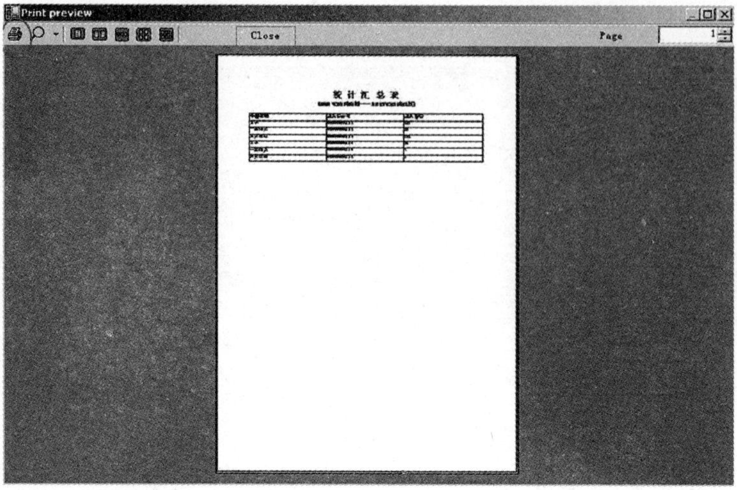

图 5－62

九、功能选择

在系统界面上方的功能菜单栏，点击“功能选择”按钮，弹出一个下拉菜单，用户可以进行返回主选单、前进、后退、帮助、关于、退出的操作，如图 5－63 所示。

图 5－63

（1）返回主选单（Ctrl + A）：点击“返回主选单”按钮，进入主选单界面。

（2）前进（Ctrl + B）：点击“前进”按钮，即进入目前状态的下一步。

（3）后退（Ctrl + C）：点击“后退”按钮，即进入目前状态的上一步。

(4) 帮助 (Ctrl + D): 点击“帮助”按钮，进入系统帮助界面。

(5) 关于 (Ctrl + E): 点击“关于”按钮，显示版本号和最新更新时间。

(6) 退出 (Ctrl + F): 点击“退出”按钮，或点击右上角的符号“×”按钮，即可退出本系统。

第三节　注意事项

报关申报系统操作注意事项如下。

- 报关单的经营单位/收发货单位/申报单位可录入 50 个字符，即 25 个汉字。商品名称栏可填 50 个字符，备注栏可填 255 个字符。规格型号可录入 255 个字符，但打印出的纸质单证与更新前一样，规格型号栏只能显示前 30 个字符，超出的部分不能在纸质单证上显示出来。
- 报关单被海关退单，应根据退单回执中“(　)”内的具体内容判断海关确切的退单原因。如报关单的退单原因为退单或入库失败，经营单位超期或被布控（经营单位通关期限超期）。可以辨别出海关的实际退单原因是经营单位通关期限超期，即经营单位的海关注册登记证书已过期，需要向注册地海关办理换证手续。

第六章　转关申报实务操作与技巧

第一节　功能概述

转关运输货物是指由入境口岸转运至另一设关地点办理进口海关手续的货物；在启运地已办理出口海关手续运往出境地，由出境地海关监管放行的货物；由关境内一设关地点转运到另一设关地点应受海关监管的货物。

转关申报系统主要考虑到广大进出口用户的业务特点和应用环境，同时针对各类用户实现快速通关而设计开发的系统。该系统主要适用于进出口货物的转关运输申报，有广东和非广东两种不同的转关模式。其主要功能包括各类进出口转关单的录入、上载、申报、查询、打印，出口转关修改提单，转关单查询、打印，海关回执的查询、打印，业务统计等。

第二节　操作流程

一、进入系统

用户进入 Windows 系统，从 Windows 桌面上双击“电子口岸预录入客户端”图标，如图 6－1 所示。

将报关员 IC 卡或者企业操作员卡插入读卡器或 USB 接口中，输入密码后进入系统，如图 6－2 所示。

图 6 - 1

图 6 - 2

点击“转关单”按钮选择下拉菜单中的选项，即可进入转关申报界面，如图 6 - 3 所示。

二、转关单录入／申报

点击“转关申报”按钮，选择下拉菜单中的选项，进入转关申报子系统界面，如图 6 - 4 所示。

图 6 – 3

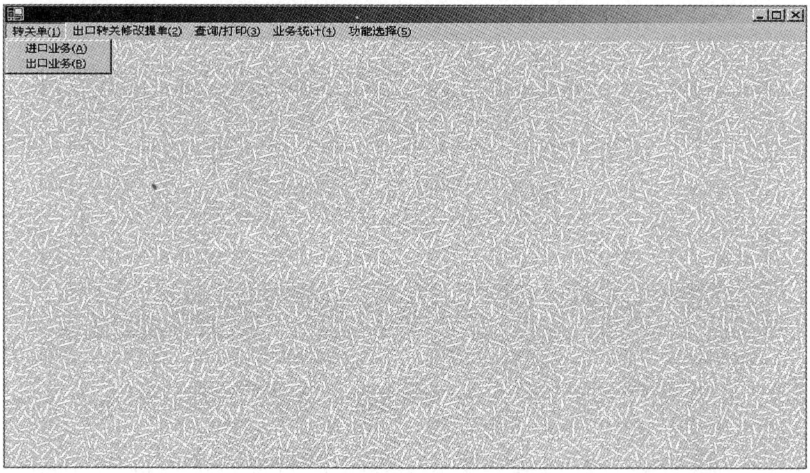

图 6 – 4

点击上图中“转关单（1)”，选择其下拉菜单中的“进口业务（A)”或“出口业务（B)”。以进口为例，如图 6 – 5、图 6 – 6 所示。

非广东模式（转关单预录入栏无须填写。如本栏处于开放状态，则企业应填入相应的转关单预录入号）。

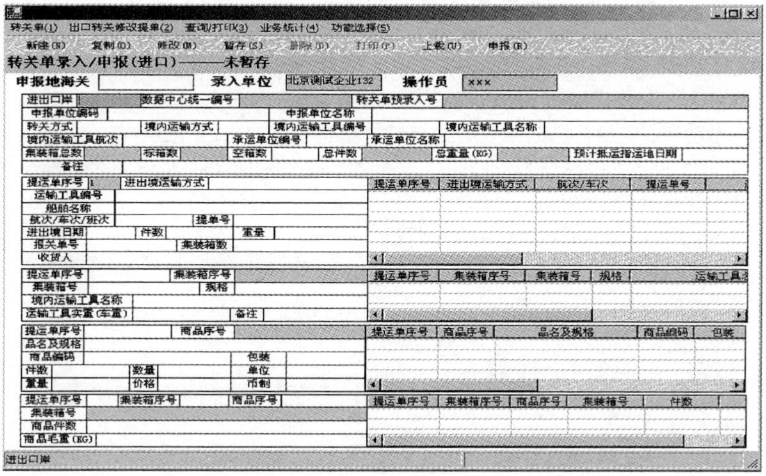

图 6－5

广东模式（在转关单预录入号一栏输入 13 位载货清单号）。

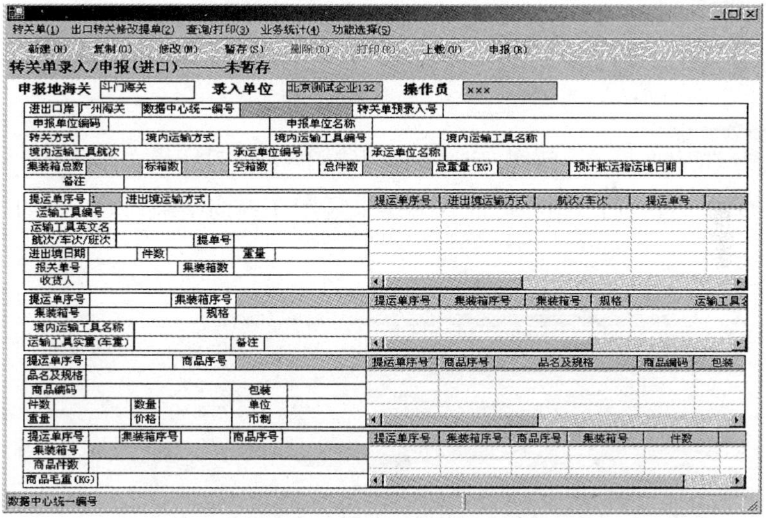

图 6－6

操作员首先录入“申报地海关”，按空格键即可调出相应代码，选中代码即显示相关内容；也可以直接输入海关代码或申报地海关的中文名称。数据录入完毕后，点击“暂存”按钮，暂存成功后，系统将显示暂存成功的对话框，如图 6－7 所示。

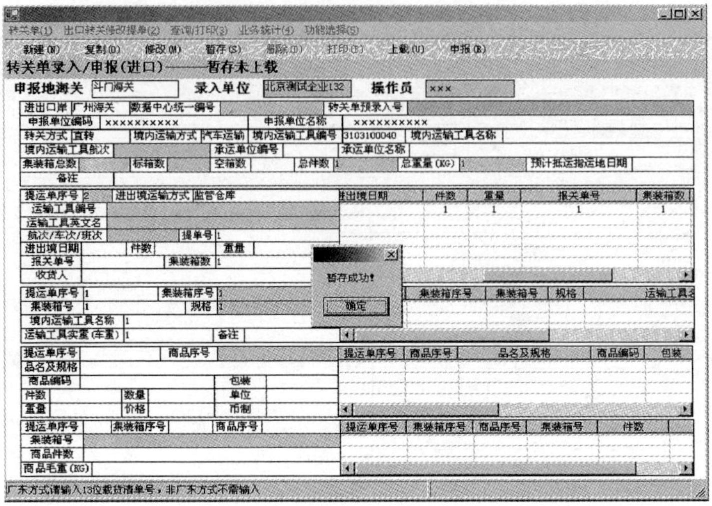

图 6 -7

暂存完毕后，方可进行申报操作。点击“申报”按钮，系统通过逻辑校验和单证校验，该票报关单数据由中国电子口岸数据中心传送到海关系统。

三、查询/打印

点击“查询/打印”按钮，进入转关申报单查询/打印界面，设定查询条件，点击“查询”按钮后，则相应的查询结果显示在查询结果列表中，如图 6 -8 所示。

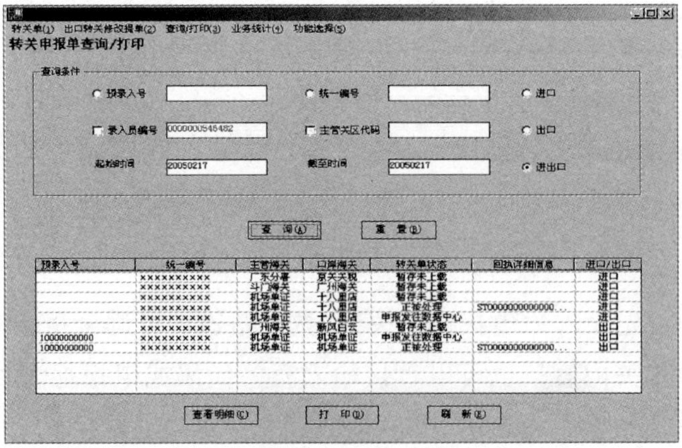

图 6 -8

用户可以选择一条记录，点击“查看明细”按钮查看转关单详细信息，如图6－9所示。

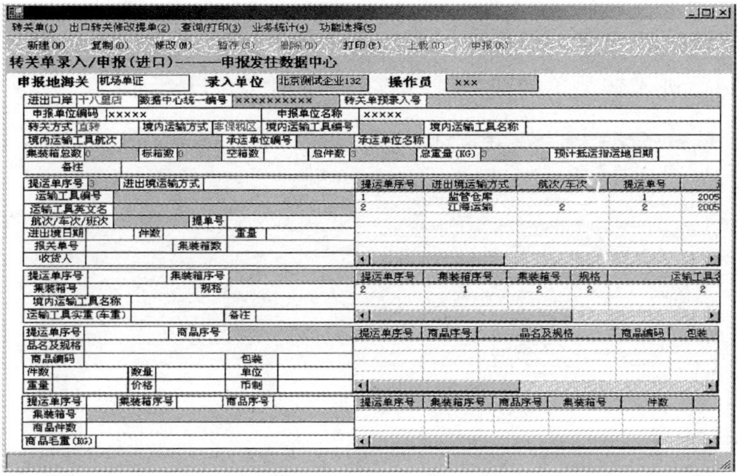

图6－9

用户可以点击“打印”按钮，进入以下界面，如图6－10所示，选定相应的打印格式、打印份数等，点击弹出的对话框下方的“打印”按钮，即可打印选定的数据。

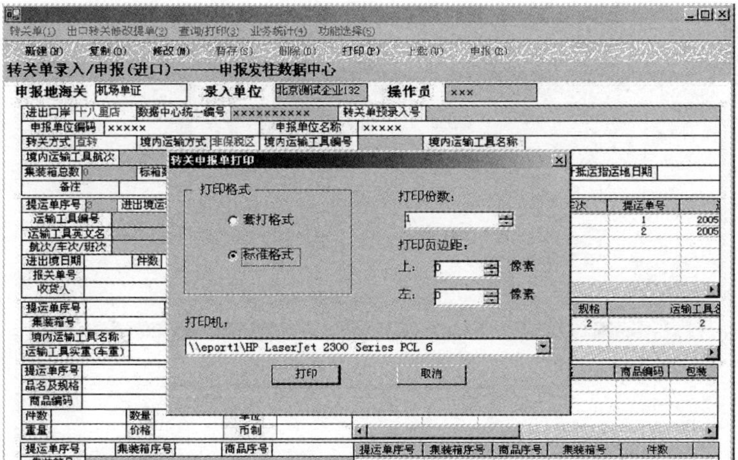

图6－10

四、业务统计

在业务统计界面，用户可以统计一个时期内的业务量。点击“业务统计”按钮，进入转关单的业务统计界面，如图6－11所示。

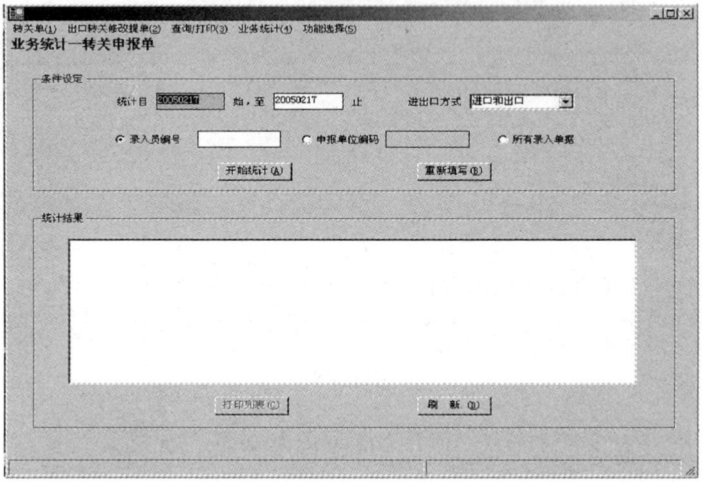

图6－11

设定查询条件，点击“开始统计”按钮，系统会将所有符合查询条件的结果显示在统计结果列表中，如图6－12所示。

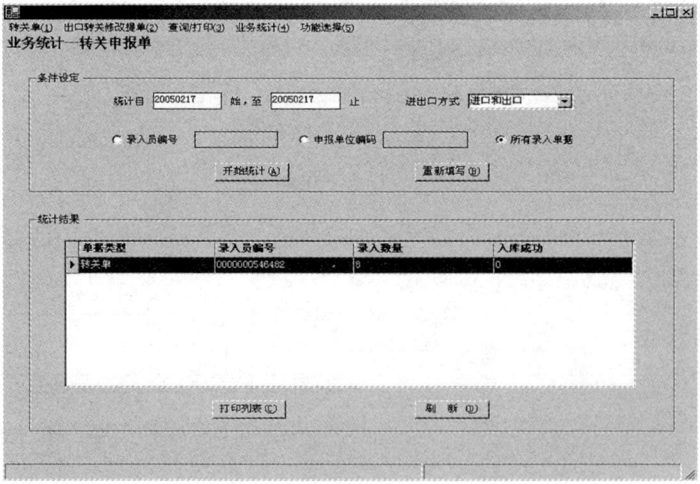

图6－12

点击“打印列表”按钮，则系统弹出如下打印预览对话框，用户可打印出相应的文档，如图 6－13 所示。

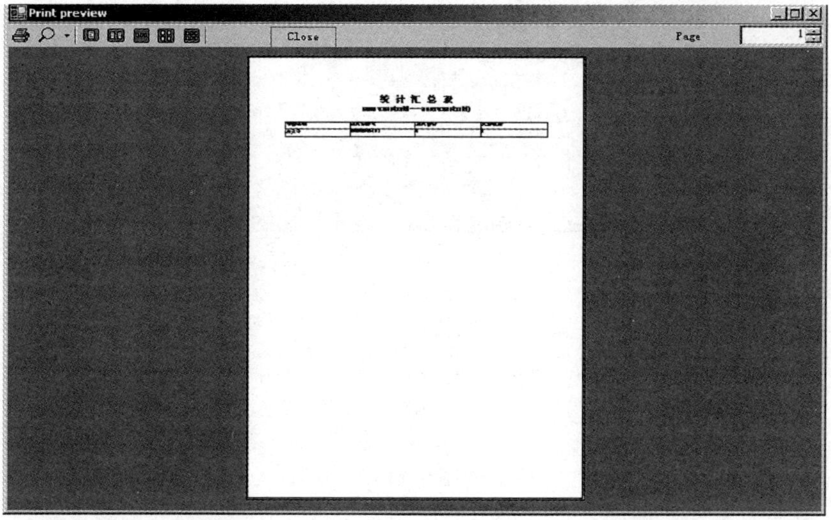

图 6－13

五、系统功能按钮操作说明

（1）新增（Ctrl + N）：点击“新增”按钮可重新录入一份新的转关单数据信息。

（2）复制（Ctrl + O）：点击“复制”按钮，系统弹出对话框，如图 6－14 所示。

设定相应的条件，点击“查询”按钮，相应的查询结果就显示在查询结果列表中。选定一条要进行复制的数据，点击“复制”按钮，系统将选定的数据复制到新增的录入页面中，修改后可重新申报，申报成功后的报关单将产生新的“统一编号”。

（3）修改（Ctrl + M）：点击“修改”按钮，在查询条件中，设定相应的条件，点击“查询”按钮，相应的查询结果就显示在对话框下方的查询结果列表中，如图 6－15 所示。

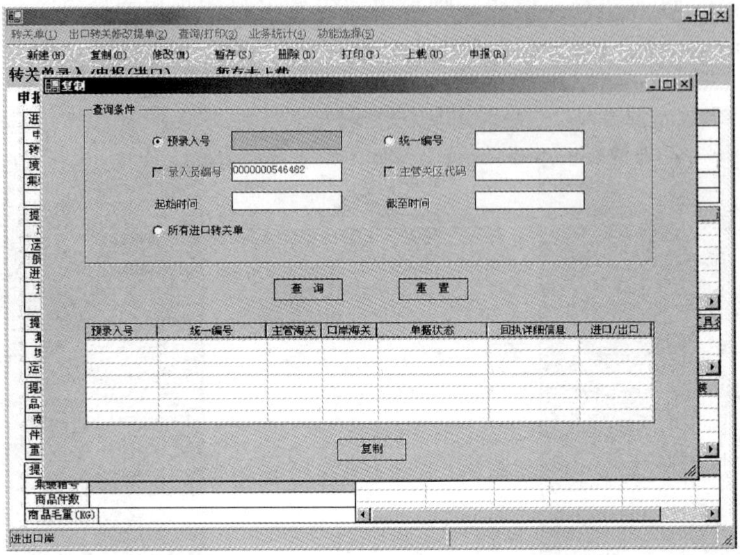

图 6－14

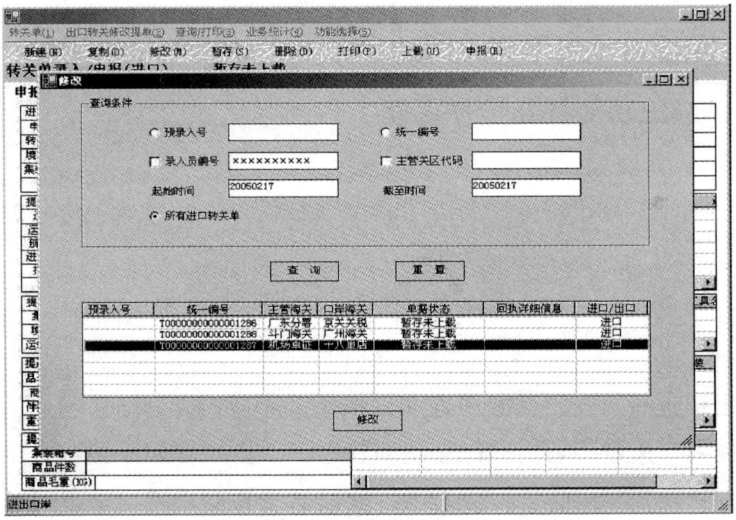

图 6－15

选定一条要进行修改的数据，点击“修改”按钮，转关单被修改后必须重新保存申报。申报成功后的转关单不产生新的“统一编号”。

（4）暂存（Ctrl＋S）：录入完成或临时放弃继续录入时，点击“暂存”按钮，实现数据的保存，同时，系统自动配给中国电子口岸数据中心统一编号，企业可以对暂存成功的转关单数据执行修改、删除、复制的操作。

（5）删除（Ctrl + D）：对于已经暂存成功的数据，用户如确认已经不再需要该数据，可以选择将这条数据删除。点击“删除”按钮，系统弹出一个对话框提示用户“是否删除当前转关单”，选择“是”，则系统删掉此份数据；选择“否”，则系统回到原有界面。

（6）打印（Ctrl + P）：用户需要打印海关已审核通过的转关单，并携纸质单据到海关现场交单。点击“打印”按钮，查找需要打印的转关单，将其调出，系统提示选择打印格式（标准格式、套打格式）、选择打印机的类型和打印份数等。选择好相应的选项后，点击“打印”按钮即可打印出转关单。

（7）上载（Ctrl + U）：在完成转关单的录入或暂存之后，企业可点击“上载”按钮，将已录入完毕的数据发往中国电子口岸数据中心。如果上载失败，系统会在弹出的对话框中提示失败的原因，用户可根据提示作相应的修改后，重新上载。用户也可以对上载成功的数据修改后再次上载。上载成功，则修改后的数据将覆盖原数据，中国电子口岸数据中心统一编号不变。

（8）申报：数据录入完毕后，或将已暂存的数据通过查询调出，点击“申报”按钮将数据发往中国电子口岸数据中心，并由中国电子口岸数据中心将其转发给海关审核。如申报不成功，则系统会在弹出的对话框中提示申报失败的原因，用户可根据提示作出相应的修改，并重新申报。

第三节　注意事项

转关货物的收发货人或代理人，可以通过以下三种方式办理转关业务。

- 在指运地或启运地海关以提前报关方式办理。
- 在进境地或启运地海关以直接填报转关货物申报单的直转方式办理。
- 以由境内承运人或其代理人统一向进境地或启运地海关申报的中转方式办理。

第七章　一般贸易货物集中申报实务操作与技巧

集中申报是海关针对频繁进出、通关时效要求高的货物所采取的一种特殊通关方式。

集中申报系统是为规范海关对频繁进出、通关时效要求高的货物等集中申报货物的监管，切实提高通关效率，方便企业合法进出而开发的系统。

第一节　功能概述

用户通过该系统办理集中申报备案手续，向海关申报进出口货物集报清单办理验放手续。在海关规定的期限内将集报清单进行汇总，生成集中申报报关单向海关申报，海关对集中申报报关单进行审核，审核流程同普通报关单，企业按照海关要求办理涉证涉税货物监管手续。一般贸易货物集中申报业务的企业资质备案海关审核通过后，需进行企业商品信息备案并经海关审核通过，方能进行集报清单申报。

第二节　操作流程

一、进入系统

用户进入 Windows 系统，从 Windows 桌面上双击“电子口岸预录入客户端”图标，如图 7－1 所示。

将报关员 IC 卡或者企业操作员卡插入读卡器或 USB 接口中，输入密码后进入系统，如图 7－2 所示。

图 7－1

图 7－2

点击“集中申报”按钮，即可进入集中申报界面，如图 7－3 所示。

图 7－3

二、集报备案

点击页面左侧的“集报备案”模块，进行“企业资质备案”和“企业商品信息备案”。

（一）企业资质备案

一般贸易货物申报清单前要在集报备案栏下申报“企业资质备案”。录入“申报地海关”，淡黄色项为可填项，灰色项系统自动返填，录入完毕分别点击“暂存”、“申报”按钮。暂存成功后系统自动生成“备案企业中心统一编号”，记录此号以备“企业商品信息备案”时使用，如图7－4 所示。

（二）修改企业资质信息

用户若想对以前暂存后未申报的数据或被海关退单的数据进行修改，可在“企业资质备案”界面点击“修改”按钮。在查询界面的条件设定输

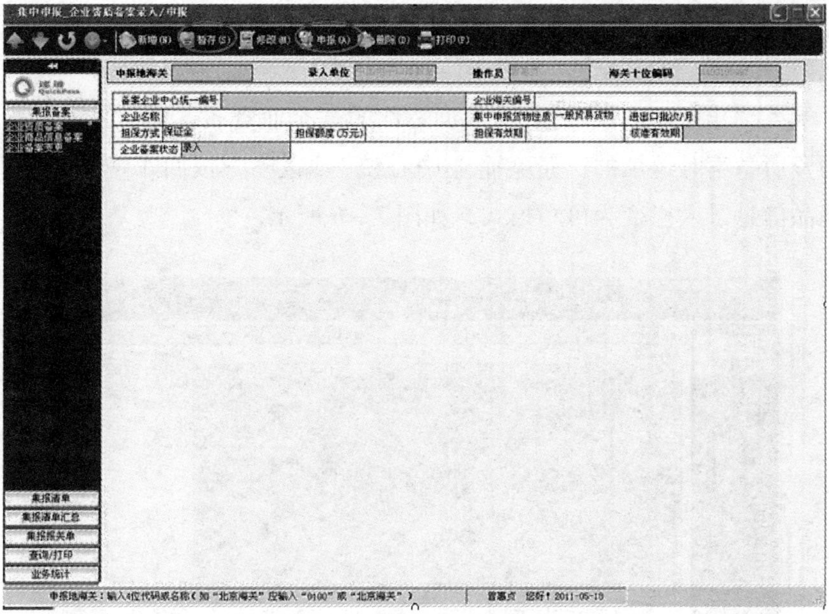

图 7 - 4

入需修改数据的"企业海关编号"或"备案企业中心统一编号"，调出原来的数据，选择"修改企业资质信息"。在企业资质信息界面修改资质信息，修改完毕点击"申报"按钮，完成申报，如图 7 - 5 所示。

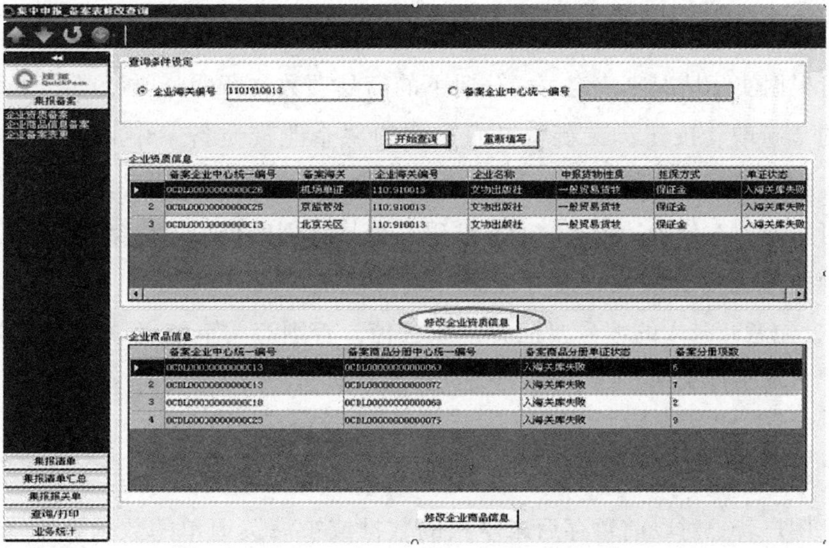

图 7 - 5

（三）企业商品信息备案

录入“申报地海关”，在该界面右侧的“企业资质备案中心统一编号”填写资质备案时返填的“备案企业中心统一编号”，按回车键，界面下方的商品信息录入栏变为可写模式，如图 7 – 6 所示。

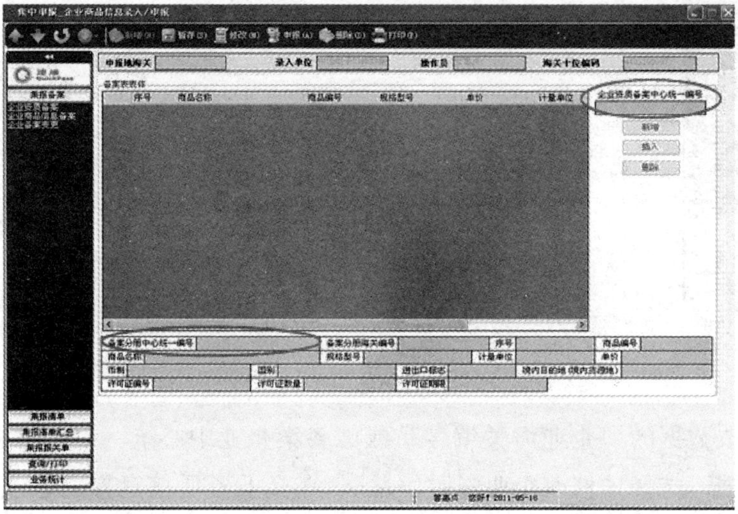

图 7 – 6

企业商品信息备案由分册组成，同一份资质备案可对应多本分册。企业可根据实际情况来决定每一分册下的商品项数，新增分册可点击页面上方的“新增”按钮，在新增界面右侧的“企业资质备案中心统一编号”处，再次填写资质备案时返填的“备案企业中心统一编号”，按回车键，即可新增一本分册。备案的商品编码至少具体到四位以上的编码，实际操作中按海关要求录入。许可证编号填写规范：（代码）＋（:）＋（编号），注意，录入的编号要把“ - ”去掉，否则海关审核退单（回执状态为“入海关库失败”）。

（四）修改企业商品信息

用户若想对以前暂存后未申报的数据或被海关退单的数据进行修改，可在“企业商品信息备案”界面点击“修改”按钮。

在查询界面的条件设定输入需修改数据的“企业海关编号”或“备案企业中心统一编号”，调出原来的数据，选择“修改企业商品信息”。在企业商品信息界面修改商品信息，修改完毕点击“申报”按钮，完成申报，如图7－7所示。

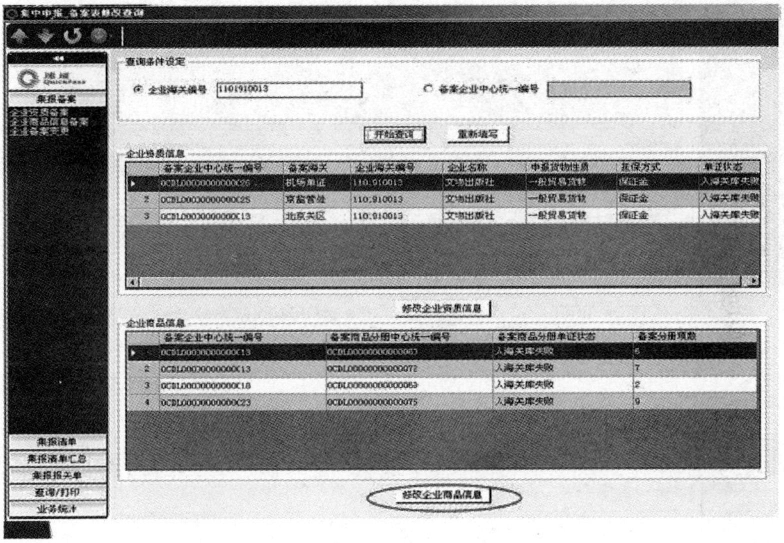

图7－7

（五）备案信息查询

在“查询/打印”主菜单下，点击“备案表查询”按钮，进入备案查询界面，如图7－8所示。

进行查询条件设定，点击“开始查询”按钮。系统调出所要查询的“企业资质信息”、“企业商品信息”，选中企业资质信息，点击“查看明细”按钮，如图7－9所示。

系统进入详细信息界面，可查看“企业资质备案”状态及“企业商品信息”状态。当“企业资质备案”状态及“备案商品分册列表”下的分册状态均为海关审批通过后，即可申报集报清单。在备案商品分册列表中点击海关审批通过的分册，页面下方可查看该分册所对应的“备案分册海关编号”，记录此号以便进行集报清单申报，如图7－10所示。

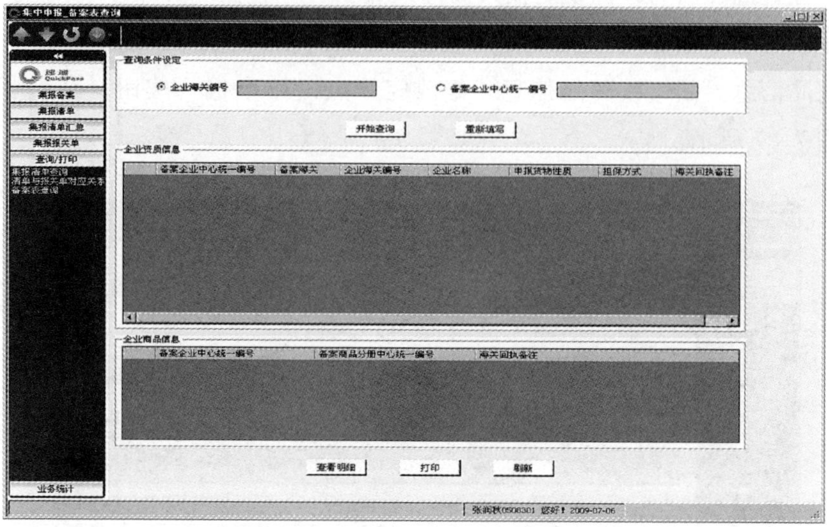

图7－8

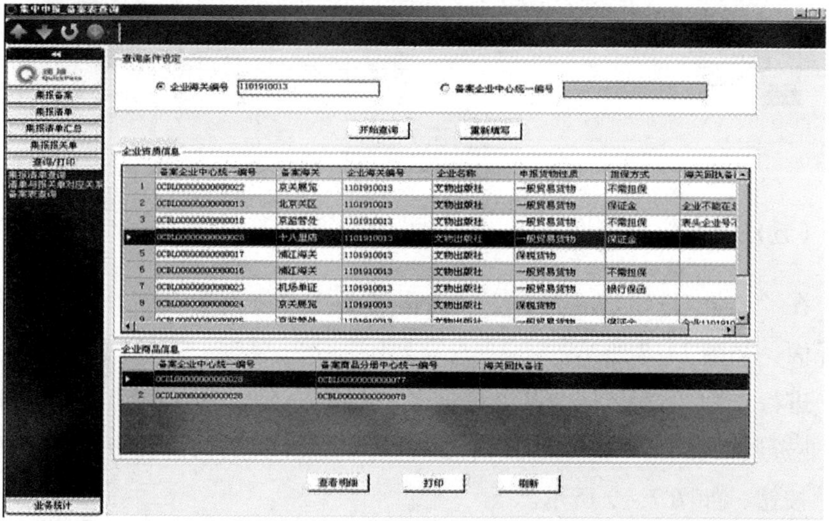

图7－9

（六）企业备案变更

对于海关审批通过的备案信息，需要在“企业备案变更”中对该备案信息进行变更。变更原则为：“企业资质备案”可变更项包括“进出口批

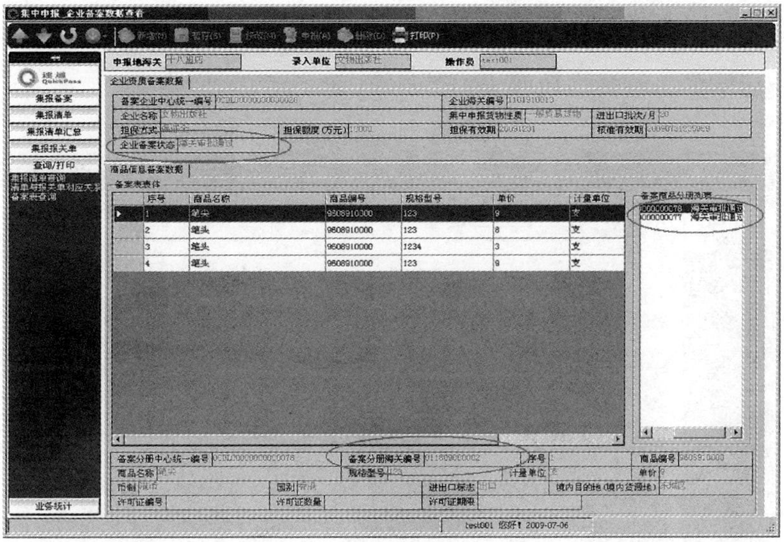

图 7－10

次”、“担保方式”、“担保额度”、“担保有效期”。“企业商品信息备案”在变更时只能新增或停用商品，不能修改海关审批通过的商品信息。

点击“企业备案变更”功能进入变更查询界面，如图 7－11 所示。

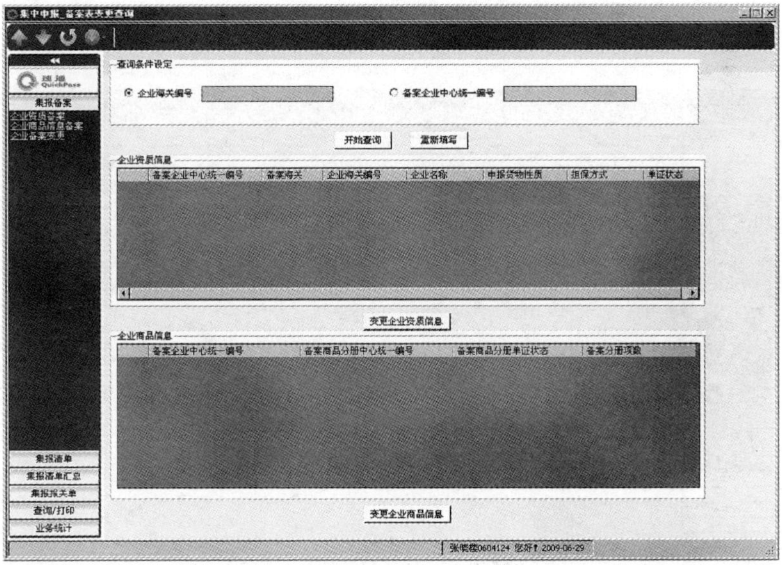

图 7－11

进行查询条件设置，点击“开始查询”按钮，即可调出所要变更的备案信息。如果需要变更企业资质信息，则需选中该资质信息，点击“变更企业资质信息”按钮，如图 7－12 所示。

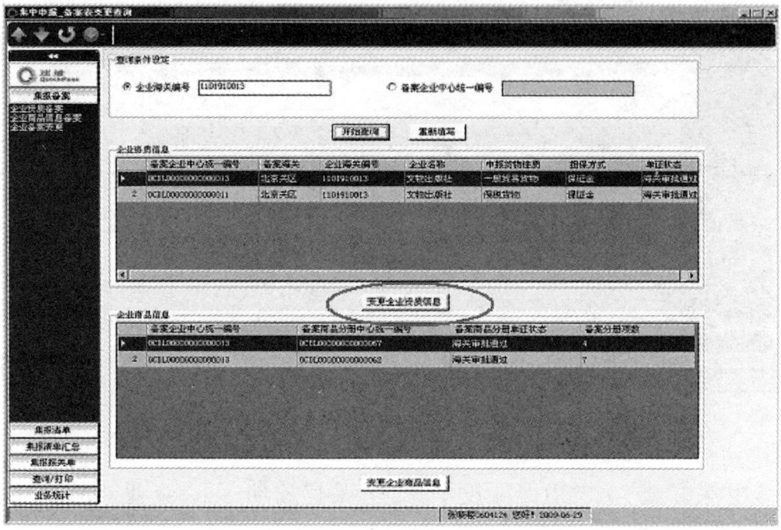

图 7－12

在企业资质变更界面中变更相应信息，并填写“变更理由”，变更完毕，点击“申报”按钮，如图 7－13 所示。

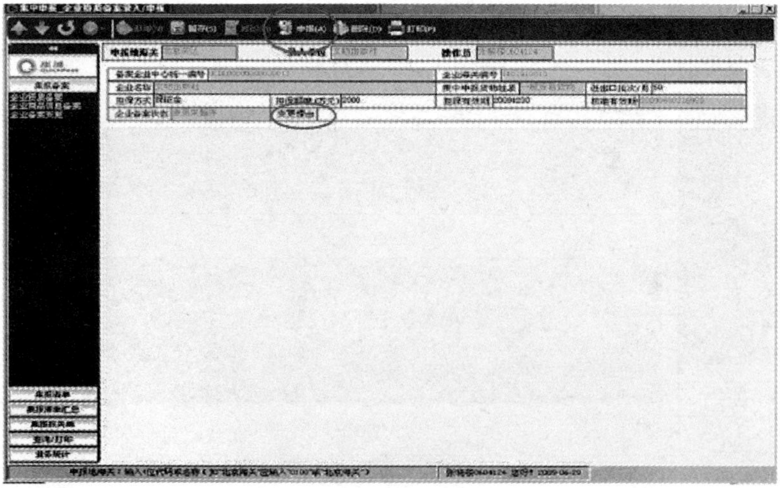

图 7－13

如果需要“新增”或“停用”企业商品信息，则需选中该商品信息，点击“变更企业商品信息”按钮，如图 7－14 所示。

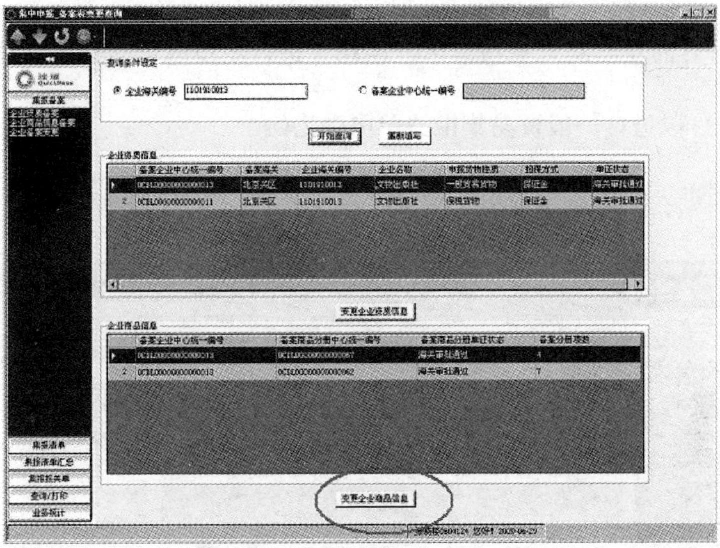

图 7－14

在企业商品信息变更界面，点击“新增”按钮，新增商品信息。或选中需要停用的商品项，点击“停用”按钮。变更完毕，进行申报，如图 7－15 所示。

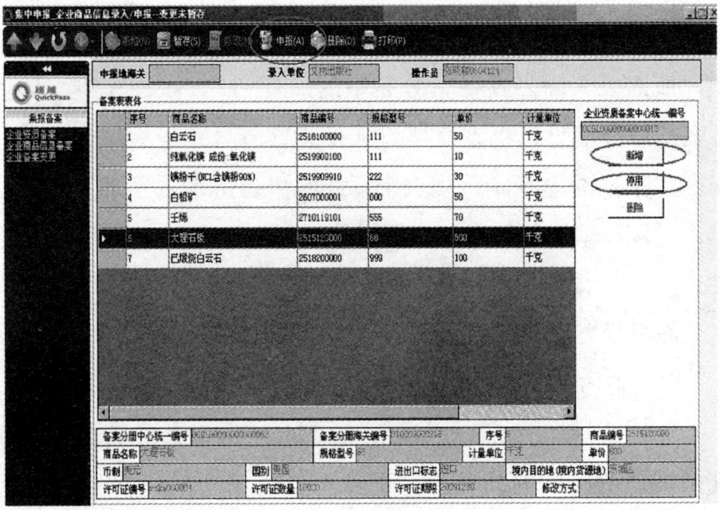

图 7－15

三、集报清单录入、申报

点击界面左侧的“集报清单”模块，进行集报清单的录入申报。

（一）以进口一般贸易集报清单申报为例

选择进入“进口一般贸易集报清单”界面，如图 7－16 所示。

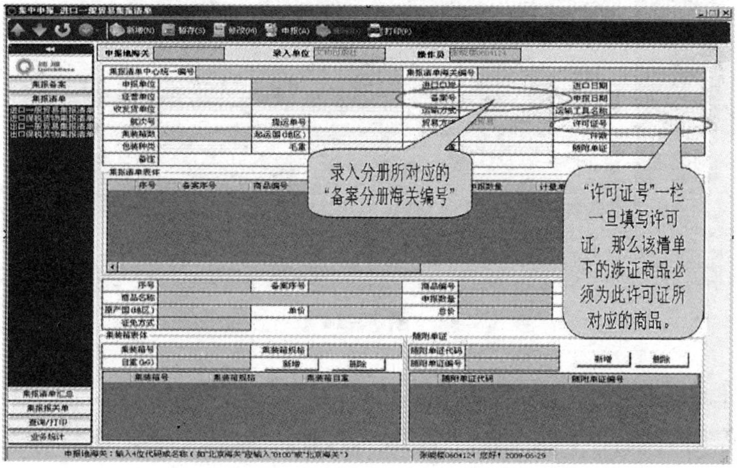

图 7－16

录入完表头信息后，按回车键，表体录入栏变为可写状态。在“备案序号”处填写所需录入商品在备案分册中的“序号”，按回车键，即可调出该商品所备案的部分信息，将该商品的所有信息填写完毕后按回车键，该商品信息出现在“集报清单表体”列表中。此时可再次录入新的商品信息。全部录入完毕，对该清单进行暂存、申报操作。

备注：

（1）“备案号”一栏录入分册所对应的“备案分册海关编号”；

（2）“申报地海关”需要和经营单位备案的“申报地海关”保持一致；

（3）“许可证号”一栏一旦填写许可证，那么该清单下的所有商品必须为此许可证所对应的商品；

（4）集报清单表体列表右侧的“新增”、“删除”按钮可实现对商品信息的新增及删除；

（5）当运输方式为水路运输时，运输工具名称、航次号、提运单号、件数、毛重、净重等项需与舱单信息相符；

（6）当商品为涉证商品时，申报数量不能超过许可证许可数量。

（二）集报清单查询

清单申报后，在“查询/打印”模块下点击进入“集报清单查询”界面进行查询，如图7－17所示。

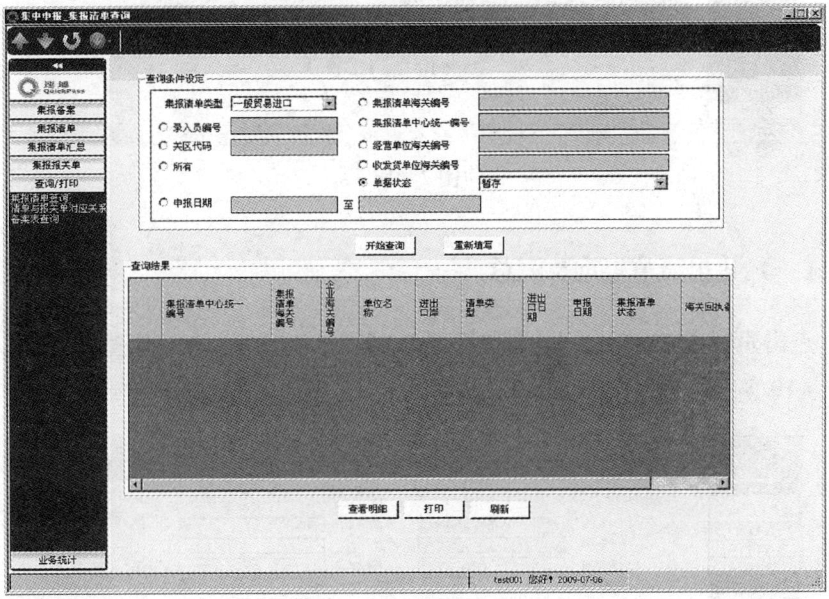

图7－17

设定查询条件后，点击“开始查询”按钮，调出所要查询的清单信息。当该清单的“集报清单状态”为“已结关”时，即可进行下一步的集报清单汇总，如图7－18所示。

四、集报清单汇总

点击页面左侧的“集报清单汇总”模块，进行集报清单的汇总操作。

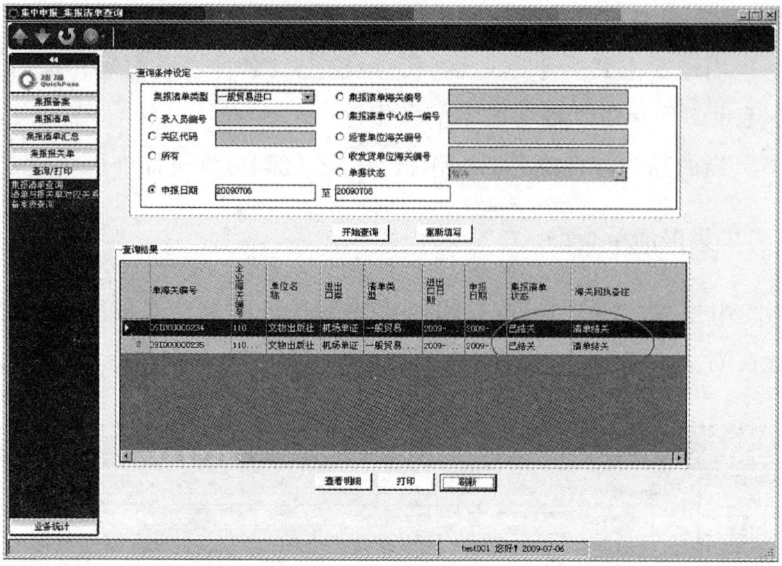

图 7－18

（一）集报清单查询及汇总

点击页面左侧的“集报清单汇总”模块，进入清单汇总查询界面，如图 7－19 所示。

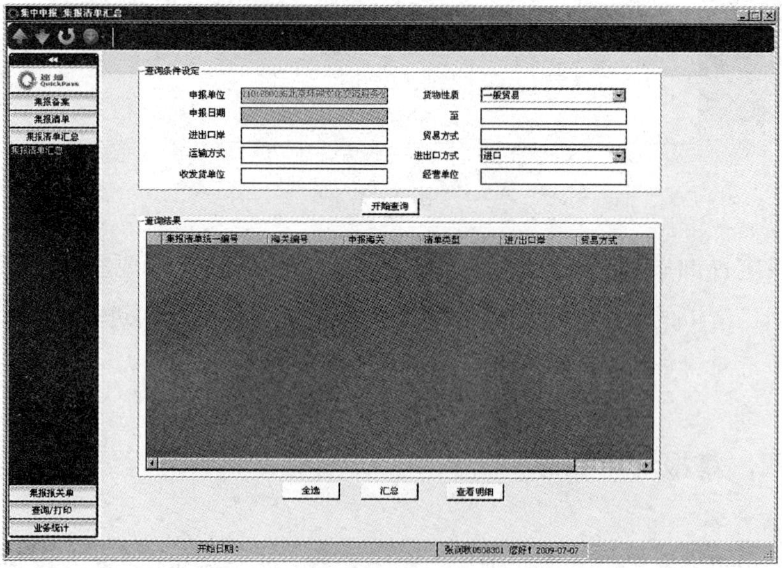

图 7－19

在查询条件设定栏中，“申报单位”栏自动读取操作员卡所属单位名称信息，设定“申报日期”、选择“货物性质”、“进出口方式”，其他条件可根据具体情况自行设置，设置完查询条件后，点击“开始查询”按钮，系统自动将符合查询条件的已结关的清单调出并显示到“查询结果”栏，如图7－20所示。

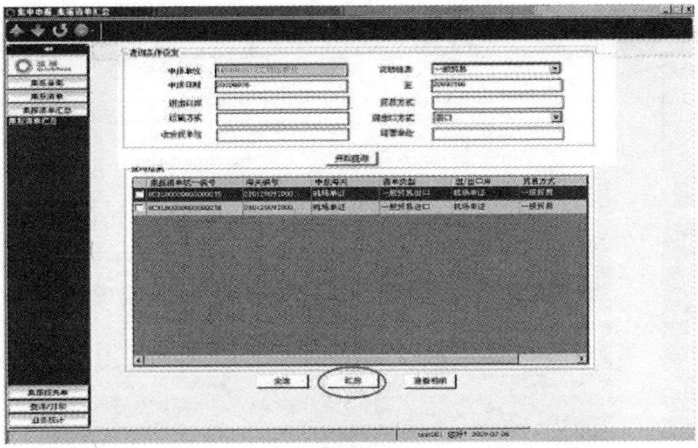

图7－20

在列出的查询结果中，企业可根据需要勾选或点击“全选”按钮，选择好需要汇总的清单后，点击“汇总”按钮（需使用具备汇总权限的操作员卡操作集报清单汇总），系统弹出提示框，如图7－21所示。

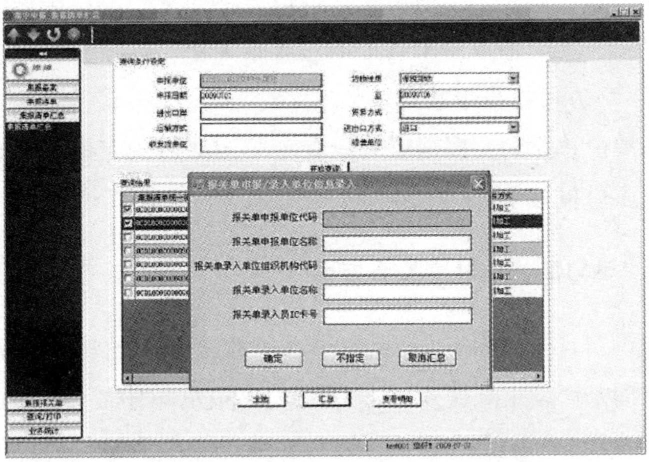

图7－21

“报关单申报单位代码”录入申报单位海关十位编码。填写完毕按回车键，系统自动调出“报关单申报单位名称”，“报关单录入单位组织机构代码”处录入汇总单位组织机构代码，填写完毕按回车键，系统自动调出“报关单录入单位名称”，“报关单录入员 IC 卡号”录入汇总单位录入员 IC 卡卡号。填写完毕点击“确定”按钮完成汇总，如图 7 – 22 所示。

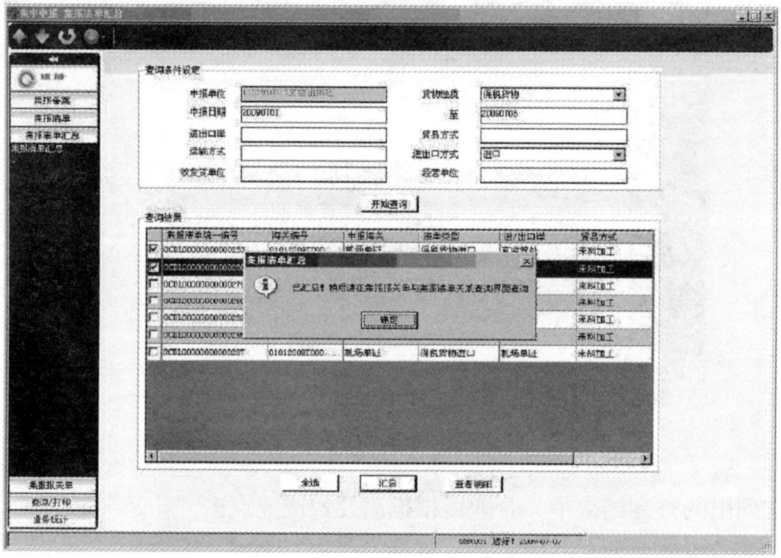

图 7 – 22

系统弹出“已汇总，稍后请在集报报关单与集报清单关系查询界面查询”的对话框。此时清单尚未真正汇总成报关单，需待集报报关单状态为“上载成功”后方可申报报关单。

集报清单汇总原则：根据海关总署令第 169 号规定的归并条件自动汇总成一份或多份报关单。

（二）清单与报关单对应关系查询

在“查询/打印”模块下，点击进入“报关单与清单对应关系”查询界面，在查询条件设定处输入已汇总的“集报清单中心统一编号”，点击“开始查询”按钮，系统自动将清单汇总生成的报关单与清单的对应关系显示在查询结果处。记录“集报报关单中心统一编号”，通知代理报关企业进行报关单申报，或用户登录报关申报子系统进行申报。用户也可直接通过“集报报关单”功能查询对应的集报报关单中心统一编号，如图 7 - 23 所示。

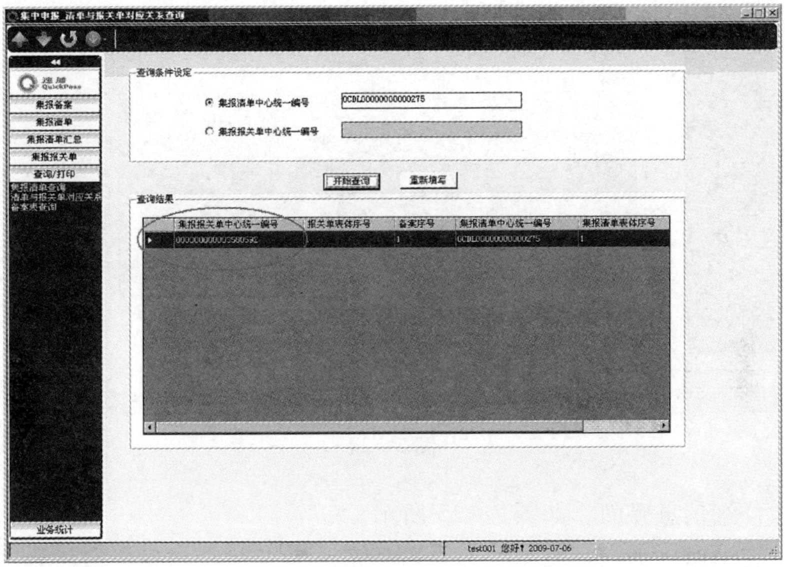

图 7 - 23

五、集报报关单

点击界面左侧的“集报报关单”模块，进行集报报关单的录入申报。

（一）集报报关单查询及删除

在“集报报关单”模块下，点击进入集报报关单查询界面，如图 7 - 24 所示。

备注：操作员卡需具备报关单查询权限方可查询，否则，系统提示无权限操作。

在查询条件设定处，输入查询条件，点击“开始查询”按钮，系统将符合该查询条件的报关单信息列在查询结果列表处。当所需要查询的报关单状态为“上载成功”时，选中该报关单，点击“查看明细”按钮，进入

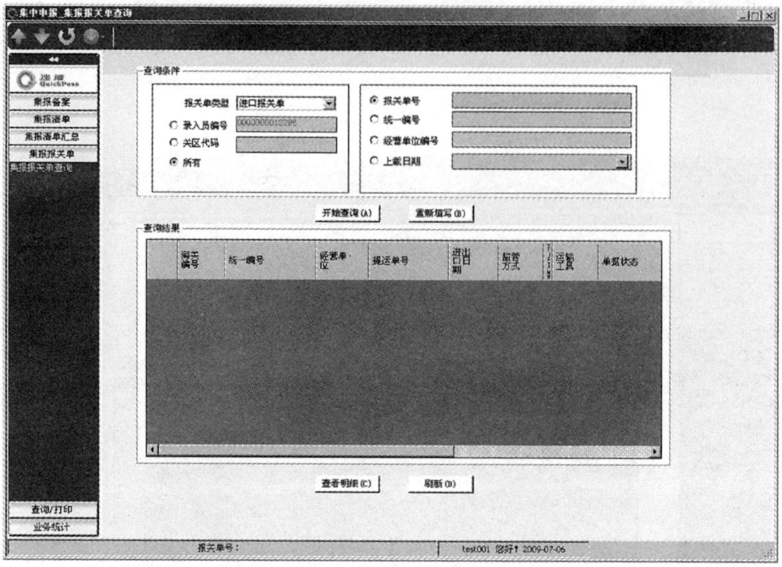

图 7－24

报关单详细信息界面，如图 7－25 所示。

在报关单详细信息界面，查看报关单内容，此时的报关单所有信息均为不可写状态。

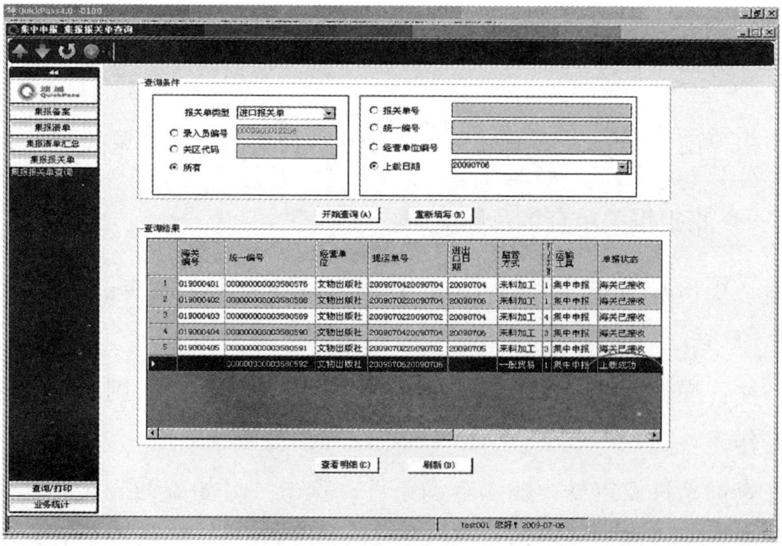

图 7－25

如需要重新汇总，可删除该报关单，点击页面上方的“删除”按钮，如图7－26所示。删除成功后，用户可根据需要重新操作清单汇总，形成新的集报报关单。

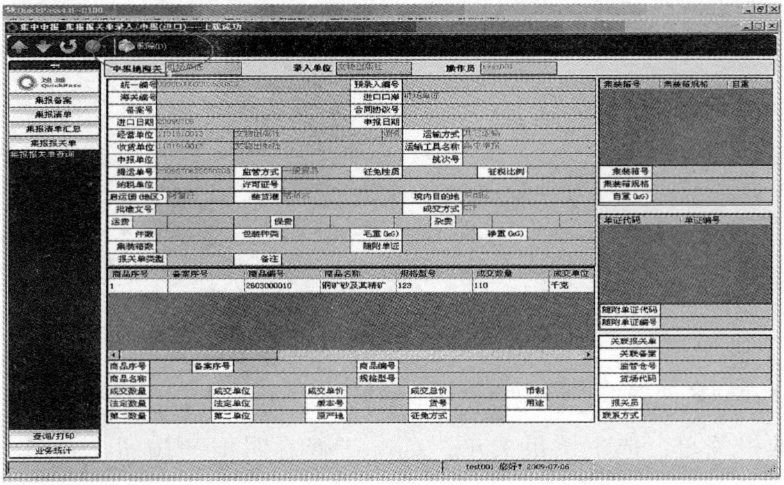

图7－26

（二）集报报关单申报

点击进入“报关申报”子系统，在“查询/打印”模块下点击“单据查询/打印”按钮，如图7－27、图7－28所示。

图7－27

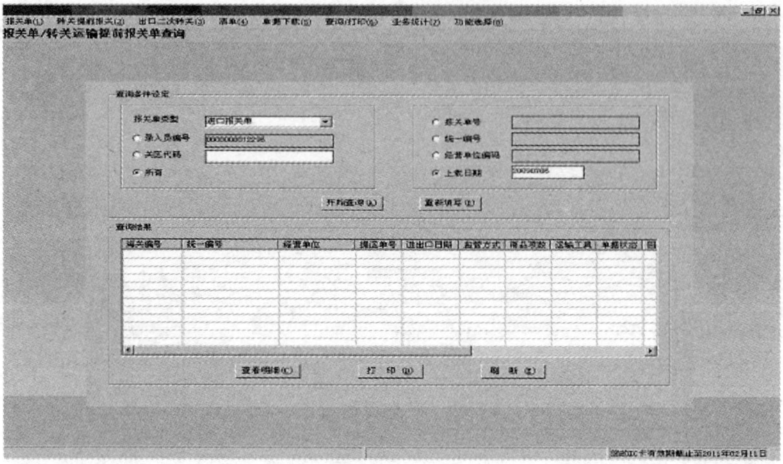

图 7－28

在查询条件设定栏设定查询条件，点击“开始查询”按钮，调出需要申报的报关单，选中该报关单，点击“查看明细”按钮，如图 7－29 所示。

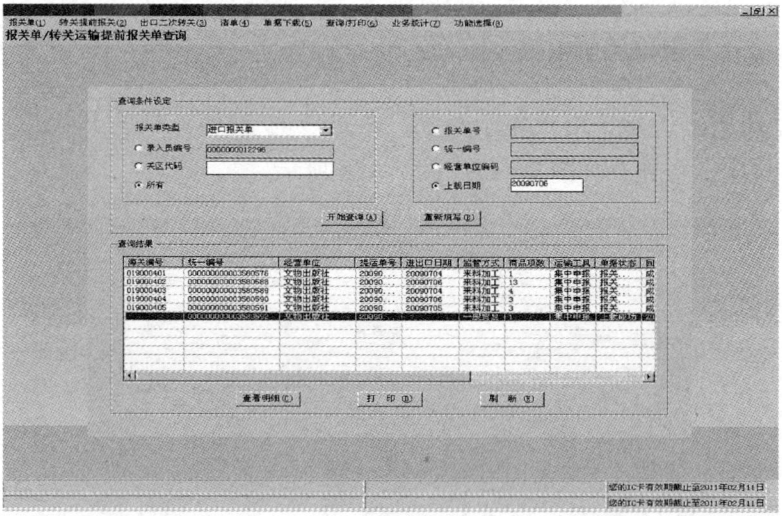

图 7－29

集报报关单申报流程同普通报关单一致，用户登录“报关申报”子系统，输入报关单中国电子口岸数据中心统一编号，系统自动调出的集报报关单界面中的“备案号”栏为空，“运输工具名称”栏自动显示为“集中申报”，将其他内容补充完毕后分别点击“暂存”、“申报”按钮，如图7－30所示。

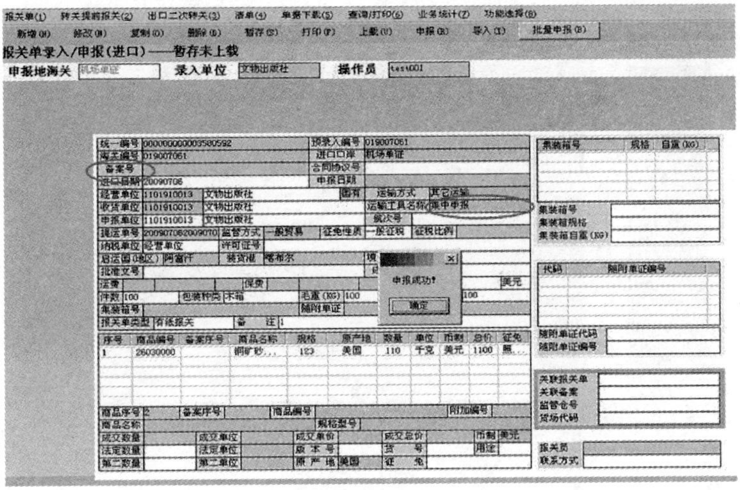

图7－30

报关单申报成功后既可以在“报关申报”子系统下的单据查询界面，查询到该票报关单数据，如图7－31所示。同时，也可以在“集中申报”子系统下的集报报关单查询界面，查询到该票报关单数据，如图7－32所示。报关单的状态变为“已结关”后，整个业务流程完成。

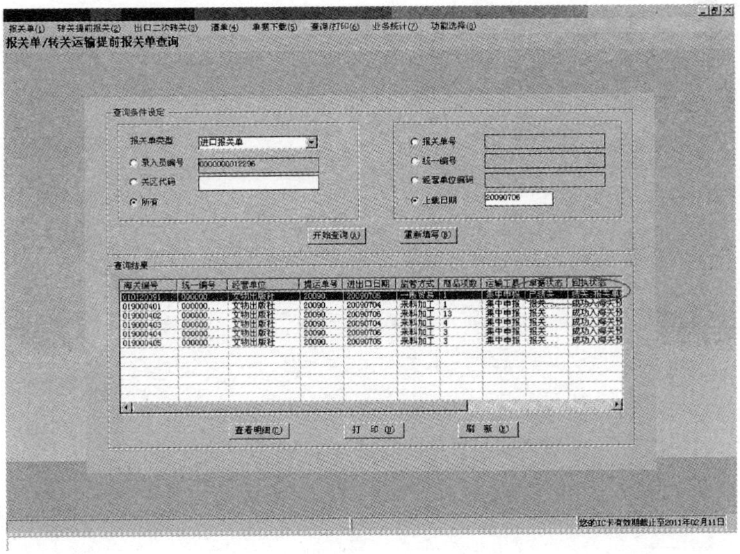

图7－31

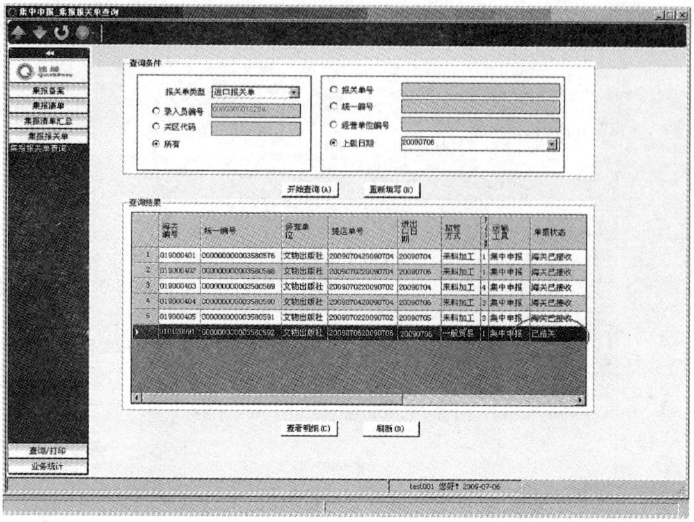

图 7－32

六、业务统计

在“业务统计”模块，点击进入“集报清单业务统计”界面，用户可以根据设定的查询条件，来实现对一定时间内集报清单的统计工作，如图 7－33 所示。

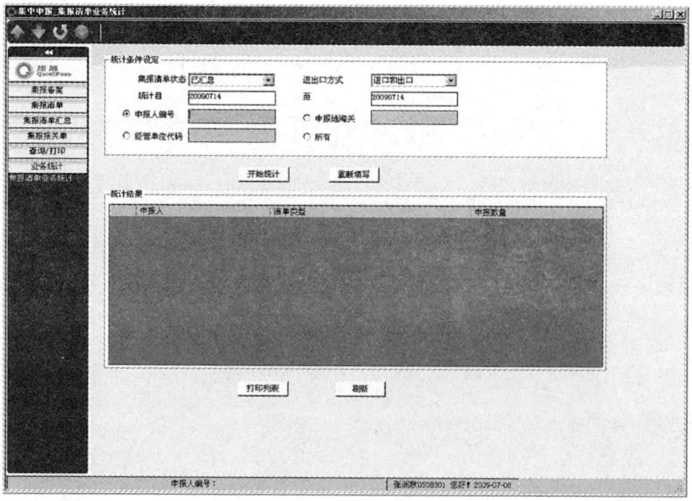

图 7－33

第三节　注意事项

一般贸易货物集中申报操作注意事项如下。

- 适用集中申报通关方式的货物：

图书、报纸、期刊类出版物等时效性较强的货物；

危险品或者鲜活、易腐、易失效等不宜长期保存的货物；

公路口岸进出境的保税货物。

- 收发货人应当在货物所在地海关办理集中申报备案手续，向海关提交“集报备案表”，同时提供符合海关要求的担保，担保有效期最短不得少于3个月。

- 一个用户同一口岸只允许备案一次企业资质信息，商品信息备案可备案多本分册。一般贸易货物商品信息备案每一分册最多可备案99项商品，超过99项商品时系统自动生成新的分册。

- 集中申报的清单审结后，用户需登录公路口岸货运委托栏目，查询到海关系统自动发送至公路口岸的11位清单编号，录入载货清单编号和运输企业代码后申报，委托成功后运输公司方可操作清单承运。

- 用户应在海关审结集中申报清单（进口/出口）电子数据之日起3日内使用，未在规定时间内使用的清单将自动作废。收发货人应在次月10日之前完成集报报关单的申报手续，且不得跨年度办理。

- 一般贸易货物集中申报的企业资质备案、集报清单的“申报地海关”填写货物所在地海关。

- 集中申报系统根据清单申报日期进行汇总。

第八章　加工贸易货物集中申报实务操作与技巧

集中申报系统是为规范海关对频繁进出、通关时效要求高等集中申报货物的监管，切实提高通关效率，方便企业货物合法进出而开发的系统。本章所指的加工贸易集中申报货物主要针对通过公路口岸进出境的保税货物。

第一节　功能概述

用户通过该系统办理集中申报备案手续，向海关申报进出口货物集报清单办理验放手续。在海关规定的期限内将集报清单进行汇总，生成集中申报报关单向海关申报，海关对集中申报报关单进行审核，审核流程同普通报关单，企业按照海关要求办理涉证涉税货物监管手续。加工贸易货物集中申报业务的企业资质备案海关审核通过后，即可通过手册调取商品信息进行集报清单申报。

第二节　操作流程

一、进入系统

用户进入 Windows 系统，从 Windows 桌面上双击“电子口岸预录入客户端”图标，如图 8－1 所示。

图 8-1

将报关员 IC 卡或者企业操作员卡插入读卡器或 USB 接口中，输入密码后进入系统，如图 8-2 所示。

图 8-2

点击“集中申报”按钮，即可进入集中申报界面，如图 8 -3 所示。

图 8 -3

二、集报备案

（一）企业资质备案

点击页面左侧的“集报备案”模块，进行“企业资质备案”。录入“申报地海关”（填写主管海关），淡黄色项为可填项，灰色项系统自动返填，填写“企业海关编号”回车返填“企业名称”，选择“集中申报货物性质”，录入“进出口批次/月”，录入完毕分别点击“暂存”、“申报”按钮。暂存成功后系统自动生成“备案企业中心统一编号”，如图 8 -4 所示。

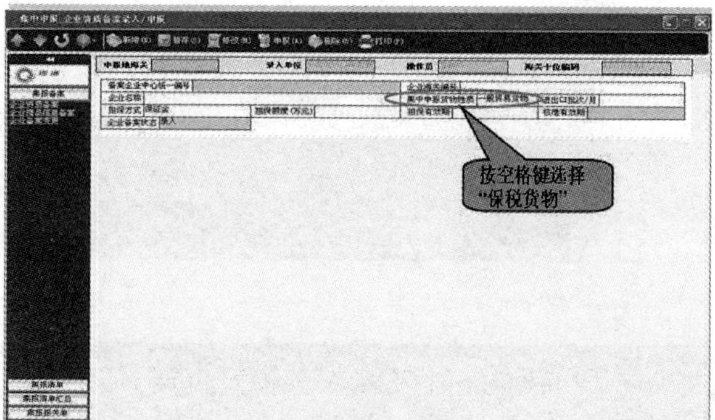

图 8 -4

（二）修改企业资质信息

用户若想对以前暂存后未申报的数据或被海关退单的数据进行修改，可在“企业资质备案”界面点击“修改”。在查询界面的条件设定输入需修改数据的“企业海关编号”或“备案企业中心统一编号”，即可调出原来数据，选择“修改企业资质信息”，在此信息界面修改资质信息，修改完毕点击“申报”按钮，完成修改申报，如图8－5所示。

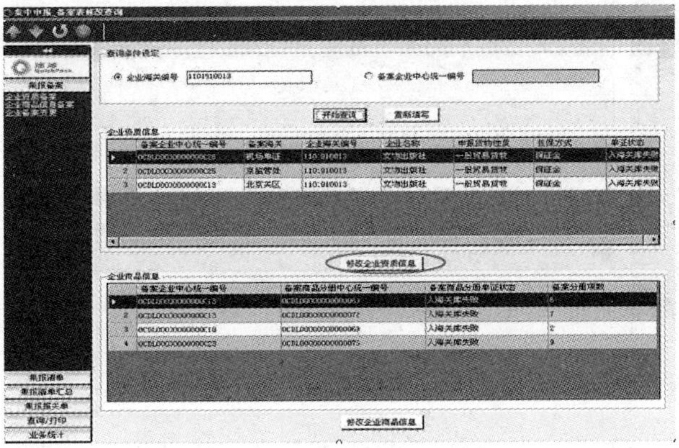

图8－5

（三）备案信息查询

在“查询/打印”主菜单下，点击“备案表查询”按钮，进入备案查询界面，如图8－6所示。

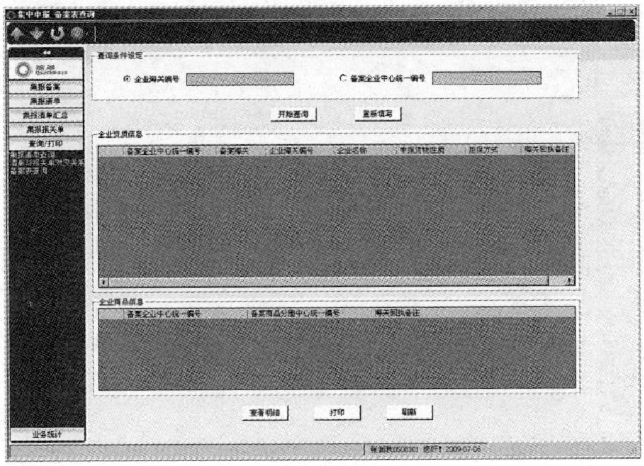

图8－6

进行查询条件设定，点击“开始查询”按钮。系统调出所要查询的“企业资质信息”，选中企业资质信息，点击“查看明细”按钮，如图8－7所示。

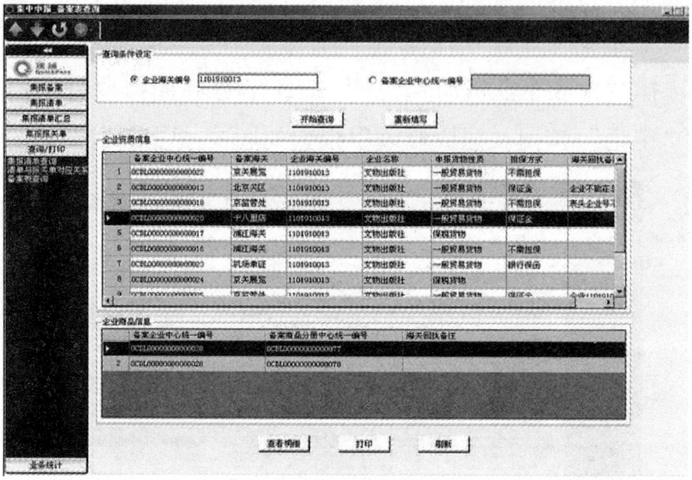

图8－7

系统进入详细信息界面，可查看“企业资质备案”状态。当“企业资质备案”状态为“成功入海关库”后，可联系主管海关审批；当“企业备案状态”为“海关审批通过”后，即可申报集报清单，如图8－8所示。

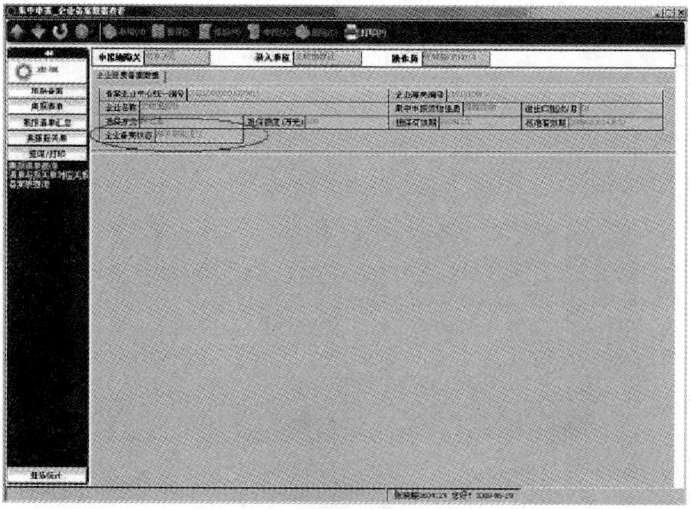

图8－8

（四）企业备案变更

对于海关审批通过的备案信息，需要在“企业备案变更”中对该备案信息进行变更。“企业资质备案”可变更项包括“进出口批次”、“担保方式”、“担保额度”、“担保有效期”。点击“企业备案变更”功能进入变更查询界面，如图 8－9 所示。

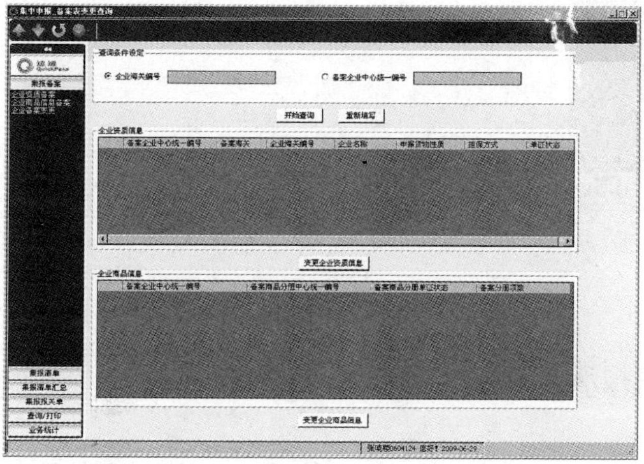

图 8－9

进行查询条件设置，点击“开始查询”按钮，即可调出所要变更的备案信息。如果需要变更企业资质信息，则需选中该资质信息，点击“变更企业资质信息”按钮，如图 8－10 所示。

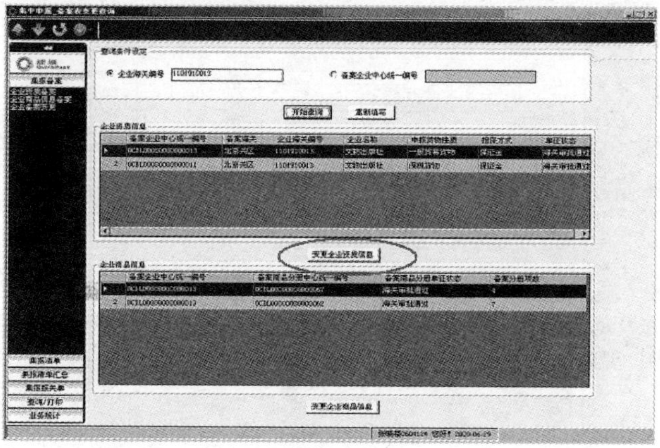

图 8－10。

在企业资质变更界面中变更相应信息，并填写变更理由，变更完毕，点击“申报”按钮，待“企业备案”状态为“成功入海关库”后联系海关审批，如图 8 –11 所示。

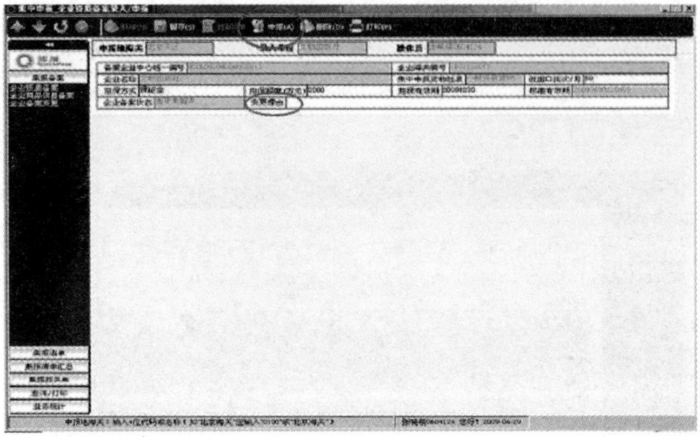

图 8 –11

三、集报清单录入、申报

点击界面左侧的“集报清单”模块，进行集报清单的录入申报。

(一) 以进口保税贸易集报清单申报为例

选择进入“进口保税货物集报清单”界面，如图 8 –12 所示。

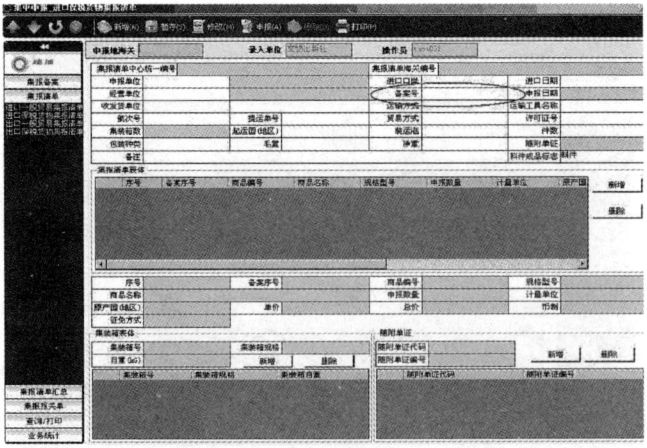

图 8 –12

录入“申报地海关”（填写主管海关），“备案号”处填写手册号或账册编号；“规格型号”栏为必填项，可通过手册调用，如手册备案环节未备案商品规格型号，需点击鼠标右键选择“重新归类”进行数据录入；“运输方式”填写公路运输，录入完表头信息后回车，表体录入栏变为可写状态。在“备案序号”处填写所需录入商品在手册中的“序号”并回车，即可调出该商品所备案的部分信息，录入完毕后回车，商品信息返填至“集报清单表体”列表中。待全部商品信息录入完毕后，对该清单进行暂存、申报操作。一份清单可录入 8 项商品。录入企业可以是经营单位也可以是代理报关企业。

（二）集报清单查询

清单申报后，在“查询/打印”模块下点击进入“集报清单查询”界面进行查询，如图 8－13 所示。

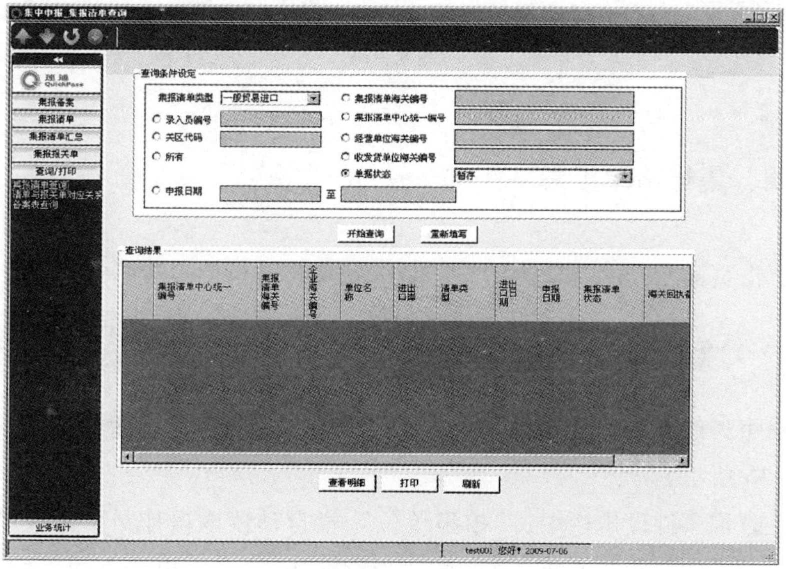

图 8－13

设定查询条件后，点击“开始查询”按钮，调出所要查询的清单信息。当“集报清单”状态为“海关审批通过”时，企业需登录公路口岸子系统操作货运委托及联系运输企业操作清单承运。

当该清单的“集报清单”状态为“已结关”时，即可进行下一步的集报清单汇总，如图8－14所示。

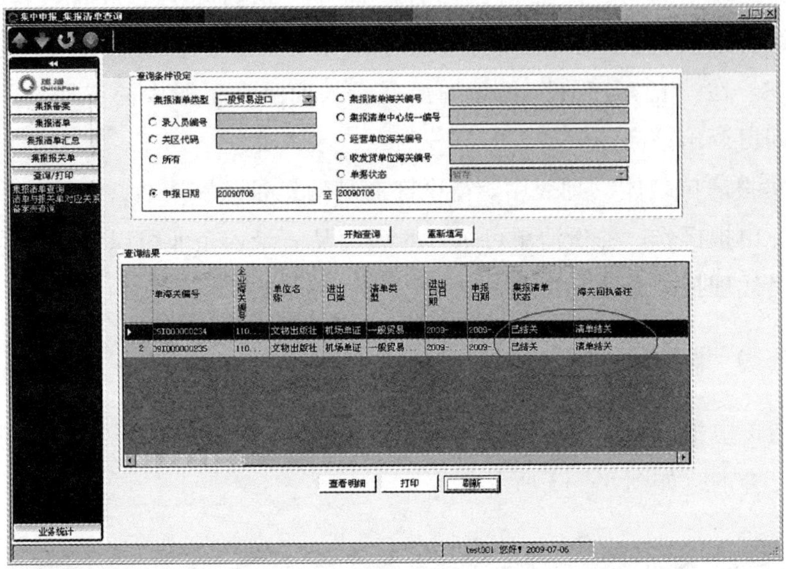

图8－14

四、集报清单汇总

点击页面左侧的“集报清单汇总”模块，进行集报清单的汇总操作。

（一）集报清单查询及汇总

点击页面左侧的“集报清单汇总”模块，进入清单汇总查询界面，如图8－15所示。

在查询条件设定栏中，“申报单位”栏自动读取操作员卡所属单位名称信息，设定“申报日期”、选择“货物性质”、“进出口方式”，其他条件可根据具体情况自行设置，设置完查询条件后，点击“开始查询”按钮，系统自动将符合查询条件的已结关的清单调出并显示到“查询结果”栏，如图8－16所示。

在列出的查询结果中，企业可根据需要勾选或点击“全选”按钮，选

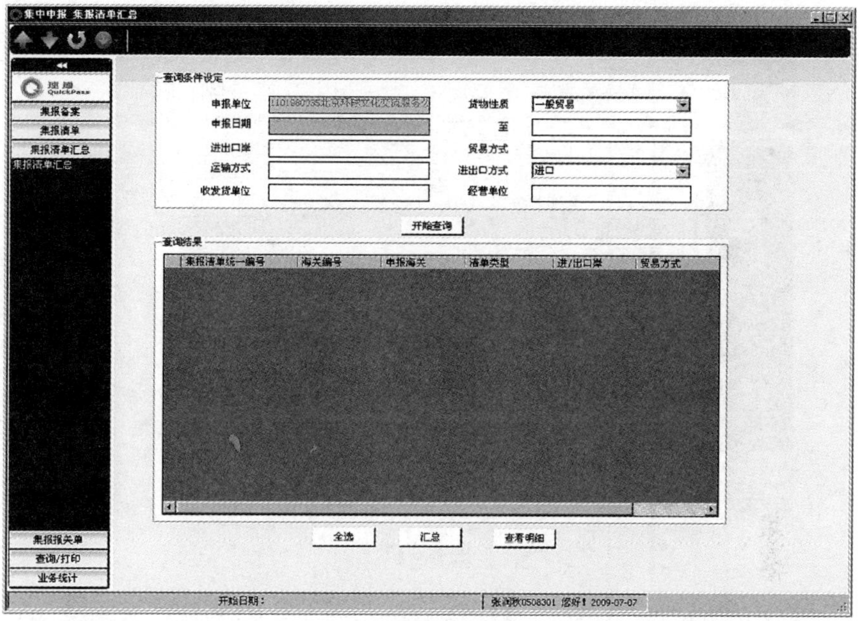

图 8－15

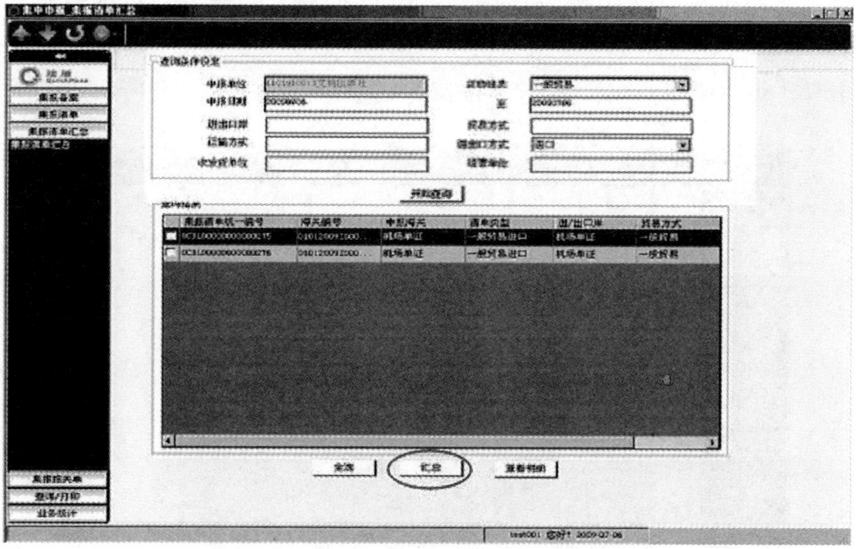

图 8－16

择好需要汇总的清单后，点击“汇总”按钮（需使用具备汇总权限的操作员卡操作集报清单汇总），系统弹出提示框，如图 8－17 所示。

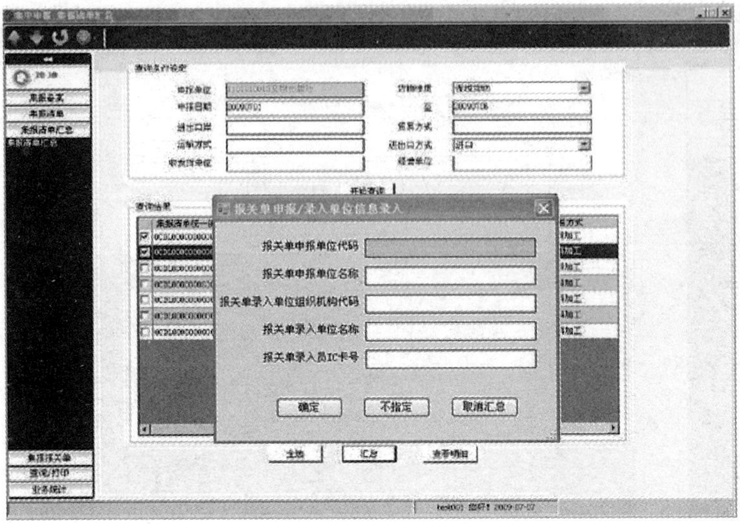

图 8 –17

“报关单申报单位代码”录入申报单位海关十位编码。填写完毕按回车键，系统自动调出“报关单申报单位名称”，“报关单录入单位组织机构代码”录入汇总单位组织机构代码，填写完毕按回车键，系统自动调出“报关单录入单位名称”，“报关单录入员 IC 卡号”录入汇总单位录入员 IC 卡卡号。填写完毕点击“确定”按钮完成汇总，如图 8 –18 所示。

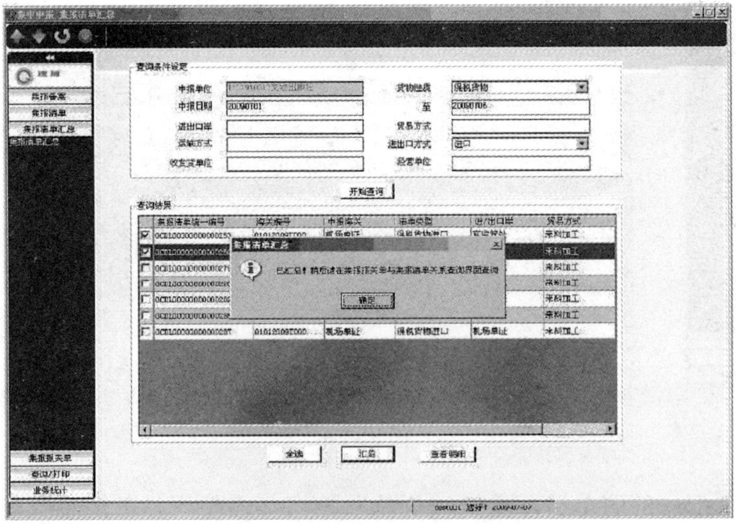

图 8 –18

系统弹出“已汇总，稍后请在集报报关单与集报清单关系查询界面查询”的对话框。此时清单尚未真正汇总成报关单，需待集报报关单状态为“上载成功”后方可申报报关单。

集报清单汇总原则：根据海关总署令第169号规定的归并条件自动汇总成一份或多份报关单。

（二）清单与报关单对应关系查询

在“查询/打印”模块下，点击进入“报关单与清单对应关系”查询界面，在查询条件设定处输入已汇总的“集报清单中心统一编号”，点击“开始查询”按钮，系统自动将清单汇总生成的报关单与清单的对应关系显示在查询结果处。记录“集报报关单中心统一编号”，通知代理报关企业进行报关单申报，或用户登录报关申报子系统进行申报。用户也可直接通过“集报报关单”功能查询对应的“集报报关单中心统一编号”，如图8－19所示。

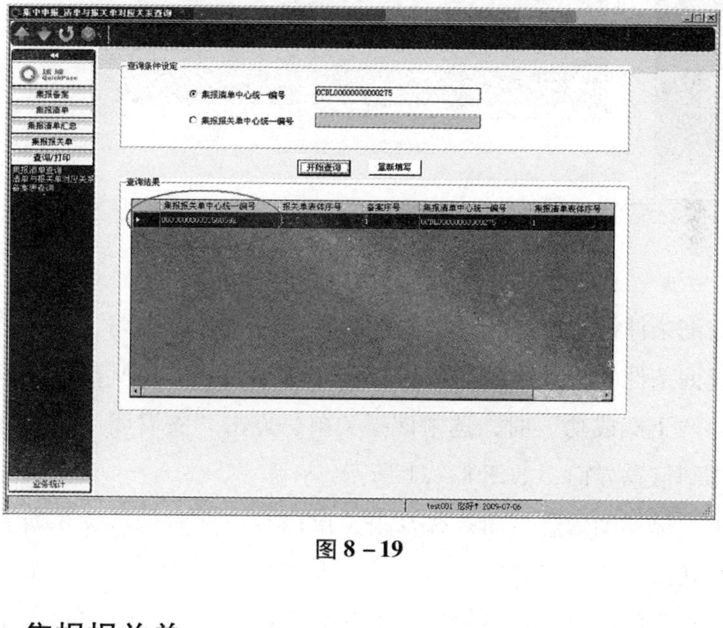

图8－19

五、集报报关单

点击界面左侧的“集报报关单”模块。

（一）集报报关单查询及删除

在“集报报关单”模块下，点击进入集报报关单查询界面，如图 8－20 所示。

备注：操作员卡需具备报关单查询权限方可查询，否则，系统提示无权限操作。

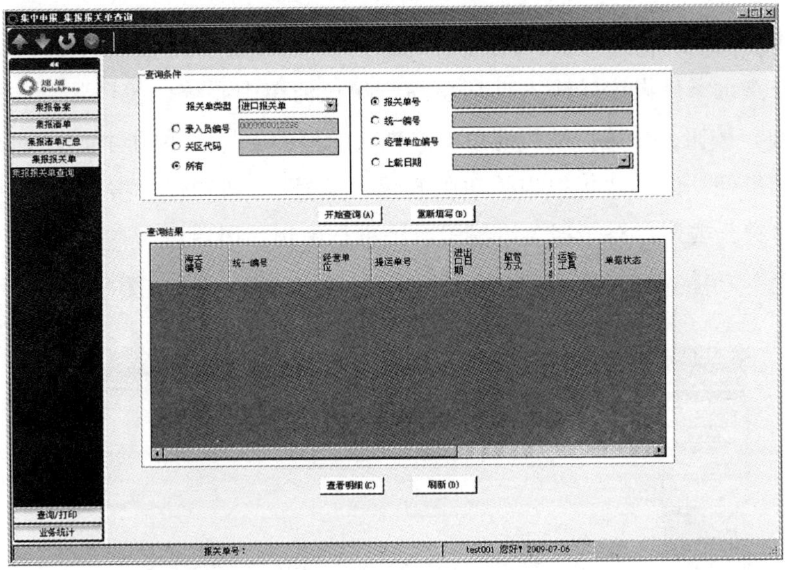

图 8－20

在查询条件设定处，输入查询条件，点击“开始查询”按钮，系统将符合该查询条件的报关单信息列在查询结果列表处。当所需要查询的报关单状态为“上载成功”时，选中该报关单，点击“查看明细”按钮，进入报关单详细信息界面，如图 8－21 所示。

在报关单详细信息界面，查看报关单内容，此时的报关单所有信息均为不可写状态。

如需要重新汇总，则可删除该报关单，并点击页面上方的“删除”按钮，如图 8－22 所示。报关单在申报前或申报后被退单时均可删除重新汇总。删除成功后，用户可根据需要重新操作清单汇总，形成新的集报报关单。

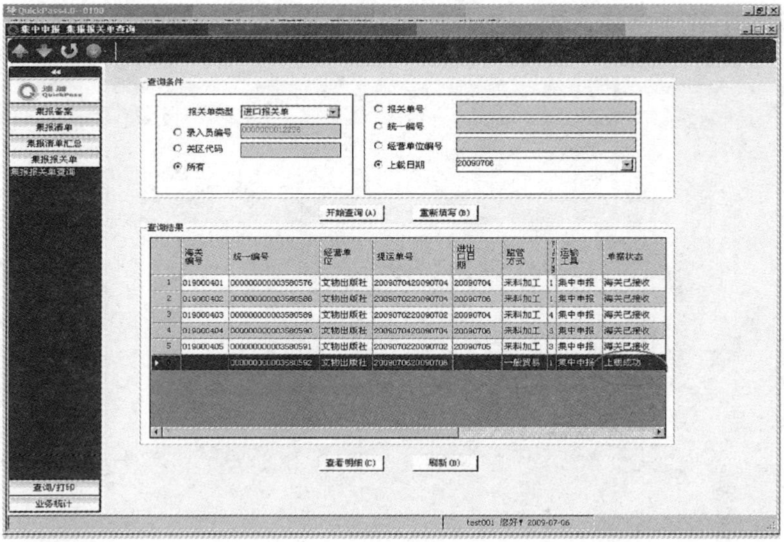

图 8－21

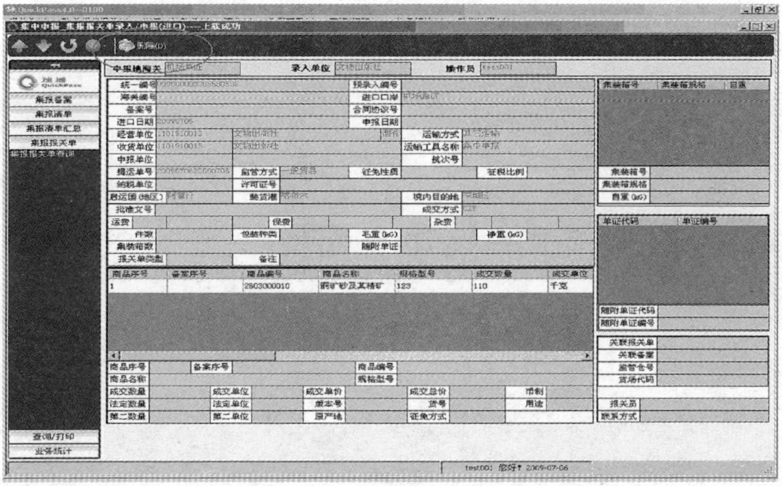

图 8－22

（二）集报报关单申报

点击进入“报关申报”子系统，在“查询/打印”模块下点击“单据查询/打印”按钮，如图 8－23、图 8－24 所示。

图 8－23

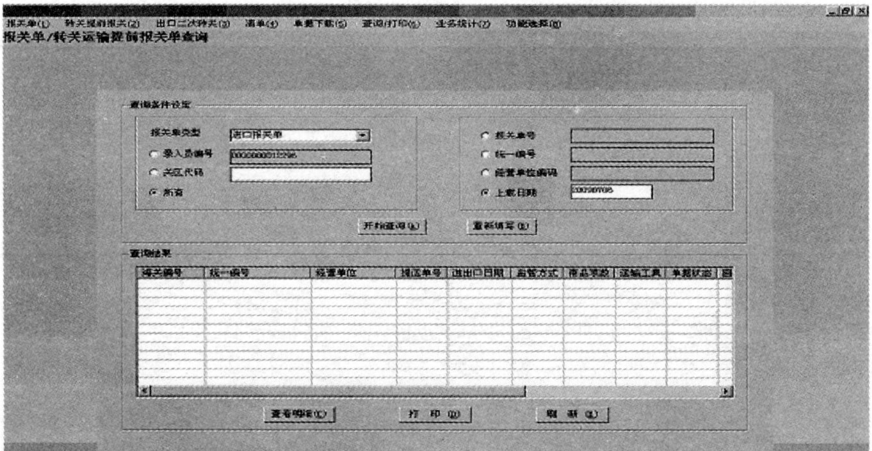

图 8－24

在查询条件设定栏设定查询条件，点击“开始查询”按钮，调出需要申报的报关单，选中该报关单，点击“查看明细”按钮，如图 8－25 所示。

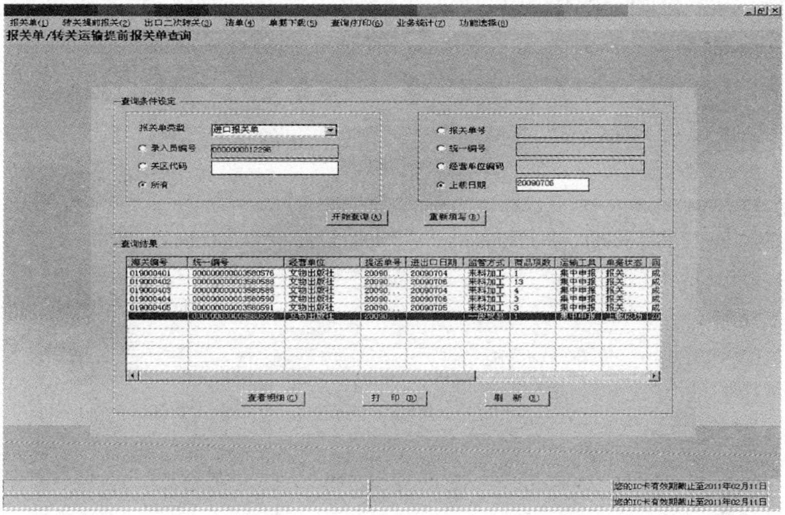

图 8－25

集报报关单申报流程同普通报关单一致，输入报关单中国电子口岸数据中心统一编号，系统自动调出的集报报关单界面中的“备案号”栏为空，“运输工具名称”栏自动显示为“集中申报”，将其他内容补充完毕后分别点击“暂存”、“申报”按钮，如图 8－26 所示。

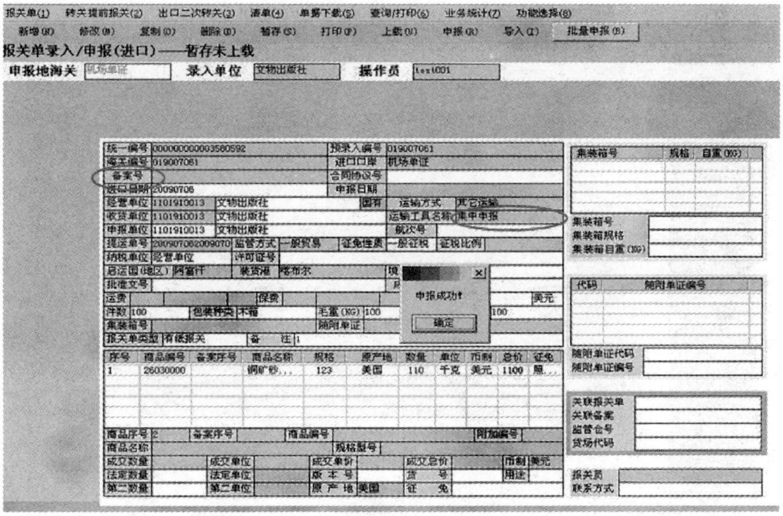

图 8－26

报关单申报成功后既可以在“报关申报”子系统下的单据查询界面，查询到该票报关单数据，如图 8－27 所示。同时，也可以在“集中申报”子系统下的集报报关单查询界面，查询到该票报关单数据，如图 8－28 所示。报关单的状态变为“已结关”后，整个业务流程完成。

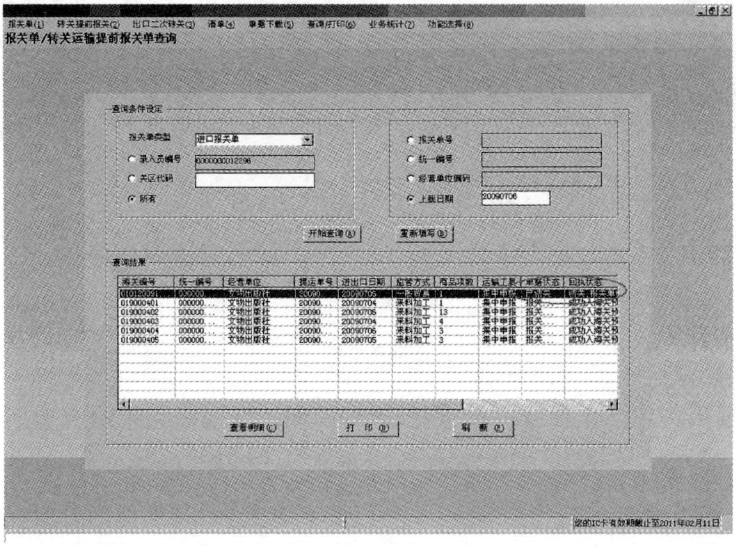

图 8－27

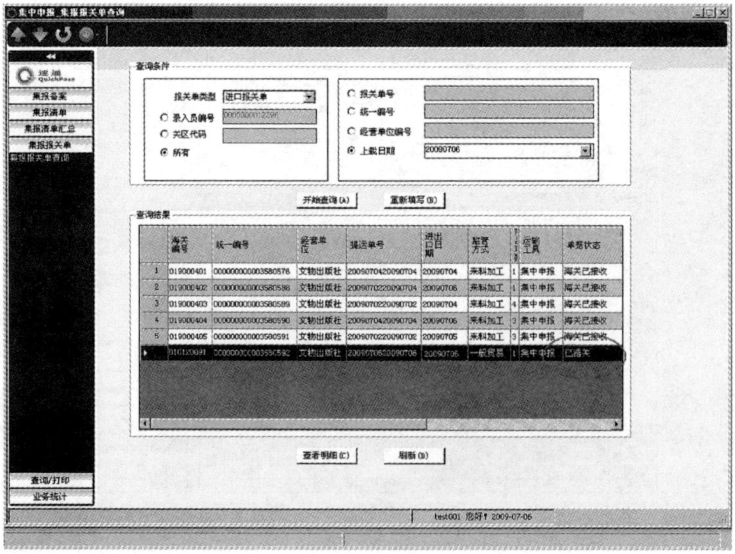

图 8－28

六、业务统计

在“业务统计”模块，点击进入“集报清单业务统计”界面，用户可以根据设定的查询条件，来实现对一定时间内集报清单的统计工作，如图 8－29 所示。

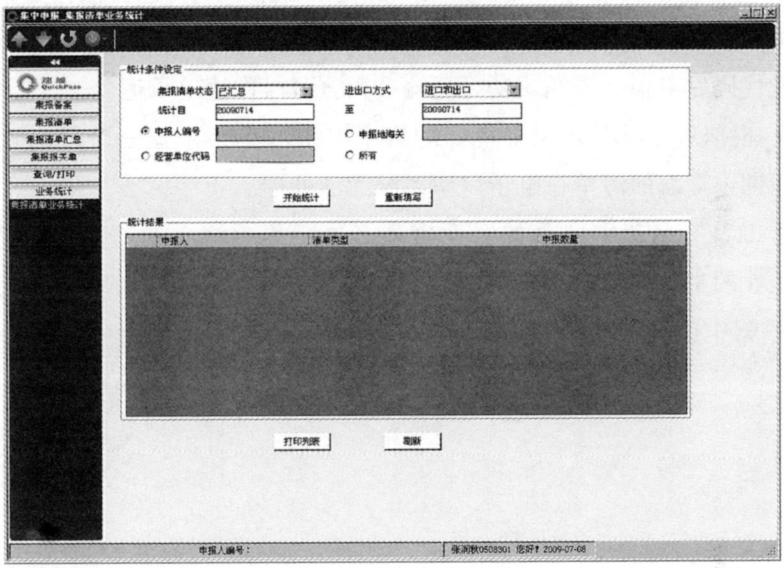

图 8－29

第三节　注意事项

加工贸易货物集中申报操作注意事项如下。

- 保税货物集中申报业务系统操作流程。

经营单位进行企业资质备案申报；

经营单位自行录入或委托代理录入企业进行清单录入、申报；

经营单位进入公路口岸系统进行清单货运委托；

运输公司进入公路口岸系统操作清单承运；

经营单位或委托代理录入企业进行清单汇总（汇总时填入的“报关单录入单位”须与进行清单汇总的预录入系统终端申领单位一致）；

自行申报或委托代理报关企业进行报关单申报。

• 加工贸易企业应当在主管地海关办理集中申报备案手续。

• 企业应在海关审结集中申报清单（进口/出口）电子数据之日起3日内使用，未在规定时间内使用的清单将自动作废。

• 集中申报的清单审结后，用户需登录公路口岸货运委托栏目，查询到海关系统自动发送至公路口岸的11位清单编号，录入载货清单编号和运输企业代码后申报，委托成功后运输公司方可操作清单承运。

• 根据系统设置，保税货物的集中申报清单必须在三个月内完成汇总，超期未汇总的清单在电子口岸系统无法处理。

• 加工贸易集中申报的企业资质备案、集报清单的“申报地海关”填写企业的主管地海关。

• 集中申报系统根据清单申报日期进行汇总。

第九章　减免税申报实务操作与技巧

第一节　功能概述

进出口货物的减免税是指依照我国的法律、法规、相关政策等，给予进出口货物在进出我国关境时应缴税收的减少征收和免予征收的优惠措施。

减免税申报系统主要包括项目备案和减免税证明备案两项业务，满足了海关内部减免税业务的前期审批管理和部分查询统计功能，改善了原有减免税申报系统录入烦琐、界面复杂的不足。

第二节　操作流程

一、进入系统

用户进入 Windows 系统，从 Windows 桌面上双击“电子口岸预录入客户端”图标，如图 9－1 所示。

将报关员 IC 卡或者企业操作员卡插入读卡器或 USB 接口中，输入密码后进入系统，如图 9－2、图 9－3 所示。

点击“减免税申报”按钮，进入减免税申报子系统界面，如图 9－4 所示。

相关概念说明：

图 9－1

图 9－2

1. 征免税备案申请

征免税备案申请是企业在进行征免税证明申请之前，向海关进行项目备案申请——将享受减免税优惠项目的基本内容向海关申报，供海关审核。海关审核通过后，企业再向海关进行征免税证明申请。

图9－3

图9－4

2. **征免税证明申请**

进出口征免税证明申请用于企业向海关进行征免税证明申报，它分为三种类型：类型一表示无须备案申请，没有额度控制的证明申请，即一证一表；类型二表示有项目备案，受到额度限制但不需要技术清单的证明申请，即有备案无清单；类型三表示不但有项目备案，而且还受到备案中清单的限制的征免税申请，即有备案有清单。

二、征免税备案申请

在界面的功能菜单上，点击“征免税备案申请”菜单，再点击“征免税备案申请”功能，进入备案申请界面，如图 9－5 所示。

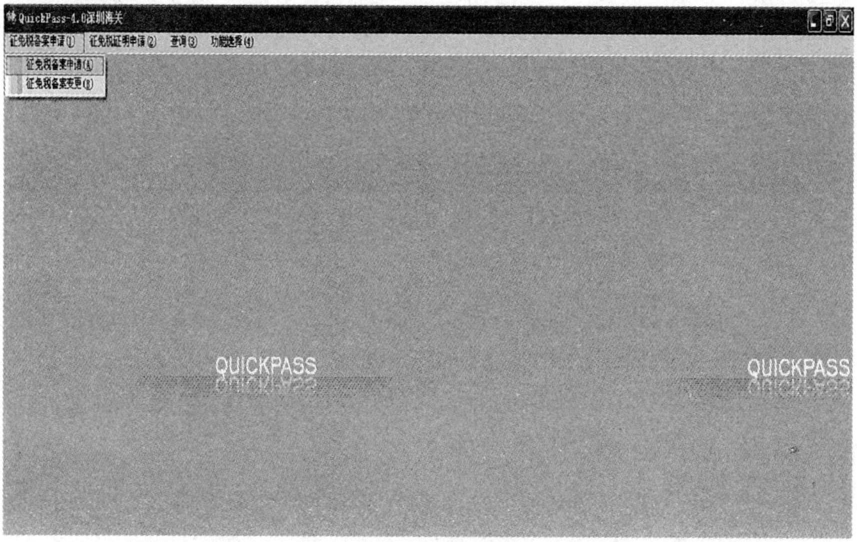

图 9－5

录入“申报地海关”，按空格键即可调出相应代码，选中代码即显示相关内容。

项目备案申请录入界面分为表头、表体两部分。表头录入企业的基本信息，表体录入货物的备案信息。操作员需依次录入表头、表体部分。表头没有录完时，不能进入表体录入，征免税备案表头填制规范见表 9－1。录完表头数据后，按回车键即可“暂存”表头数据，进入表体的输入界面，征免税备案表体填制规范见表 9－2。

圈形标志部分为表头必填项。录入完毕，点击“申报”按钮，征免税备案申请的录入/申报流程完成，如图 9－6 所示。

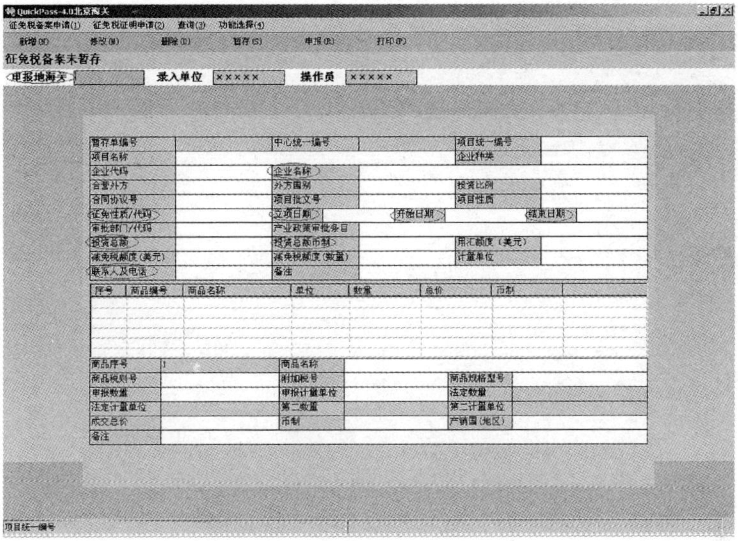

图 9 -6

三、征免税备案申请的查询/打印

(一) 数据查询及打印

征免税备案申请申报成功后，可以进行数据查询，点击“查询”按钮，选择下拉菜单中的“数据查询”，如图 9 -7、图 9 -8 所示。

图 9 -7

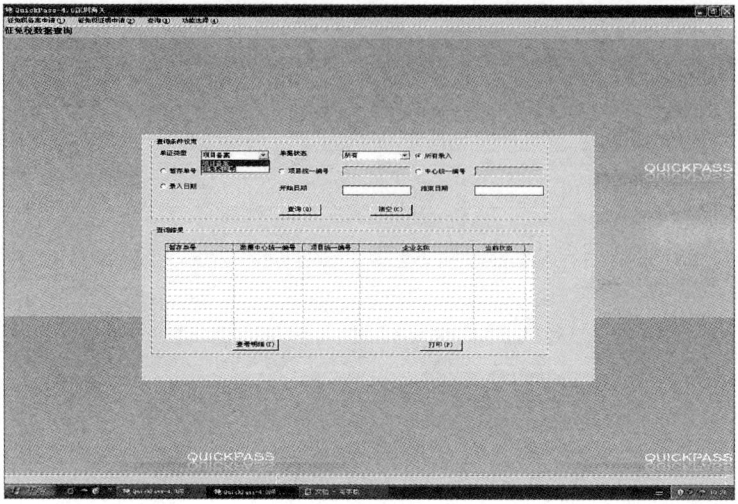

图 9－8

设定相应的条件，点击“查询”按钮，相应的查询结果就显示在查询结果列表中。在数据查询结果列表中可以查看该项目备案的企业名称、当前状态等查询结果信息。双击“某票数据”或点击“查看明细”按钮，即可以调出该票项目备案详细信息，如图 9－9 所示。

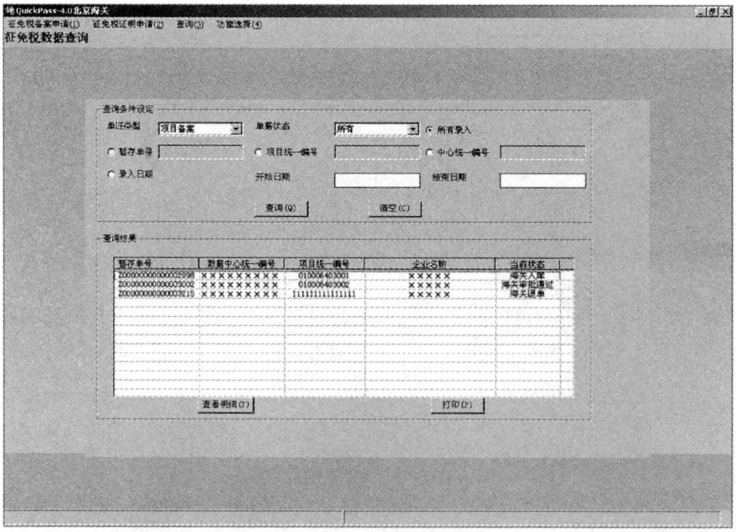

图 9－9

（二）回执查询及打印

征免税备案申请申报成功后，可以进行回执查询，点击“查询”按钮，选择下拉菜单中的“回执查询”，设定相应的条件，点击“查询”按钮，相应的查询结果就显示在了查询结果列表中。在回执查询结果列表中可以查看该项目备案的企业名称、当前状态等查询结果信息，如图 9－10 所示。

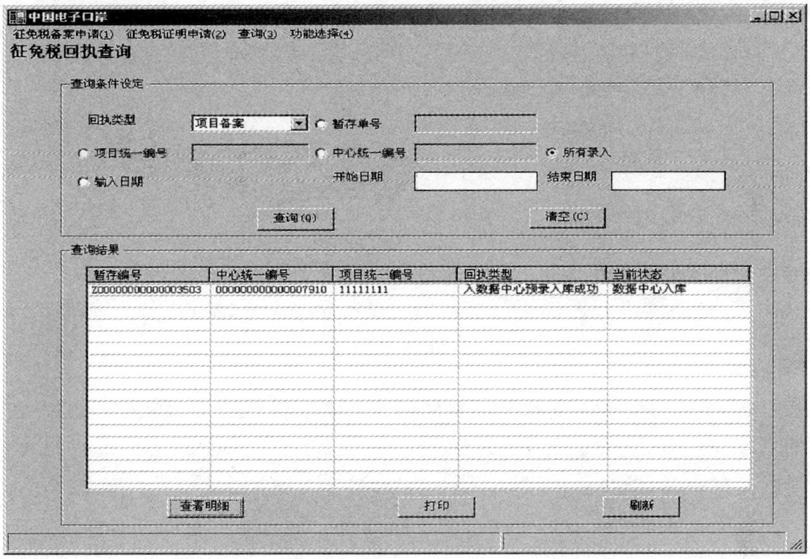

图 9－10

操作员对征免税备案进行查询，当查询到征免税备案的当前状态为海关入库时，操作员可以打印“进出口货物征免税备案登记表”，并提供其他相关资料递交给海关进行人工审单。

四、征免税备案变更

若用户想修改海关审批通过后的征免税备案数据，则必须进行变更申请。在系统界面上方的功能菜单上，点击“征免税备案申请”菜单，再点击“征免税备案变更”功能，进入变更申请界面，界面内容同备案申请。用户录入刚查到的“暂存单号”或“项目统一编号”等条件，即可调出需修改的征免税备案申请数据，进行修改。其中如“项目统一编号”等背景为灰色的字段不能修改，如图 9－11、图 9－12 所示。

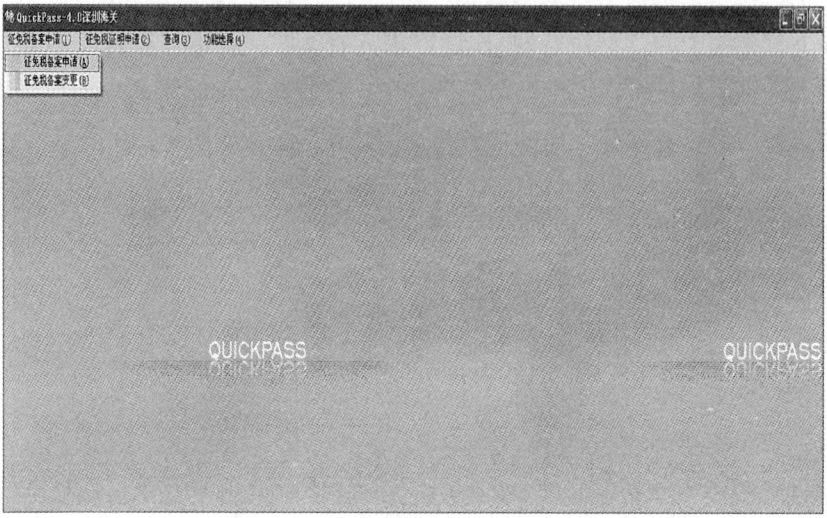

图 9－11

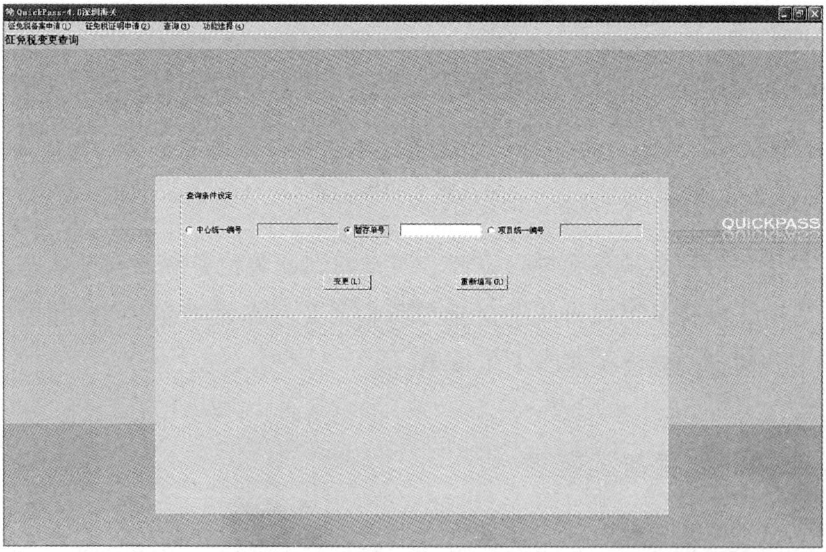

图 9－12

修改完成后，点击“暂存”、“申报”按钮，即实现向海关申报。数据申报后，未收到海关“审批通过”的回执时，数据不能再作修改。

五、征免税备案填制规范

表 9－1　征免税备案表头填制规范

序号	字段名称	填制规范
1	申报地海关	系统返填，系统根据读取操作员卡默认，但可以更改。4 位数字，根据“关区代码表”填写。
2	录入单位	系统返填，系统根据读取操作员卡信息自动生成。
3	操作员	系统返填，系统根据读取操作员卡信息自动生成。
4	暂存单编号	系统返填，18 位，以 Z 开头，保存时由系统自动生成。
5	中国电子口岸数据中心统一编号	系统返填，18 位，申报时由系统自动生成。
6	项目统一编号	必填项，对于已有项目统一编号的项目备案，输入 12 位项目统一编号；其他项目备案，则由系统自动生成。
7	项目名称	必填项，项目的立项名称，最长 15 个汉字（30 个字符）。
8	企业种类	必填项，输入一位企业种类代码（1 位数字）；按空格键，可调出“企业种类代码表”。
9	企业代码	选填项，对于具有进出口资格的货主单位，输入货主单位在海关备案的 10 位编码。对于没有进出口资格的货主单位，则不需录入。
10	企业名称	必填项，货主单位名称，最长 15 个汉字（30 个字符）。
11	合营外方	合营外方单位名称，最长 30 个字符。
12	外方国别	可输入汉字、英文或 3 位数字的国别地区代码。可参照“国别（地区）代码表”输入。若输入汉字必须校验其是否为合法国别代码。
13	投资比例	输入分数，格式为：14/86，49/51，中方/外方。最多可输入 5 个字符。
14	合同协议号	最长 20 个字符。
15	项目批准文号	项目主管部门批准该项目立项的文件编号，最长 20 个字符。

表9－1 续1

序号	字段名称	填制规范
16	项目性质	项目性质代码（1个字母）；按空格键，可调出“项目性质代码表”。
17	征免性质/代码	必填项，按空格键或输入1位数字，可调出“征免性质代码表”，然后用上下键选择相应代码。
18	立项日期	必填项，8位数字，例如：20010101。注：项目立项日期早于或等于开始日期。
19	开始日期	必填项，8位数字，例如：20010101。注：项目开始日期早于或等于结束日期。
20	结束日期	必填项，8位数字，例如：20010101。
21	审批部门代码	4位字符，格式是“大写字母（1位）＋数字（3位）”，其中大写字母可选项为A、B、C、D、E、F、G。先输入首位大写字母，可以调出“审批部门代码”。
22	产业政策审批条目	对于有项目确认书的项目备案，必须填写此项；对于其他项目备案，则不需填写。填写5位字符，格式是“大写字母（1位）＋数字（4位）”。先输入首位大写字母，可调阅《产业政策审批条目》。
23	投资总额	必填项，最长15位数字。
24	投资总额币制	必填项，本栏目应根据实际成交情况按海关规定的“货币代码表”选择填报相应的货币名称或代码，如“货币代码表”中无实际成交币种，根据外汇管理局的规定，需转换后填报。输入3位货币代码（3位数字），按空格键可以调出“货币代码表”。
25	用汇额度（美元）	最长15位数字。
26	减免税额度（美元）	最长15位数字。注：减免税额度≤用汇额度。

表9－1 续2

序号	字段名称	填制规范
27	减免税额度（数量）	最长15位数字。
28	计量单位	3位计量单位代码（3位数字），按空格键可以调出“计量单位代码表”。
29	联系人及电话	必填项，最长20个字符，输入联络人姓名、传呼机号或手机号码。
30	备注	非必填项，最多70位字符，可根据主管海关的要求输入有关内容，也可根据具体情况灵活运用，以便充分利用现程序中有限的空间。

表9－2　征免税备案表体填制规范

序号	字段名称	填制规范
1	货物序号	由系统自动排序，自动生成。
2	商品名称	商品名称应输入中文。若输入的商品名称在“商品归类表”中有对应项，则按回车键时系统可检索出所有对应商品税则号供录入员选择。
3	商品税则号	指按海关规定的《商品分类编码规则》确定的进（出）口货物的商品税则号。填入8位商品税则号，或商品税则号在输入商品名称并确定商品税则归类后计算机可自行调入。
4	附加税则号	最大2位字符。
5	商品规格型号	输入最大30位字符。
6	申报数量	即进出口货物的成交数量。输入数字，最大15位数字。
7	申报计量单位	输入1位数字，可从弹出的“计量单位代码表”中选择；输入3位数字可直接填写计量单位。
8	法定数量	输入商品税则号后，如申报计量单位与法定计量单位相同，系统自动复制申报数量并填入。如申报计量单位与法定计量单位不同，则需手工录入相应数量。法定计量单位：不填项，系统显示呈灰色。输入商品税则号后，系统自动填写。

表9－2 续1

序号	字段名称	填制规范
9	法定计量单位	不填项，系统显示呈灰色。输入商品税则号后，系统自动填写。
10	第二数量	不填项，系统显示呈灰色。
11	第二计量单位	不填项，系统显示呈灰色。输入商品税则号后，系统自动填写。
12	成交总价	输入数字，最大15位数字。
13	币制	本栏目应根据实际成交情况按海关规定的“货币代码表”选择填报相应的货币名称或代码，如“货币代码表”中无实际成交币种，根据外汇管理局的规定，需转换后填报。录入3位数字或按空格键可以调出“货币代码表”。
14	产销国（地区）	输入3位数字，可直接读取国别、地区名称。例如，中国应输入“142”或“中国”，或输入1位数字，可从弹出的“国别代码表”中选择。
15	备注	可输入70个字符，可根据主管海关的要求输入有关内容，也可根据具体情况灵活运用，以便充分利用现程序中有限的空间。注：最长70个字符。

六、征免税证明申请

在系统界面的功能菜单上，点击“征免税证明申请”按钮，进入征免税证明申请界面，如图9－13、图9－14所示。

操作员首先录入“申报地海关”，按空格键即可调出相应代码，选中代码即显示相关内容。征免税证明申请录入界面分为表头、表体两部分。操作员需先录入表头的内容，表头没录完时，不能进入表体录入，征免税证明表头填制规范见表9－3。录完表头数据后，按回车键即可“暂存”表头数据，进入表体的输入界面，征免税证明表体填制规范见表9－4。

图 9-13

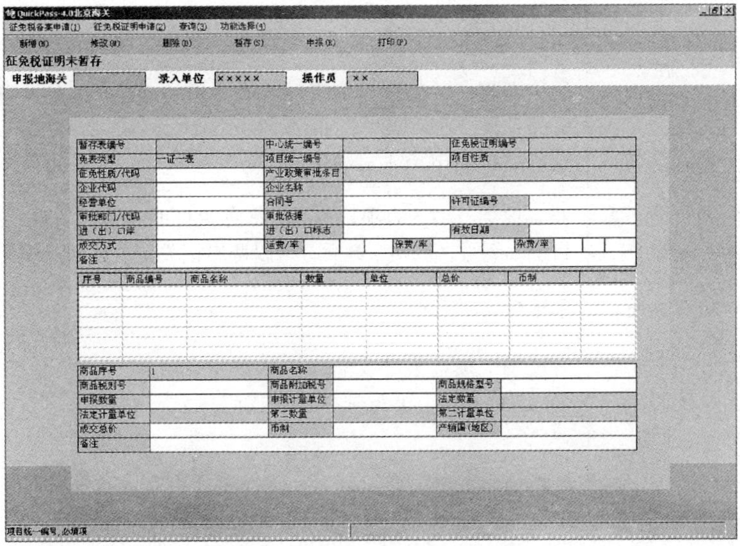

图 9-14

征免税证明申请录入及申报完成后，用户可通过“查询”菜单查询到该证明申请的明细数据、申报状态和回执内容。当查询到征免税证明申请的当前状态为海关入库时，操作员可以打印“进出口货物征免税证明申请表”，并提供其他相关资料递交给海关进行人工审单。具体细节可参阅本节“三、征免税备案申请的查询/打印”。

七、征免税证明填制规范

表9－3　征免税证明表头填制规范

序号	字段名称	填制规范
1	申报地海关	系统返填，系统根据读取操作员卡默认，但可以更改。4位数字，根据“关区代码表”填写。
2	录入单位	系统返填，系统根据读取操作员卡信息自动生成。
3	操作员	系统返填，系统根据读取操作员卡信息自动生成。
4	暂存单编号	系统返填，18位，由系统自动生成。
5	中国电子口岸数据中心统一编号	系统返填，18位，由系统自动生成。
6	征免税证明编号	系统返填，征免税证明申请经海关审批通过后，由系统返填。
7	免表类型	系统返填，由系统自动生成。
8	项目统一编号	非必填项，对于有项目备案的征免税证明申请，请输入12位项目统一编号，按回车键后，可以调出相关备案数据。
9	项目性质	不填项
10	征免性质/代码	必填项，按空格键或输入1位数字，可调出“征免性质代码表”，然后用上下键选择相应代码。
11	产业政策审批条目	不填项
12	企业代码	非必填项，对于具有进出口资格的货主单位，输入货主单位在海关备案的10位编码。对于没有进出口资格的货主单位，则不需录入。
13	企业名称	必填项，货主单位名称，最长15个汉字（30个字符）。
14	经营单位	必填项，输入经营单位在海关备案的10位编码。
15	合同号	非必填项，最长20个字符。
16	许可证编号	输入相应许可证件的文件编号。

表9－3 续1

序号	字段名称	填制规范
17	审批部门代码	4位字符，格式是“大写字母（1位）＋数字（3位）”，其中大写字母可选项为A、B、C、D、E、F、G。先输入首位大写字母，可以调出“审批部门代码”。
18	审批依据	输入相应的审批依据文件号。如署税［1997］1062号文。
19	进（出）口岸	必填项，输入4位口岸代码（4位数字）。先输入1位数字，可以按空格键调出“口岸代码表”。
20	进（出）口标志	进口——输入字母I；出口——输入字母E。
21	成交方式	输入1位数字；按空格键可以调出“成交方式表”。
22	运费/率	先选择种类（1－率、2－单价、3－总价），然后输入数字，最后输入币制（注：仅在种类为2－单价和3－总价的情况下，需填币值）。
23	保费/率	先选择种类（1－率、2－单价、3－总价），然后输入数字，最后输入币制（注：仅在种类为2－单价和3－总价的情况下，需填币值）。
24	杂费/率	先选择种类（1－率、2－单价、3－总价），然后输入数字，最后输入币制（注：仅在种类为2－单价和3－总价的情况下，需填币值）。
25	备注	非必填项，最多70位字符，可根据主管海关的要求输入有关内容，也可根据具体情况灵活运用，以便充分利用现程序中有限的空间。

表9－4 征免税证明表体填制规范

序号	字段名称	填制规范
1	商品序号	系统返填，由系统自动排序，自动生成。
2	商品名称	商品名称应输入中文。若输入的商品名称在“商品归类表”中有对应项，则按回车键时系统可检索出所有对应商品税则号供录入员选择。

表9－4 续1

序号	字段名称	填制规范
3	商品税则号	指按海关规定的《商品分类编码规则》确定的进（出）口货物的商品税则号。填入8位商品税则号，或商品税则号在输入商品名称并确定商品税则归类后计算机可自行调入。
4	附加税则号	最大2位字符。
5	商品规格型号	输入最大30位字符。
6	申报数量	必填项，即进出口货物的成交数量。输入数字，最大15位数字。
7	申报计量单位	必填项，输入1位数字，可从弹出的“计量单位代码表”中选择；输入3位数字可直接填写计量单位。
8	法定数量	输入商品税则号后，如申报计量单位与法定计量单位相同，系统自动复制申报数量并填入。如申报计量单位与法定计量单位不同，则需手工录入相应数量。法定计量单位：不填项，系统显示呈灰色。输入商品税则号后，系统自动填写。
9	法定计量单位	不填项，系统显示呈灰色。输入商品税则号后，系统自动填写。
10	第二数量	不填项，系统显示呈灰色。
11	第二计量单位	不填项，系统显示呈灰色。输入商品税则号后，系统自动填写。
12	成交总价	必填项，输入数字，最大15位数字。
13	币制	必填项，本栏目应根据实际成交情况按海关规定的“货币代码表”选择填报相应的货币名称或代码，如“货币代码表”中无实际成交币种，根据外汇管理局的规定，需转换后填报。录入3位数字或按空格键可以调出“货币代码表”。
14	产销国（地区）	必填项，输入3位数字，可直接读取国别、地区名称。例如，中国应输入“142”或“中国”，或输入1位数字，可从弹出的“国别代码表”中选择。
15	备注	可输入70个字符，可根据主管海关的要求输入有关内容，也可根据具体情况灵活运用，以便充分利用现程序中有限的空间。注：最长70个字符。

八、查询

（一）功能介绍

用户在减免税申报子系统的查询界面下，可以跟踪征免税备案申请和变更、征免税证明申请的整个过程，并查看上述所有内容。

（二）流程介绍

在系统界面上方功能菜单上，点击“查询”按钮，进入查询菜单。选择所要查询的项目，点击“数据查询”或“回执查询”按钮，即可进入相应的界面。

（三）相关概念说明

（1）数据查询：是指查询申报数据的申报状态及数据的详细信息；分为未审批数据和已审批数据，一票数据只有一条记录。

（2）回执查询：是指查询申报数据电子口岸和海关给的所有回执信息及数据的详细信息。每票数据根据所收到的回执数量的不同，对应着多条记录。

第三节　注意事项

减免税申报操作注意事项如下。

- 未通过电子口岸系统备案的征免税备案或者征免税证明数据，无法通过电子口岸预录入系统调取，需要海关先将数据同步电子口岸后，用户通过“QP 备案数据下载”，下载成功后再调取。
- 征免税证明中必须录入表体，征免税备案可以不录入表体。
- 征免税备案可以变更，征免税证明不能变更。

第十章 减免税后续管理实务操作与技巧

第一节 功能概述

减免税后续管理包括对进出口减税及免税货物的贷款抵押、异地监管、解除监管、货物结转、货物退运、年报管理、主体变更、货物补税和税款担保等业务的管理。

减免税后续管理系统是进一步加强对减免税后续业务管理的系统。该系统数据主要来源于减免税申报系统的项目备案和征免税证明中的数据。该系统主要实现各种数据的录入、传输和接收回执处理的功能，对海关减免税后续管理中的贷款抵押、异地监管、解除监管、货物结转、货物退运、年报管理、主体变更、货物补税和税款担保等业务实现电子化申报和管理。

第二节 操作流程

一、进入系统

用户进入 Windows 系统，从 Windows 桌面上双击“电子口岸预录入客户端”图标，如图 10－1 所示。

在密码框输入 IC 卡密码，点击“确认”按钮进入系统主选界面，如图 10－2、图 10－3 所示。

点击“减免税后续”按钮，进入减免税后续管理子系统界面，如图 10－4 所示。

图 10－1

图 10－2

相关概念说明：

（1）贷款抵押：货主单位将在监管期内的减免税货物作为抵押，向金融机构办理贷款，但事先应向海关申请，得到批准后才可办理相关手续。

（2）异地监管：企业将监管期内的减免税货物移放到企业主管海关关

图 10－3

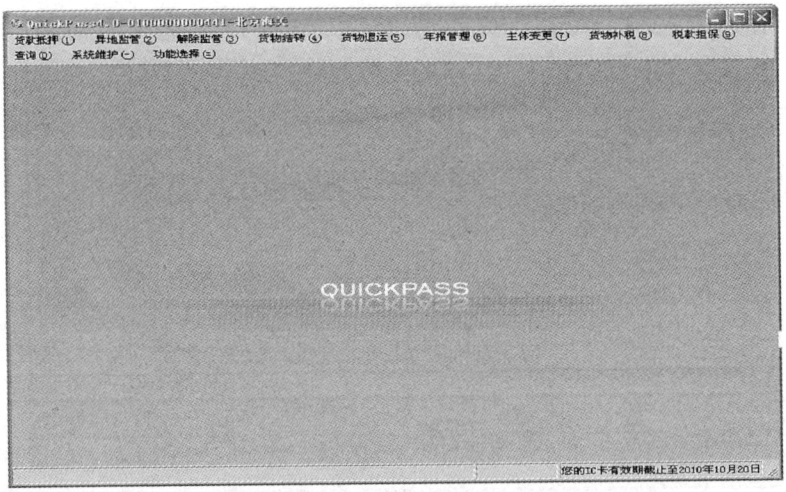

图 10－4

区以外的下属机构使用时，应事先向主管地海关申请，征得主管地海关同意后才可委托监管地海关继续对货物进行监管。

（3）解除监管：企业将监管期内的减免税货物申请解除海关监管，应事先向海关提出申请，如果已经达到监管期，海关则向企业出具“解除监管证明”，如果未到监管期则在补税后出具“解除监管证明”。

（4）货物结转：在减免税货物监管年限内，进口减免税货物的法人单位因故将其进口的减免税货物转让给其他享有减免税优惠待遇的法人单位的行为。

（5）货物退运：减免税申请人因故需将尚在海关监管期内的减免税进口货物退运出境。

（6）税款担保：减免税申请人已经向海关申请办理减免税备案、审批手续，在主管海关按规定受理期间（包括经批准延长的期限）货物到达进口口岸的，减免税申请人向海关申请暂时交保证金办理货物验放手续。

（7）主体变更：减免税申请人在减免税货物监管期间，因分立、合并、股东变更、改制或其他资产重组活动而导致其法人主体变更或消失的，承担原减免税申请人债权债务关系的新法人主体，应当向原减免税申请人所在地海关报告。按照规定需要补征税款的，新法人主体应当向原减免税申请人所在地海关办理补税手续；按照现行规定可以继续享受减免税待遇的，新法人主体应当办理减免税货物结转手续。

（8）年报管理：企业每年将此前进口的监管期内的减免税货物向海关申报使用情况。

（9）货物补税：因提前解除监管等原因需要补税的，海关办理补征税款的手续。

二、贷款抵押

（一）贷款抵押申请录入

在菜单栏点击“贷款抵押”按钮后，在下拉菜单中选择“贷款抵押申请录入”，进入贷款抵押申请录入界面，如图 10 – 5 所示。

先录入“征免税证明编号”，系统会返填出免表中的数据到界面上。表体返填出免表中的商品信息后，在“选择”栏目的复选框中打“√”，商品项会变成可修改的状态，但是只允许修改商品编码和数量。“数量”

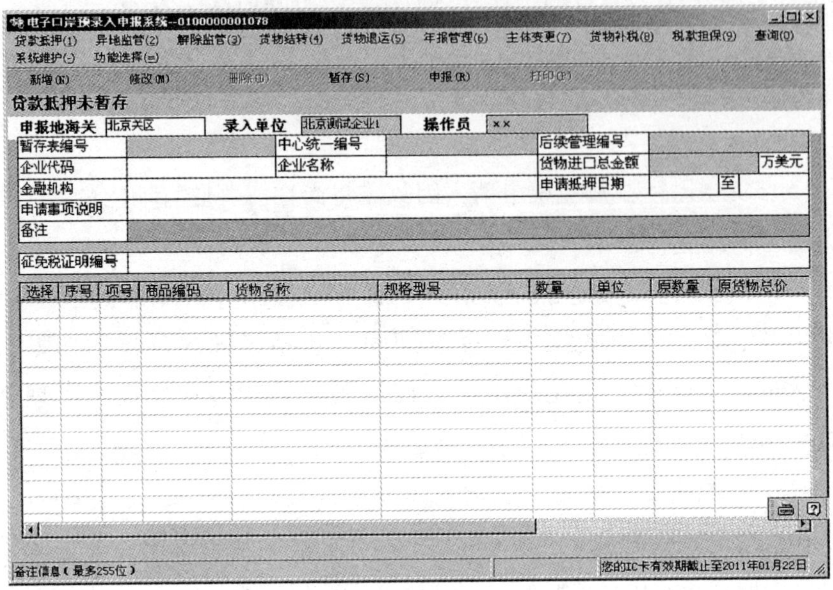

图 10 - 5

不能超过原免表中相关商品申报数量，调整数量后，“原货物总价”将自动随着数量的变化而变化。在“选择”栏不打“√”或者在“数量”栏输入“0”，则表示不选择该商品。表体中至少要有一项商品，但不能超过 20 项商品。填写完毕后点击“暂存”、“申报”按钮，如图 10 - 6 所示。

（二）贷款抵押申请修改

方式一：在贷款抵押申请录入界面点击“修改”按钮，进入贷款抵押查询界面，输入查询条件后点击“查询”按钮，双击某条查询结果记录或选中某条记录后点击“查看明细”按钮，进入贷款抵押申请修改界面。

方式二：在菜单栏点击“查询”按钮后，在下拉菜单中选择“数据查询”，进入数据查询界面。在单证类型中选择“贷款抵押”，单据状态中选择“暂存未申报”，输入其他查询条件后点击“查询”按钮，双击某条查询结果记录或选中某条记录后点击“查看明细”按钮，进入贷款抵押申请修改界面。

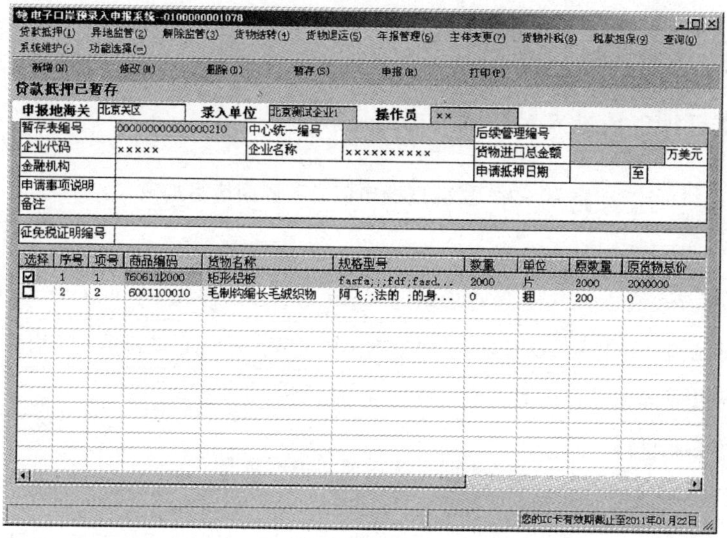

图 10－6

（三）贷款抵押延期录入

在菜单栏点击“贷款抵押”按钮后，在下拉菜单中选择“贷款抵押延期录入”，进入贷款抵押延期录入界面，如图 10－7 所示。先录入“原同意办理贷款抵押手续证明编号”，表头和表体数据均会自动返填，且不能修改，只需要录入“延期原因”和“延期抵押日期”。填写完毕后点击“暂存”、“申报”按钮。

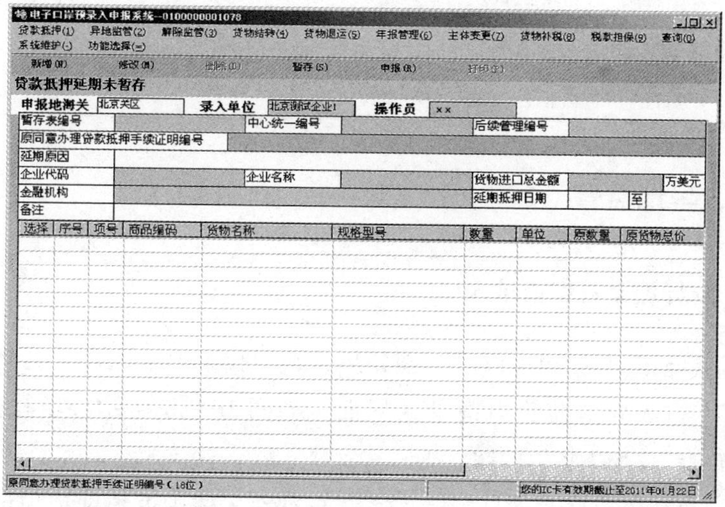

图 10－7

（四）填制规范

贷款抵押申请录入界面填写规范见表 10－1。

表 10－1　贷款抵押申请录入界面填写规范

序号	字段名称	填制规范
1	暂存表编号	录入暂存后系统自动生成，不可修改。
2	中心统一编号	入中国电子口岸数据中心库后系统自动返填，不可修改。
3	后续管理编号	入海关库后系统自动返填，不可修改。
4	货物进口总金额	海关初审时系统返填，不可修改。
5	企业代码	非必填项，系统根据征免表证明编号自动返填，可修改（自理报关企业不能修改）。
6	企业名称	必填项，系统根据征免表证明编号自动返填，可修改（自理报关企业不能修改）。
7	征免税证明编号	必填项，手工录入。
8	金融机构	必填项，手工录入。
9	申请抵押日期	必填项，手工录入格式为 YYMMDD，当前日期≤起始日期≤终止日期。
10	申请事项说明	必填项，手工录入。
11	备注	非必填项，手工录入。

三、异地监管

（一）异地监管申请录入

在菜单栏点击“异地监管”按钮后，在下拉菜单中选择“异地监管申请录入”，进入异地监管申请录入界面，如图 10－8 所示。填写完毕后，点击“暂存”、“申报”按钮。

输入“征免税证明编号”后，系统自动在表体中返填征免税证明表中

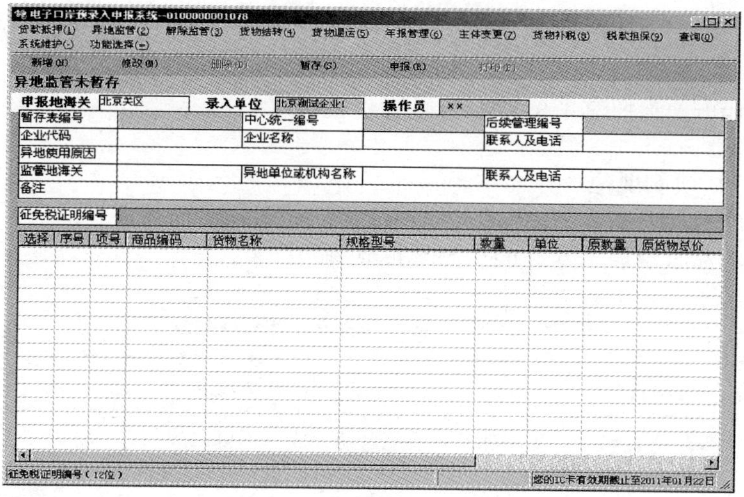

图 10－8

的货物信息，表体返填出免表中的商品信息后，在前面的复选框中打“√”，商品项会变成可修改的状态，但是只允许修改商品编码和数量。“数量”不能超过原免表中相关商品申报数量，调整数量后，“原进口总价”将自动随着数量的变化而变化。在“选择”栏不打“√”或者在“数量”栏输入“0”，则表示不选择该商品，如图 10－9 所示。

图 10－9

（二）异地监管申请修改

操作方法参照本节的“贷款抵押申请修改”内容。

（三）填制规范

异地监管申请录入界面填制规范见表10－2。

表10－2　异地监管申请录入界面填制规范

序号	字段名称	填制规范
1	暂存表编号	录入暂存后系统自动生成，不可修改。
2	中心统一编号	入中国电子口岸数据中心库后系统自动返填，不可修改。
3	后续管理编号	入海关库后系统自动返填，不可修改。
4	货物进口总金额	海关初审时系统返填，不可修改。
5	企业代码	非必填项，系统根据征免表证明编号自动返填，可修改（自理报关企业不能修改）。
6	企业名称	必填项，系统根据征免表证明编号自动返填，可修改（自理报关企业不能修改）。
7	征免税证明编号	必填项，手工录入。
8	联系人及电话	必填项，手工录入。
9	异地使用原因	必填项，手工录入。
10	监管地海关	必填项，手工录入。
11	异地单位或机构代码	必填项，手工录入。

四、解除监管

（一）解除监管申请录入

在菜单栏点击“解除监管”按钮后，在下拉菜单中选择“解除监管申请录入”，进入解除监管申请录入界面，如图10－10所示。填写完毕后点击“暂存”、“申报”按钮。

图 10－10

（二）解除监管申请修改

操作方法参照本节的“贷款抵押申请修改”内容。

（三）填制规范

解除监管申请录入界面填制规范见表 10－3。

表 10－3 解除监管申请录入界面填制规范

序号	字段名称	填制规范
1	联系人及电话	必填项，手工录入。
2	解除监管类型	必填项，手工录入。
3	解除监管理由	必填项，手工录入。
4	征免税证明编号	必填项，手工录入。
5	企业名称	必填项，系统根据征免表证明编号自动返填，可修改（自理报关企业不能修改）。
6	企业代码	非必填项，系统根据征免税证明编号自动返填，可修改（自理报关企业不能修改）。

五、货物结转

（一）货物结转申请录入

在菜单栏点击“货物结转”按钮，并在下拉菜单中选择“货物结转申请录入”，进入货物结转申请录入界面，如图 10 - 11 所示。填写完毕后点击“暂存”、“申报”按钮。

图 10 - 11

（二）货物结转申请修改

操作方法参照本节的“贷款抵押申请修改”内容。

（三）填制规范

货物结转申请录入界面填写规范见表 10 - 4。

表 10 - 4　货物结转申请录入界面填写规范

序号	字段名称	填制规范
1	征免税证明编号	必填项，手工录入。
2	转入地海关	必填项，手工录入。
3	转出单位联系人及电话	必填项，手工录入。
4	转入单位联系人及电话	必填项，手工录入。
5	结转原因及基本情况	必填项，手工录入。
6	转出单位名称	必填项，系统根据征免税证明编号自动返填，可修改（自理报关企业不能修改）。

表 10 – 4 续 1

序号	字段名称	填制规范
7	转入单位名称	必填项，系统根据转入单位代码自动返填，可修改。
8	转入单位代码	非必填
9	转入单位项目统一编号	非必填

六、货物退运

（一）货物退运申请录入

在菜单栏点击“货物退运”按钮后，在下拉菜单中选择“货物退运申请录入”，进入货物退运申请录入界面，如图 10 – 12 所示。填写完毕后点击“暂存”、“申报”按钮。

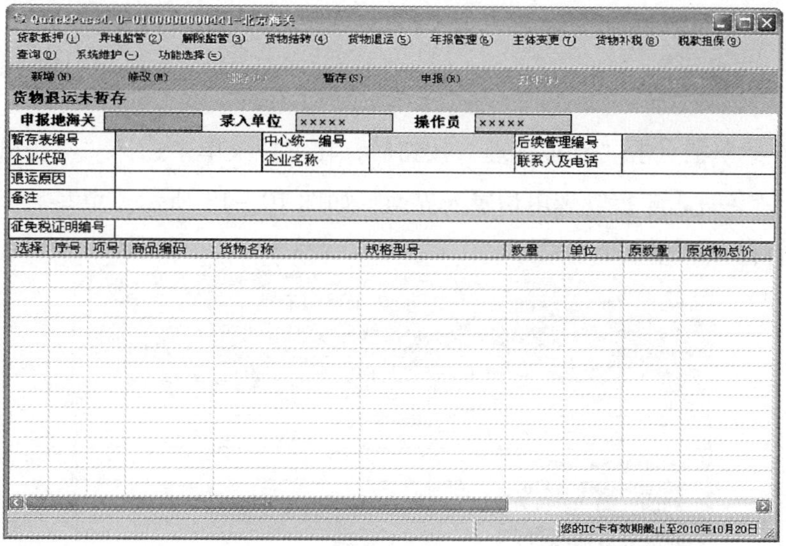

图 10 – 12

（二）货物退运申请修改

操作方法参照本节的“贷款抵押申请修改”内容。

（三）填制规范

货物退运申请录入界面填制规范见表 10－5。

表 10－5　货物退运申请录入界面填制规范

序号	字段名称	填制规范
1	征免税证明编号	必填项，手工录入。
2	联系人及电话	必填项，手工录入。
3	退运原因	必填项，手工录入。
4	企业名称	必填项，由系统根据征免税证明编号自动返填，可修改（自理报关企业不能修改）。
5	企业代码	非必填项，由系统根据征免税证明编号自动返填，可修改（自理报关企业不能修改）。

七、年报管理

（一）年报管理申请录入

在菜单栏点击“年报管理”按钮后，在下拉菜单中选择“年报管理申请录入”，进入年报管理申请录入界面，如图 10－13 所示。填写完毕后点击“暂存”、“申报”按钮。

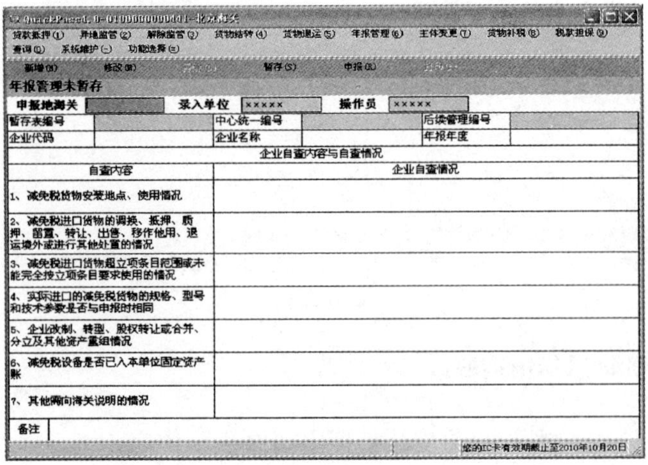

图 10－13

（二）年报管理申请修改

操作方法参照本节的“贷款抵押申请修改”内容。

（三）填制规范

年报管理申请录入界面填制规范见表10－6。

表10－6　年报管理申请录入界面填制规范

序号	字段名称	填制规范
1	年报年度	必填项，手工录入。
2	减免税货物安装地点、使用情况	必填项，手工录入。
3	减免税进口货物的调换、抵押、质押、留置、转让、出售、移作他用、退运境外或进行其他处置的情况	必填项，手工录入。
4	减免税进口货物超立项条目范围或未能完全按立项条目要求使用的情况	必填项，手工录入。
5	实际进口的减免税货物的规格、型号和技术参数是否与申报时相同	必填项，手工录入。
6	企业改制、转型、股权转让或合并、分立及其他资产重组情况	必填项，手工录入。
7	减免税设备是否已入本单位固定资产账	必填项，手工录入。
8	其他需向海关说明的情况	必填项，手工录入。
9	企业名称	必填项，根据企业代码返填，可修改，也可直接手工录入（自理报关企业不能修改）。
10	企业代码	必填项，手工录入（自理报关企业不能修改）。

八、主体变更

（一）主体变更申请录入

在菜单栏点击“主体变更”按钮，并在下拉菜单中选择“主体变更申请录入”，进入主体变更申请录入界面如图 10－14 所示。填写完毕后点击“暂存”、“申报”按钮。

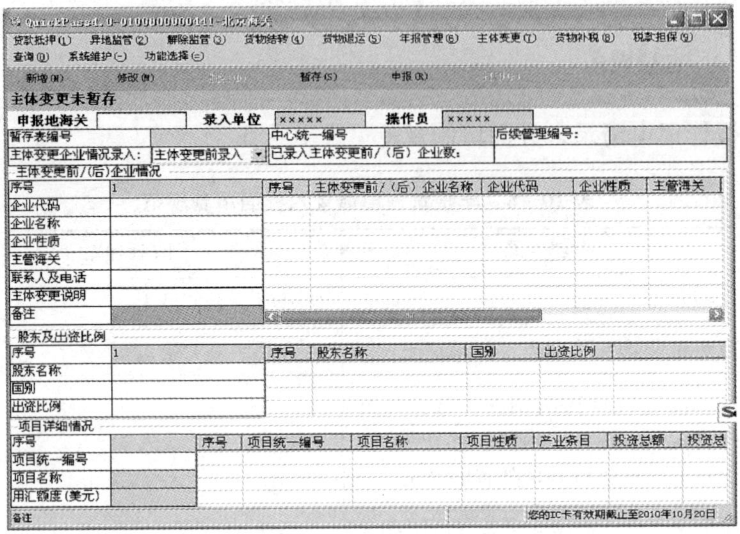

图 10－14

（二）主体变更申请修改

操作方法参照本节的“贷款抵押申请修改”内容。

（三）主要操作

1. 添加项目信息

在企业情况显示区域中选中一条企业信息后，在项目详细情况录入区域输入项目统一编号并按回车键，系统将把该项目统一编号对应的项目信息返填在右边的项目详细情况显示区域和左边的项目详细情况录入区域中。返填的数据均不可修改。在项目详细情况显示区域单击右键选择“新增”，项目详细情况录入区序号加一，光标跳转到项目统一编号栏，可输入项目统一编号。

2. 编辑项目信息

在项目详细情况显示区域中选中一条记录后，左边的录入区域将显示该条记录信息，光标落在项目统一编号栏。用户在此输入新的项目统一编号并按回车键，即完成了对该条项目信息的修改。

3. 删除项目信息

在项目详细情况显示区域中选中一条记录，单击右键选择“删除”，在弹出的是否要删除数据的对话框中选择“是”，即可删除该条记录。

4. 编辑企业信息

在主体变更前/后企业情况显示区域中选中一条记录后，左边的录入区域将显示该条记录信息，用户在录入区域中修改该信息并最后在“备注”一栏按回车键，即修改了企业情况中的该条记录。

5. 删除企业信息

在主体变更前/后企业情况显示区域中选中一条记录，单击右键选择“删除”，在弹出的是否要删除数据的对话框中选择“是”，即可删除该条记录。

6. 添加企业信息

（1）在主体变更前/后企业情况录入区域依次录入企业信息，在“备注”一栏按回车键，即可在右边的企业情况显示区域中增加一条企业信息。

（2）在企业情况显示区域单击右键选择“新增”，企业情况录入区域序号加一，光标跳转到企业代码栏，即可输入新的企业信息。

（四）填制规范

主体变更申请录入界面填制规范见表10－7。

表10－7　主体变更申请录入界面填制规范

序号	字段名称	填制规范
1	企业名称	必填项，根据企业代码返填，可修改，也可直接手工录入。
2	企业性质	必填项，手工录入。
3	主管海关	必填项，手工录入。
4	联系人及电话	必填项，手工录入。
5	主体变更情况说明	必填项，手工录入。
6	股东名称	必填项，手工录入，可输入企业代码返填或直接填写企业名称。

表 10－7 续 1

序号	字段名称	填制规范
7	国别	必填项，手工录入。
8	出资比率	必填项，手工录入。数字＋百分号，精确到小数点后一位，对于一家企业，股东出资比率总和不能超 100%。
9	项目统一编号	必填项，手工录入。
10	项目名称	返填项，根据项目统一编号系统自动返填，不可修改。
11	用汇额度	返填项，根据项目统一编号系统自动返填，不可修改。

九、货物补税

（一）货物补税申请录入

在菜单栏点击“货物补税”按钮后，在下拉菜单中选择“货物补税申请录入”，进入货物补税申请录入界面，如图 10－15 所示。填写完毕后点击“暂存”、“申报”按钮。

图 10－15

（二）货物补税申请修改

操作方法参照本节的“贷款抵押申请修改”内容。

（三）填制规范

货物补税申请录入界面填制规范见表10－8。

表10－8 货物补税申请录入界面填制规范

序号	字段名称	填制规范
1	征免税证明编号	必填项，手工录入。
2	联系人及电话	必填项，手工录入。
3	补税原因	必填项，手工录入。
4	企业名称	返填项，由系统根据征免税证明编号自动返填，可修改（自理报关企业不能修改）。
5	企业代码	非必填项，由系统根据征免税证明编号自动返填，可修改（自理报关企业不能修改）。

十、税款担保

（一）税款担保申请录入

在菜单栏点击“税款担保”按钮后，在下拉菜单中选择“税款担保申请录入”，进入税款担保申请录入界面，如图10－16所示。填报栏目均需手工录入，填写完毕后点击“暂存”、“申报”按钮。

（二）货物补税申请修改

操作方法参照本节的“贷款抵押申请修改”内容。

（三）税款担保延期

在菜单栏点击“税款担保”按钮，并在下拉菜单中选择“税款担保延期录入”，进入税款担保延期录入界面，如图10－17所示。填写完毕后点

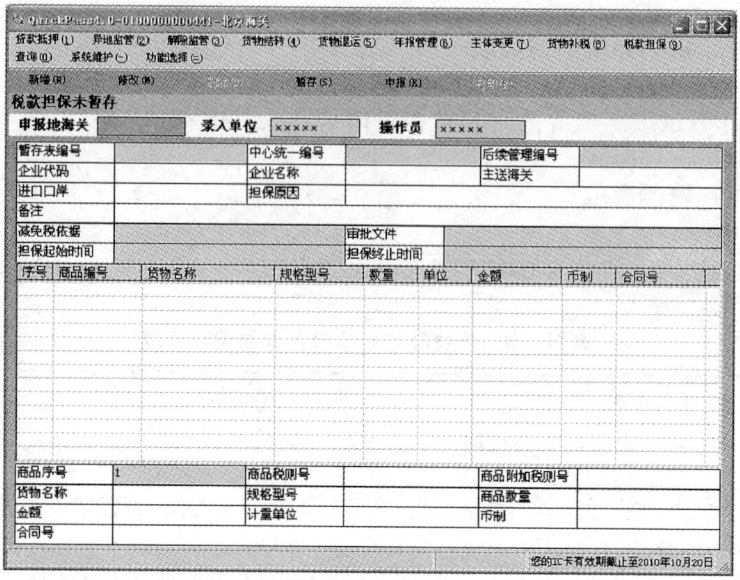

图 10－16

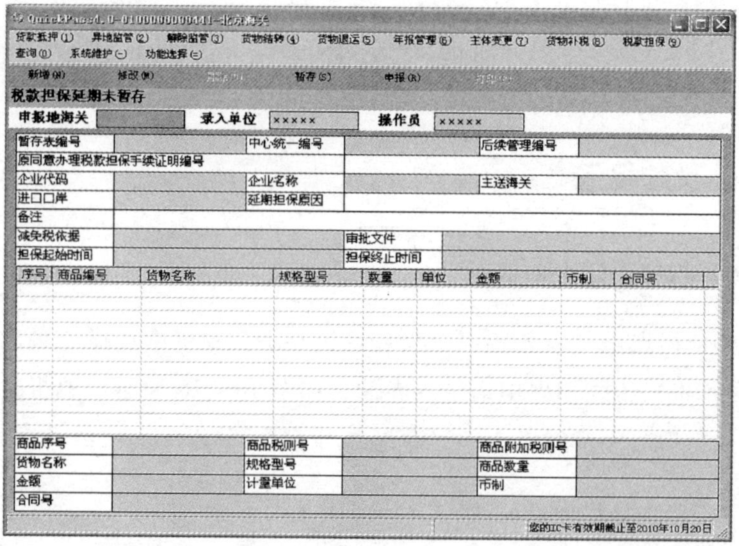

图 10－17

击“暂存”、“申报”按钮。

（四）税款担保延期申请修改

操作方法参照本节的“贷款抵押申请修改”内容。

（五）填制规范（仅做参考，具体以当地海关要求为准。）

税款担保申请录入界面填制规范见表 10 –9。

表 10 –9 税款担保申请录入界面填制规范

序号	字段名称	填制规范
1	企业名称	必填项，根据企业代码返填，可修改，也可直接手工录入。
2	主送海关	必填项，输入海关代码，返填海关名称。
3	进口口岸	必填项，输入海关代码，返填海关名称。
4	担保原因	必填项，手工录入。
5	【减免税依据】、【审批文件】、【担保起始时间】、【担保终止时间】	企业端为灰色，无法录入，由海关在审核时输入，不可修改。
6	企业代码	非必填项，手工录入（自理报关企业不能修改）。
7	货物名称	必填项，可修改，也可手工录入。
8	计量单位	必填项，可修改，也可手工录入。可输入代码从下拉列表中选择。
9	商品数量	必填项，手工录入。
10	金额	必填项，手工录入。
11	币制	必填项，输入代码返填币制名称。
12	【商品税则号】、【商品附加税则号】、【规格型号】、【合同号】	非必填项

十一、查询

（一）数据查询

在菜单栏点击“查询”按钮，并在下拉菜单中选择“数据查询”，进入数据查询界面，如图 10 – 18 所示。“数据查询”主要查询数据的当前状态，并可进入数据录入界面修改数据。

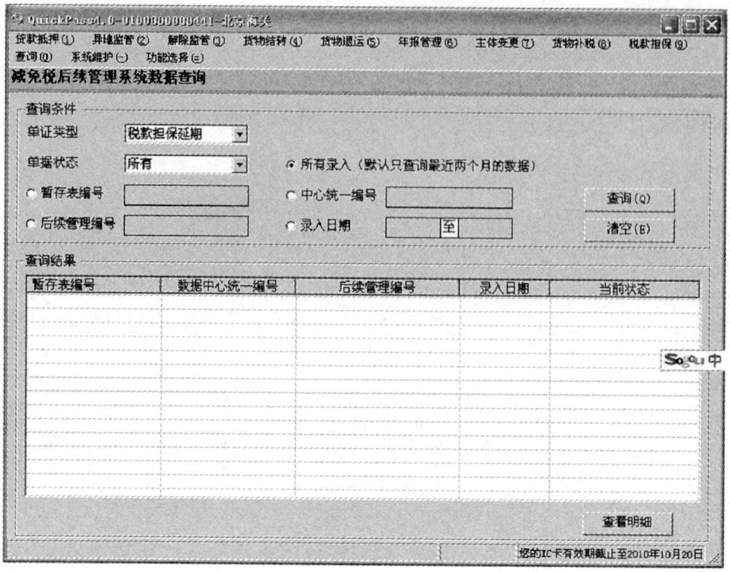

图 10－18

（二）回执查询

在菜单栏点击“查询”按钮，并在下拉菜单中选择“回执查询”，进入回执查询界面，如图 10－19 所示。“回执查询”主要查询详细的回执信息。

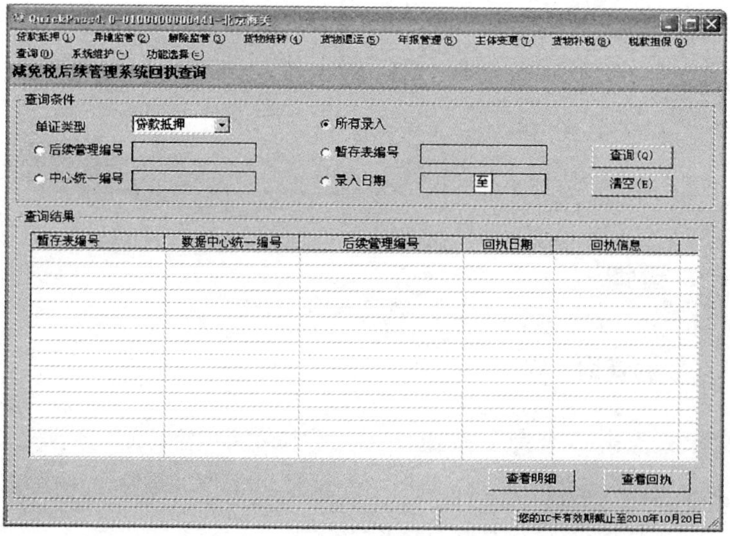

图 10－19

（三）打印查询

在菜单栏点击“查询”按钮，并在下拉菜单中选择“打印查询”，进入打印查询界面，如图10－20所示。“打印查询”主要查询数据于什么时间被打印过，是使用哪张卡打印的。暂存成功的数据即可打印。

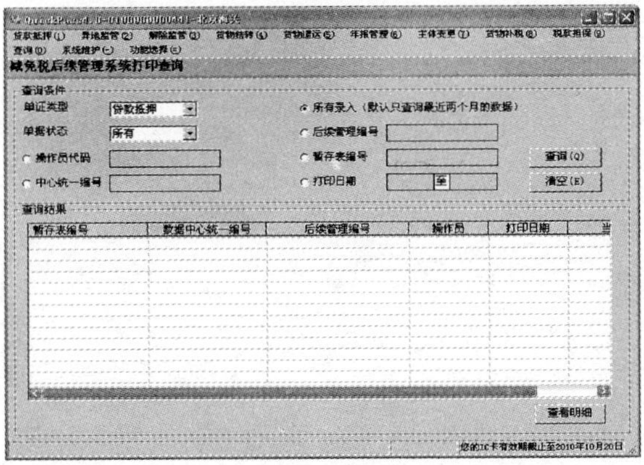

图 10－20

十二、系统维护

“系统维护”功能主要提供数据下载，可将原已暂存、申报过的数据下载到本地。在菜单栏点击“系统维护”按钮，进入数据下载界面，如图10－21所示。

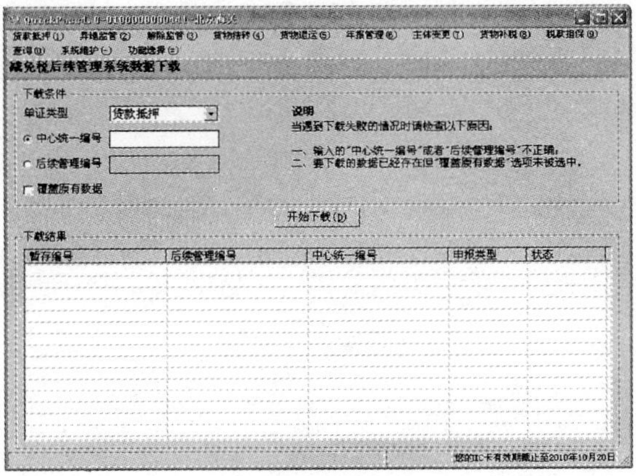

图 10－21

第三节　注意事项

用户必须调用征免税证明编号，才可以进行减免税后续管理相关业务的录入申报。

第十一章　企业管理(新)实务操作与技巧

电子口岸企业管理（新）系统是以企业为单元构筑集海关企业管理作业与信息分析为一体的综合管理系统，是海关通关管理系统等其他业务系统的重要基础。海关企业管理作业系统的建立，是海关通关作业、实际监管以及后续管理的必要前提。

第一节　功能概述

电子口岸新企业管理系统主要实现企业、报关人员注册管理相关业务的录入申报功能。企业通过该系统可以完成企业注册登记、报关企业行政许可、企业分类管理以及查询海关审批结果等操作，彻底改变了企业多次往返海关递交材料的作业模式，给企业带来了极大便利。系统优化后将进一步提高企管作业效率，更好地为全国海关企业管理人员及注册企业提供服务。

第二节　操作流程

一、系统介绍

用户进入 Windows 系统，从 Windows 桌面上双击“电子口岸预录入客户端”图标，如图 11－1 所示。

图 11－1

将报关员 IC 卡或者企业操作员卡插入读卡器或 USB 接口中，输入密码后进入系统，如图 11－2 所示。

图 11－2

二、进入“企业管理（新）”子系统

点击“企业管理（新）”子系统，如图 11 -3 所示。

图 11 -3

三、企业注册登记

（一）企业注册登记申请

企业可自行录入或者委托预录入机构完成企业注册登记信息的录入，录入完成后向海关企管内网发送申报信息。点击选择菜单“企业注册登记” -“企业注册登记申请”，进入“企业注册信息 - 企业信息表”的信息录入界面，如图 11 -4 所示。

说明：

（1）界面各录入字段中，蓝色可录入框为必填项，黄色可录入框为选填项，灰色不可录入框为系统返填项。（注：此规则适用于所有企业类型的所有业务，且各字段颜色标志会随着不同的企业类型而变化）

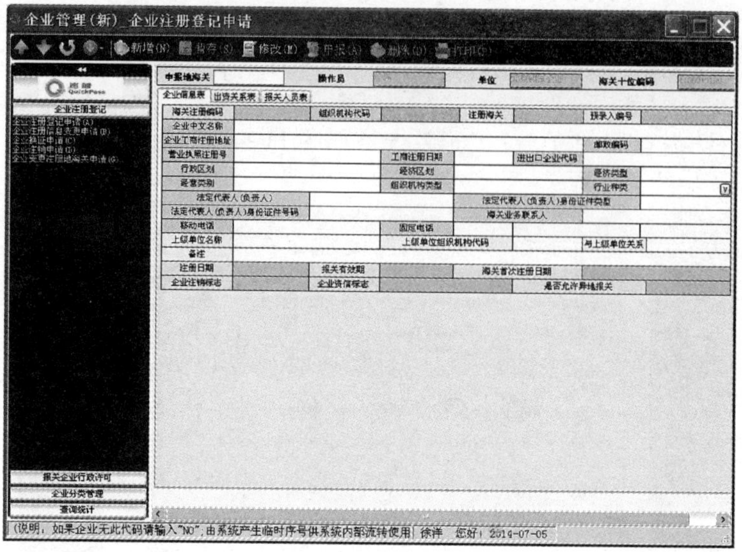

图 11 - 4

（2）如企业在注册登记时暂无组织机构代码，可录入字母“NO”，系统将生成一个临时序号供系统内部记录，待海关审批通过后，系统将自动替换为企业的真实组织机构代码。

（3）企业注册信息录入界面包含三张表：企业信息表、投资关系表和报关人员表。其中为方便企业，在其首次登记注册时，录入的企业信息表为简表，包含了企业的主要信息。如企业还需要向海关申报其他注册信息，可在登记注册成功后，通过变更申请来补充完整。

（4）企业信息表为必填，投资关系表和报关人员表则依据企业的经营类别和海关要求选择填写。

（二）企业注册登记申请修改

点击注册登记表上方的“修改”按钮，系统跳转到修改查询界面。输入查询条件，点击“查询”按钮，系统显示符合条件的查询结果列表。选中需要进行操作的记录，页面下方的按钮变为可用状态。点击页面下方的“修改”按钮，进入修改界面，如图 11 - 5、图 11 - 6 所示。

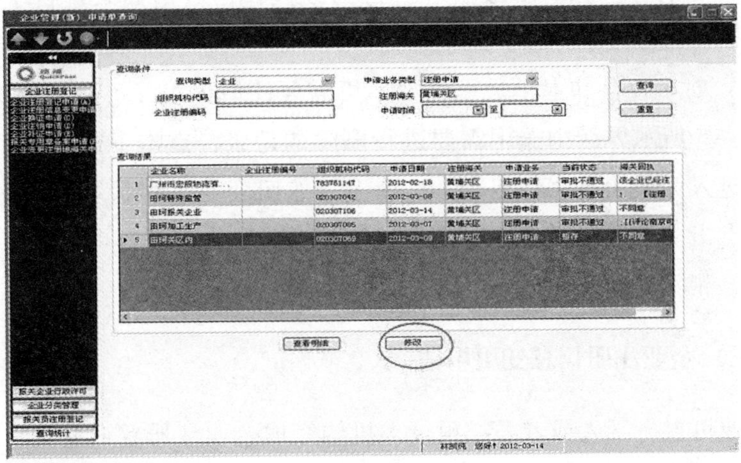

图 11－5

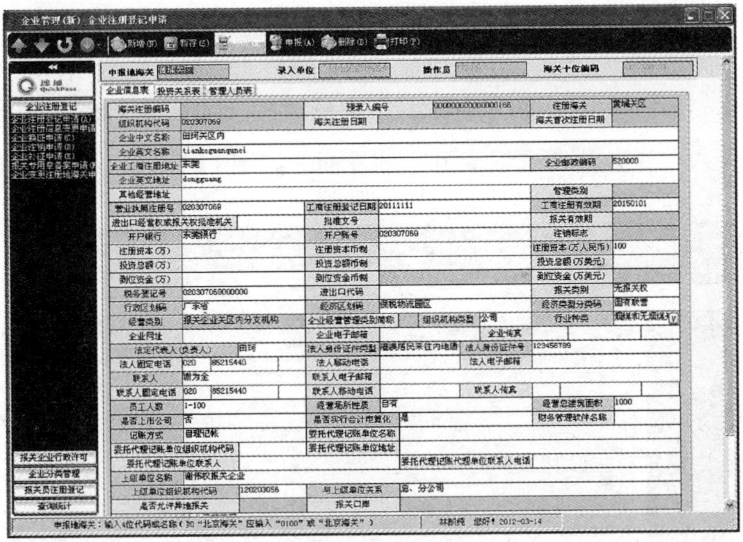

图 11－6

说明：

（1）“申报地海关”、“组织机构代码”和“经营类别”三个字段不可修改。

（2）企业注册信息录入完毕，点击“申报”按钮，即可将当前录入信息向海关申报。

（3）只有暂存和退单数据可进行修改操作，数据如果进行了申报操作，则不可再修改。

（4）对于暂存和退单数据，如不再需要注册申报，可进行删除操作，在图 11－5 所示界面中选中需要进行删除的记录，点击下方“查看明细”按钮，进入注册信息明细界面，“删除”按钮变为可用状态，如图 11－6 所示，点击“删除”按钮，系统弹出删除确认框，点击“是”按钮进行删除确认，删除操作成功。

（三）企业注册信息变更申请

企业可自行录入或者委托预录入机构完成企业注册登记变更申请，暂存后向海关申报。如果企业自行录入，可看到变更前注册登记信息，如果是预录入机构代为录入，不显示登记信息。

对海关审批通过的企业注册信息可以进行变更，企业注册信息进行变更有两种方法。

方法一：点击“企业注册登记”菜单下的“企业注册信息变更申请”功能，进入“企业注册登记变更”的界面，如图 11－7 所示。

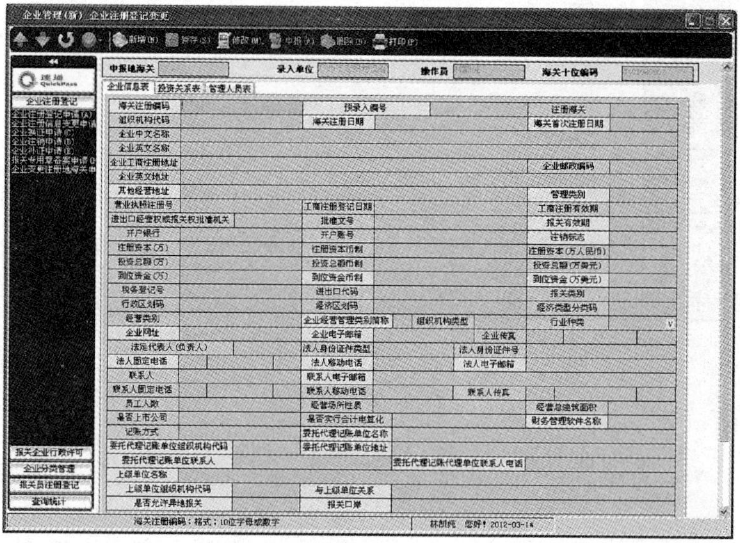

图 11－7

变更操作的初始界面只有“海关注册编码”字段可以录入，企业在此处录入海关审批通过给予企业的海关注册编码后回车，系统自动调出对应的注册信息。在变更界面中显示的是企业登记注册的全部信息，企业可以在此界面进行注册信息的变更，系统进行相应的权限控制。

（1）自理企业对本企业注册信息进行变更时，每次进入变更界面，系统均显示全部的企业注册信息，如图 11－8 所示。

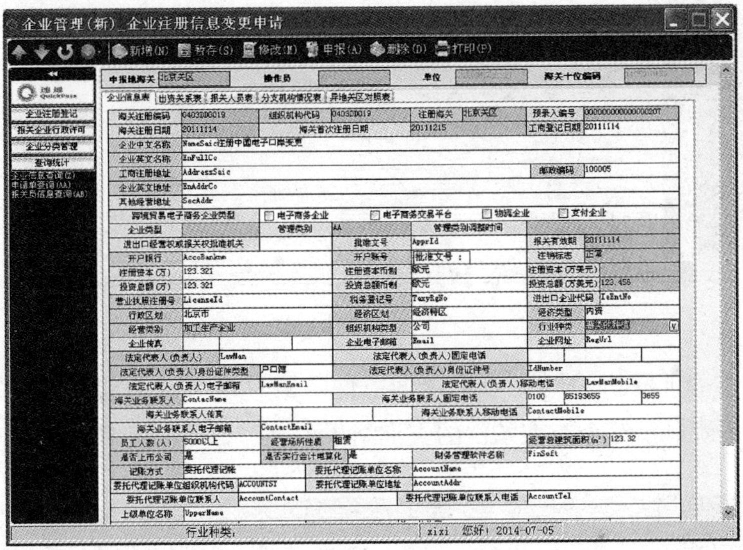

图 11－8

（2）当企业为代理变更时，如该代理变更企业为原代理注册企业，且本次变更为首次申请，则在变更界面中显示企业全部注册信息。如该代理企业为原代理注册企业，但本次变更不是首次变更，或本次变更的代理企业不是原代理注册企业，这两种情况下均不显示企业全部注册信息，只显示少量字段，如图 11－9 所示。

变更界面中灰色的字段不可变更，对需要变更的字段，在界面直接进行修改。修改完毕，可对变更数据进行暂存或申报操作。申报后，数据将发送到海关企管内网进行审核。

方法二：点击“查询统计”菜单下的“企业信息查询”功能，进入企业信息查询界面，输入查询条件（系统要求“组织机构代码”、“注册海

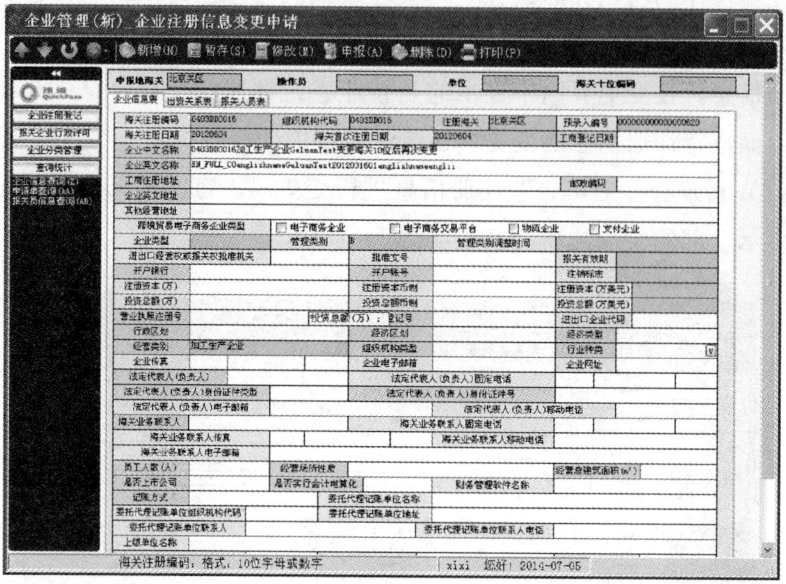

图 11－9

关”和“企业注册编码”三个查询条件需至少输入一个），点击“查询”按钮，系统显示符合查询条件的查询结果列表，如图 11－10 所示。

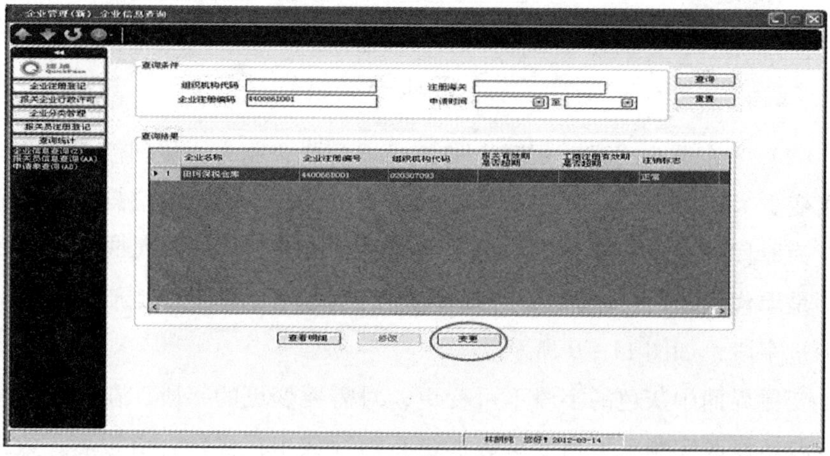

图 11－10

在查询列表中选中需要变更的记录，点击页面下方的“变更”按钮，系统跳转到变更界面，变更具体操作同方法一。

（四）企业换证申请

进出口货物收发货人海关注册登记证书到期后需办理换证业务，企业可自行录入或者委托预录入机构完成企业换证申请录入，暂存后向海关申报。

点击“企业注册登记”菜单下的“企业换证申请”功能，进入企业换证信息录入界面，如图 11－11 所示。

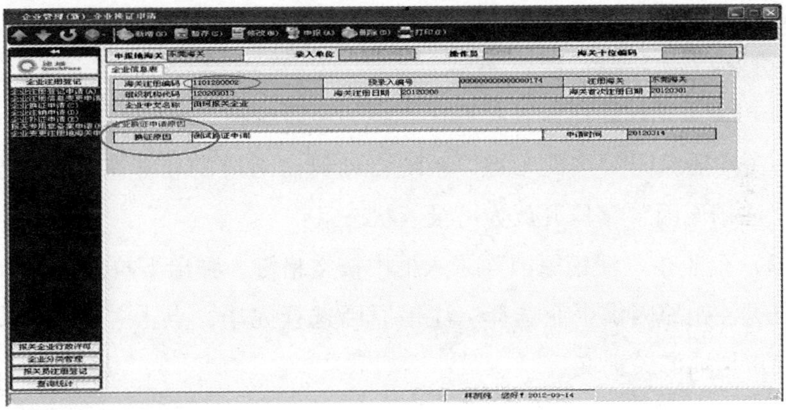

图 11－11

说明：

（1）换证操作的初始界面只有“海关注册编码”字段可以录入，录入企业海关注册编码后按回车键，系统自动调出对应的企业基本信息界面，同时“换证原因”字段开放为可录入状态。

（2）进出口货物收发货人应在有效期届满前 30 日办理换证业务，其他类型企业无须办理换证。

（五）企业注销申请

企业可自行录入或者委托预录入机构完成企业注销申请录入，暂存后向海关申报。

点击“企业注册登记”菜单下的“企业注销申请”功能，进入企业注销信息录入界面，如图 11－12 所示。

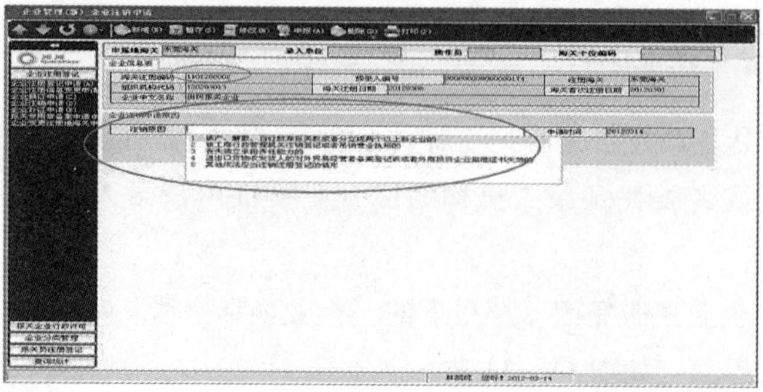

图 11－12

说明：

（1）注销操作的初始界面只有“海关注册编码”字段可以录入，录入企业海关注册编码后按回车键，系统自动调出对应的企业基本信息界面，同时“注销原因”字段开放为可录入状态 。

（2）企业在“注销原因”录入框中按空格键，弹出下拉选择框，系统提供五类注销原因供企业选择。注销原因选择完毕，点击“申报”按钮，将注销申请向海关提交。

（六）企业变更注册地海关申请

企业可自行录入或者委托预录入机构完成变更注册地海关申请录入，暂存后向海关申报。

点击“企业注册登记”菜单下的“企业变更注册地海关申请”功能，进入企业变更注册地海关信息录入界面，如图 11－13 所示。

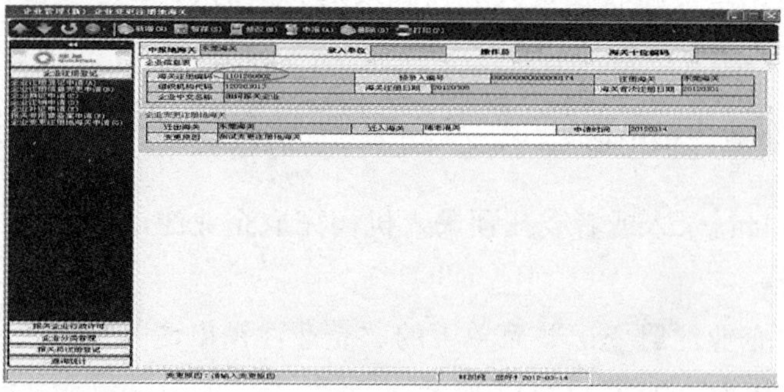

图 11－13

变更注册地海关操作的初始界面只有“海关注册编码”字段可以录入，录入企业海关注册编码后按回车键，系统自动调出对应的企业基本信息界面，同时“迁入海关”和“变更原因”字段开放为可录入状态。

企业录入迁入海关和变更原因后，点击“申报”按钮，将变更申请向海关提交。

临时企业和报关企业关区内分支机构不能办理变更注册地海关业务。

四、报关企业行政许可

（一）报关企业注册登记许可申请

仅有报关企业和特殊监管区域“双重身份”的企业可以进行报关企业注册登记许可申请，本次系统优化，修改了报关企业注册登记许可申请，使其具备了登记注册的功能，界面与企业注册登记相同。对于报关企业和特殊监管区域“双重身份”企业来说，如向海关提交报关企业注册登记许可申请，经海关审批通过，等同于完成了企业登记注册，无须再提交企业注册登记申请。同时，根据各关区实际情况，这两类企业可直接通过提交企业注册登记申请完成登记注册申请过程，不需再提交行政许可申请。报关企业可自行录入或者委托预录入机构完成报关企业注册登记许可申请的录入，录入完成申报后向海关企管内网发送申报信息。海关审批通过后方可进行企业注册信息录入。

点击“报关企业行政许可”菜单下的“报关企业注册登记许可申请”功能，进入报关企业注册登记许可基本信息录入界面。

具体操作参见“企业注册登记申请”章节介绍。

（二）报关企业注册登记许可变更申请

仅有报关企业和特殊监管区域“双重身份”的企业可以进行注册登记许可变更操作。除这两种经营类别外的企业，如在注册登记许可变更界面发起变更申请，系统会进行判断并提示。注册登记许可变更申请的界面、功能及操作与企业注册信息变更申请相同。

报关企业可自行录入或者委托预录入机构完成企业注册登记许可变更申请，录入完成申报后向海关企管内网发送申报信息。

具体操作参见“企业注册登记申请”章节介绍。

（三）报关企业注册登记许可延续申请

报关企业注册登记许可到期前，企业可以向海关申请延续。报关企业可自行录入或者委托预录入机构完成企业注册登记许可延续申请，录入完成申报后向海关企管内网发送申报信息。

点击选择菜单“报关企业行政许可” – “注册登记许可延续申请”，进入企业注册登记许可延续信息录入界面，如图 11 – 14 所示。

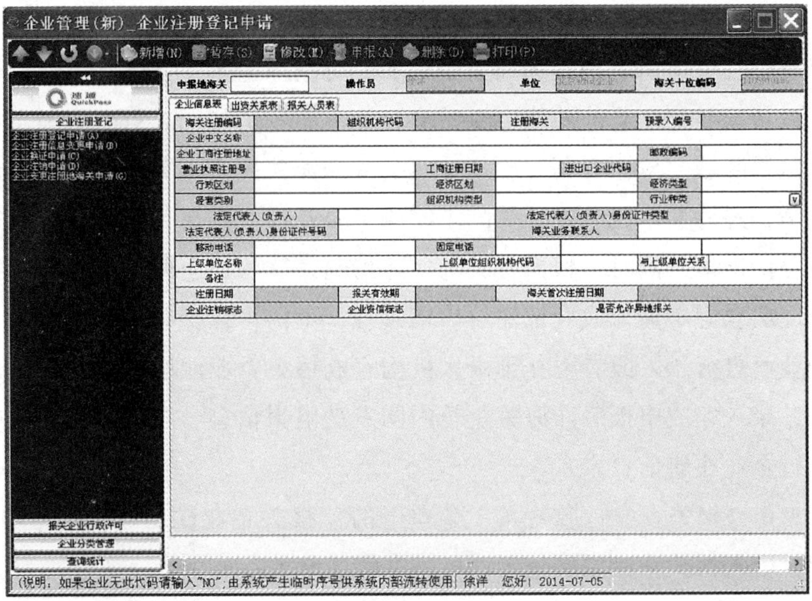

图 11 – 14

在上图所示的界面中录入企业的“申报地海关”、“组织机构代码”和“经营类别”后按回车键，系统自动调出对应的企业基本信息界面，同时“原因”字段开放为可录入状态，如图 11 – 15 所示。

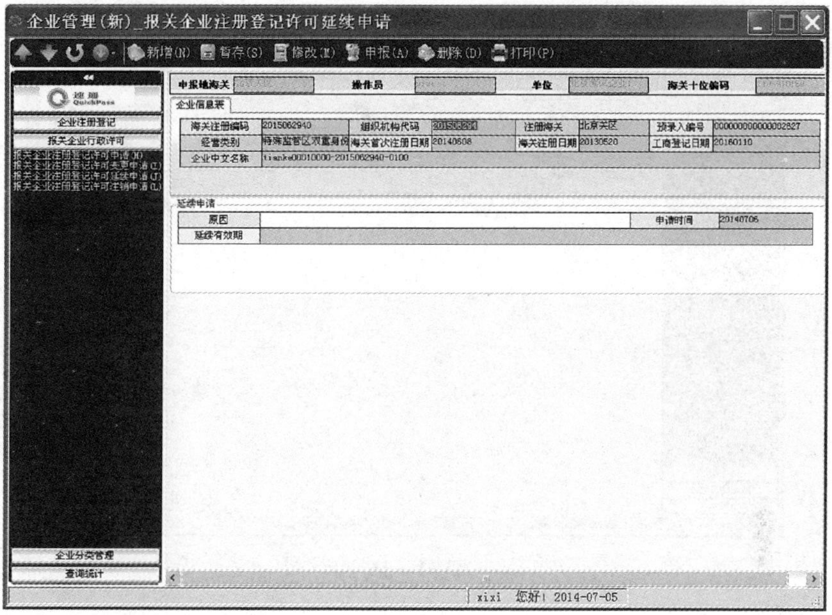

图 11－15

在上图所示的界面中录入延续原因，点击“申报”按钮，将报关企业注册登记许可延续申请提交海关。经海关审批通过，“延续有效期”字段自动返填海关返回的有效期日期。

（四）报关企业注册登记许可注销申请

企业可自行录入或者委托预录入机构完成企业注册登记许可注销申请录入，暂存后向海关申报。

点击“报关企业行政许可”菜单下的“报关企业注册登记许可注销申请”按钮，进入报关企业注册登记许可注销信息录入界面，如图 11－16 所示。

在图 11－16 所示的界面中录入企业的“申报地海关”、“组织机构代码”和“经营类别”后按回车键，系统自动调出对应的企业基本信息界面，同时“原因”字段开放为可录入状态 。

企业在“原因”录入框中按空格键，弹出注销原因下拉选择框，系统提供五类注销原因供企业选择。注销原因选择完毕，点击“申报”按钮，将注销申请提交海关。

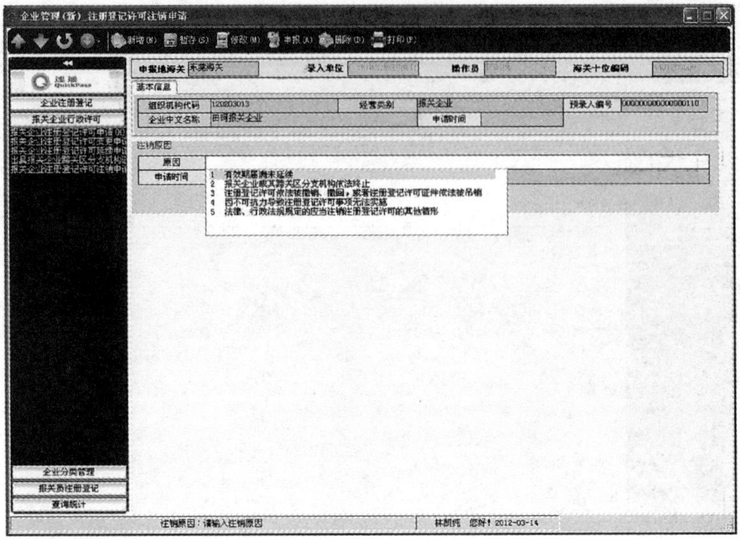

图 11－16

说明：

如报关企业、报关企业跨关区分支机构或者特殊监管区双重身份企业提交企业注册登记许可注销申请，经海关审批通过后直接关联进行了企业注销，不需要另提交企业注销申请。

五、企业分类管理

（一）企业向上调整管理类别申请

海关对企业的管理类别分为 AA 类、A 类、B 类、C 类、D 类等类别，企业向海关申请调高管理类别时，只能申请逐级调高，不能跨级申请。企业可自行录入或者委托预录入机构完成企业上调管理类别申请的录入，暂存后向海关申报。

本节操作方法同“报关企业注册登记许可延续申请”的介绍。

说明：

（1）如企业管理类别为 AA 级，已经达到最高级，不能再申请调高管理类别。

（2）新注册企业默认为B类企业，企业当前级别满一年可向海关提交向上调整管理类别的申请。

（3）保税仓库、加工生产企业、临时企业和报关企业关区内分支机构不能进行向上调整管理类别的申请。

（二）企业管理类别继续适用申请

如果企业名称或者海关注册编码发生变化，或分立后的存续企业承继分立前企业的主要权利义务或者债权债务关系，或企业为吸收合并后的存续企业，企业可以向海关申请继续适用企业之前的管理类别。企业可自行录入或者委托预录入机构完成企业管理类别继续适用申请的录入，暂存后向海关申报。

点击“企业分类管理”菜单下的“管理类别继续适用申请”功能，进入企业管理类别继续适用申请录入界面，如图11－17所示。

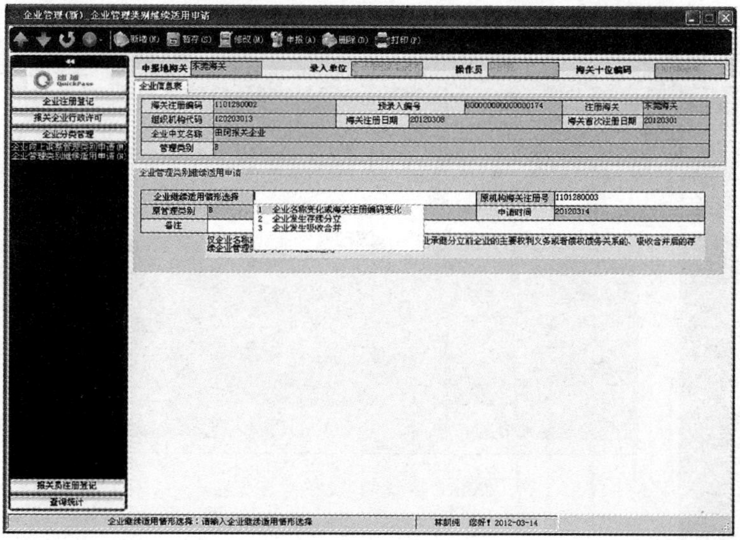

图11－17

在界面中录入新企业的“海关注册编码”后按回车键，系统自动调出对应的企业基本信息界面，同时页面下方的“企业继续适用情形选择”和“原机构海关注册号”字段开放为可录入状态 。

点击图11－17所示“企业继续适用情形选择”录入框使光标闪烁，

按空格键，系统弹出下拉选择框，在下拉框中选择相应的数据，然后录入原机构海关注册号，录入完毕后点击“申报”按钮。

说明：

如企业发生分立变化，承继了分立前企业的主要权利义务或者债权债务关系的存续企业申请继续适用原企业的管理类别，经海关审批通过后，存续企业将继承分立前企业的管理类别，而仍使用分立前企业海关注册编码的企业则自动变为 B 类。

六、查询统计

（一）企业信息查询

点击“查询统计”菜单下的“企业信息查询”功能，进入企业信息查询界面，如图 11－18 所示。

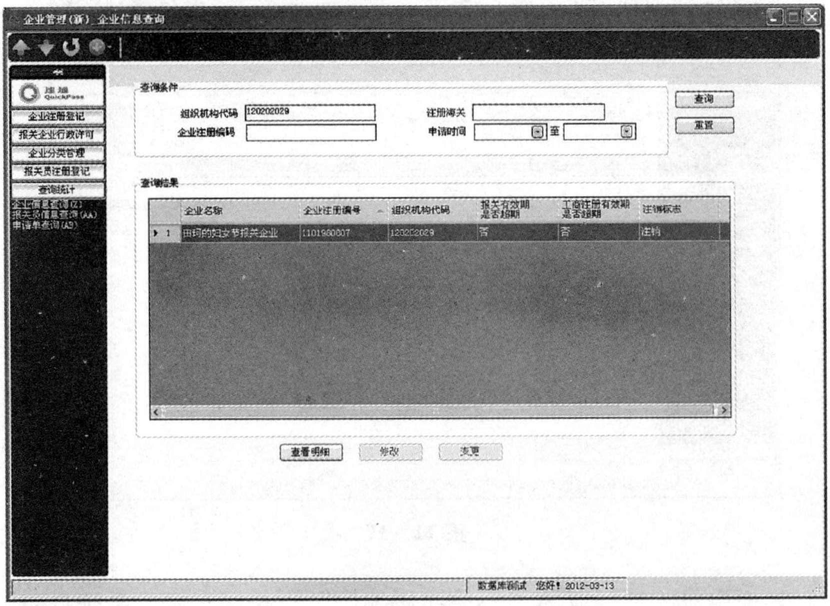

图 11－18

输入查询条件（系统要求“组织机构代码”、“注册海关”和“企业注册编码”三个查询条件需至少输入一个），点击“查询”按钮，系统显示符合查询条件的查询结果列表，在列表中可以查看到每条注册数据对应的简要信息，如图 11－19 所示。

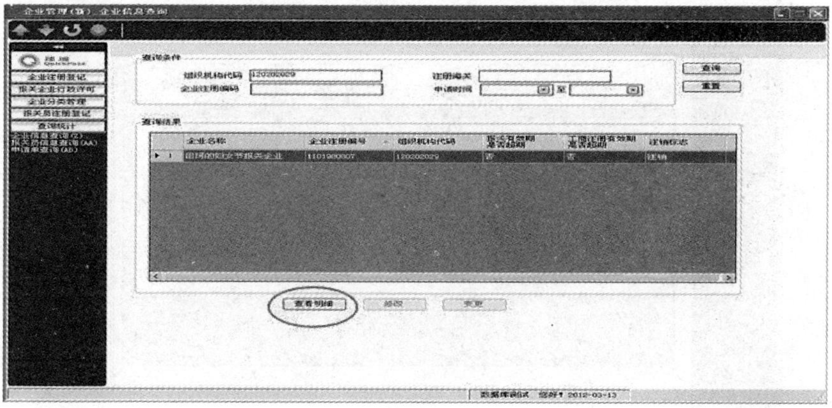

图 11－19

在查询列表中选中需要查看的记录，点击下方的“查看明细”按钮，系统跳转到该记录的明细信息界面，即可查看到该条记录的明细数据。

说明：

（1）报关企业可在企业信息查询模块中的查询结果列表中查看到所有企业的注销标志、报关资格等基本信息。

（2）查看明细操作仅限于查看本企业和由本企业代理注册且未做过变更的企业的明细信息，否则系统提示无操作权限。

（3）执行查看明细操作时，对于自理注册企业，在任何状态下均可查看自己的明细信息；对于代理注册业务，代理企业（下简称 A 企业）则仅可查看到由其代理注册的企业（下简称 B 企业）的首次注册登记明细信息，若 B 企业做过一次注册变更并已由海关审批通过，则 A 企业无法再查看 B 企业的明细信息，系统提示无操作权限。

（二）报关人员信息查询

点击“查询统计”菜单下的“报关人员信息查询”功能，进入报关人员信息查询界面，如图 11－20 所示。

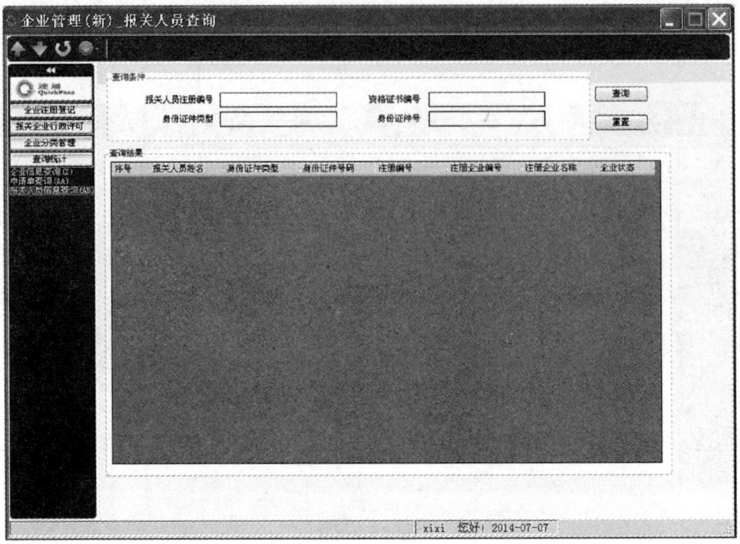

图 11－20

输入查询条件（输入身份证件号时，身份证件类型必选），点击“查询”按钮，系统显示符合查询条件的查询结果列表，在列表中可以查看到报关人员的注册信息和所属的注册企业的编号及名称，如图 11－21 所示。

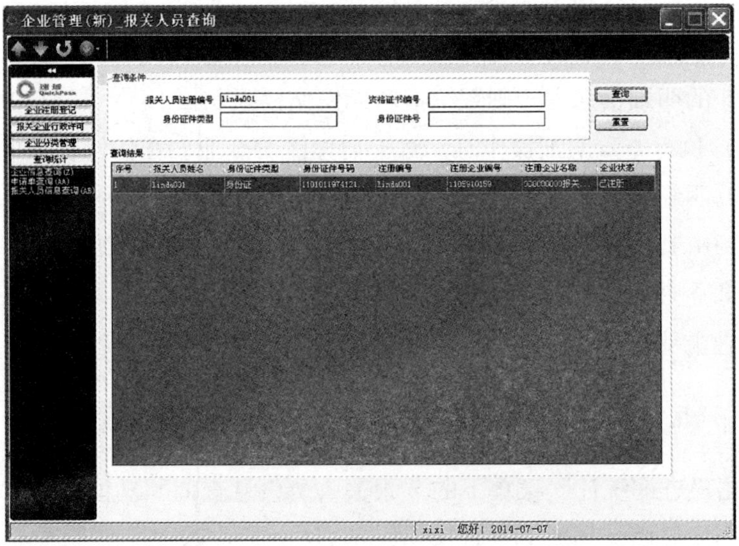

图 11－21

说明：

报关人员信息查询仅可查询到本企业（同一组织机构代码）所属报关人员的信息。

（三）申请单查询

本功能模块主要提供企业和报关员办理各类业务的申请单的查询功能。

点击“查询统计”菜单下的“申请单查询”功能，进入申请单信息查询界面，如图 11－22 所示。

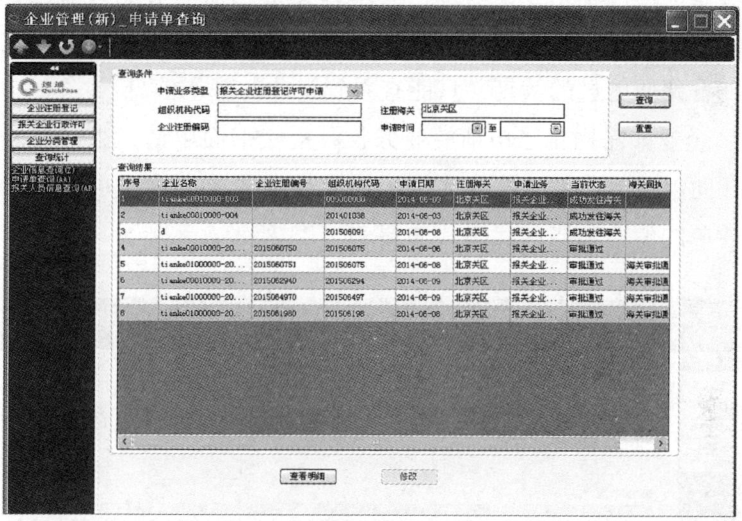

图 11－22

首先选择查询类型，系统分别提供企业和报关员的申请单查询；其次选择申请业务类型，根据不同的查询类型，对应不同的申请单类型。查询类型和申请业务类型选定后，输入查询条件（系统要求“报关员注册编码”、“注册海关”、“资格证书号”和“身份证件号码”四个查询条件需至少输入一个），点击“查询”按钮，系统显示符合查询条件的查询结果列表。在图 11－22 查询列表中选中需要查看的记录，点击下方的“查看明细”按钮，系统跳转到该记录的明细信息界面，即可查看到该申请单的明细数据。

说明：

（1）每个申请业务类型只能在查询条件中选择本业务类型执行查询操作，才可查看到该业务类型申请单的最新状态，系统不支持跨业务类型查看。

（2）申请单查询菜单下的查看明细信息操作仅限于查看本企业或由本企业代理申报的企业的信息，如 A 企业想查询 B 企业某项业务的申请单信息，但 A 企业未代理过 B 企业的此项业务，则无法查到 B 企业相应的申请单记录。

（3）如代理企业的注册变更操作不是首次变更，且此次变更还未经海关审批通过，则代理企业在进行企业注册变更业务申请单明细查看时，可以查看到本次变更过的字段；如该次变更海关已经审批通过，则代理企业不能再查看到变更过的信息，只能查看到企业的基本信息。

（4）企业如需撤销已申请的业务，可提交书面申请，由海关发起终止操作，并向电子口岸发送终止回执。企业在申请单查询中可以查看到已终止的申请单的信息和当前状态，如图 11－23 所示。

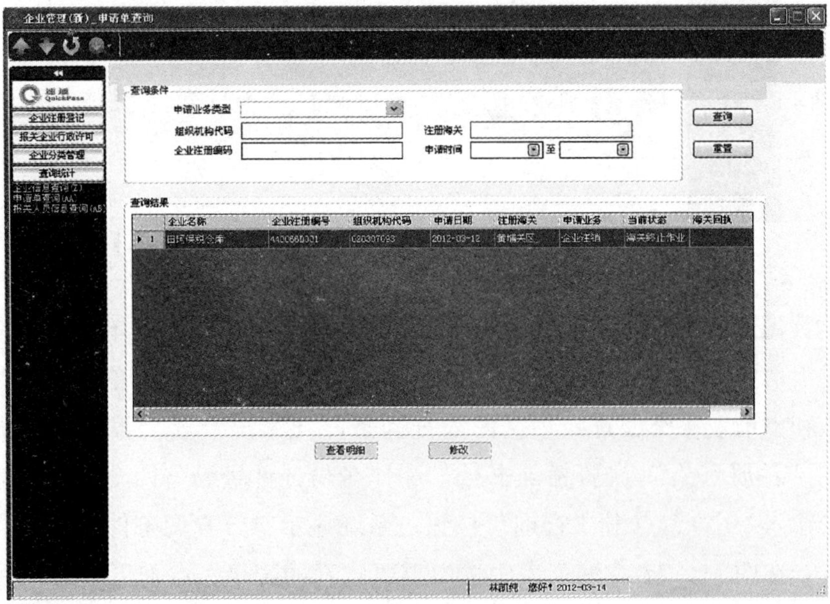

图 11－23

第三节　注意事项

一、可申请注册的企业类型

可申请注册的企业类型包括进出口收发货人、进出口收发货人分支机构、报关企业、报关企业分支机构、无进出口经营权的加工生产企业、特殊监管区域“双重身份”企业、保税仓库、临时注册登记企业、出口监管仓库、进出境运输工具负责人。

二、新企业注册流程

- 专业报关企业：报关企业、报关企业分支机构、特殊监管双重身份企业，进行报关企业注册登记许可申请，申请通过后视为注册成功，不需要再办理企业注册登记申请。在部分关区，以上企业也可直接进行注册登记申请，不需进行许可申请。
- 其他类型企业可直接办理企业注册登记申请，在进行企业注册登记申请的同时进行报关人员注册登记。

三、“申报地海关”栏目填写

“申报地海关”栏目填写企业的注册地海关(主管海关)代码后返填名称。

四、组织机构代码填写

当企业还没有组织机构代码时，报关企业注册登记许可申请和企业注册登记申请中“组织机构代码”填写为NO，系统自动生成临时组织机构代码。待企业注册登记海关审批通过后，系统将自动替换为企业的真实组织机构代码。

第十二章　舱单和运输工具动态申报实务操作与技巧

第一节　功能概述

为了配合海关规范进出境运输工具舱单管理，便利运输工具及其所载货物、物品进出境，促进国际贸易便利，保障国际贸易安全，电子口岸在原有 Quickpass 基础上开发设计了“运输工具动态”及“新舱单申报”系统。

进出口舱单不仅是记录货物流动的基础数据，也是海关对进出口货物实施监管的有效依据，更是海关物流信息监控系统与 H2000 有机连接的监管链。舱单数据的及时性、真实性、准确性能够直接影响通关效率和监管的有效性。

为了满足运输工具代理人、货代及理货等相关单位进行舱单录入/申报以及通过安全交换平台向中国电子口岸数据中心申报舱单电子数据的需求，根据海关总署的要求，“中国电子口岸数据中心”作为 H2000 数据交换的平台，将提供 H2000 系统数据结构的舱单预录入申报系统，以配合海关总署进出口舱单管理子系统在全国各关的推广工作顺利地展开，有力地保障海关监管系统的合法性。中国电子口岸数据中心进出口舱单管理子系统建成后，能够为运输工具代理人、货代及理货公司提供进出口舱单、运抵报告、装载舱单、装箱清单、理货报告、货物分流/疏港/转栈申请、分拨申请的相关单据的录入/查询及回执查询的功能。

舱单及运输工具动态系统根据业务模式不同，可分为以下四种。

（1）航空器备案、航空器动态的申报及取消、航空器单据申报、航空器供退货物申报、空运查询等操作；

（2）船舶备案、船舶动态的申报及取消、船舶单据申报、供退物料申报、海运查询等操作；

（3）海运原始舱单、预配舱单的申报、变更、删除，进出口理货报告的申报、删除，分流/分拨的申请、申报，装箱清单及装载舱单的申报、删除等操作。

（4）空运原始舱单、预配舱单的申报、变更、删除，进出口理货报告的申报、删除，分流/分拨的申请、申报，装载舱单的申报、删除等操作。

第二节　操作流程

一、进入系统

用户进入 Windows 系统，从 Windows 桌面上双击“电子口岸预录入客户端”图标，如图 12－1 所示。

图 12－1

将报关员 IC 卡或者企业操作员卡插入读卡器或 USB 接口中，输入密码后进入系统，如图 12－2 所示。

图 12－2

点击“新舱单子系统”图标或者“运输工具子系统”图标，进入相应的子系统开始录入申报操作，如图 12－3 所示。

图 12－3

二、海运进口

（一）船舶备案

进入运输工具子系统，点击“船舶备案”按钮，出现下拉菜单。单击“船舶备案”进入相应界面，如图 12－4 所示。

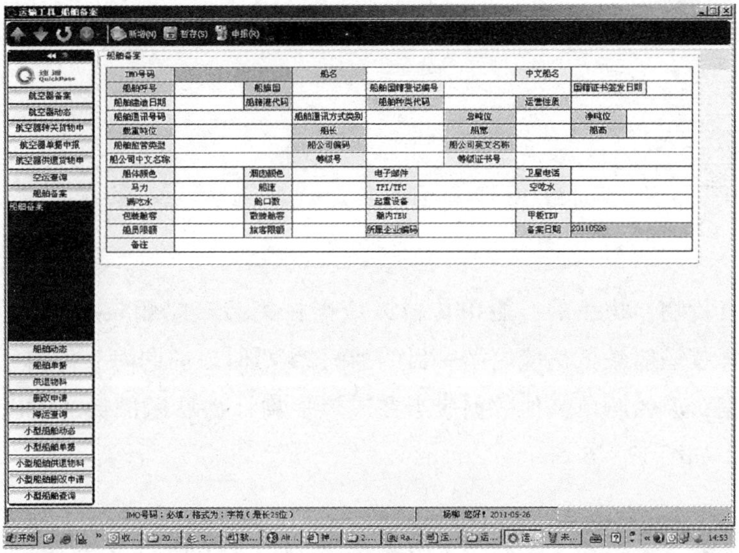

图 12－4

红色底色的为必填项，淡蓝色底色的为选填项。

（二）船舶进境动态预报

单击“船舶动态”进入相应界面，如图 12－5 所示。

红色底色的为必填项，淡蓝色底色的为选填项。

（三）海运原始舱单

1. 海运原始舱单申报

（1）录入操作。

海运原始舱单申报分为主要数据申报、其他数据申报。其中进境运输

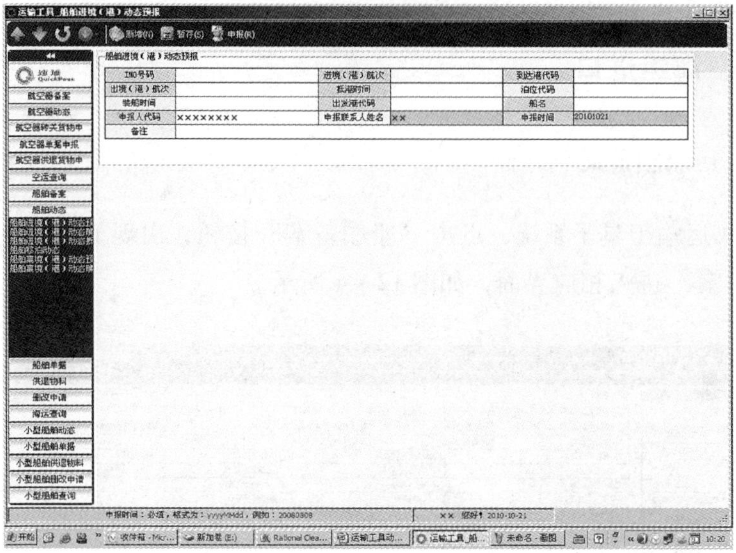

图 12－5

工具载有货物、物品的，舱单传输人应当在集装箱船舶装船的 24 小时以前、非集装箱船舶抵达境内第一目的港的 24 小时以前向海关传输原始舱单主要数据；原始舱单其他数据应当在进境货物、物品运抵目的港以前向海关传输，如图 12－6 所示。

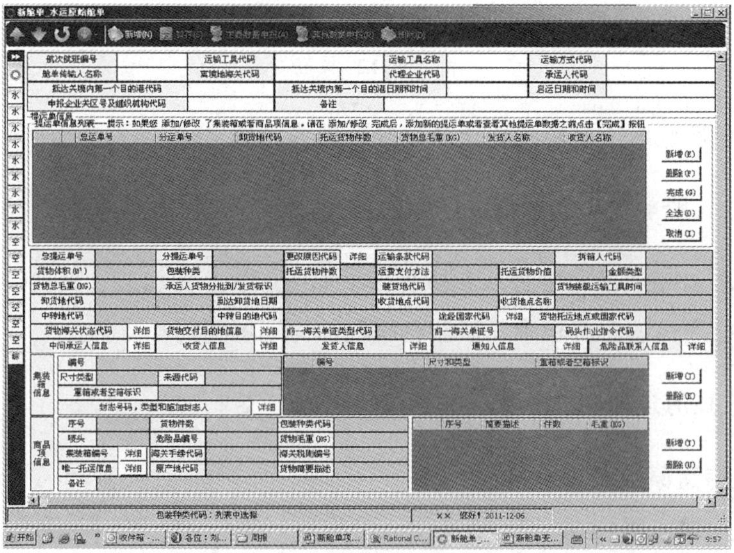

图 12－6

说明：

①新舱单分为主要数据申报和其他数据申报，具体的必选填属性请参考海关总署公告的新舱单数据项。

②舱单表体中有若干“详细”按钮，其内容也需填制，操作方法如下(仅以海运原始舱单为例，其他业务中所涉及“详细”按钮不再赘述)：

在表体“途经国家信息”中点击“详细”按钮，跳出信息框，如图12－7所示。

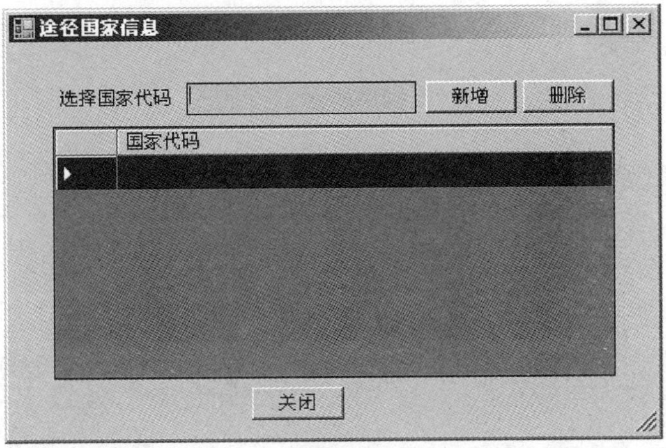

图 12－7

点击“新增”按钮选择“国家代码”，将鼠标挪至蓝条里单击“返填出代码数据”。关闭信息框，录入完毕。其他“详细”按钮操作界面如下：

货物海关状态信息，如图12－8所示。

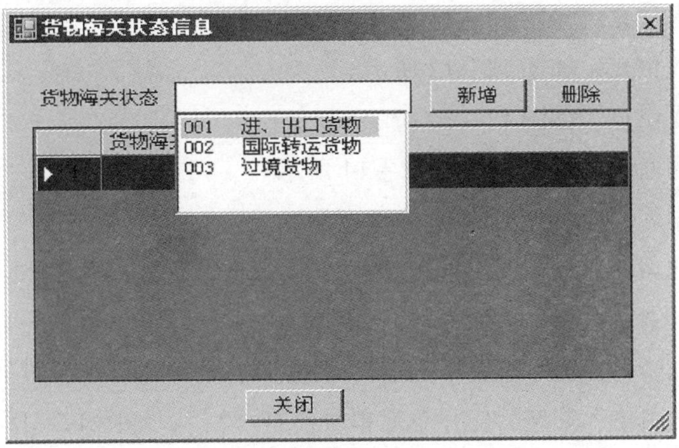

图 12－8

货物交付目的地信息，如图 12 -9 所示。

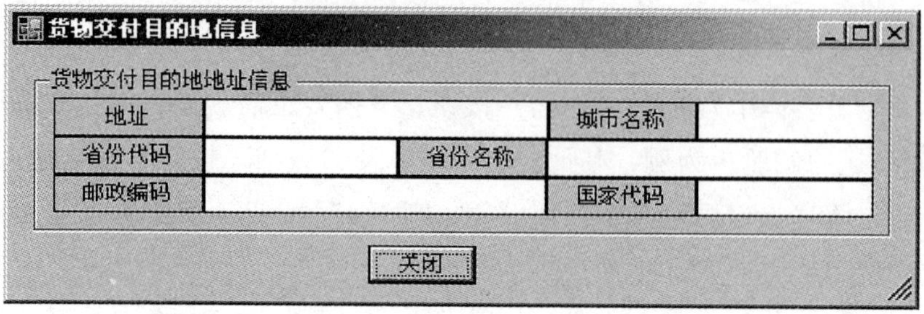

图 12 -9

中间承运人信息，如图 12 -10 所示。

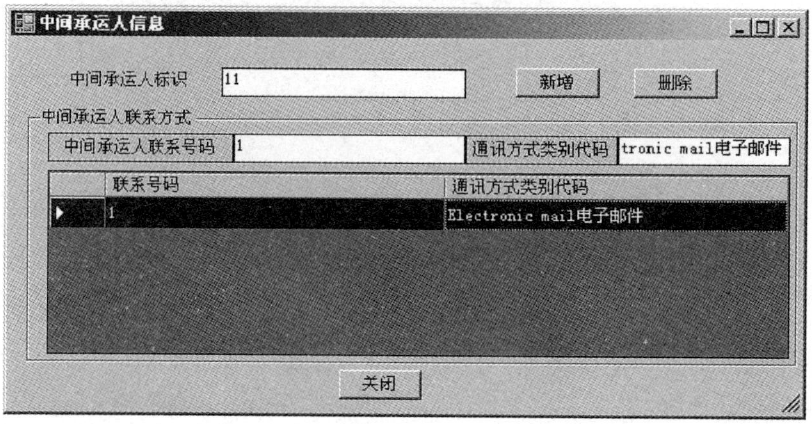

图 12 -10

收货人信息，如图 12 -11 所示。

发货人信息，如图 12 -12 所示。

通知人信息，如图 12 -13 所示。

危险品联系人信息，如图 12 -14 所示。

集装箱编号信息，如图 12 -15 所示。

唯一托运信息，如图 12 -16 所示。

（2）申报操作。

填制完毕，点击“暂存”按钮，跳出提示框，如图 12 -17 所示。

注：舱单录入完毕后应在总运单号前打“√”，如图 12 -18 所示。

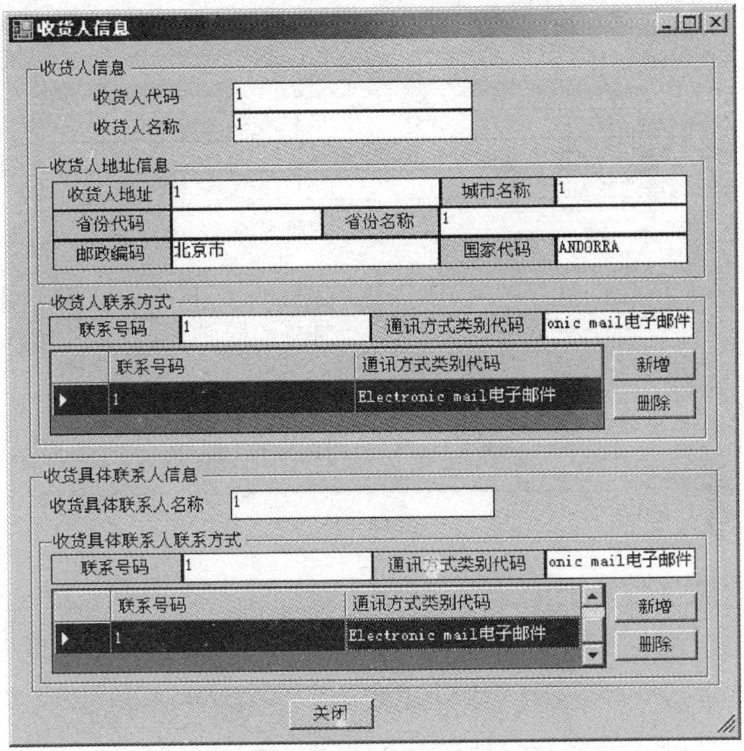
收货人信息
收货人信息
收货人代码
收货人名称
收货人地址信息
收货人地址
城市名称
省份代码
省份名称
邮政编码
北京市
国家代码
ANDORRA
收货人联系方式
联系号码
通讯方式类别代码
onic mail电子邮件
联系号码
通讯方式类别代码
Electronic mail电子邮件
新增
删除
收货具体联系人信息
收货具体联系人名称
收货具体联系人联系方式
联系号码
通讯方式类别代码
onic mail电子邮件
联系号码
通讯方式类别代码
Electronic mail电子邮件
新增
删除
关闭

图 12－11

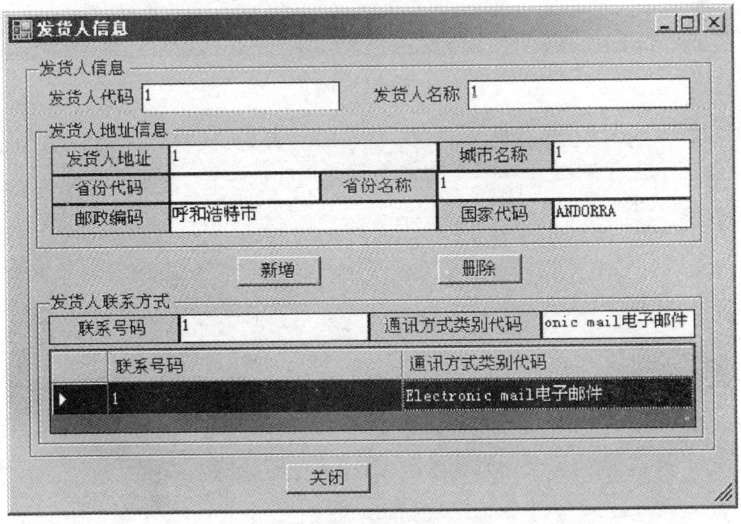
发货人信息
发货人信息
发货人代码
发货人名称
发货人地址信息
发货人地址
城市名称
省份代码
省份名称
邮政编码
呼和浩特市
国家代码
ANDORRA
新增
删除
发货人联系方式
联系号码
通讯方式类别代码
onic mail电子邮件
联系号码
通讯方式类别代码
Electronic mail电子邮件
关闭

图 12－12

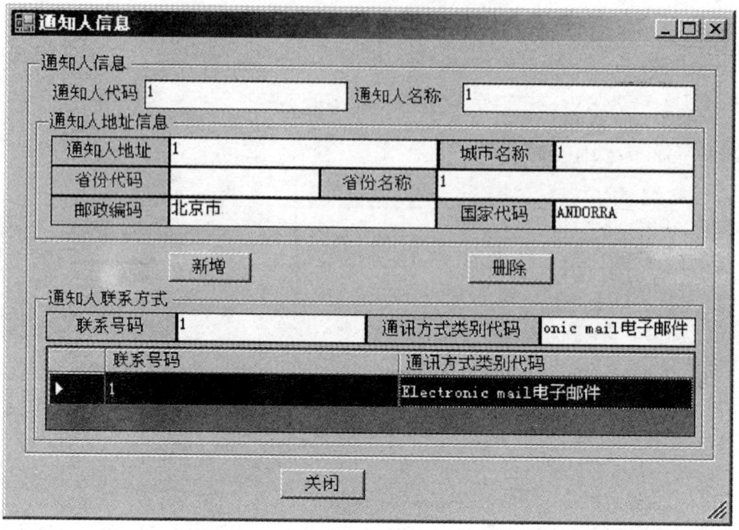

图 12－13

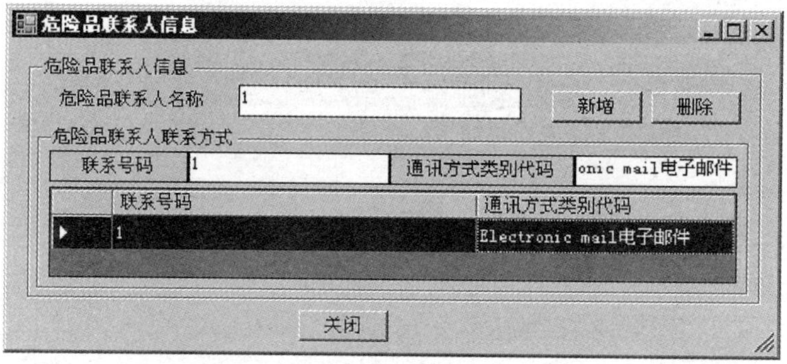

图 12－14

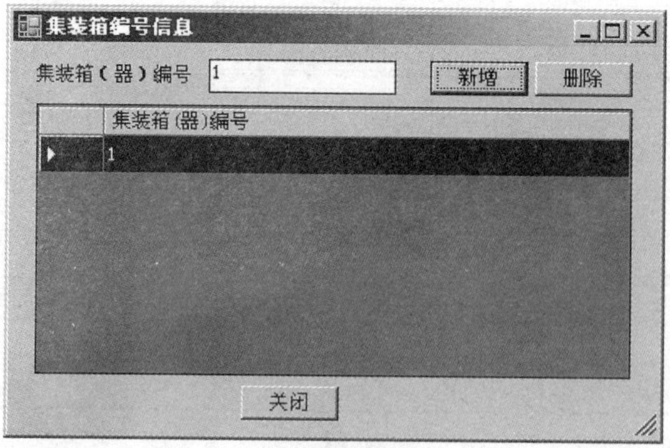

图 12－15

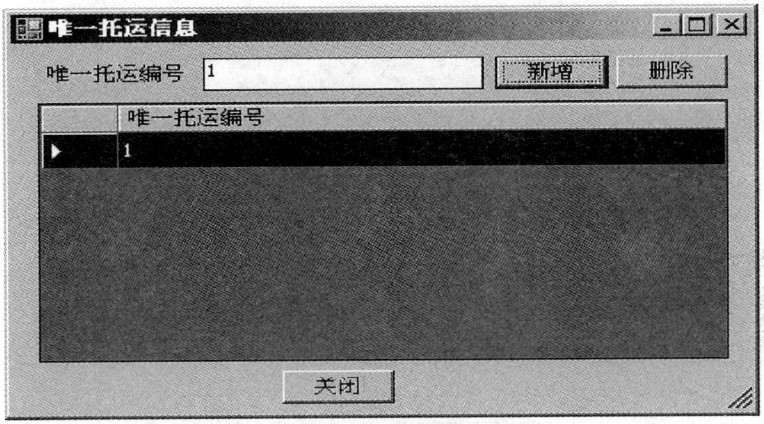

图 12－16

图 12－17

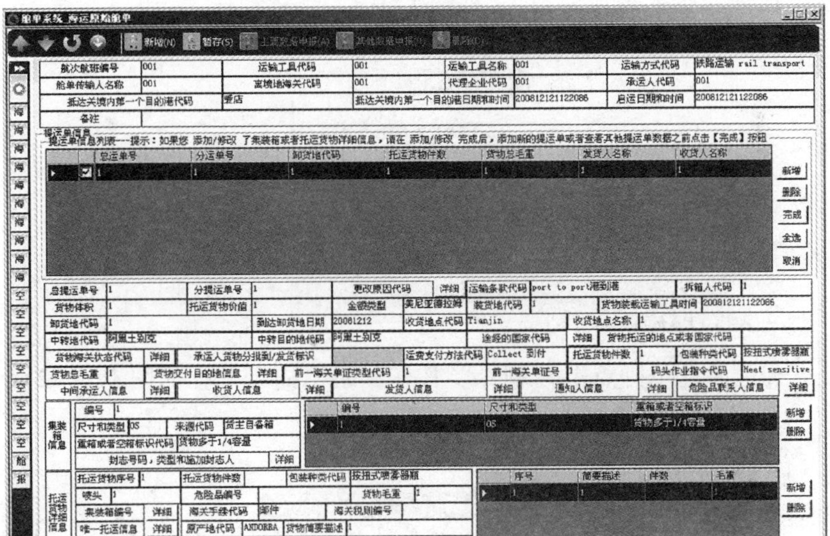

图 12－18

若没有勾选，则在申报时跳出提示框，如图 12 – 19 所示。

图 12 – 19

还需注意申报时必须点击提运单列表旁的“完成”按钮。

若不点击“完成”按钮，申报时提示：“×××”为空，如图 12 – 20 所示。

图 12 – 20

将原始舱单填制完整，提运单信息勾选且点击“完成”按钮，申报后提示“已成功传入申报邮箱”，如图 12 – 21 所示。

图 12 – 21

（3）删除操作。

若想删除此单则点击“删除”按钮，跳出提示框，如图 12 – 22 所示。点击“是”按钮，则将该票舱单删除。

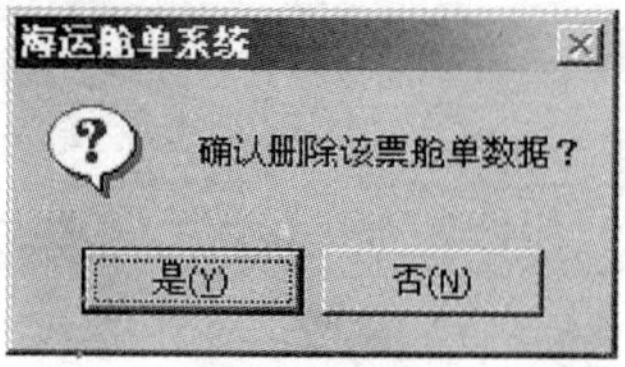

图 12 – 22

此操作仅是删除传入电子口岸端的舱单数据，若要删除已传入内网（海关）的舱单数据，需做“海运原始舱单删除”申请。

2. **海运原始舱单变更**

若已发往海关的原始舱单数据需变更，则进入“海运原始舱单变更”界面，更改数据，如图 12－23 所示。

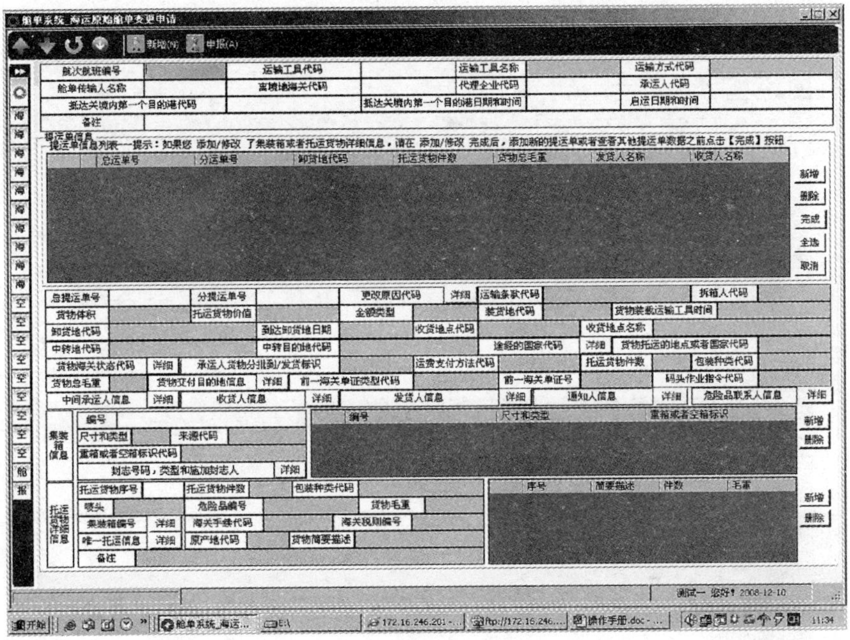

图 12－23

3. **海运原始舱单删除**

若已发往海关的原始舱单数据需作删除处理，则进入“海运原始舱单删除”界面，删除数据，如图 12－24 所示。

（四）船舶进境动态确报

船舶有确定的抵达或者直接进港的时间和港口码头泊位后，运输企业或者代理人应在海关规定的时限内提前向海关申报进境（港）动态确报数据，如图 12－25 所示。

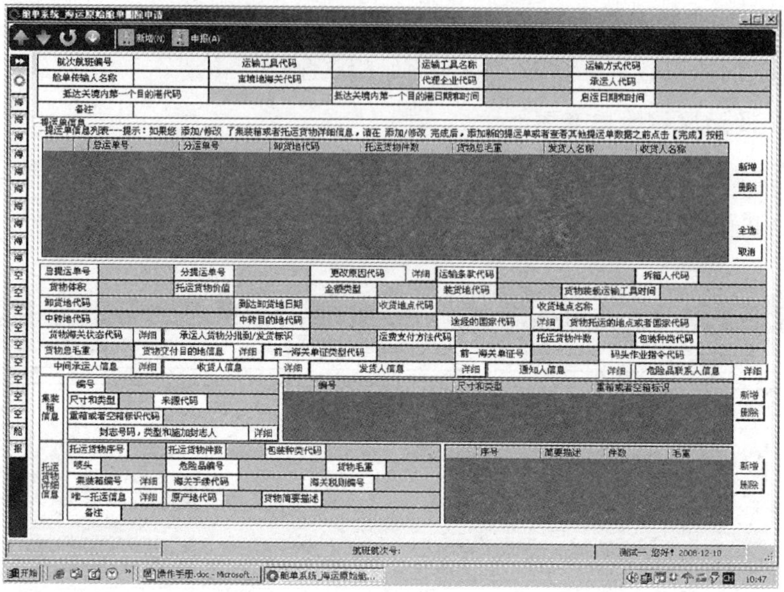

图 12 – 24

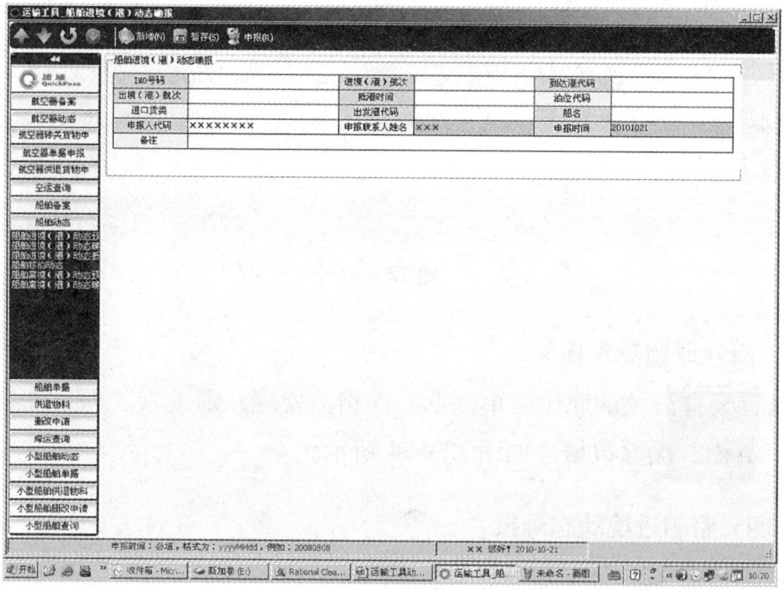

图 12 – 25

（五）船舶单据

船舶单据是该船舶非进出口物品的凭证，如图 12 – 26 所示。

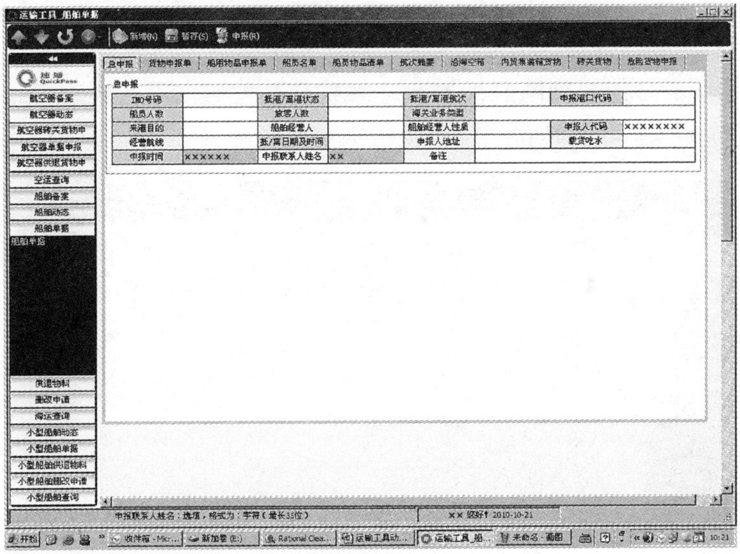

图 12－26

（六）船舶进境动态抵港

船舶进境动态抵港界面如图 12－27 所示。

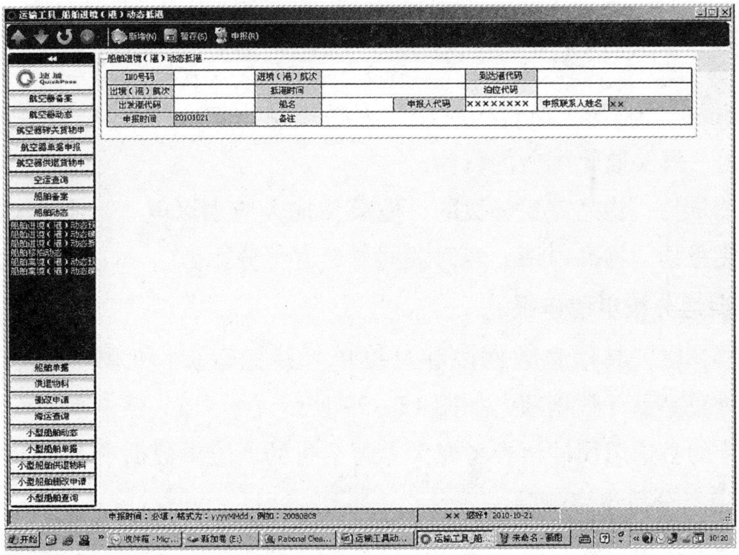

图 12－27

（七）船舶移泊动态

若船舶需移泊，则港口（码头）运输工具传输人需向海关申报“船舶移泊”，如图 12－28 所示。

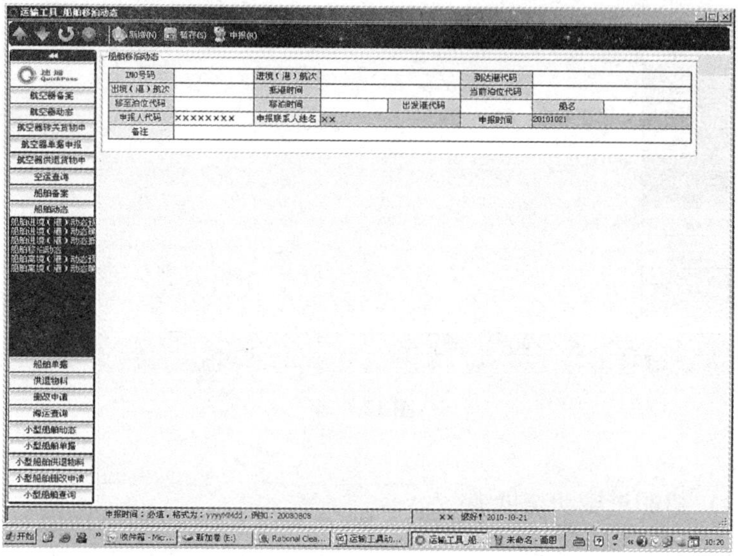

图 12－28

（八）海运分拨申请

“分拨”是指海关监管场所经营人将进境货物、物品从一海关监管场所运至另一海关监管场所的行为。

进境货物、物品需要分拨的，舱单传输人应当以电子数据方式向海关提出分拨货物、物品申请，经海关同意后方可分拨。

1. 海运分拨申请申报

填写运输工具信息数据段和总提单号及托运货物件数、包装种类代码、货物总毛重等数据项，如图 12－29 所示。

具体的必选填属性请参考海关总署公告的新舱单数据项。

2. 海运分拨申请删除

海运分拨申请删除时，运输工具代码、航班航次号、总提单号、分提运单号（条件）必填，其余不填。

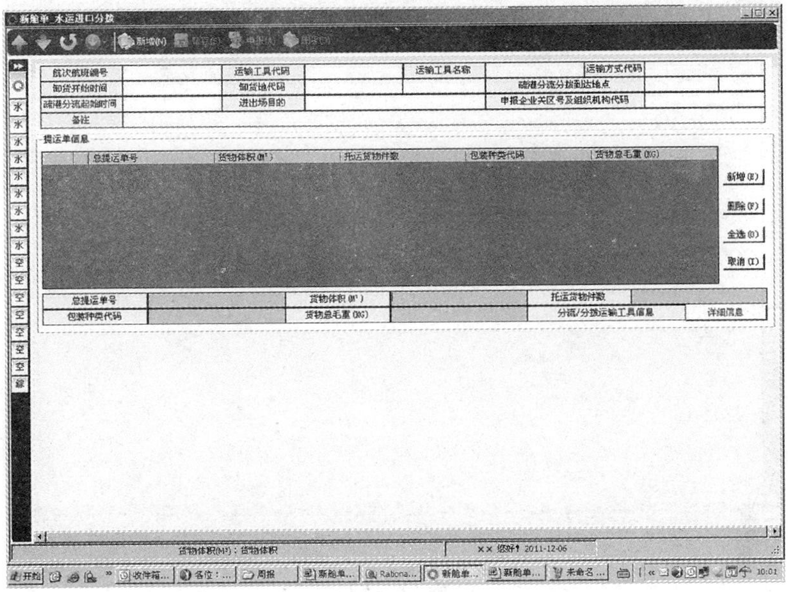

图 12－29

（九）海运分流申请

“疏港分流”，是指为防止货物和物品积压，阻塞港口，根据港口行政管理部门的决定，将相关货物、物品疏散到其他海关监管场所的行为。

货物、物品需要疏港分流的，海关监管场所经营人应当以电子数据方式向海关提出疏港分流申请，经海关同意后方可疏港分流。

1. **海运分流申请申报**

填写运输工具信息数据段和总提单号和托运货物件数、包装种类代码、货物总毛重等数据项，如图 12－30 所示。

具体的必选填属性请参考海关总署公告的新舱单数据项。

2. **海运分流申请删除**

海运分流申请删除时，运输工具代码、航班航次号、总提单号、分提运单号必填，其余不填，如图 12－31 所示。

具体的必选填属性请参考海关总署公告的新舱单数据项。

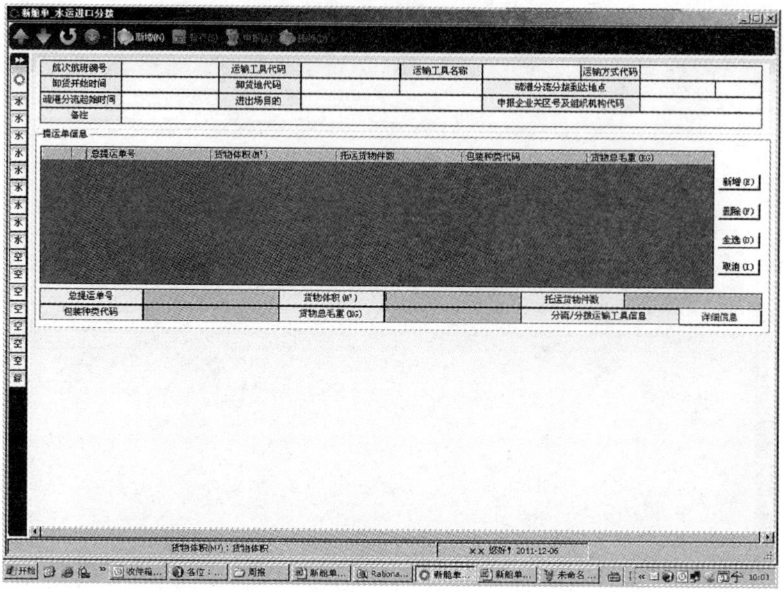

图 12－30

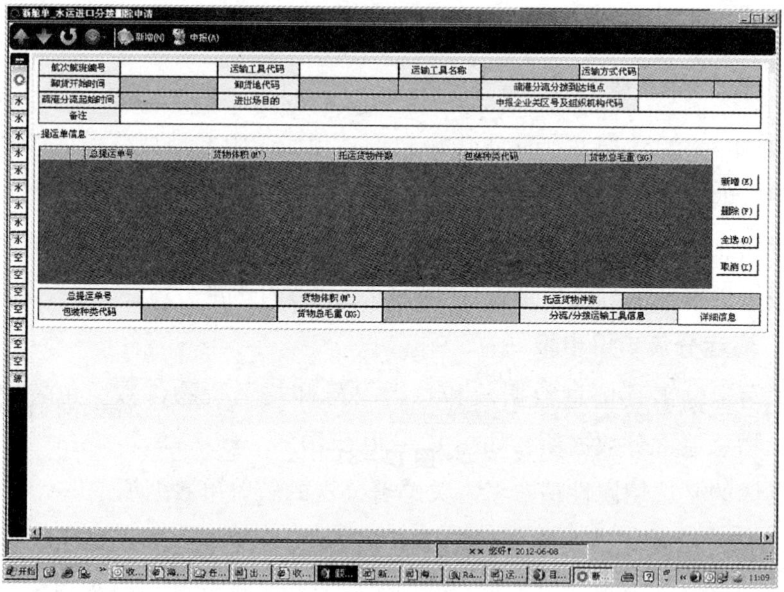

图 12－31

（十）海运分流运抵报告

“运抵报告”是指进出境货物和物品运抵海关监管场所时，海关监管场所经营人向海关提交的反映货物、物品实际到货情况的记录。

分拨货物、物品运抵海关监管场所时，海关监管场所经营人应当以电子数据方式向海关提交分拨货物和物品运抵报告。

疏港分流完毕后，海关监管场所经营人应当以电子数据方式向海关提交疏港分流货物和物品运抵报告。

1. 海运分流运抵报告申报

海运分流运抵报告申报时集装箱货物和散杂货物填写不同的数据段，集装箱货物只填写集装箱信息数据段，散杂货只填写提单和货物信息数据段，如图 12－32 所示。

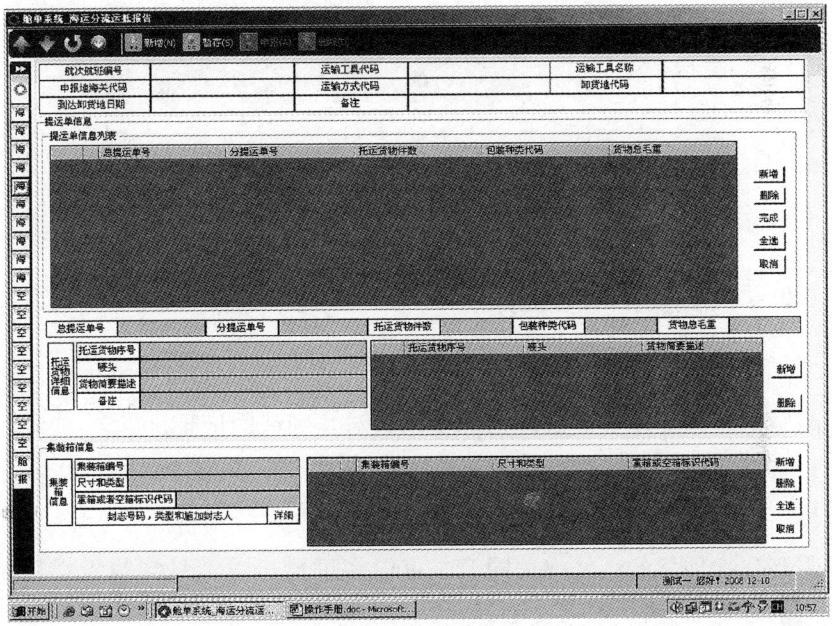

图 12－32

2. 海运分流运抵报告删除

海运分流运抵报告删除时只填写申报地海关代码、航班航次号、总提运单号、分提运单号（条件）、运输工具代码、集装箱号，其余数据元不填写，如图 12－33 所示。

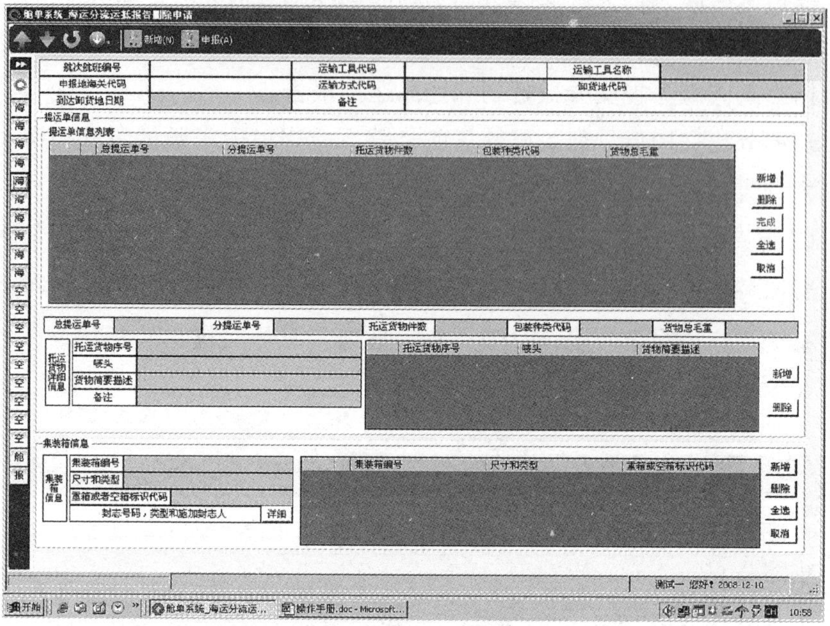

图 12－33

（十一）海运进口理货报告

“理货报告”，是指海关监管场所经营人或者理货部门对进出境运输工具所载货物、物品的实际装卸情况予以核对、确认的记录。

理货部门或者海关监管场所经营人应当在进境运输工具卸载货物和物品完毕后的 6 小时内以电子数据方式向海关提交理货报告。

需要二次理货的，经海关同意，可以在进境运输工具卸载货物和物品完毕后的 24 小时内以电子数据方式向海关提交理货报告。

1. 海运进口理货报告申报

集装箱货物只填集装箱信息部分，不填提运单部分；散杂货只填写提运单部分，包括提单号、件数、重量等，如图 12－34 所示。

具体的必选填属性请参考海关总署公告的新舱单数据项。

2. 海运进口理货报告删除

海运进口理货报告删除，见图 12－35，具体的必填和选填属性请参考海关总署公告的新舱单数据项。

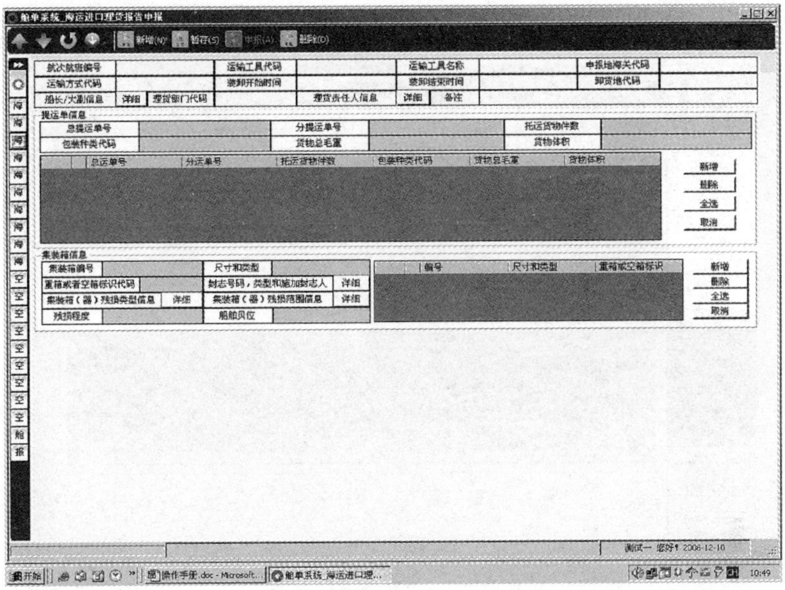

图 12－34

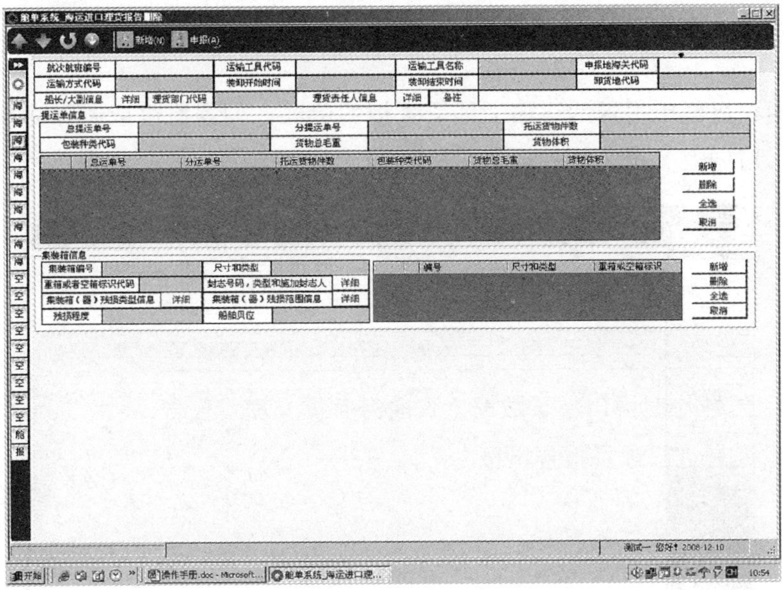

图 12－35

（十二）供退物料

供退物料界面如图 12－36 所示。进出境运输工具需要添加、起卸物料的，物料添加单位或者接受物料起卸单位应当向海关申报供退物料申请。

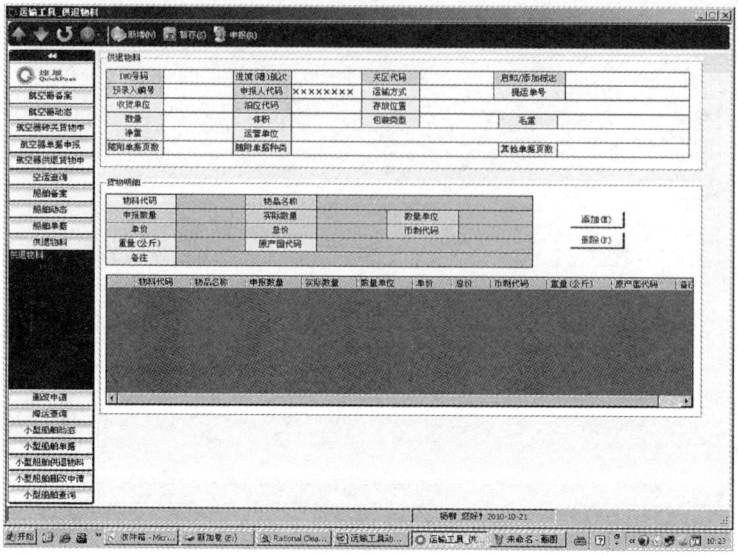

图 12－36

（十三）删除申请

对于已经申报过的运输工具系统相关单证，如需修改或删除海关端的数据，可向海关提交删改申请，如图 12－37 所示。

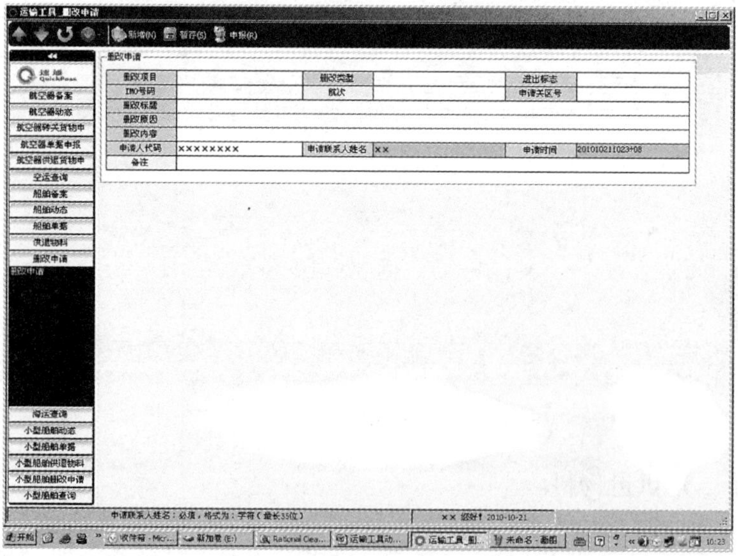

图 12－37

（十四）按钮功能简介

“新增（Ctrl + N）”：点击“N”按钮，可重新录入一份新的舱单数据信息。

“删除（Ctrl + D）”：点击“D”按钮，可删除当前接口舱单，包括舱单的表头和表体。

“暂存（Ctrl + S）”：点击“S”按钮，仅完成对当前舱单接口中所显示的数据进行暂存，暂存成功后，会弹出“已暂存”的提示框。

注意：点击“暂存（S）”按钮，可完成对整份舱单所有数据信息的暂存（包括舱单表头和表体）。

修改后没有点击“暂存（S）”按钮便直接上载或申报，系统自动保存修改。

“申报（Ctrl + A）”：点击“A”按钮，可以把该票舱单通过中国电子口岸数据中心传送到海关，接受审核。

“主要数据申报（Ctrl + A）”：点击“A”按钮，可以把该票舱单通过中国电子口岸数据中心传送到海关，接受审核。

“其他数据申报（Ctrl + R）”：点击“R”按钮，可以把该票舱单通过中国电子口岸数据中心传送到海关，接受审核。

三、海运出口

（一）船舶离境动态预报

船舶离境动态预报见图 12 – 38。

（二）海运预配舱单

海关接受预配舱单主要数据传输后，舱单传输人应当在集装箱船舶装船的 24 小时前和非集装箱船舶在开始装载货物、物品的 2 小时前向海关传输预配舱单其他数据。

1. 海运预配舱单申报

海运预配舱单申报，如图 12 – 39 所示。

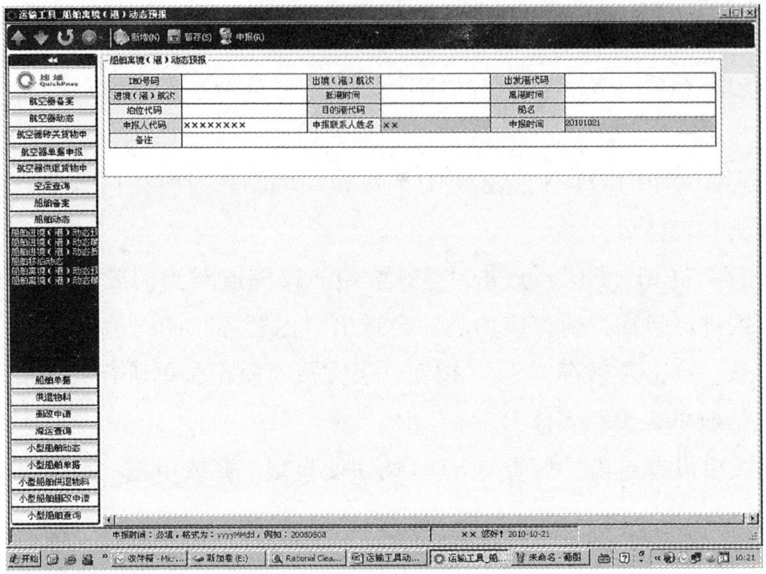

图 12 - 38

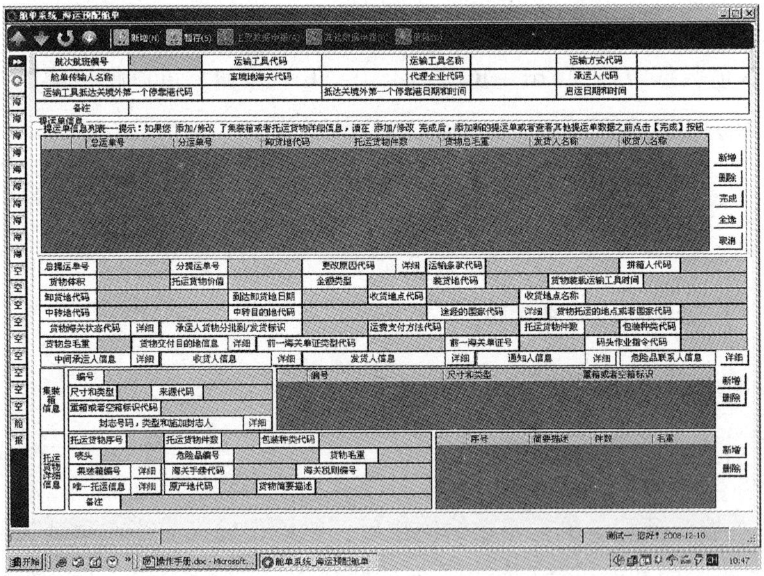

图 12 - 39

2. 海运预配舱单变更

海运预配舱单变更时，舱单传输人、航班航次号、运输工具代码、更改原因代码、分运单号、托运货物序号和集装箱号必填。其中运输方式代码、运输工具名称、集装箱号不能修改，如图 12 – 40 所示。

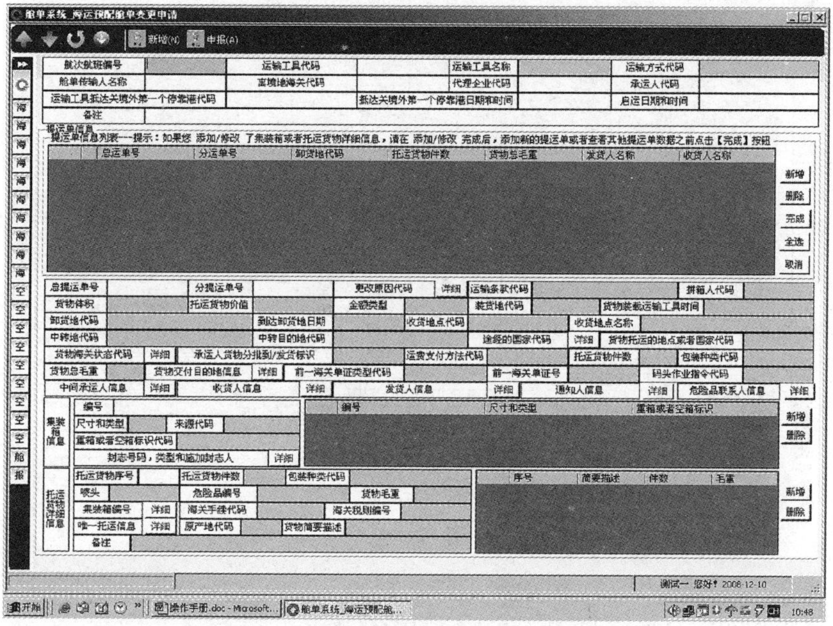

图 12 – 40

3. **海运预配舱单删除**

海运预配舱单删除时，舱单传输人名称、航班航次号、运输工具代码、总提单号、变更原因代码、分单号（条件）必填，其余不填写，如图 12 – 41 所示。

（三）海运装载舱单

舱单传输人应当在运输工具开始装载货物、物品的 30 分钟以前向海关传输装载舱单电子数据。装载舱单中所列货物、物品应当已经征得海关同意放行。

1. **海运装载舱单申报**

海运装载舱单申报，如图 12 – 42 所示。具体的必选填属性请参考海关总署公告的新舱单数据项。

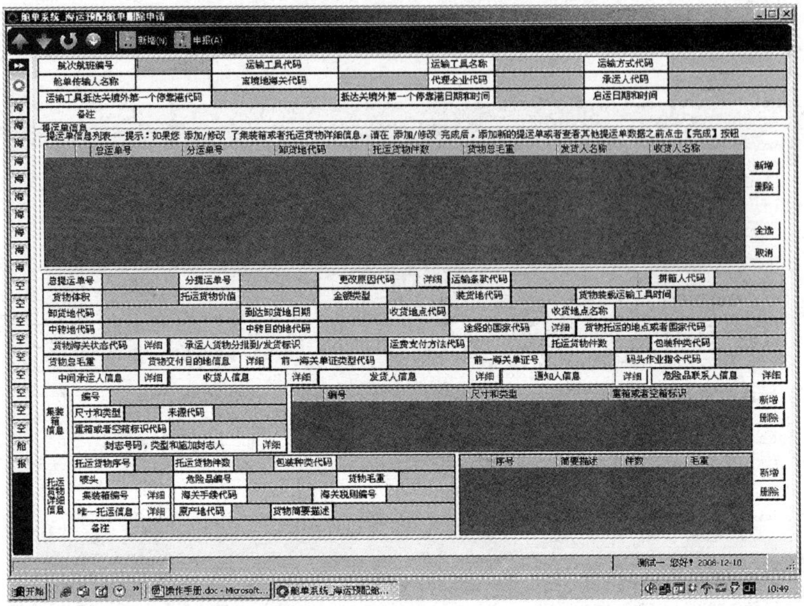
舱单系统_海运预配舱单删除申请
新增(N)
申报(A)
航次航班编号
运输工具代码
运输工具名称
运输方式代码
舱单传输人名称
富境地海关代码
代理企业代码
承运人代码
运输工具抵达关境外第一个停靠港代码
抵达关境外第一个停靠港日期和时间
启运日期和时间
备注
提运单信息
总提运单号
分提运单号
卸货地代码
托运货物件数
货物总毛重
发货人名称
收货人名称
新增
删除
全选
取消
更改原因代码
运输条款代码
拼箱人代码
货物体积
托运货物价值
金额类型
装货地代码
货物装载运输工具时间
到达卸货地日期
收货地点代码
收货地点名称
中转地代码
中转目的地代码
途经的国家代码
货物托运的地点或者国家代码
货物海关状态代码
承运人货物分批到/发货标识
运费支付方法代码
托运货物件数
包装种类代码
货物总毛重
货物交付目的地信息
前一海关单证类型代码
前一海关单证号
码头作业指令代码
中间承运人信息
收货人信息
发货人信息
通知人信息
危险品联系人信息
详细
集装箱信息
编号
尺寸和类型
来源代码
重箱或者空箱标识代码
封志号码，类型和施加封志人
重箱或者空箱标识
托运货物详细信息
托运货物序号
包装种类代码
唛头
危险品编号
货物毛重
集装箱编号
海关手续代码
海关税则编号
唯一托运信息
原产地代码
货物简要描述
序号
简要描述
件数
毛重
测试一 您好！ 2008-12-10
开始
操作手册.doc - Microsoft...
舱单系统_海运预配舱...
10:49

图 12－41

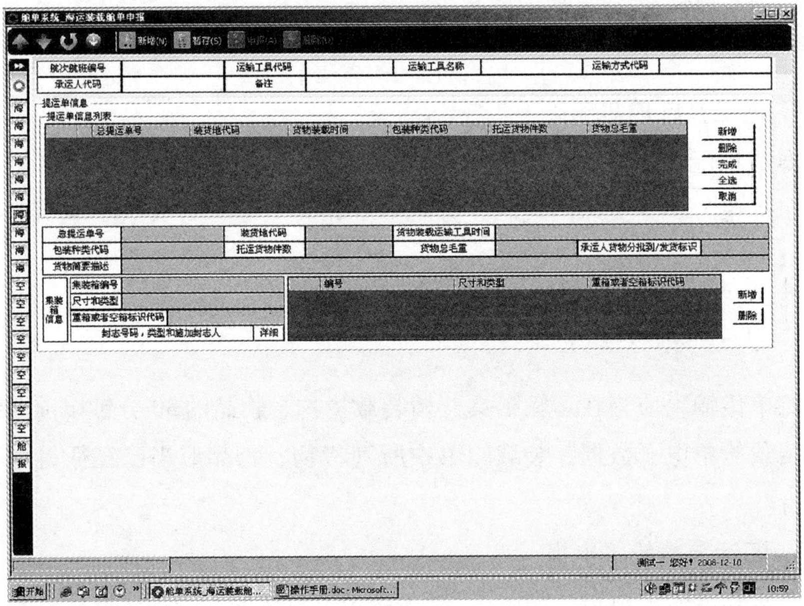
舱单系统_海运装载舱单申报
新增(N)
暂存(S)
申报(A)
删除(D)
航次航班编号
运输工具代码
运输工具名称
运输方式代码
承运人代码
备注
提运单信息
提运单信息列表
总提运单号
装货地代码
货物装载时间
包装种类代码
托运货物件数
货物总毛重
新增
删除
完成
全选
取消
装货地代码
货物装载运输工具时间
包装种类代码
托运货物件数
货物总毛重
承运人货物分批到/发货标识
货物简要描述
集装箱信息
集装箱编号
尺寸和类型
重箱或者空箱标识代码
封志号码，类型和施加封志人
详细
编号
测试一 您好！ 2008-12-10
开始
舱单系统_海运装载舱...
操作手册.doc - Microsoft...
10:59

图 12－42

2. **海运装载舱单删除**

海运装载舱单删除如图 12 - 43 所示。

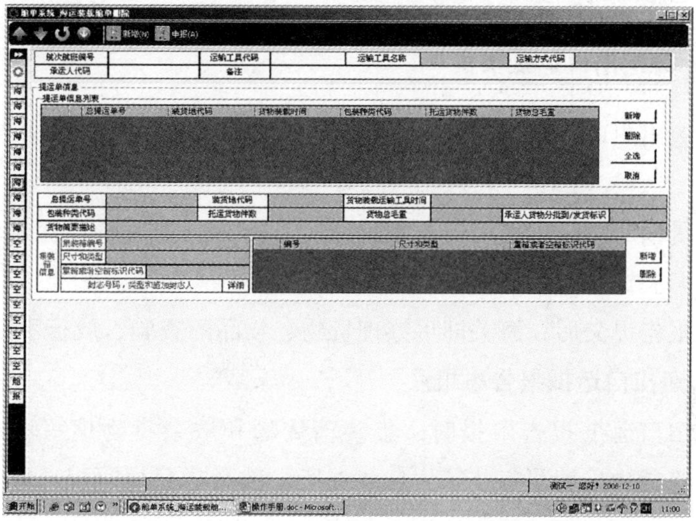

图 12 - 43

(四) 船舶离境动态确报

船舶离境动态确报，如图 12 - 44 所示。

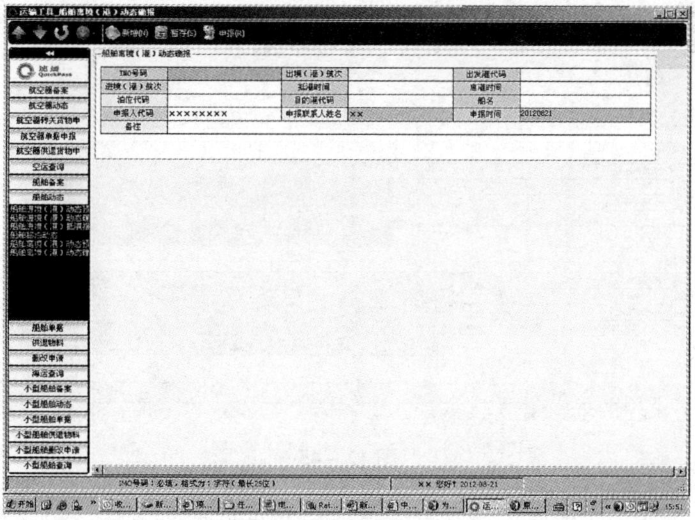

图 12 - 44

（五）船舶单据

同上述海运进口船舶单据，从略。

（六）海运出口运抵报告

在海运出口时，港口（码头）所涉及的申报环节仅有海运出口运抵报告。

出境货物、物品运抵海关监管场所时，海关监管场所经营人以电子数据方式向海关提交运抵报告。

运抵报告提交后，海关即可办理货物、物品的查验、放行手续。

1. 海运出口运抵报告申报

海运出口运抵报告申报时，集装箱货物和散杂货物填写不同的数据段，集装箱货物只填写集装箱信息数据段，散杂货只填写提单和货物信息数据段，如图 12－45 所示。

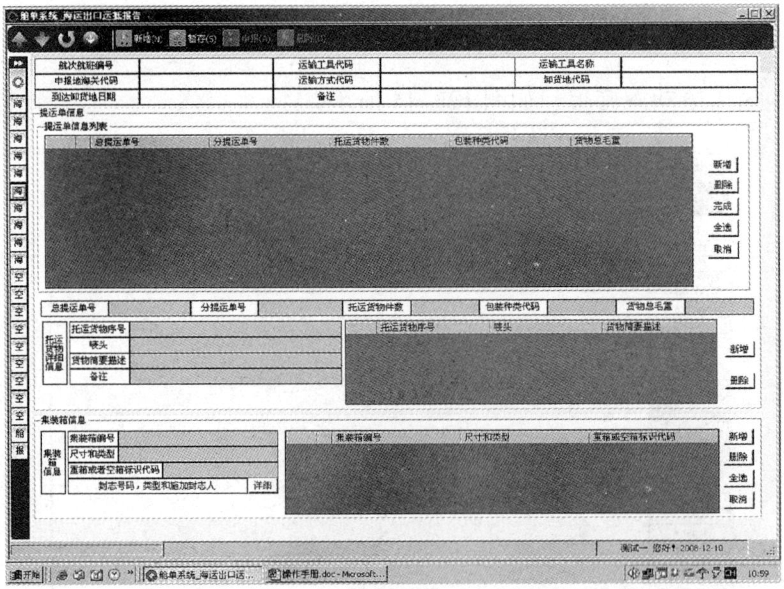

图 12－45

具体的必、选填属性请参考海关总署公告的新舱单数据项。

2. **海运出口运抵报告删除**

海运出口运抵报告删除时，只需填写申报地海关代码、航班航次号、总提运单号、分提运单号（条件）、运输工具代码、集装箱号，其余数据元不填写，如图 12－46 所示。

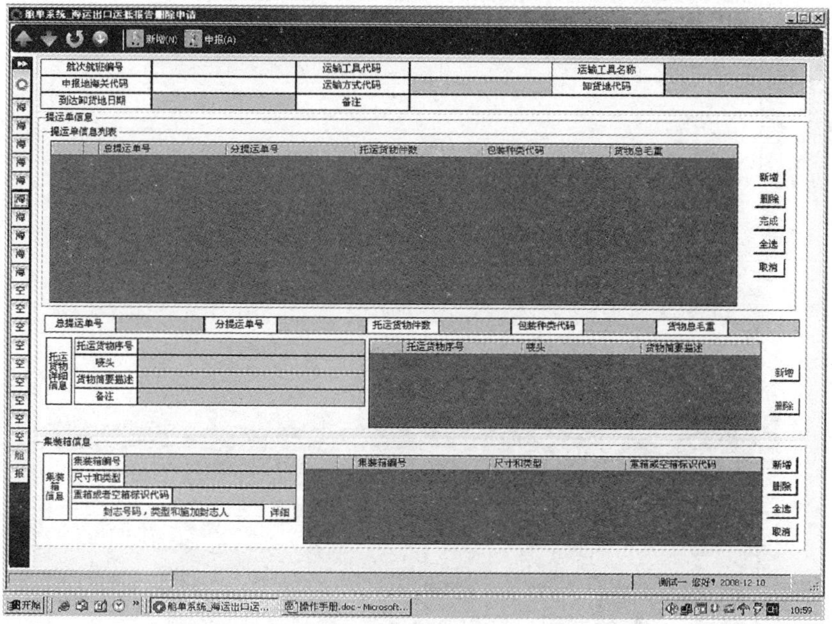

图 12－46

（七）海运出口理货报告

理货部门或海关监管场所经营人在海运出口时仅申报出口理货报告，该报告应在出境运输工具驶离装货港的 6 小时以内，以电子数据方式向海关申报。此环节也是海运出口舱单申报的最后一步。

1. **海运出口理货报告申报**

集装箱货物只填集装箱信息部分，不填提运单部分；散杂货只填提运单部分，如图 12－47 所示。

具体的必选填属性请参考海关总署公告的新舱单数据项。

2. **海运出口理货报告删除**

海运出口理货报告删除，如图 12－48 所示。

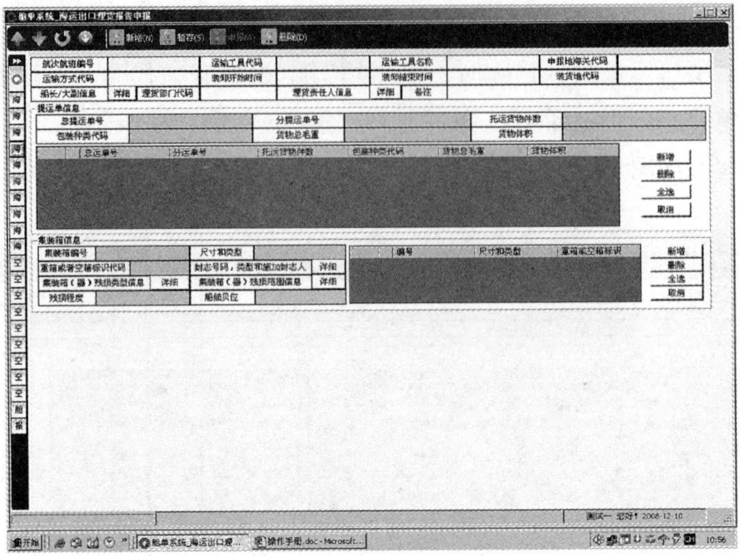

图 12－47

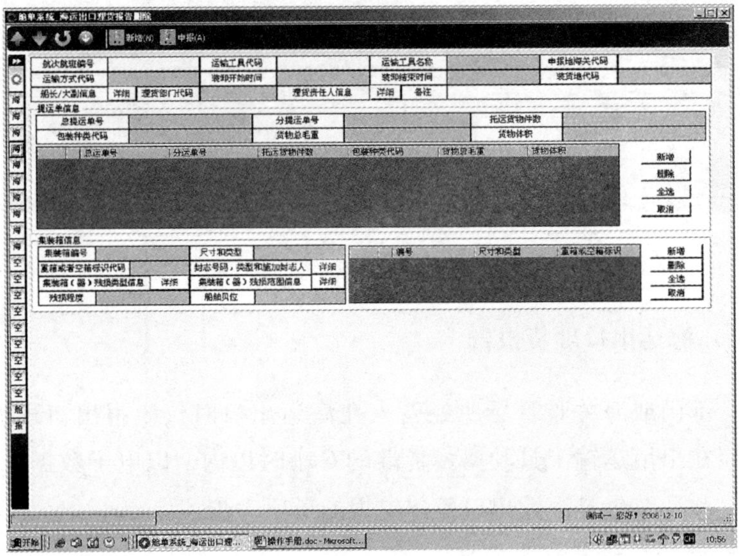

图 12－48

（八）海运装箱清单

“装箱清单”是指以集装箱运输的出境货物、物品在装箱以前的实际装载信息的单据。

以集装箱运输的货物、物品，出口货物发货人应当在货物、物品装箱以前向海关传输装箱清单电子数据。

1. **海运装箱清单申报**

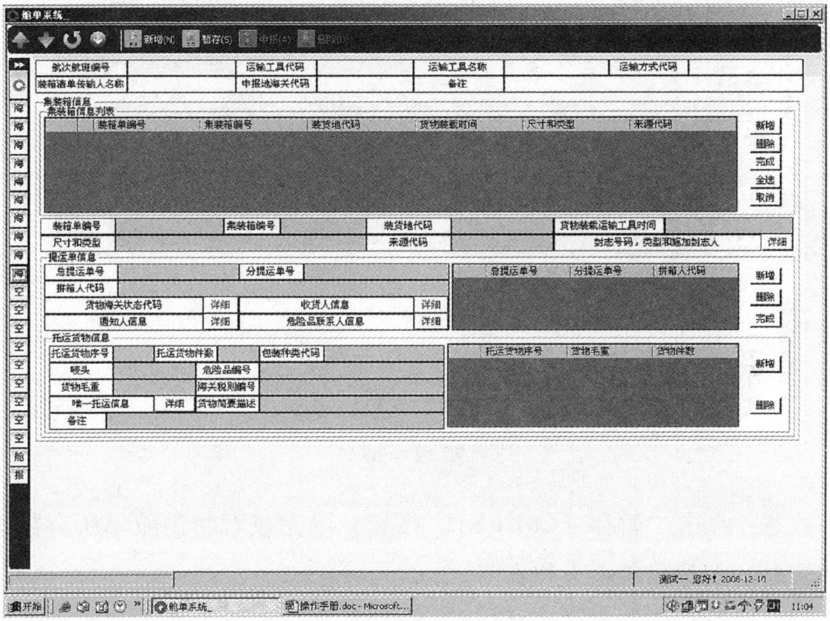

图 12－49

海运装箱清单申报，如图 12－49 所示。具体的必选填属性请参考海关总署公告的新舱单数据项。

2. **海运装箱清单删除**

海运装箱清单删除，如图 12－50 所示。

（九）按钮功能简介

“新增（Ctrl + N）”：点击“N”按钮，可重新录入一份新的舱单数据信息。

“删除（Ctrl + D）”：点击“D”按钮，可删除当前接口舱单，包括舱单的表头和表体。

“暂存（Ctrl + S）”：点击“S”按钮，仅完成对当前舱单接口中所显示的数据进行暂存，暂存成功后，会弹出“已暂存”的提示框。

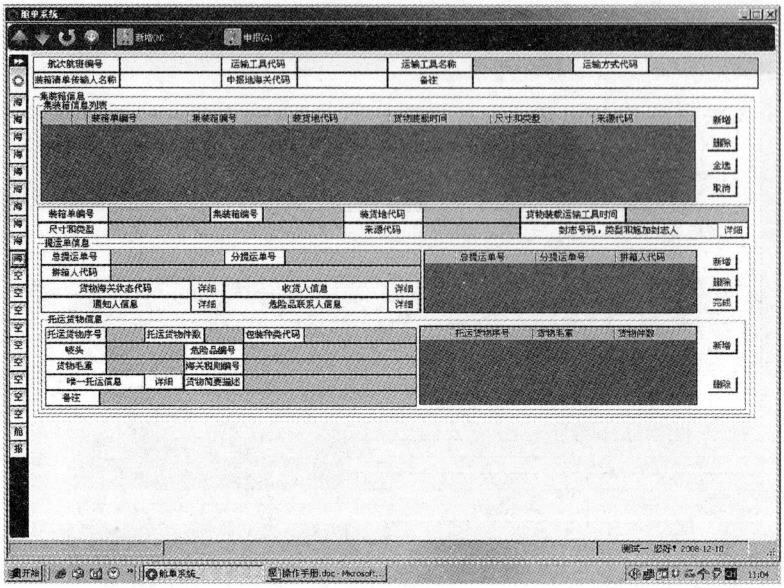

图 12－50

注意：点击“暂存（Ctrl + S）”按钮，可完成对整份舱单所有数据信息的暂存（包括舱单表头和表体）。

修改后没有点击“暂存（Ctrl + S）”按钮便直接上载或申报，系统自动保存修改。

“申报（Ctrl + A）”：点击“A”按钮，可以把该票舱单通过中国电子口岸数据中心传送到海关，接受审核。

“主要数据申报（Ctrl + A）”：点击“A”按钮，可以把该票舱单通过中国电子口岸数据中心传送到海关，接受审核。

“其他数据申报（Ctrl + R）”：点击“R”按钮，可以把该票舱单通过中国电子口岸数据中心传送到海关，接受审核。

四、空运进口

（一）航空器备案

空运进出口均需对航空器、航班及当日飞行计划备案，如图 12－51 所示。

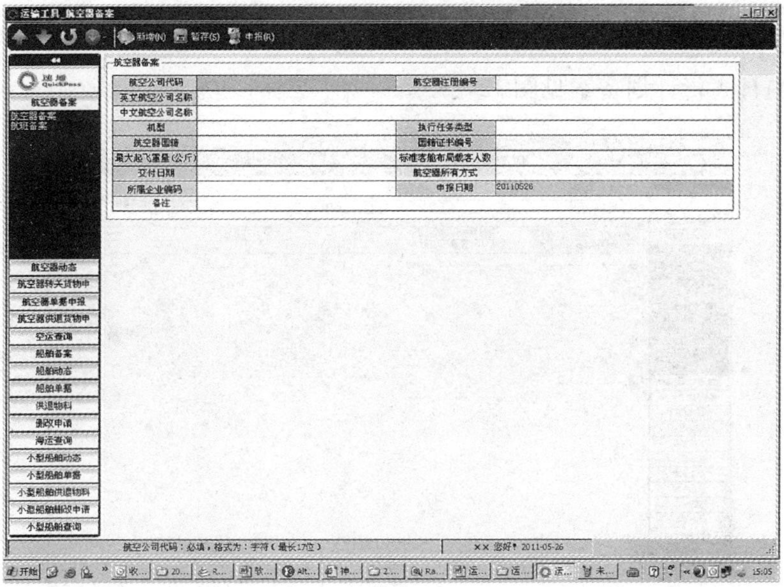

图 12－51

（二）航班备案

航班备案见图 12－52。

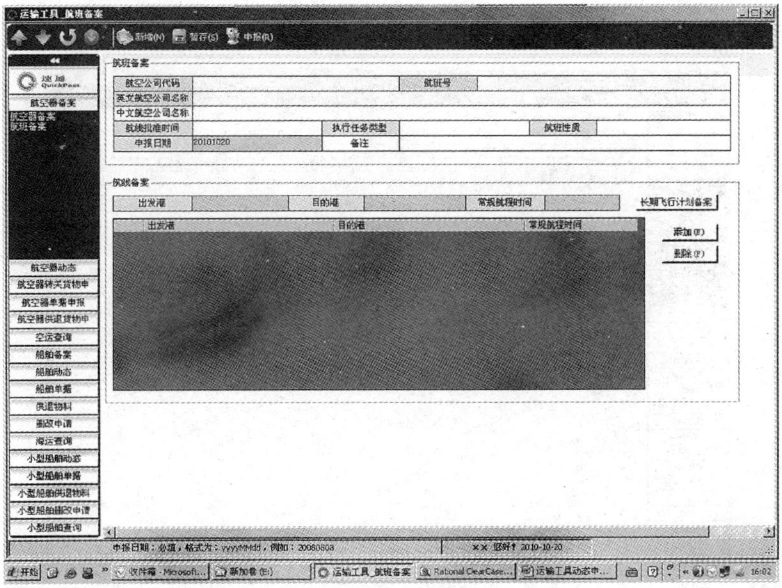

图 12－52

（三）当日飞行计划备案

当日飞行计划备案见图 12－53。

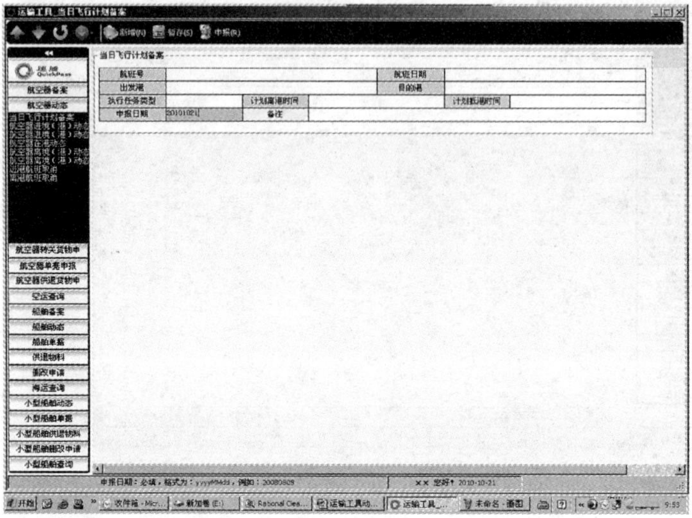

图 12－53

（四）航空器进境预报

航空器进境预报见图 12－54 所示。

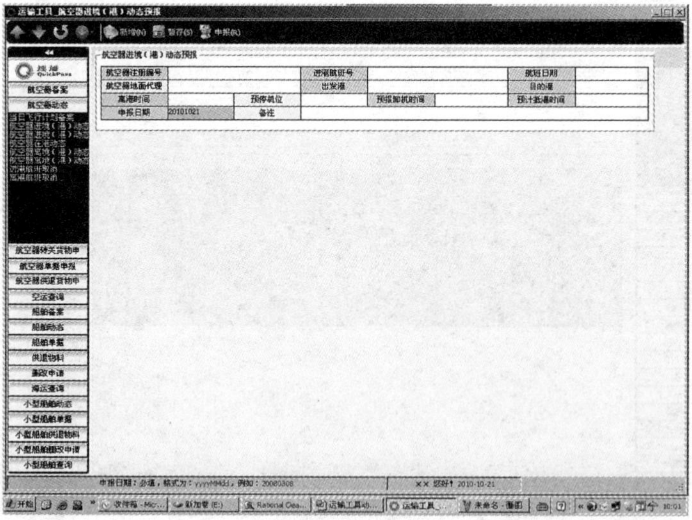

图 12－54

（五）空运原始舱单

空运原始舱单申报时间规定：进境运输工具载有货物、物品的，航程在 4 小时以下的，舱单传输人应当在航空器起飞前向海关传输原始舱单主要数据；航程超过 4 小时的，在航空器抵达境内第一目的港的 4 小时前向海关传输原始舱单主要数据。

进境运输工具载有旅客的，航程在 1 小时以下的，舱单传输人应当在航空器抵达境内第一目的港的 30 分钟以前向海关传输原始舱单主要数据；航程在 1 ~ 2 小时的，舱单传输人应当在航空器抵达境内第一目的港的 1 小时前；航程在 2 小时以上的，舱单传输人应当在航空器抵达境内第一目的港的 2 小时前向海关传输原始舱单电子数据。

1. 空运原始舱单申报

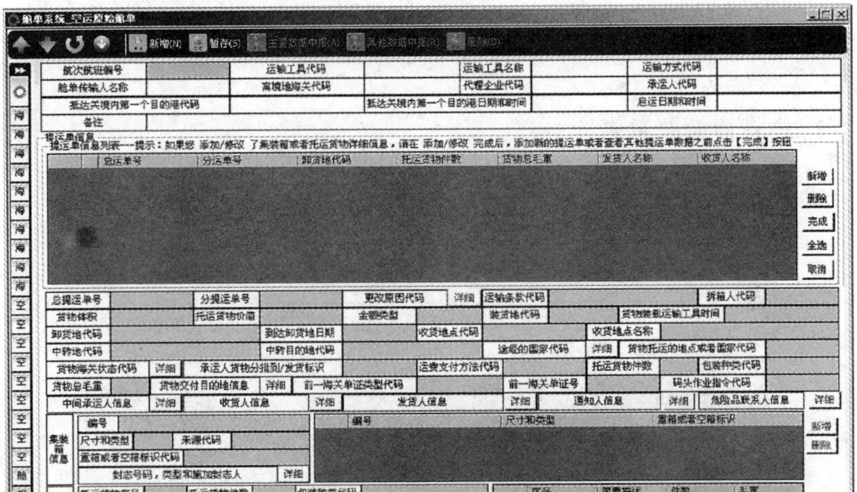

图 12 –55

空运原始舱单申报，如图 12 –55 所示。具体的必选填属性请参考海关总署公告的新舱单数据项。

2. 空运原始舱单变更

空运原始舱单变更，如图 12 – 56 所示。

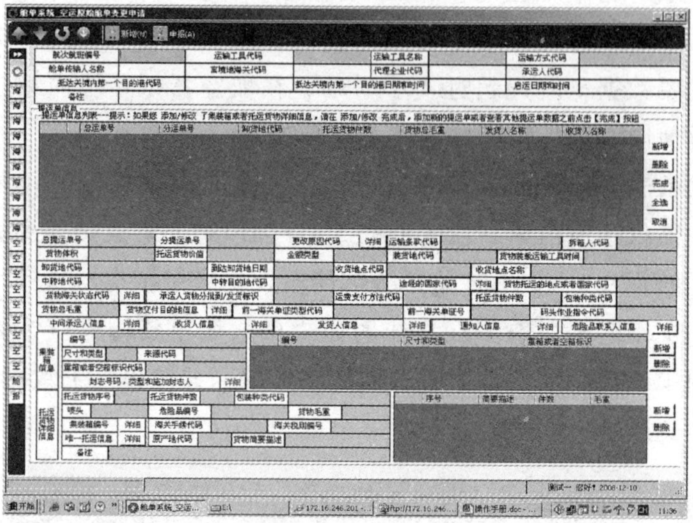

图 12 – 56

3. 空运原始舱单删除

空运原始舱单删除，如图 12 – 57 所示。

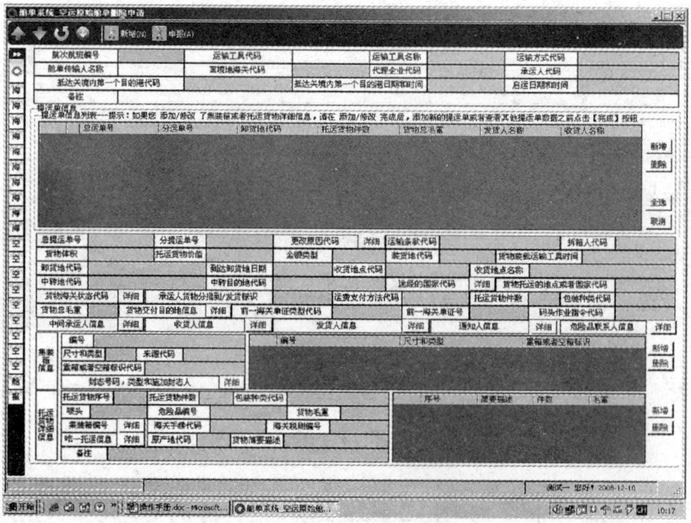

图 12 – 57

（六）航空器进境确报

航空器进境确报，如图 12－58 所示。

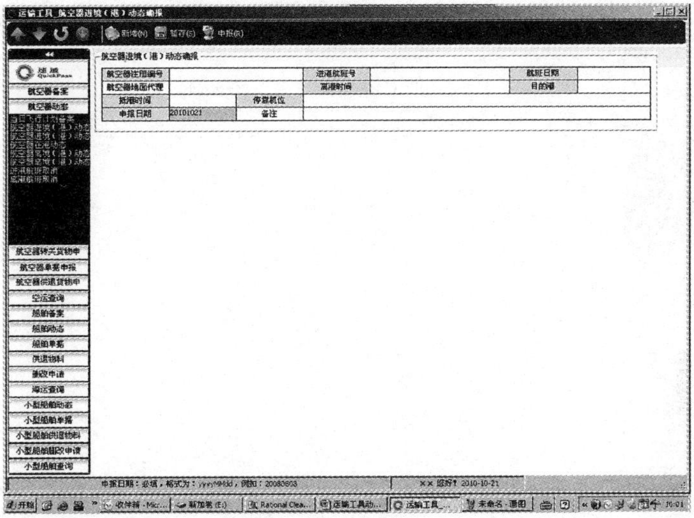

图 12－58

（七）航空器单据申报

航空器单据申报，如图 12－59 所示。

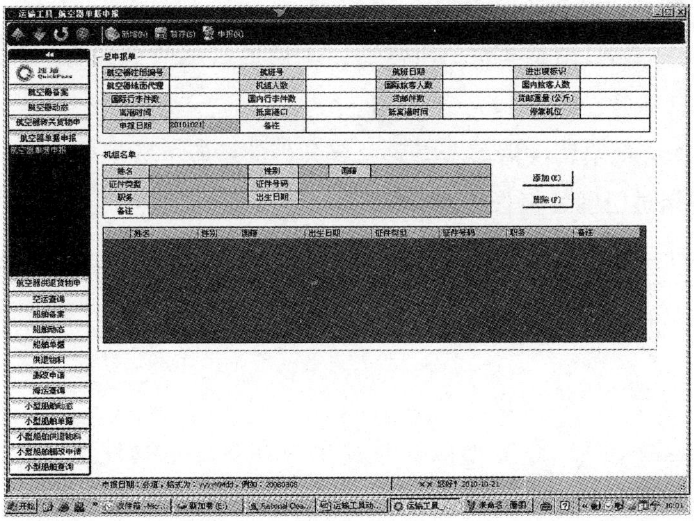

图 12－59

（八）航空器在港动态

航空器在港动态，如图 12－60 所示。

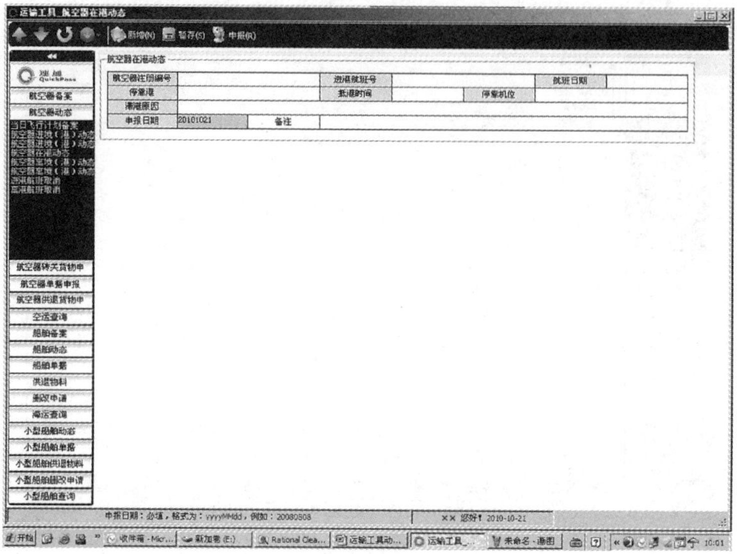

图 12－60

（九）空运进口理货报告

1. 空运进口理货报告申报

集装箱货物只填集装箱信息部分，不填提运单信息部分；散杂货只填提运单信息部分，如图 12－61 所示。

具体的必选填属性请参考海关总署公告的新舱单数据项。

2. 空运进口理货报告删除

空运进口理货报告删除，如图 12－62 所示。

（十）空运分流申请

1. 空运分流申请申报

填写运输工具信息数据段和总提单号和托运货物件数、包装种类代码、货物总毛重等，如图 12－63 所示。

具体的必选填属性请参考海关总署公告的新舱单数据项。

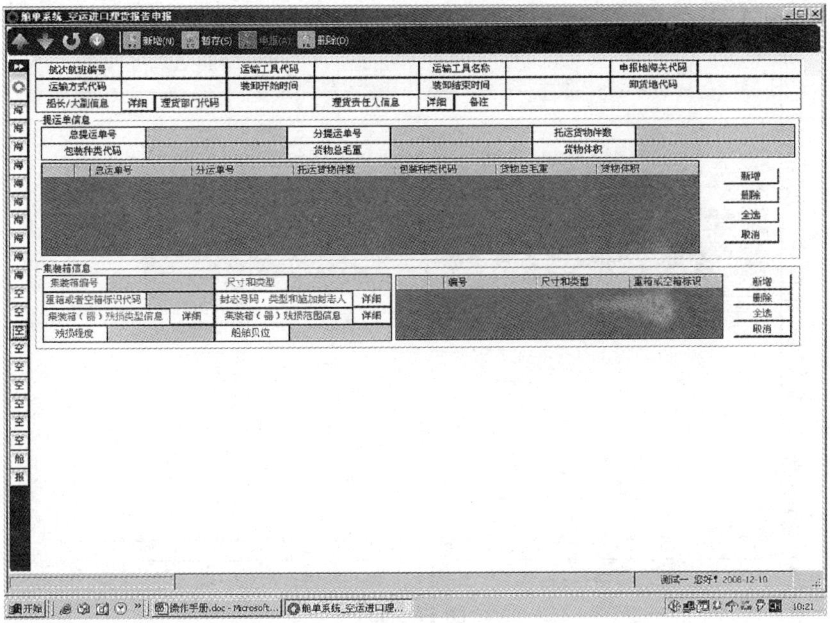

图 12－61

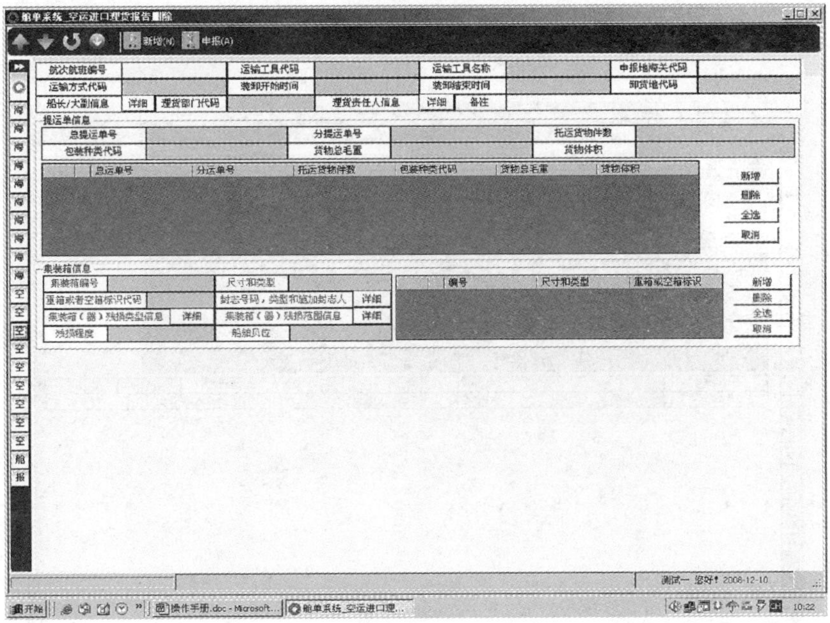

图 12－62

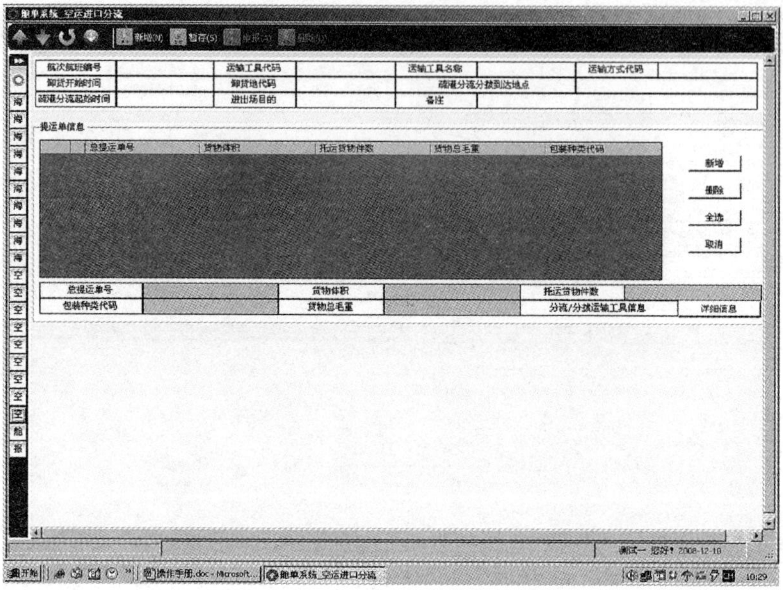

图 12－63

2. 空运分流申请删除

空运分流申请删除，如图 12－64 所示。

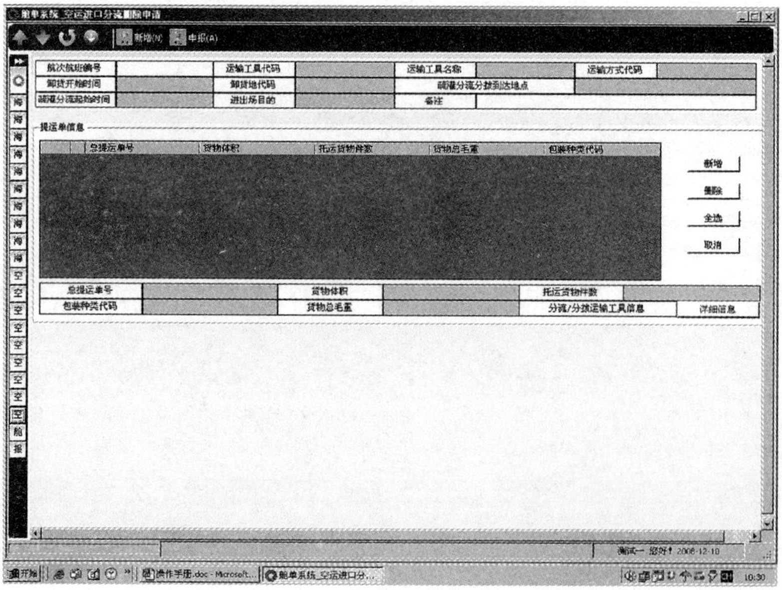

图 12－64

（十一）空运分拨申请

1. 空运分拨申请申报

填写运输工具信息数据段和总提单号和托运货物件数、包装种类代码、货物总毛重等，如图 12－65 所示。

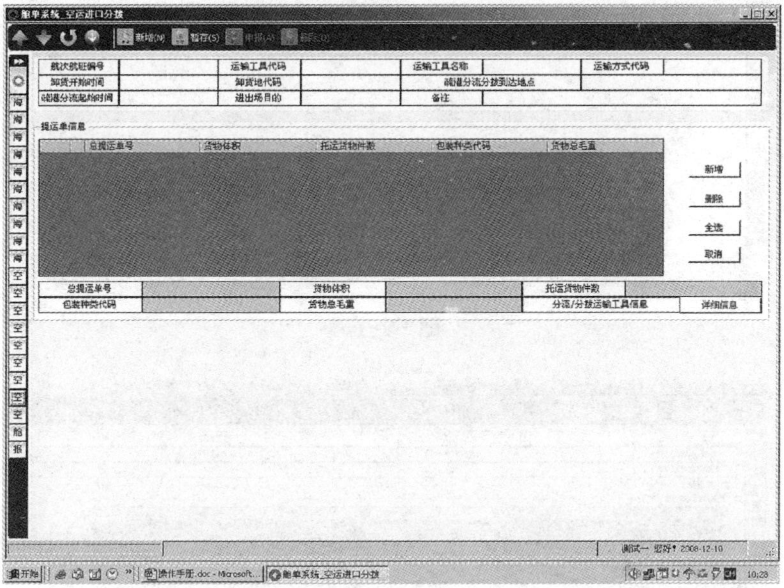

图 12－65

具体的必选填属性请参考海关总署公告的新舱单数据项。

2. 空运分拨申请删除

分拨申请删除时，航次航班号、总提单号、分提单号（条件）必填，其余不填，如图 12－66 所示。

（十二）空运分流运抵报告

1. 空运分流运抵报告申报

疏港分流完毕后，海关监管场所经营人应当以电子数据方式向海关提交疏港分流货物、物品运抵报告，如图 12－67 所示。

具体的必选填属性请参考海关总署公告的新舱单数据项。

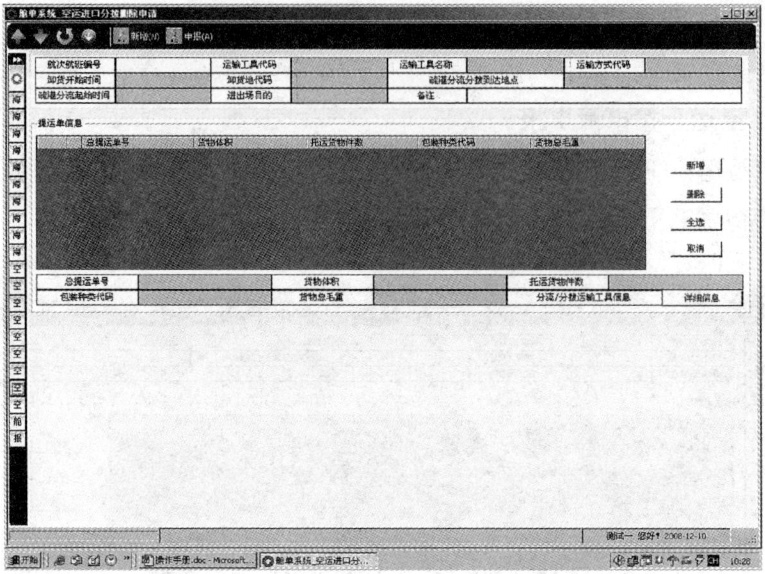

图 12－66

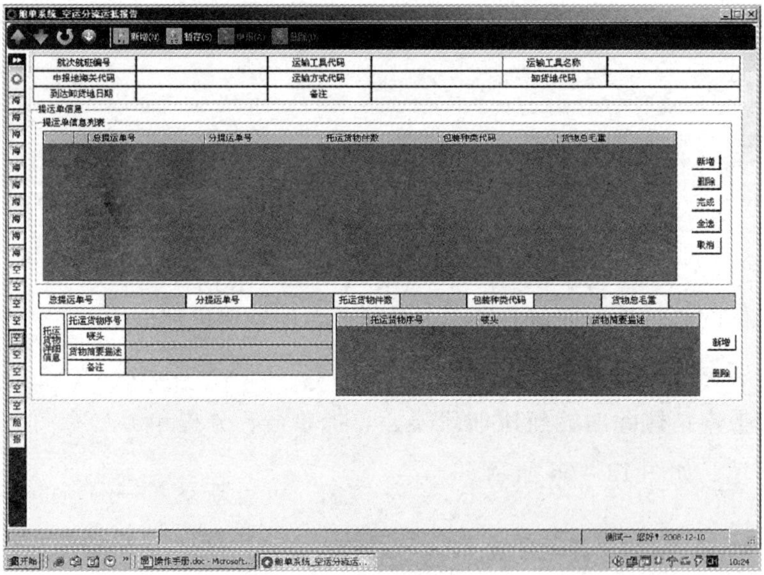

图 12－67

2. 空运分流运抵报告删除

空运分流运抵报告删除时，只填写申报地海关代码、航班航次号、总**提运单号**、分提运单号（条件），其余数据元不填，如图 12－68 所示。

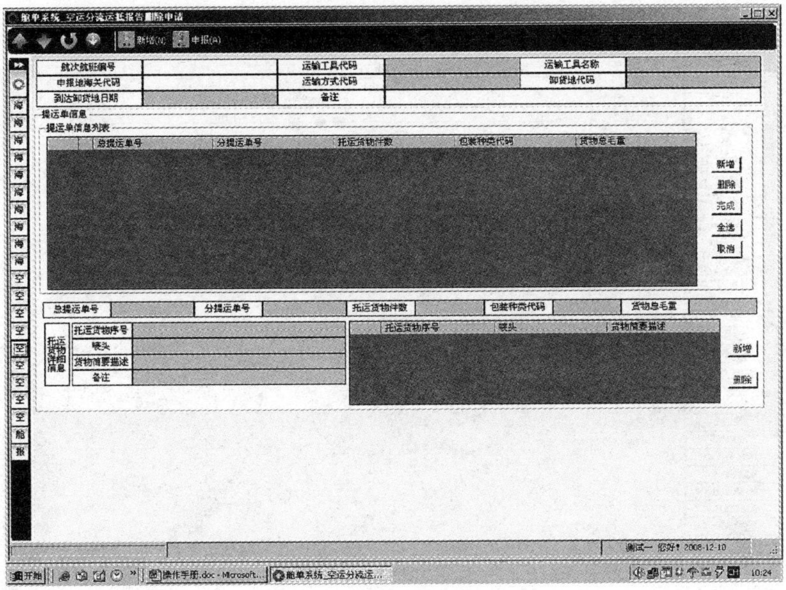

图 12－68

（十三）二次理货

如需申报分拨申请，还需要做二次理货，操作界面参见本节“（九）空运进口理货报告”介绍。

（十四）其他操作界面

（1）进境航班取消申报，如图 12－69 所示。所有字段全部是必填项。

（2）航空器供退货物申报，如图 12－70 所示。

（十五）按钮功能简介

“新增（Ctrl＋N）”：点击“N”按钮，可重新录入一份新的舱单数据信息。

“删除（Ctrl＋D）”：点击“D”按钮，可删除当前接口舱单，**包括舱单的表头和表体。**

“暂存（Ctrl＋S）”：点击“S”按钮，仅完成对**当前舱单接口中所显示的数据进行暂存，暂存成功后，会弹出“已暂存”的提示框。**

注意：点击暂存（Ctrl＋S）按钮，可完成对**整份舱单所有数据信息的**

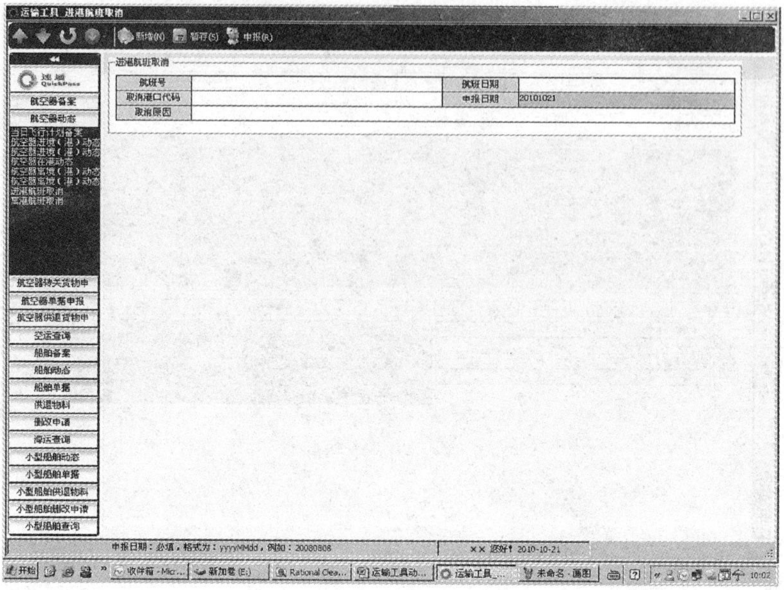

图 12－69

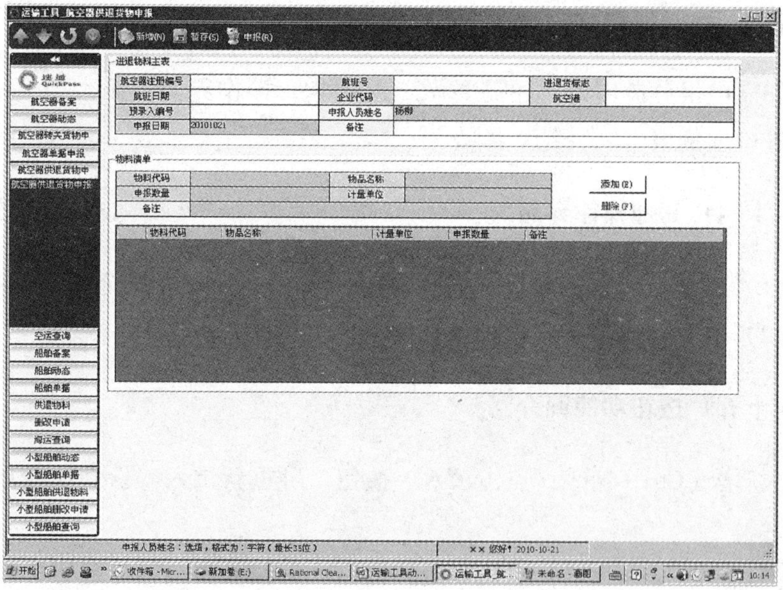

图 12－70

暂存（包括舱单表头和表体）。

修改后没有点击暂存（Ctrl＋S）按钮便直接上载或申报，系统自动保存修改。

“申报（Ctrl + A)”：点击“A”按钮，可以把该票舱单通过中国电子口岸数据中心传送到海关，接受审核。

“主要数据申报（Ctrl + A)”：点击“A”按钮，可以把该票舱单通过中国电子口岸数据中心传送到海关，接受审核。

“其他数据申报（Ctrl + R)”：点击“R”按钮，可以把该票舱单通过中国电子口岸数据中心传送到海关，接受审核。

五、空运出口

（一）航空器备案

同空运进口航空器备案。

（二）航班备案

同空运进口航班备案。

（三）当日飞行计划备案

同空运进口当日飞行计划备案。

（四）航空器离境预报

航空器离境预报见图 12 – 71。

（五）空运预配舱单

海关接受预配舱单主要数据传输后，舱单传输人应当在航空器开始装载货物、物品的 4 小时前向海关传输预配舱单其他数据。

出境运输工具预计载有旅客的，舱单传输人应当在出境旅客开始办理登机（船、车）手续的 1 小时前向海关传输预配舱单电子数据。

1. 空运预配舱单申报

空运预配舱单申报，如图 12 – 72 所示。具体的必选填属性请参考海关总署公告的新舱单数据项。

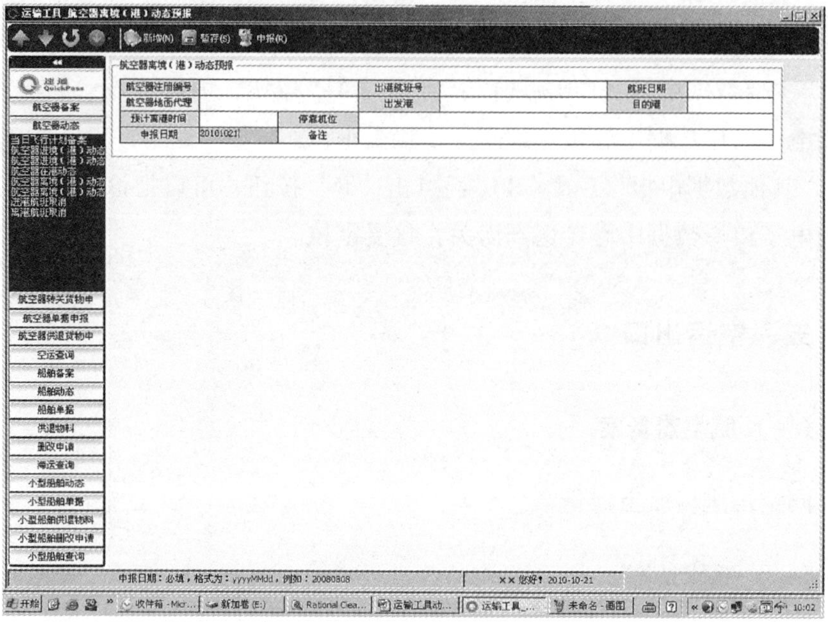

图 12－71

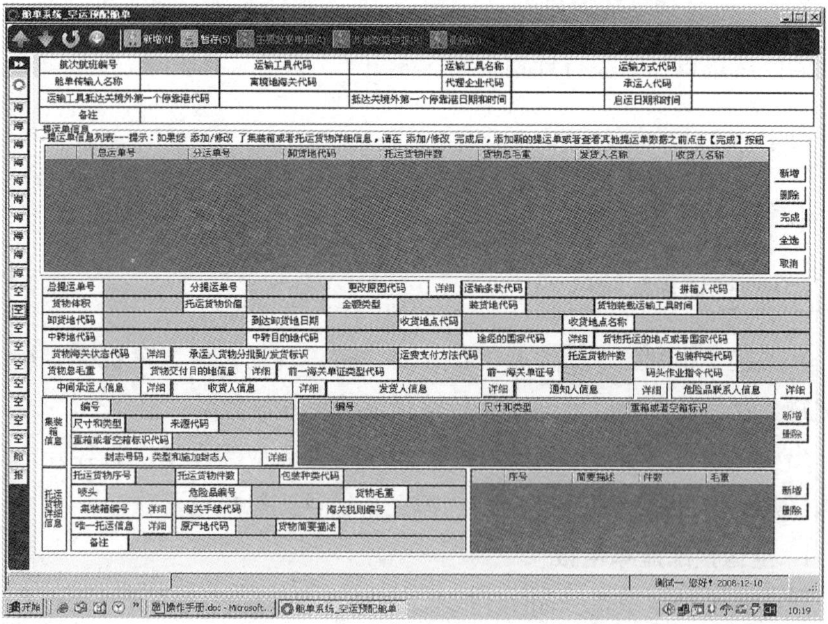

图 12－72

2. 空运预配舱单变更

预配舱单修改时，舱单传输人、航班航次号、总运单号、更改原因代码、分运单号（条件）和托运货物序号（条件）必填。其中，运输方式代码、运输工具代码、承运人货物分批到/发货标志和运输工具名称不能修改，如图 12－73 所示。

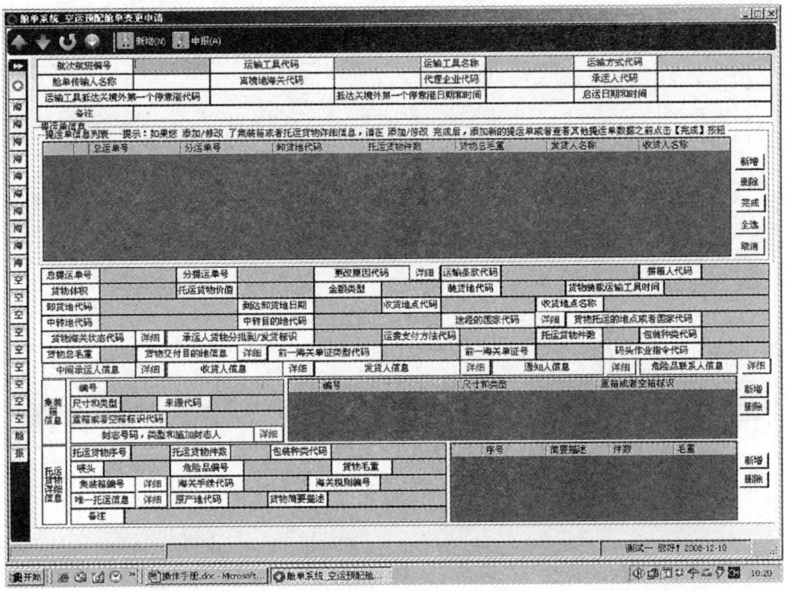

图 12－73

3. 空运预配舱单删除

删除舱单时舱单传输人、航班航次号、更改原因代码、总提运单号和分提运单号（条件）必填，其余不填写，如图 12－74 所示。

（六）空运出口运抵报告

1. 空运出口运抵报告申报

出境货物、物品运抵海关监管场所时，海关监管场所经营人以电子数据方式向海关提交运抵报告，如图 12－75 所示。

具体的必选填属性请参考海关总署公告的新舱单数据项。

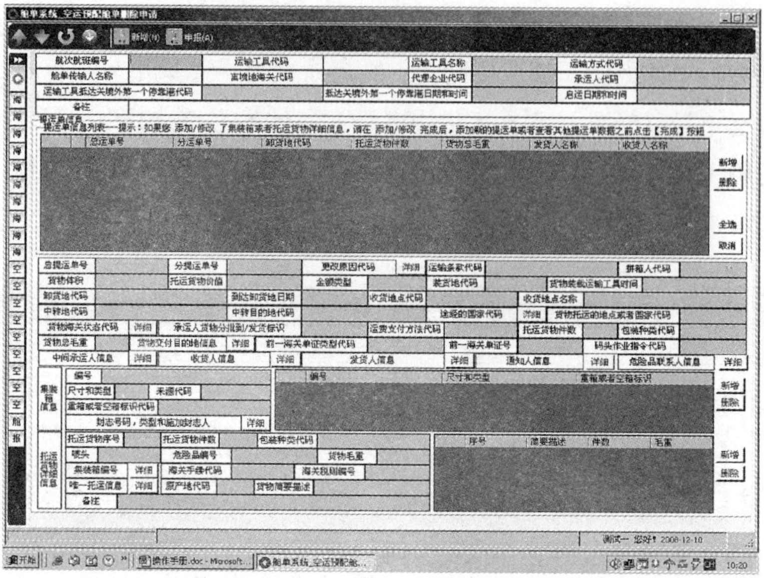

图 12－74

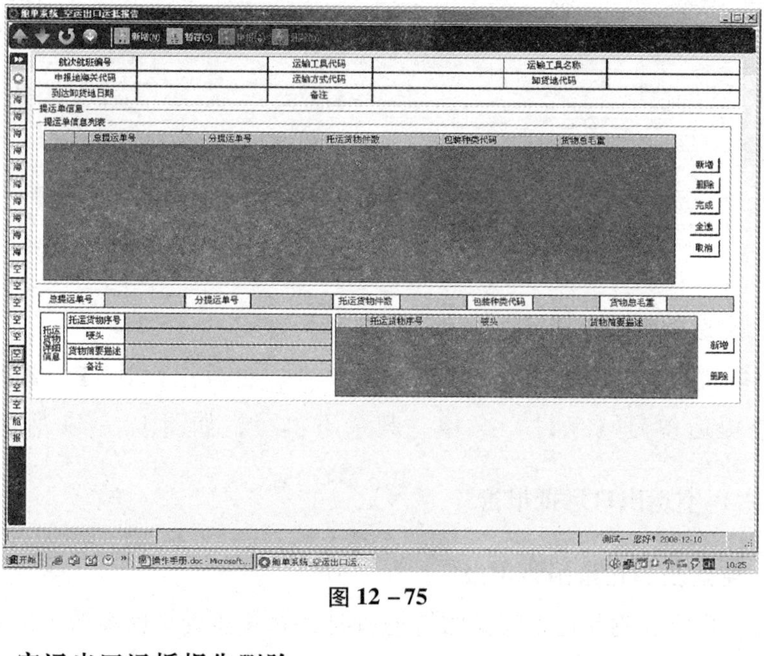

图 12－75

2. 空运出口运抵报告删除

空运出口运抵报告删除时只填写申报地海关代码、航班航次号、总提运单号、分提运单号（条件），其余数据元不填，如图 12－76 所示。

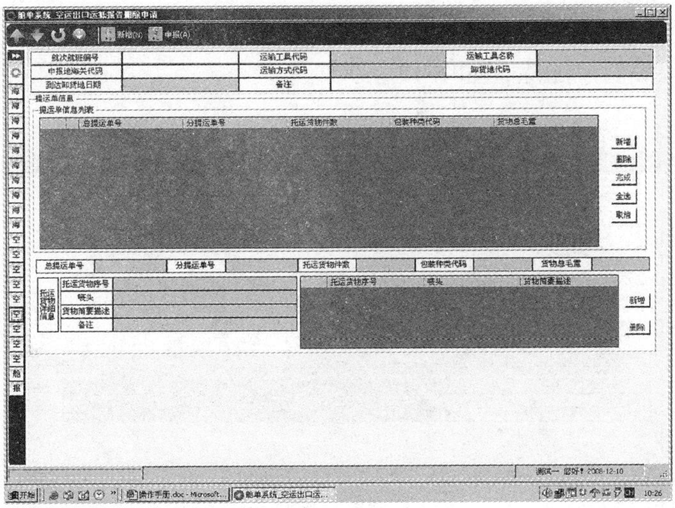

图 12－76

（七）空运装载舱单

1. 空运装载舱单申报

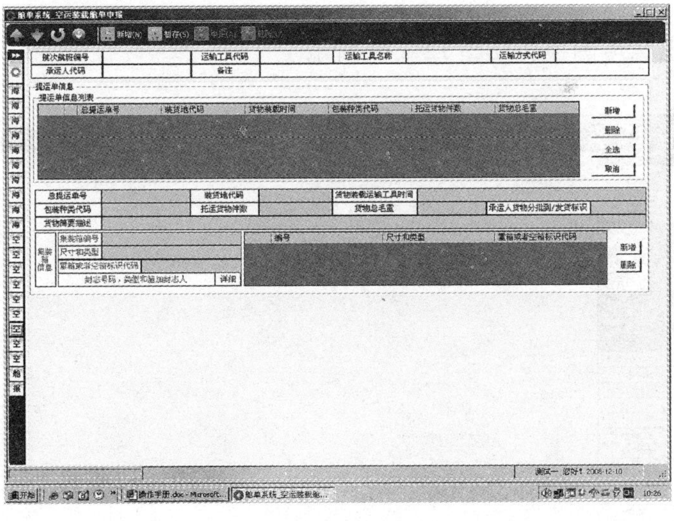

图 12－77

空运装载舱单申报，见图 12－77，具体的必选填属性请参考海关总署公告的新舱单数据项。

2. 空运装载舱单删除

空运装载舱单删除，如图 12 – 78 所示。

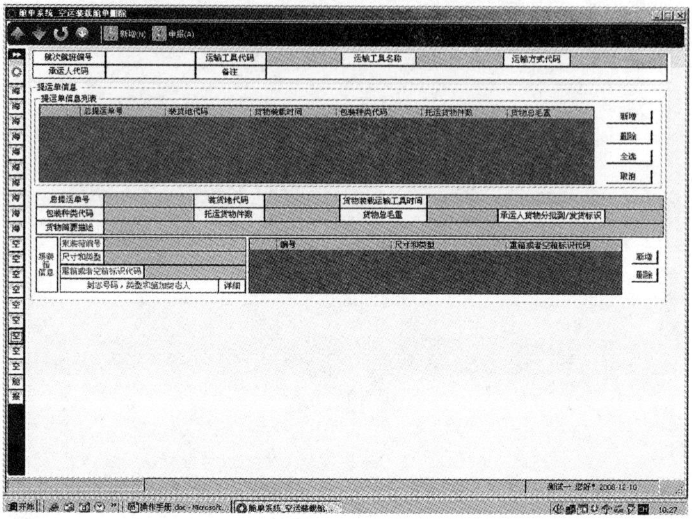

图 12 – 78

（八）航空器离境确报

航空器离境确报，如图 12 – 79 所示。

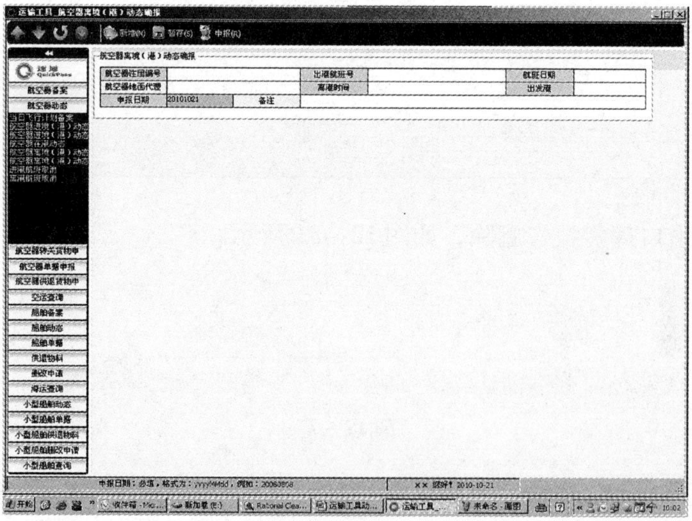

图 12 – 79

（九）航空器单据申报

参见本节“四、空运进口（七）航空器单据申报”介绍。

（十）空运出口理货报告

1. 空运出口理货报告申报

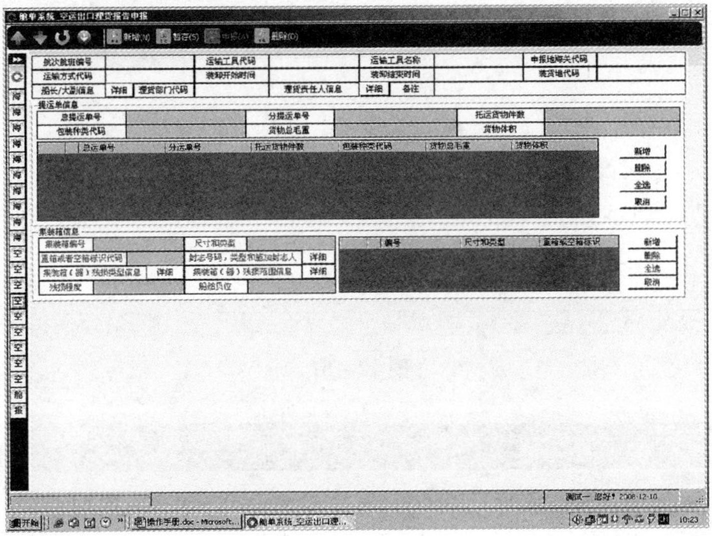

图 12－80

空运出口理货报告申报，如图 12－80 所示。具体的必选填属性请参考海关总署公告的新舱单数据项。

2. 空运出口理货报告删除

空运出口理货报告删除，如图 12－81 所示。

（十一）出境航班取消

出境航班取消见图 12－82，所有字段全部是必填项。

（十二）航空器转关

航空器转关，如图 12－83 所示。

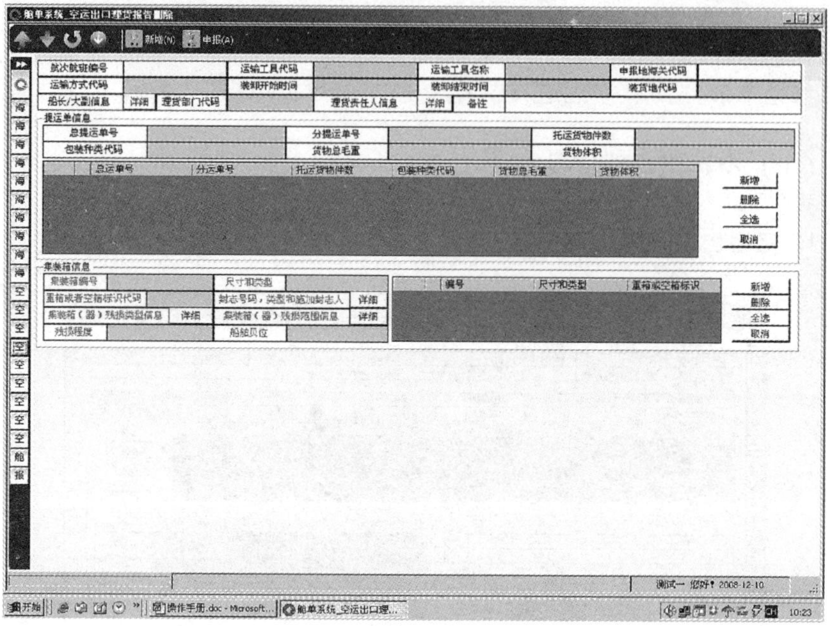

图 12－81

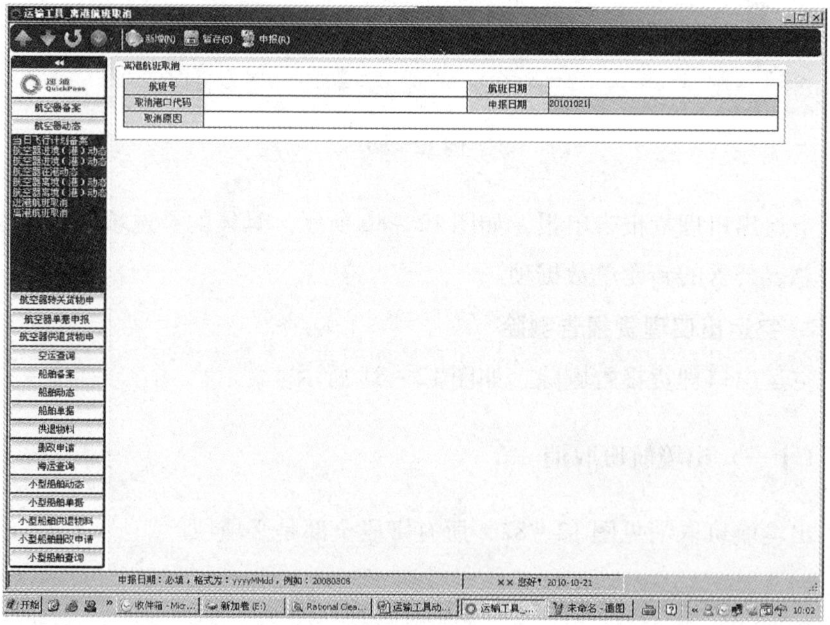

图 12－82

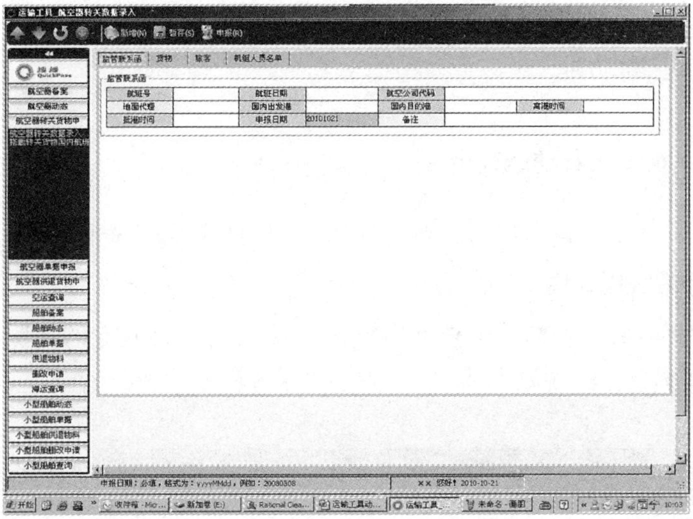

图 12-83

（十三）按钮功能简介

“新增（Ctrl + N）”：点击“N”按钮，可重新录入一份新的舱单数据信息。

“删除（Ctrl + D）”：点击“D”按钮，可删除当前接口舱单，包括舱单的表头和表体。

“暂存（Ctrl + S）”：点击“S”按钮，仅完成对当前舱单接口中所显示的数据进行暂存，暂存成功后，会弹出“已暂存”的提示框。

注意：点击暂存（Ctrl + S）按钮，可完成对整份舱单所有数据信息的暂存（包括舱单表头和表体）。

修改后没有点击暂存（Ctrl + S）按钮便直接上载或申报，系统自动保存修改。

“申报（Ctrl + A）”：点击“A”按钮，可以把该票舱单通过中国电子口岸数据中心传送到海关，接受审核。

“主要数据申报（Ctrl + A）”：点击“A”按钮，可以把该票舱单通过中国电子口岸数据中心传送到海关，接受审核。

“其他数据申报（Ctrl + R）”：点击“R”按钮，可以把该票舱单通过中国电子口岸数据中心传送到海关，接受审核。

六、查询功能

（一）运输工具动态查询

运输工具动态查询包括：海运回执查询和空运回执查询。

1. 海运回执查询

通过海运回执查询，可查询出海运各项运输工具业务的实际状态，如图 12 – 84 所示。

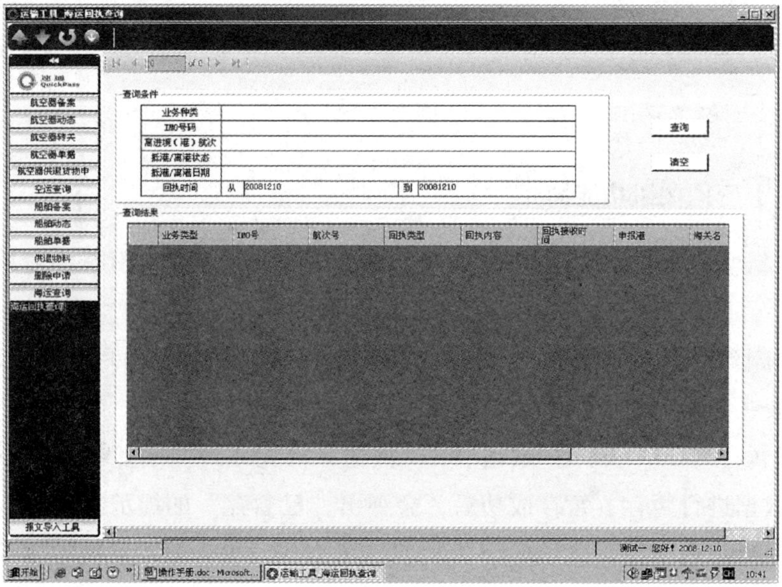

图 12 – 84

2. 空运回执查询

通过空运回执查询，可查询出空运各项运输工具业务的实际状态，如图 12 – 85 所示。

按空格键或填写业务类型代码可调出各业务类型，如图 12 – 86 所示。

若没有相应数据，点击“查询”按钮后跳出提示框“没有查询到数据”，如图 12 – 87 所示。

查询条件录入正确，可查询出所需数据，如图 12 – 88 所示。

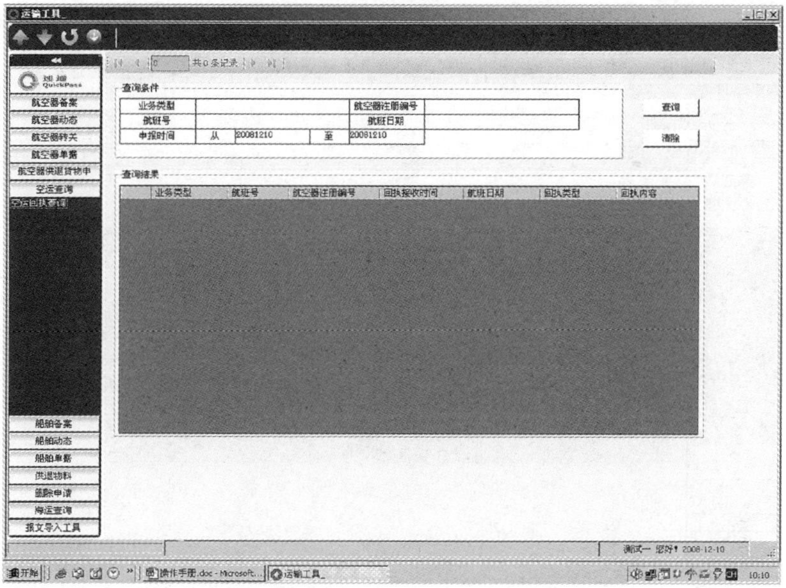

图 12 - 85

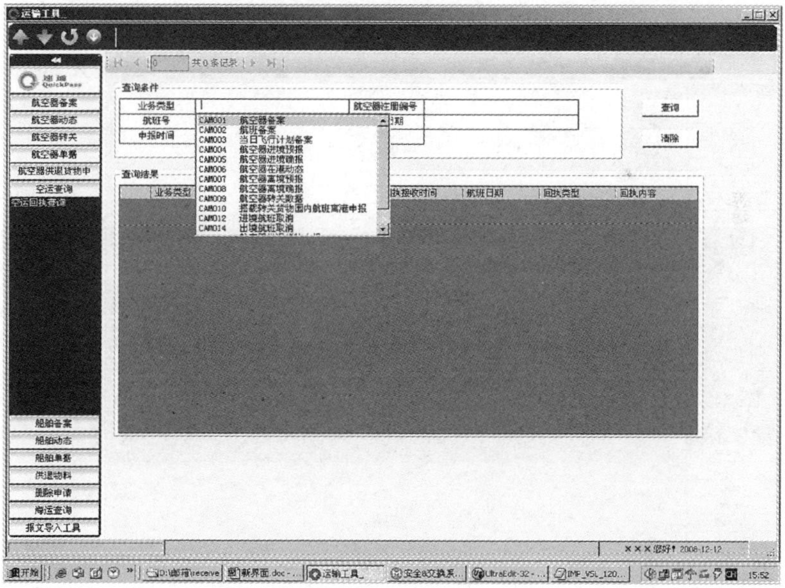

图 12 - 86

（二）舱单查询

舱单查询包括单证状态查询和海关回执查询。

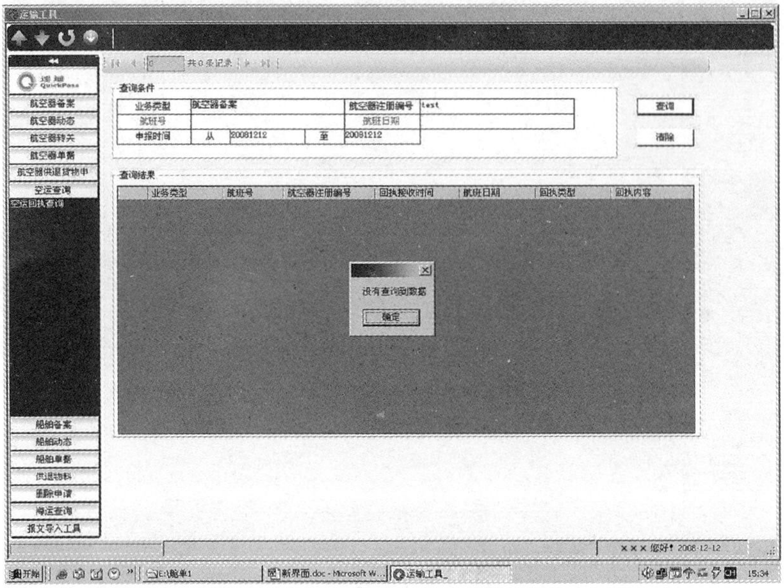

图 12－87

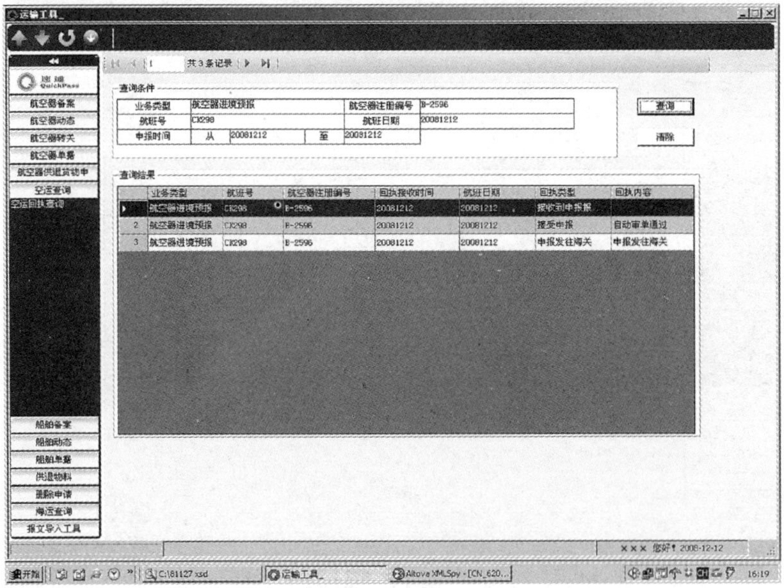

图 12－88

1. 单证状态查询

可查询单证的具体状态，如图 12－89 所示。

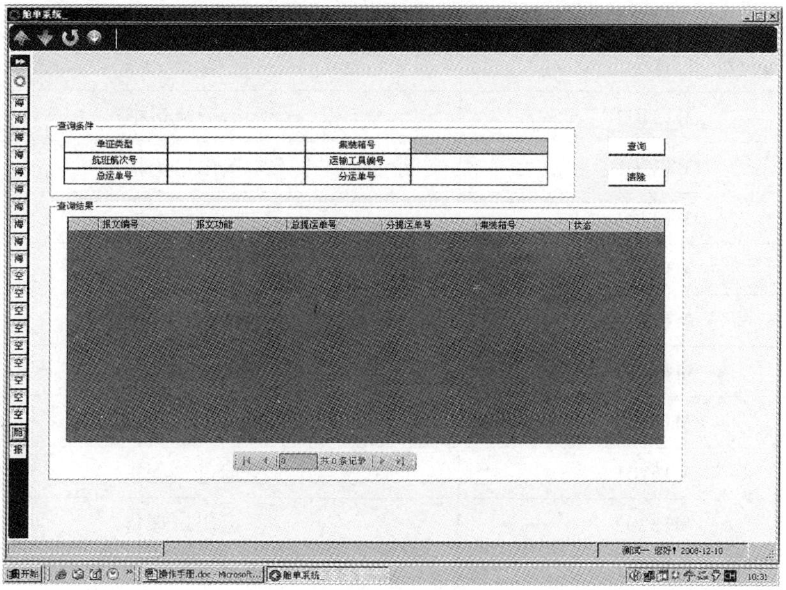

图 12－89

查询条件：单证类型（必填，具体内容见表 12－1）、航班航次号、运输工具编号、总提运单号、分提运单号、集装箱号。

查询结果列表显示字段：报文编号、报文功能、总提运单号、分提运单号、集装箱号、状态。

报文编号复制功能：查询结果列表支持报文编号的复制功能，鼠标在某一条记录的报文编号列点击右键弹出“复制”选项，即可复制报文编号。

另外，查询仅限于界面录入的单据，对于通过邮箱导入的单据，不包含在此查询功能中。

表 12－1　单证类型编码表

编码	含义
MT1101	水运原始舱单
MT1201	空运原始舱单
MT2101	水运预配舱单
MT2201	空运预配舱单
MT3101	水运出口运抵

表 12－1 续 1

编码	含义
MT3102	水运分流运抵
MT3201	空运出口运抵
MT3202	空运分流运抵
MT4101	水运出口装载
MT4201	空运出口装载
MT5101	水运进口理货
MT5102	水运出口理货
MT5201	空运进口理货
MT5202	空运出口理货
MT6101	水运进口分流
MT6102	水运进口分拨
MT6201	空运进口分流
MT6202	空运进口分拨
MT7101	水运出口装箱清单
MT8101	水运进口改靠港申请
MT8102	水运出口落装申请
MT8103	水运出口落装改配申请
MT8104	水运出口直接改配申请
MT8105	水运国际转运准单
MT8201	空运进口改靠港申请
MT8202	空运出口落装申请
MT8203	空运出口落装改配申请
MT8204	空运出口直接改配申请
MT8205	空运国际转运准单
MTECIM	水运进口空箱调运申请
MTECEX	水运出口空箱调运申请
MT9999	指令通知

若查询条件不足，则点击“查询”按钮时会跳出提示框，如图 12－90 所示。

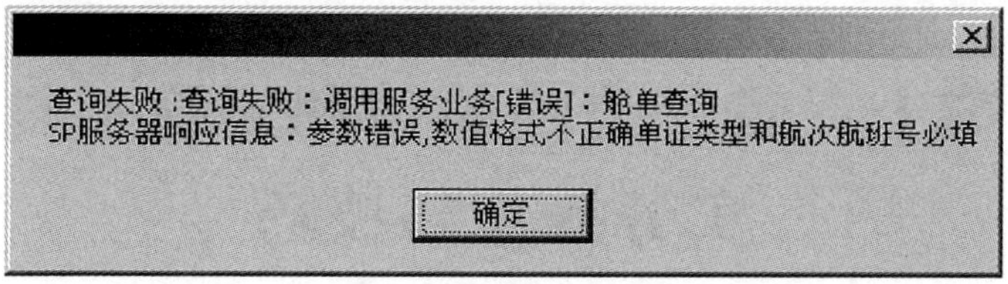

图 12－90

2. **海关回执查询**

可查询最终的海关的审批回执，如图 12－91 所示。

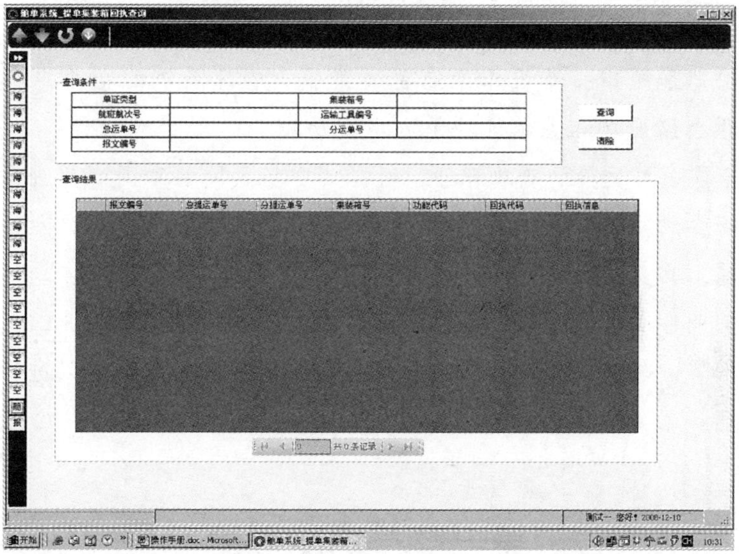

图 12－91

第十三章　公路舱单和运输工具实务操作与技巧

为实现对公路舱单数据的规范管理，海关总署组织建立了全国统一的公路进出口舱单管理平台，实现公路进出口舱单及相关单证的企业规范化申报，实现海关的接单、审核、放行核销等一系列电子化的业务管理过程，建立舱单的风险分析，提高公路口岸的物流监管水平。中国电子口岸公路舱单申报系统作为海关公路舱单管理系统的企业申报端，为企业提供公路舱单相关单证的录入申报功能。

为落实公路运输的舱单管理，根据《中华人民共和国海关进出境运输工具监管办法》（署令 196 号），与舱单管理相对应的进出境公路运输工具、运输工具负责人和运输工具服务企业应当向经营业务所在地的直属海关或经营业务所在地直属海关授权的隶属海关进行备案。为此，按照总署的统一部署，电子口岸，开发了公路运输工具申报系统，用以进行相关的备案管理。

第一节　功能概述

企业可以在预录入客户端中进行相关单据的录入、申报、数据查询及回执查询。

电子口岸公路舱单申报系统，为企业提供公路口岸进出口过程中原始舱单、预配舱单、理货报告、运抵报告、进出境确报、装箱清单、落装改配等各类单证的录入、申报功能；接收海关审批回执和监管指令，为企业提供回执查询功能。

电子口岸公路运输工具申报系统通过客户端录入和邮箱导入两种方式，为公路运输企业及个人提供企业备案、驾驶员备案、车辆备案、挂车备案等各种备案信息的录入、申报、查询功能，并接收海关审批回执，为企业提供回执查询和转发功能。

第二节　操作流程

一、公路运输工具

（一）进入系统

用户进入 Windows 系统，从 Windows 桌面上双击“电子口岸预录入客户端”图标，如图 13－1 所示。

图 13－1

将报关员 IC 卡或者企业操作员卡插入读卡器或 USB 接口中，输入密码后进入系统，如图 13－2 所示。

点击“运输工具”按钮，即可进入运输工具界面，如图 13－3 所示。

图 13－2

图 13－3

（二）企业/负责人备案

提供来往港澳公路运输工具经营企业、公/私用公路交通工具负责人备案的录入、暂存、申报和未申报单证的删除功能及变更已审批通过的备案数据并重新申报的功能。不包括进出境公路运输工具经营企业、进出境公/私用公路交通工具负责人的备案。这两类企业应在直属海关或其指定的隶属海关办理书面的备案手续，不需要传输电子数据。点击“企业/负责人备案”菜单，进入“企业/负责人备案申报”的录入界面，如图 13－4 所示。

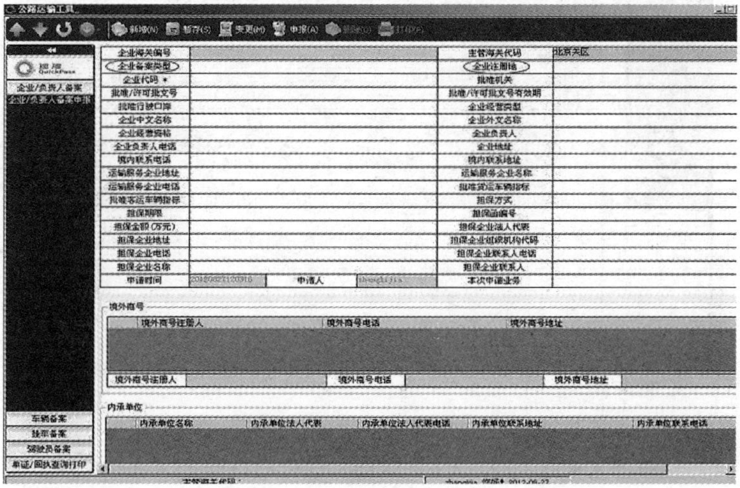

图 13－4

在“企业备案类型”和“企业注册地”栏目的下拉列表中选择备案类型和注册地后，系统会根据所选类型判断必填项，并在必填项的字段名称旁边显示“＊”为必填标记。

欲录入境外商号、内承单位、分支机构信息，需先点击新增按钮以激活录入框。批准行驶口岸、企业经营类型、企业经营资格、本次申请业务等字段可以多选，在下拉列表中打钩即可。“企业海关编号”栏为灰色不可编辑状态，该栏目待申报数据海关审批通过后自动返填信息。

（三）车辆备案

对于进出境公路运输工具、进出境公/私用公路交通工具，录入车辆分类和车辆注册地两个字段后系统会自动标注出必填字段（带“＊”标志）。对于来往港澳公路运输工具、来往港澳公/私用公路交通工具，只需录入车辆分类系统就会自动标注出必填字段（带“＊”标志），如图 13－5 所示。

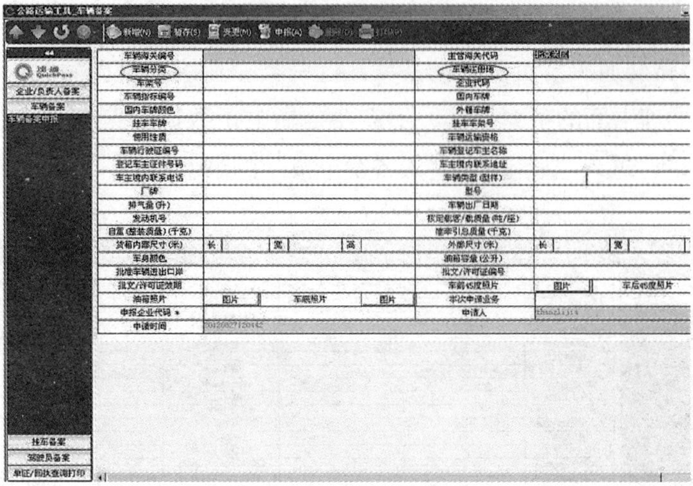

图 13 – 5

（四）挂车备案

“挂车备案”主要针对内陆海关进出境公路运输工具的挂车备案。深圳海关只做来往港澳公路运输工具的备案。录入挂车注册地字段后，系统会自动标注出必填字段（带“*”标志），如图 13 – 6 所示，具体操作方法同“车辆备案”。挂车没有打印功能。

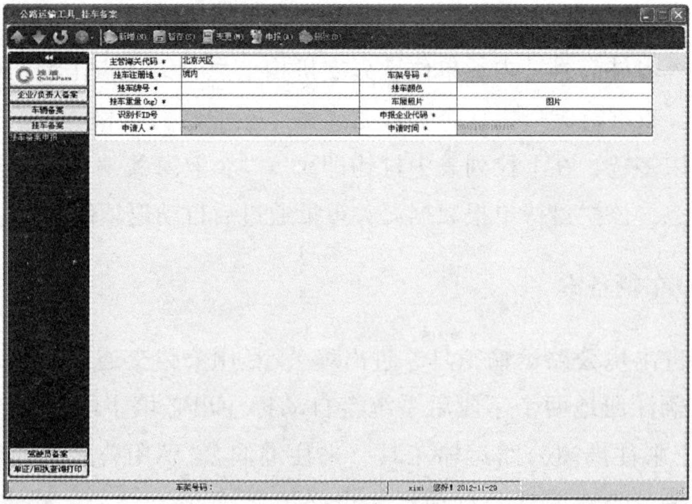

图 13 – 6

（五）驾驶员备案

录入驾驶员分类字段后系统会自动标注出必填字段（带“＊”标志），如图 13－7 所示。具体操作方法同“车辆备案”。

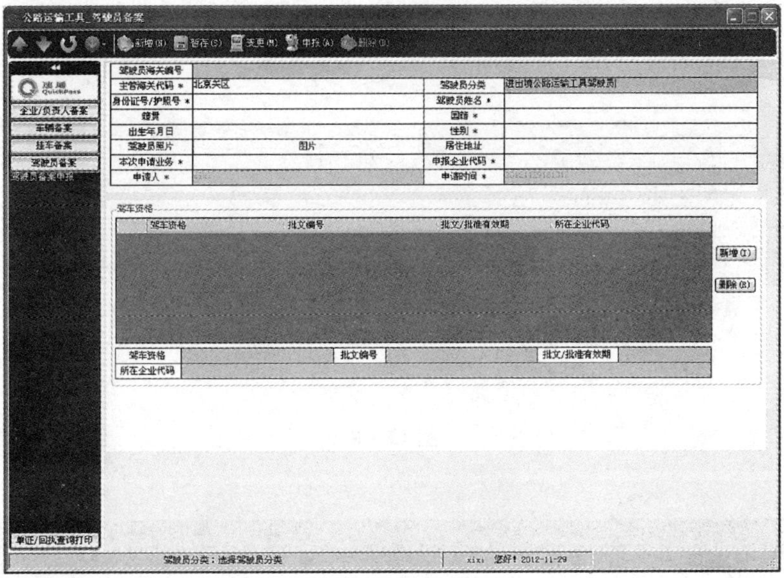

图 13－7

（六）单证/回执查询打印

已暂存或申报过的数据，可通过“单证/回执查询打印”功能查看具体数据和海关回执。输入查询条件，点击“查询”按钮，系统将给出符合条件的记录，如图 13－8 所示。

如需查看明细数据，可以点击“查看数据”按钮，系统跳转到明细页面。对于暂存、退单状态的数据，可以修改数据重新暂存或进行申报操作，如图 13－9 所示。

对于申报、海关已接收、海关接受申报状态的数据，界面所有字段将显示灰色，不能直接进行修改操作，如图 13－10 所示。

在回执查询结果页面，对于已经收到回执的记录，“查看回执信息”按钮激活，可点击查看回执列表，如图 13－11、图 13－12 所示。

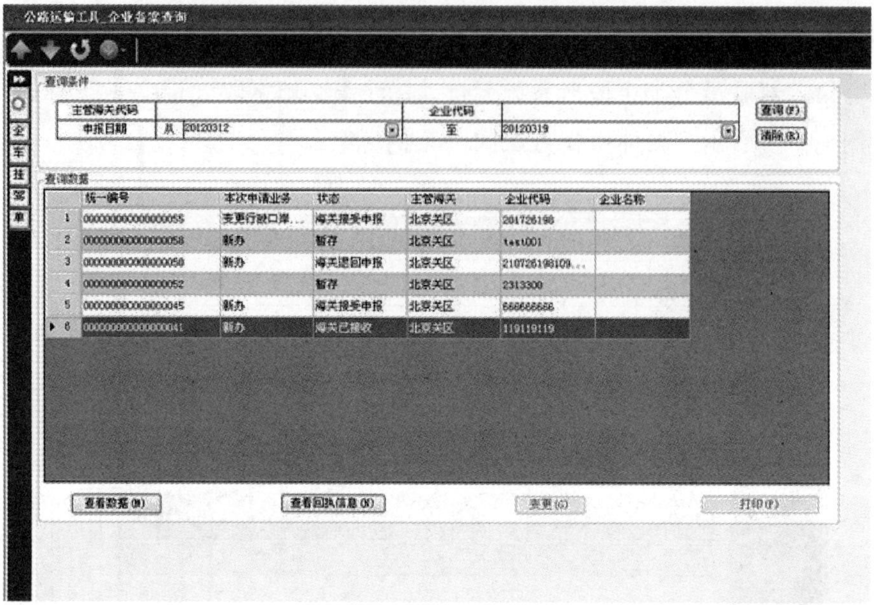
公路运输工具_企业备案查询
查询条件
主管海关代码
企业代码
申报日期
从 20120312
至 20120319
查询(F)
清除(R)
查询数据
统一编号
本次申请业务
状态
主管海关
企业代码
企业名称
查看数据(M)
查看回执信息(N)
变更(G)
打印(P)

图 13－8

公路运输工具_
新增(N)
暂存(S)
变更(M)
申报(A)
删除(D)
打印(P)
企业海关编号
主管海关代码 *
北京关区
企业备案类型 *
来往港澳公路运输工具经营企业
企业注册地 *
境外
企业代码 *
批准机关 *
批准/许可批文号 *
批准/许可批文号有效期 *
批准行驶口岸 *
企业经营类型 *
专业货运企业
企业中文名称
企业外文名称 *
企业经营资格 *
具有来往港澳资格
企业负责人电话
企业负责人
企业地址
境内联系电话 *
境内联系地址 *
运输服务企业地址
运输服务企业名称
运输服务企业电话
批准货运车辆指标 *
批准客运车辆指标 *
担保方式 *
银行保函
担保期限 *
担保函编号 *
担保金额(万元) *
担保企业法人代表 *
担保企业地址 *
担保企业组织机构代码 *
担保企业电话 *
担保企业联系人电话 *
担保企业名称 *
担保企业联系人 *
申请时间 *
申请人 *
本次申请业务 *
新办
境外商号
境外商号注册人
境外商号电话
境外商号地址
新增(J)
删除(X)
内承单位
内承单位名称
内承单位法人代表
内承单位法人代表电话
内承单位联系地址
内承单位联系电话
新增(O)
删除(R)
数据库测试
2012-04-19

图 13－9

图 13 – 10

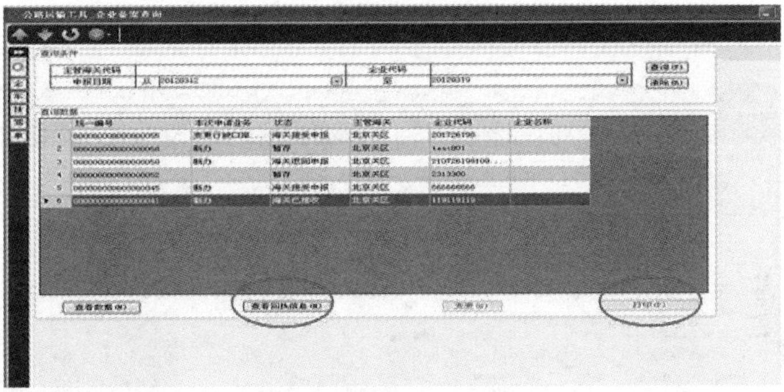

图 13 – 11

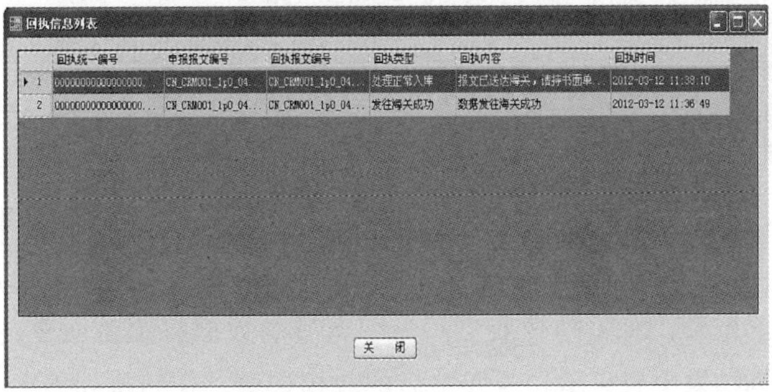

图 13 – 12

目前只有来往港澳业务类型有打印功能（应深圳要求开发），进出境业务暂不能打印，对于海关已接收状态的数据，可以进行打印操作。点击“打印”按钮，跳出提示框，选择打印模式，如图 13－13 所示。点击“确定”按钮，系统会显示预览页面，可进行打印操作。

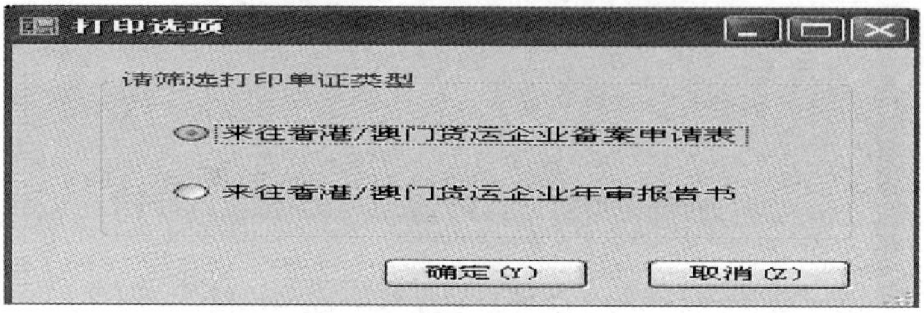

图 13－13

海关审批通过的数据，可以进行变更操作。在查看明细页面执行查询操作后，对于“海关接受申报”状态的数据，可点击“变更”按钮，进入明细页面，变更数据后重新申报，如图 13－14 所示。

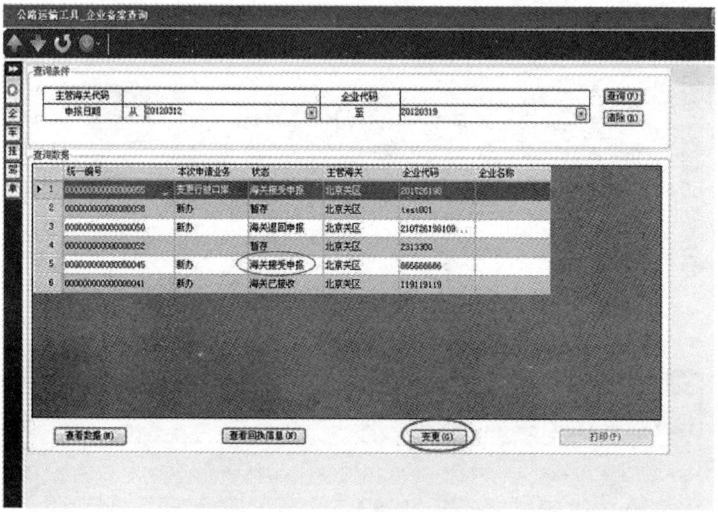

图 13－14

变更申报后，在查询结果中将出现两条数据，一条是变更前记录，一条是变更的记录，海关同意变更后，变更后的数据将覆盖变更前的记录，此时在查询结果中只显示一条变更后的数据记录。在回执列表中，显示的是首次申报到变更整个过程中的所有回执，如图 13－15 所示。

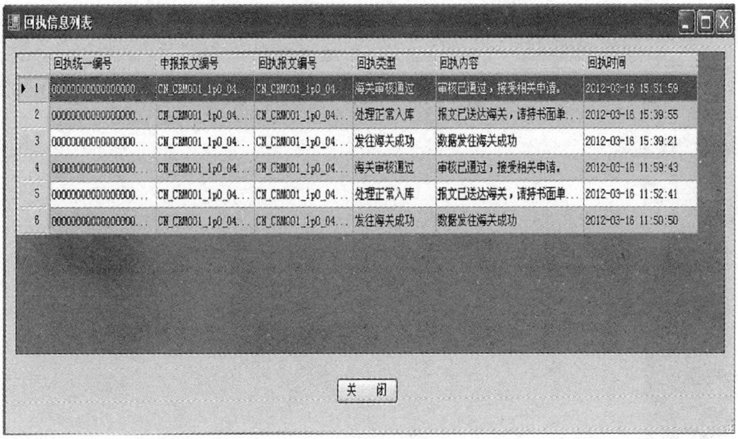

图 13－15

二、公路舱单

（一）进入系统

点击“公路舱单”按钮，即可进入公路舱单申报界面，如图 13－16、图 13－17 所示。

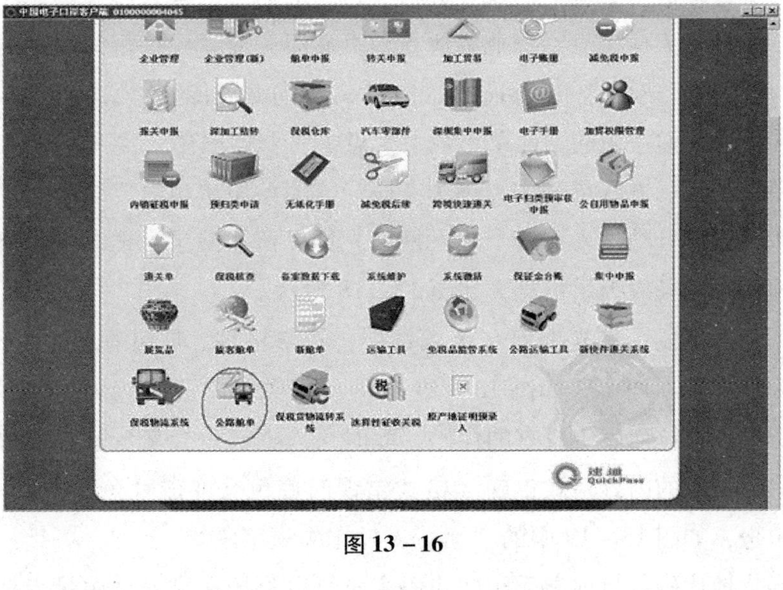

图 13－16

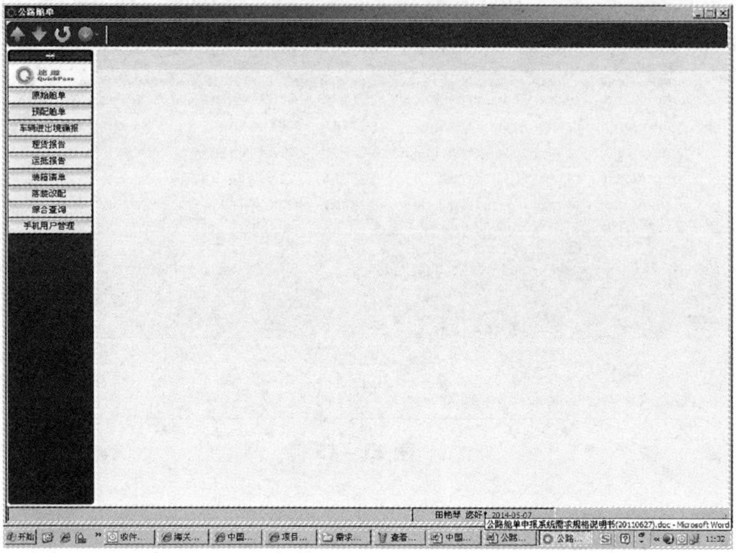

图 13－17

（二）原始舱单

1. 原始舱单录入/申报

对于公路进境运输车辆载有货物、物品的，已向海关备案的舱单传输人（舱单传输人应向其经营业务所在地直属海关或者经授权的隶属海关备案），应当在抵达境内第一目的站的 1 小时前向海关传输原始舱单数据。

在系统界面左边的功能菜单栏上，点击“原始舱单”菜单，进入“原始舱单”界面，并在界面中，逐个字段录入原始舱单信息，录入一个字段后回车，光标自动进入下一个录入框。光标停留在某录入框时，左下角会显示该字段的录入提示信息，如图 13－18 所示。

代码类字段：将光标停在录入框中，按空格键，即可弹出下拉列表，在其中选择某项即可，如图 13－19 中的“海关货物通关代码”字段。也可自行录入下拉列表中没有的代码，此时录入框底色会变成黄色以提示用户，只要录入的内容格式正确（格式错误时底色会变成红色），就不影响正常申报，如图 13－19 中的“运费支付方法”字段。

卸货地代码：目前尚无相应代码表，可以直接在录入框中录入期望的

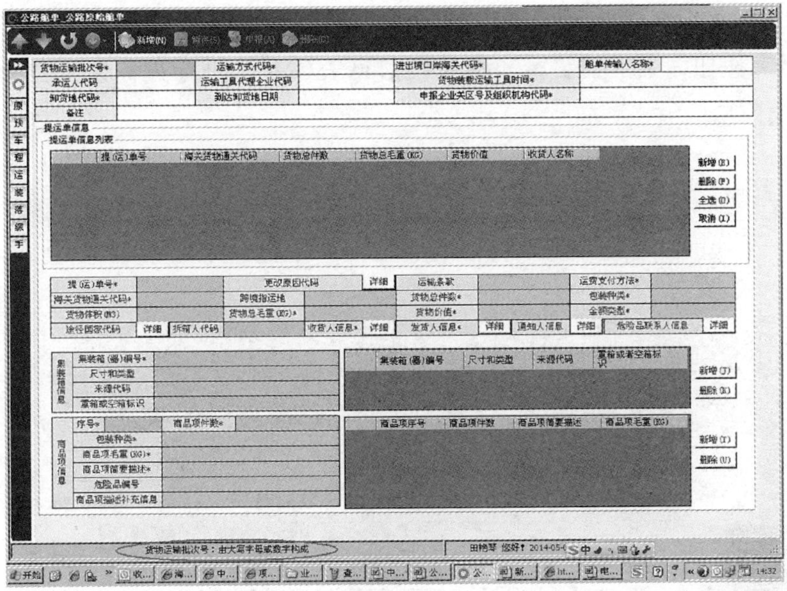

图 13 - 18

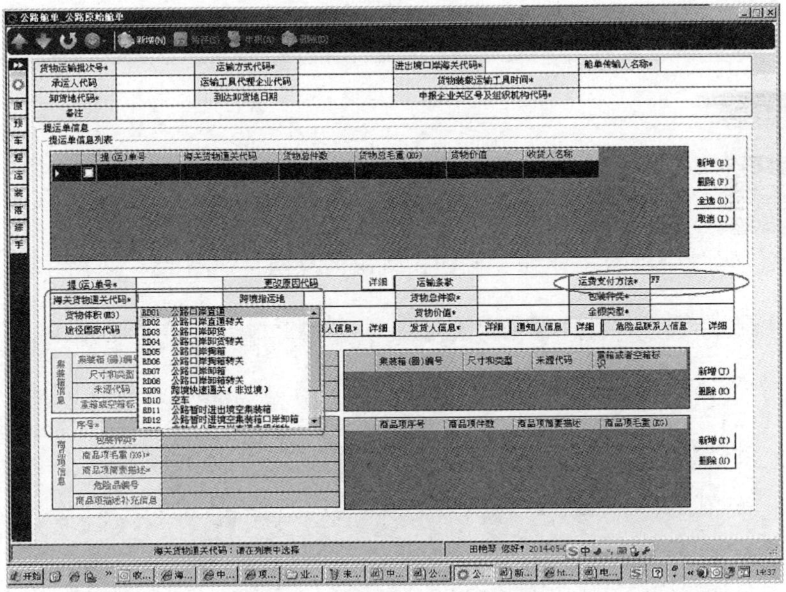

图 13 - 19

代码；表头录入完毕后，点击“提运单信息列表”右侧的“新增”按钮，如图 13 - 20 所示，可激活提运单信息表体录入框，进而录入提单信息。提运单信息录入完毕后，可点击“集装箱列表”和“商品项列表”右侧的“新增”按钮，激活集装箱和商品项信息表体录入框，进而录入集装箱和商品项信息。

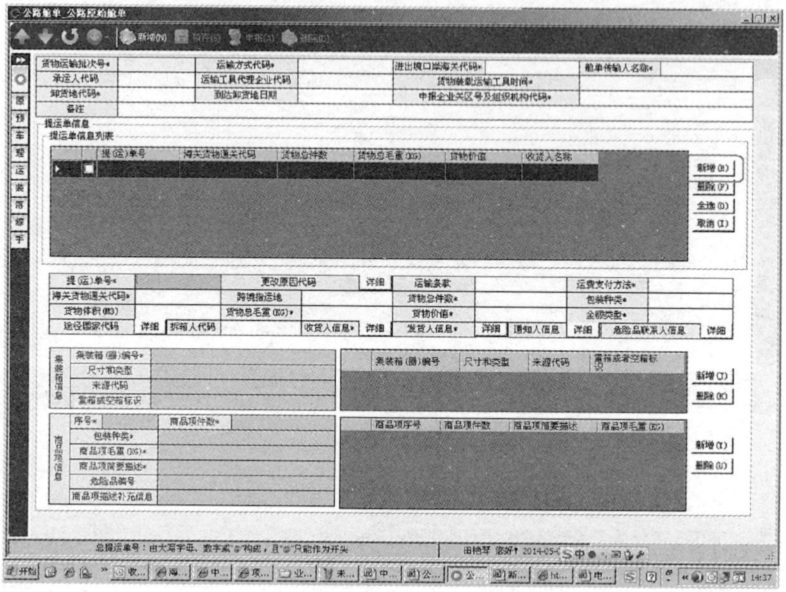

图 13－20

舱单表体中有若干“详细”按钮，其内容也需填制，操作方法如下（仅以原始舱单为例，其他业务中所涉及“详细”按钮不再赘述）。在表体“途经国家代码”中点击“详细”按钮，跳出信息框，如图 13－21 所示。

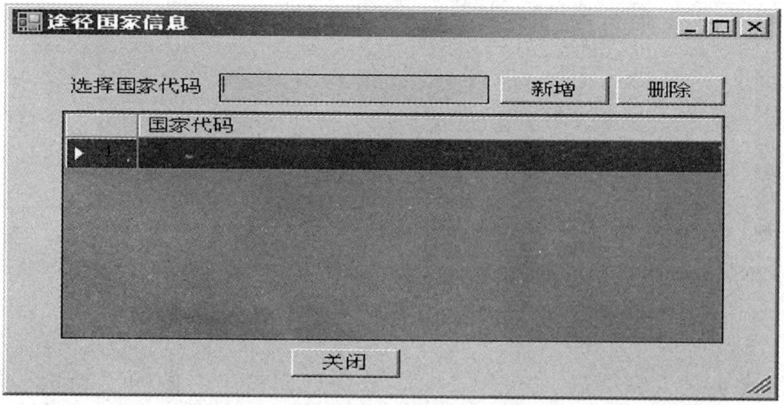

图 13－21

点击“新增”按钮，激活录入框，选择“国家代码”。关闭信息框，录入完毕。其他“详细”按钮操作同上。

填制完毕，点击“暂存”按钮，此时界面上方“申报”按钮激活，可以进行申报操作。申报之前应在提运单号前加“√”，如图 13－22 所示。

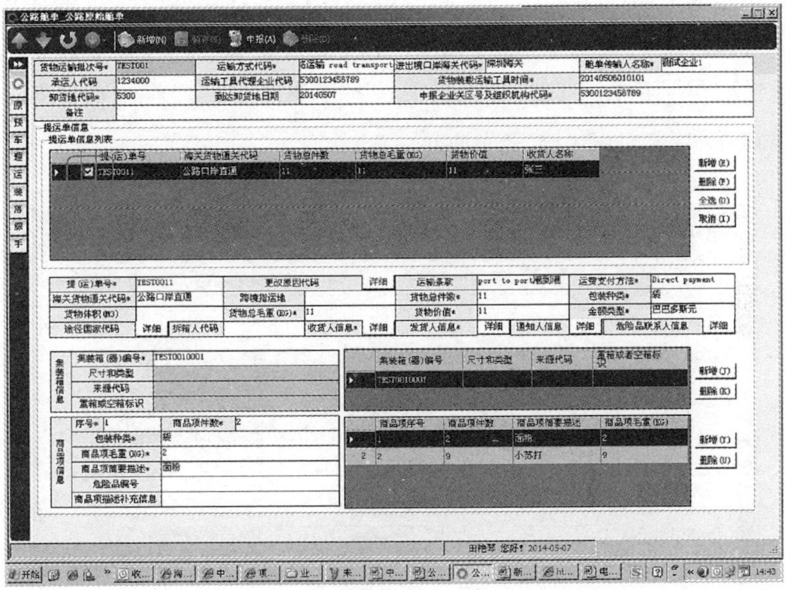

图 13－22

备注：

（1）允许重复申报：对于已经申报成功的数据，在收到海关回执之前，如遇特殊原因造成数据未到达海关内网等情况，可重新申报相关数据。海关收到原始舱单或审批通过后，原则上不再接收重复的申报数据。

（2）海关已接收的数据需要变更时，企业既可带齐证件直接去海关业务现场办理，也可使用本系统提交原始舱单变更申请。

（3）海关已接收的数据需要删除时，企业既可带齐证件直接去海关业务现场办理，也可使用本系统提交原始舱单删除申请。删除申请用于删除在海关端的数据，海关收到删除申请后，如符合要求，则会在海关端进行相应的数据删除操作；对于电子口岸公路舱单申报系统中的数据，不会被删除。

（4）录入数据后，先暂存才可进行申报操作；暂存的数据，可以进行删除（使用界面上方的“删除”按钮，删除电子口岸公路舱单系统中的暂存数据，不同于向内网发送删除申请的功能）已经申报过的数据，不能再次暂存，只能修改后重新申报；已经申报过的数据，也不可进行删除操作。

2. **原始舱单修改**

在原始舱单录入页面中，可调阅出以往已经暂存或申报过的原始舱单数据，直接在此基础上对数据内容进行补充或修改。调阅方法：录入“货物运输批次号”后回车或将光标移开，对于系统中已经存在的数据，会自动返填到界面上，如图 13－23 所示。

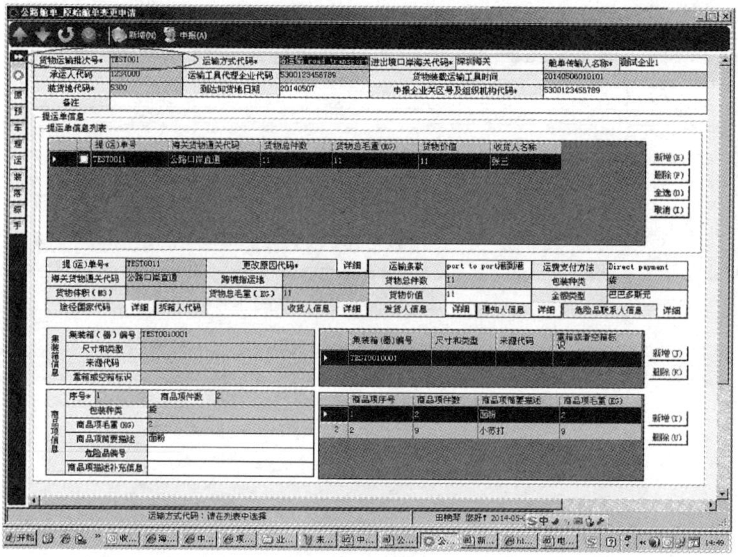

图 13－23

3. **原始舱单变更申请**

若已发往海关的原始舱单数据需变更，则进入“原始舱单变更申请”界面，录入“货物运输批次号”后回车或将光标移开，对于系统中已经存在的数据，会自动返填到界面上。直接在此基础上对数据内容进行变更，如图 13－24 所示。

在此基础上对数据内容进行修改后，勾选需要申报变更的提运单，点击“申报”按钮，系统会自动将变更的内容发送到海关端，并提示变更申请申报成功。

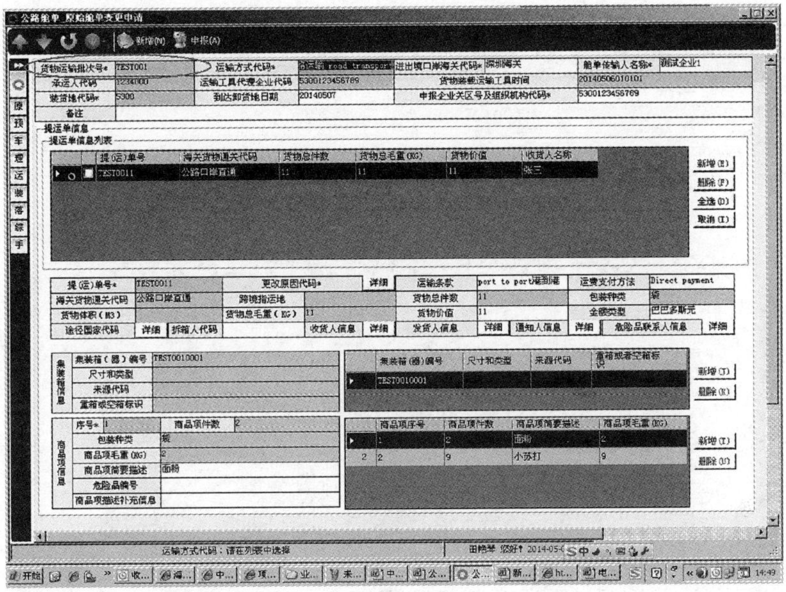

图 13－24

若要变更的原始舱单不存在，录入“货物运输批次号”后不会返填数据，此时也可在此页面直接申报变更申请。此时需将界面上的必填字段全部录入完毕，要变更的字段直接录入变更后的内容，勾选列表中的提运单，点击“申报”按钮即可。

4. 原始舱单删除申请

海关已接收的数据需要删除时，可使用本系统提交原始舱单删除申请。删除申请用于删除在海关端的数据，海关收到删除申请后，如符合要求，则会在海关端进行相应的数据删除操作；对于电子口岸公路舱单申报系统中的数据，不会被删除，如图 13－25 所示。

在此页面中，录入“货物运输批次号”后回车或将光标移开，对于系统中已经存在的数据，会自动返填到界面上，勾选需要申报删除申请的提运单，点击“申报”按钮，系统会自动将要删除的提运单内容发送到海关端，并提示删除申请申报成功。

若要删除的原始舱单不存在，录入“货物运输批次号”后不会返填数据，此时也可在此页面直接申报删除申请。此时需将界面上的必填字段全部录入完毕，勾选列表中的提运单，点击“申报”按钮即可。

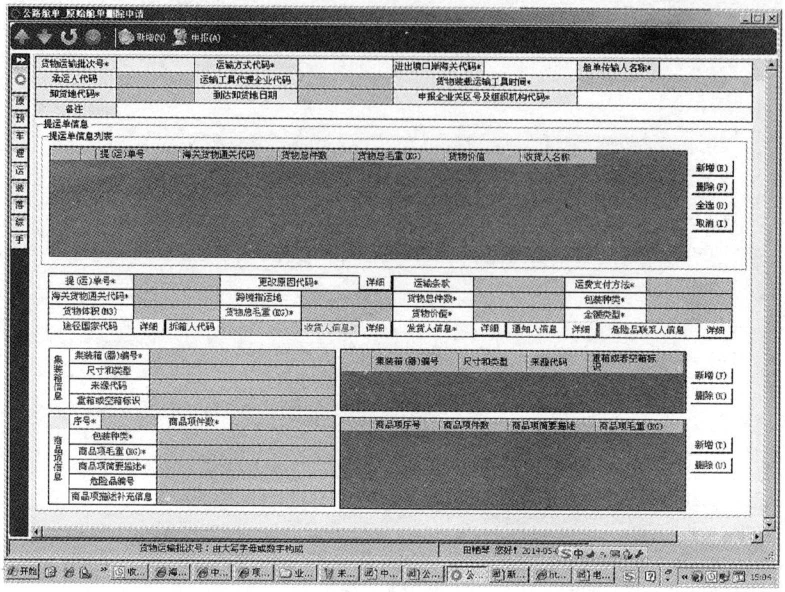

图 13－25

（三）预配舱单

对于公路出境运输车辆载有货物、物品的，已向海关备案的舱单传输人（舱单传输人应向其经营业务所在地直属海关或者经授权的隶属海关备案），应当在开始装载货物、物品的 1 小时前向海关传输预配舱单数据，预配舱单录入界面，如图 13－26 所示。具体的录入、暂存、申报、修改、变更申请、删除申请操作，同原始舱单。

备注：

（1）允许重复申报：对于已经申报成功的数据，在收到海关回执之前，如遇特殊原因造成数据未到达海关内网等情况，可重新申报相关数据。海关收到预配舱单或审批通过后，原则上不再接收重复的申报数据。

（2）海关已接收的数据需要变更时，企业既可带齐证件直接去海关业务现场办理，也可使用本系统提交预配舱单变更申请。

（3）海关已接收的数据需要删除时，企业既可带齐证件直接去海关业务现场办理，也可使用本系统提交预配舱单删除申请。删除申请用于删除在海关端的数据，海关收到删除申请后，如符合要求，则会在海关端进行

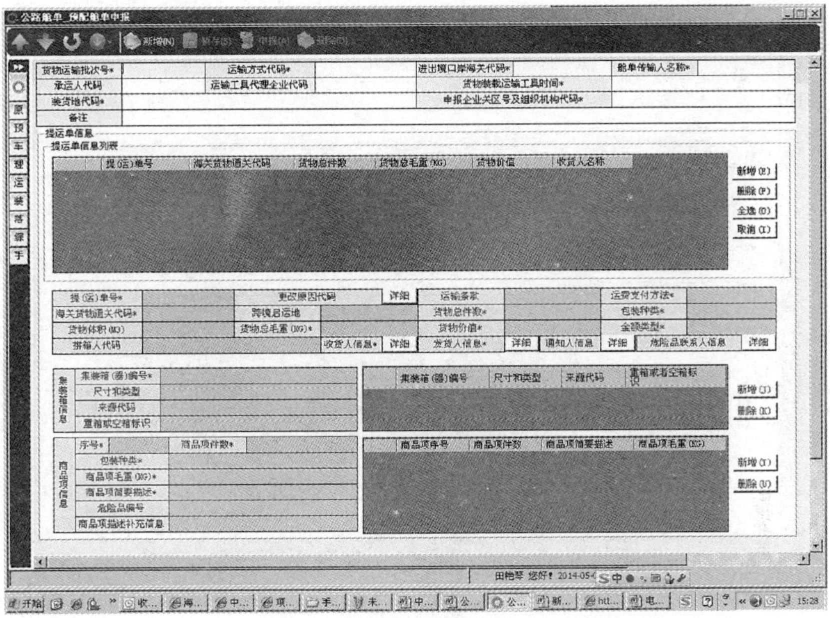

图 13－26

相应的数据删除操作；对于电子口岸公路舱单申报系统中的数据，不会被删除。

（4）录入数据后，先暂存才可进行申报操作；暂存的数据，可以进行删除（使用界面上方的“删除”按钮，删除电子口岸公路舱单系统中的暂存数据，不同于向内网发送删除申请的功能）已经申报过的数据，不能再次暂存，只能修改后重新申报；已经申报过的数据，也不可进行删除操作。

（四）车辆进/出境确报

公路进/出境车辆在抵达公路口岸监管点前，应向海关以电子数据方式提交车辆进/出境确报，告知海关确切的抵达时间及所载货物批次信息。

1. 载货车辆进/出境确报录入/申报

在系统界面左边的功能菜单栏上，点击“载货车辆进/出境确报”按钮，进入“载货车辆进/出境确报”界面，系统已自动标注出必填字段（带“*”标志），如图 13－27 所示。

在上述界面中，逐个字段录入载货车辆进/出境确报信息，录入一个

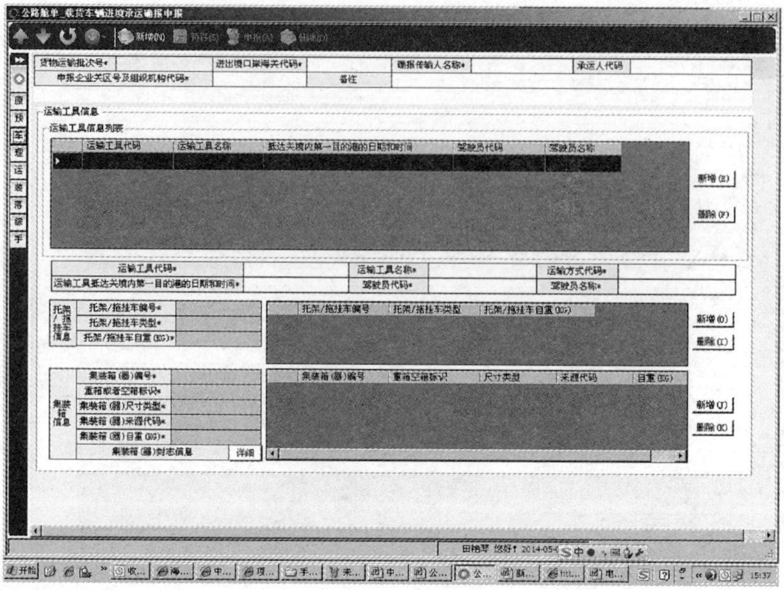

图 13－27

字段后回车，光标自动进入下一个录入框。光标停留在某录入框时，左下角会显示该字段的录入提示信息。

代码类字段：将光标停在录入框中，按空格键，可弹出下拉列表，在其中选择即可。也可自行录入下拉列表中没有的代码，此时录入框底色会变成黄色以提示用户，只要录入的内容格式正确（格式错误时底色会变成红色），就不影响正常申报。

表头录入完毕后，点击“运输工具信息列表”右侧的“新增”按钮，可激活运输工具信息表体录入框，进而录入运输工具信息。运输工具信息录入完毕后，可点击“集装箱列表”和“托架拖挂车列表”右侧的“新增”按钮，激活集装箱和托架拖挂车信息表体录入框，进而录入集装箱和托架拖挂车信息。

对于跨境快速通关类型的公路进/出境车辆，在申报载货车辆进/出境确报时，如是集装箱车辆，必须填写集装箱封志信息，如图 13－28 所示。

点击“新增”按钮，激活录入框，录入封志信息。封志号码/类型字段的录入格式为：M（机械封志）或 E（电子封志）＋“/”＋封志号码，

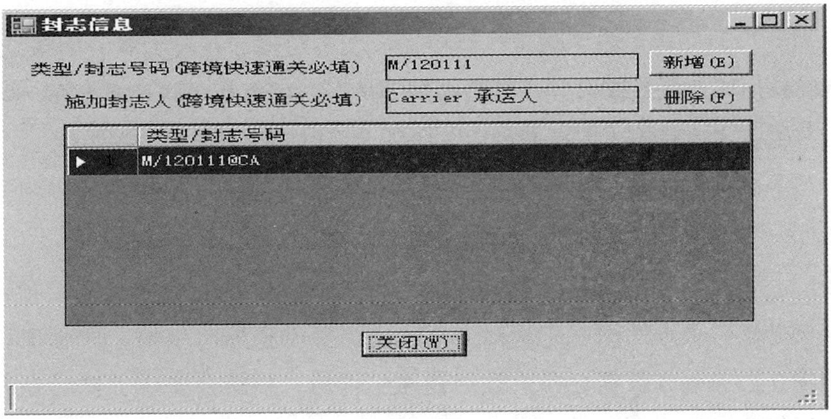

图 13－28

特种重箱填写“0000”。

填制完毕，点击“暂存”按钮，此时界面上方“申报”按钮激活，可以进行申报操作。该单证在申报之前无须在表体前加“√”，而是将所有运输工具信息全部申报，如图 13－29 所示。

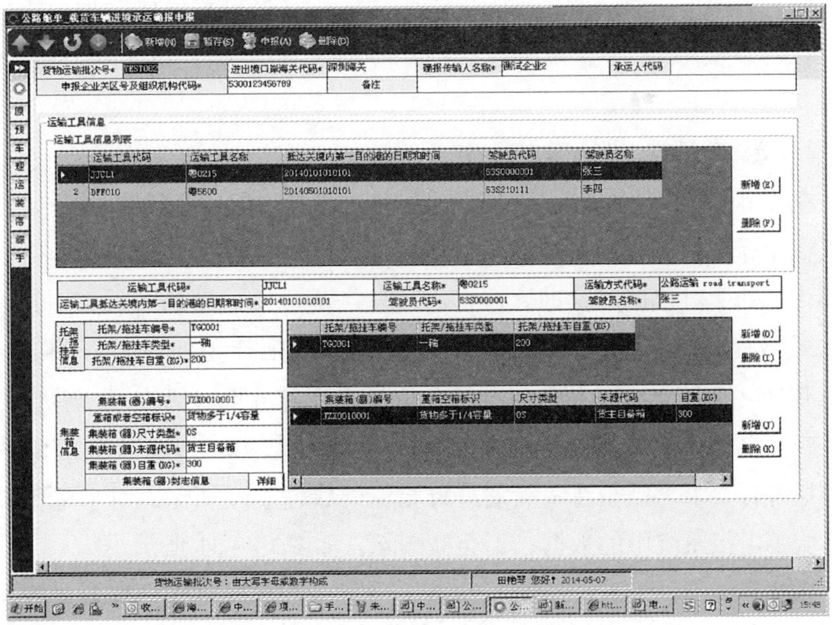

图 13－29

备注：

（1）允许重复申报：对于已经申报成功的数据，在收到海关回执之前，如遇特殊原因造成数据未到达海关内网等情况，可重新申报相关数据。海关收到车辆进出境确报或审批通过后，原则上不再接收重复的申报数据。

（2）同一批次的货物经由多辆车承载时，应统一申报进出境确报，且需在同一报文中传输，不可分多次申报。

（3）海关已接收的数据需要删除时，企业既可带齐证件直接去海关业务现场办理，也可使用本系统提交车辆进出境确报删除申请。删除申请用于删除在海关端的数据，海关收到删除申请后，如符合要求，则会在海关端进行相应的数据删除操作；对于电子口岸公路舱单申报系统中的数据，不会被删除。

（4）车辆进出境确报不允许变更，如之前向海关申报的信息有误，需先申报删除申请，待海关接受删除申请后，再重新申报车辆进出境确报。

（5）录入数据后，先暂存才可进行申报操作；暂存的数据，可以进行删除（使用界面上方的“删除”按钮，删除电子口岸公路舱单系统中的暂存数据，不同于向内网发送删除申请的功能）已经申报过的数据，不能再次暂存，只能修改后重新申报；已经申报过的数据，也不可进行删除操作。

2. 载货车辆进/出境确报修改

在载货车辆进/出境确报录入页面中，录入“货物运输批次号”后回车或将光标移开，对于系统中已经存在的数据，会自动返填到界面上，直接在此基础上对数据内容进行补充或修改，如图13－30所示。

3. 载货车辆进/出境确报删除

海关已接收的数据需要删除时，可使用本系统提交载货车辆进/出境确报删除申请。删除申请用于删除在海关端的数据，海关收到删除申请后，如符合要求，则会在海关端进行相应的数据删除操作；对于电子口岸公路舱单申报系统中的数据，不会被删除，如图13－31所示。

在此界面中，录入“货物运输批次号”后回车或将光标移开，对于系统中已经存在的数据，会自动返填到界面上，点击“申报”按钮，系统会自动将要删除的载货车辆进/出境确报发送到海关端，并提示删除申请申

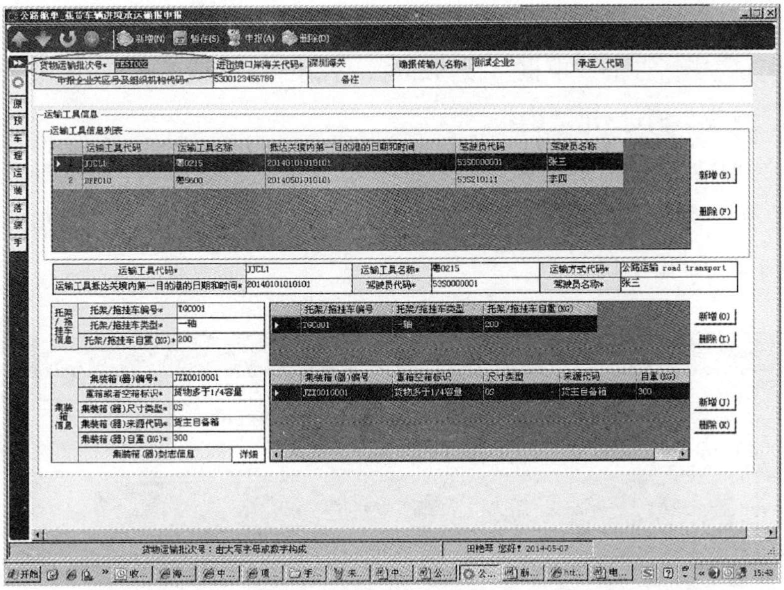

图 13－30

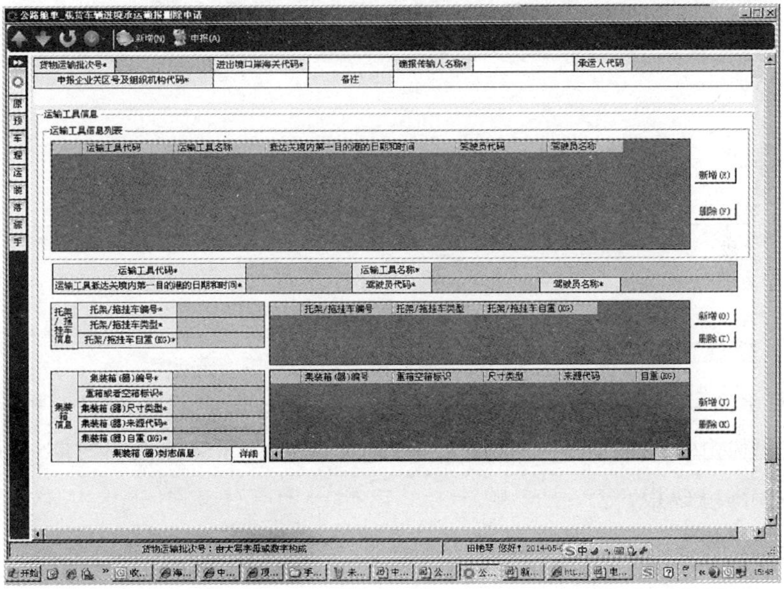

图 13－31

报成功。

若要删除的载货车辆进/出境确报不存在，录入“货物运输批次号”后不会返填数据，此时也可在此页面直接申报删除申请。

注意：载货车辆进/出境确报的删除申请，只需将表头部分的必填字段全部录入完毕，点击“申报”按钮即可，不需录入运输工具等表体信息。

4. **空载车辆进/出境确报**

对于未装载任何货物和集装箱的空车，在进出口岸时，仍需向海关申报相关电子数据，具体内容如图 13－32 所示。具体操作方法等信息同“载货车辆进/出境确报”。

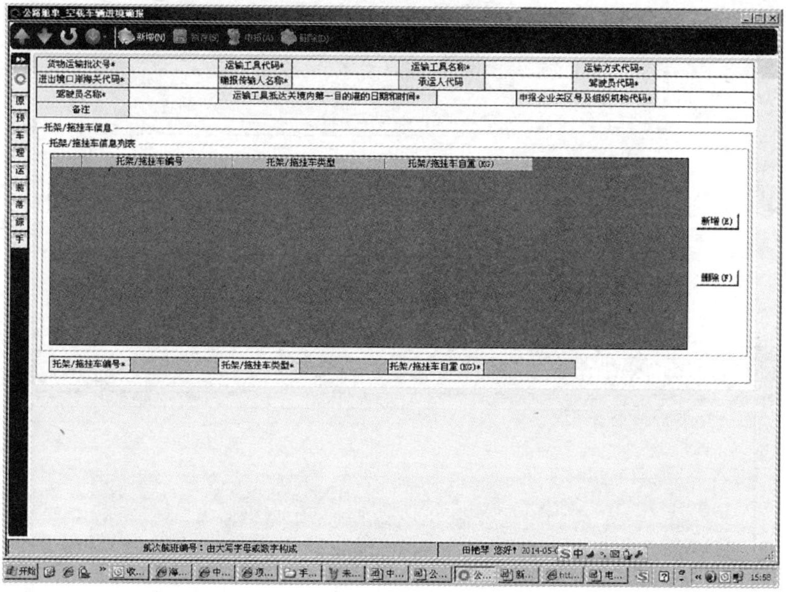

图 13－32

5. **搭载空箱车辆进/出境确报**

对于搭载空集装箱的车辆，在进出口岸时，仍需向海关申报相关电子数据，具体内容如图 13－33 所示。具体操作方法和特殊说明等信息同载货车辆进/出境确报。

（五）理货报告

已向海关备案的公路理货部门或者海关监管场所经营人（舱单相关传输人应向其经营业务所在地直属海关或者经授权的隶属海关备案）应当在公路进境车辆卸载货物、物品完毕后的 6 小时以内以电子数据方式向海关

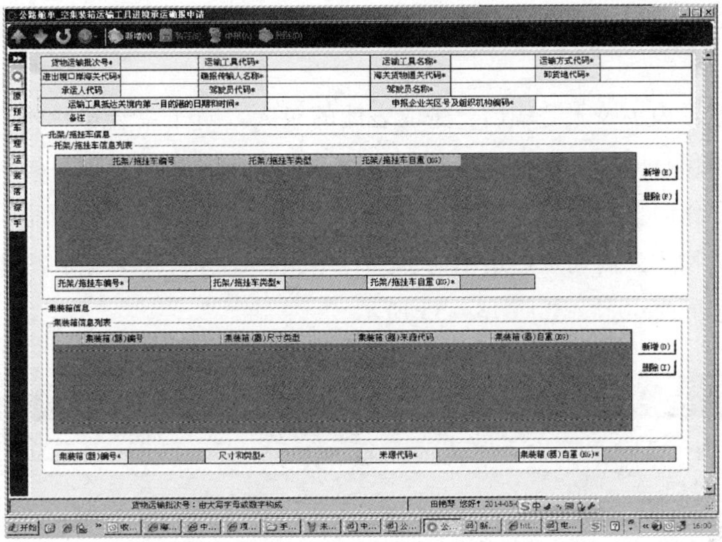

图 13 - 33

提交理货报告。

理货报告不允许变更，如之前向海关申报的信息有误，需先申报删除申请，待海关接受删除申请后，再重新申报理货报告。理货报告对应录入界面如图 13 - 34 所示。

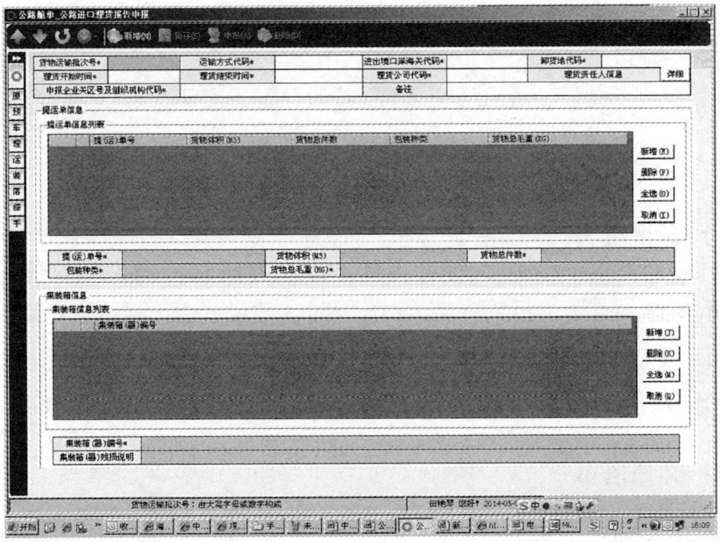

图 13 - 34

该界面的录入、暂存、申报、删除、删除申请的操作方法基本同原始舱单。

注意：表头录入完毕后，进入表体的录入。对于集装箱货物，只需录入集装箱信息即可。对于非集装箱货物，只需录入提运单信息即可。在进行申报操作时，对于集装箱货物，只需勾选集装箱信息进行申报。对于非集装箱货物，只需勾选提运单信息进行申报，不允许集装箱和提运单列表同时勾选同时申报，如图 13－35 所示。

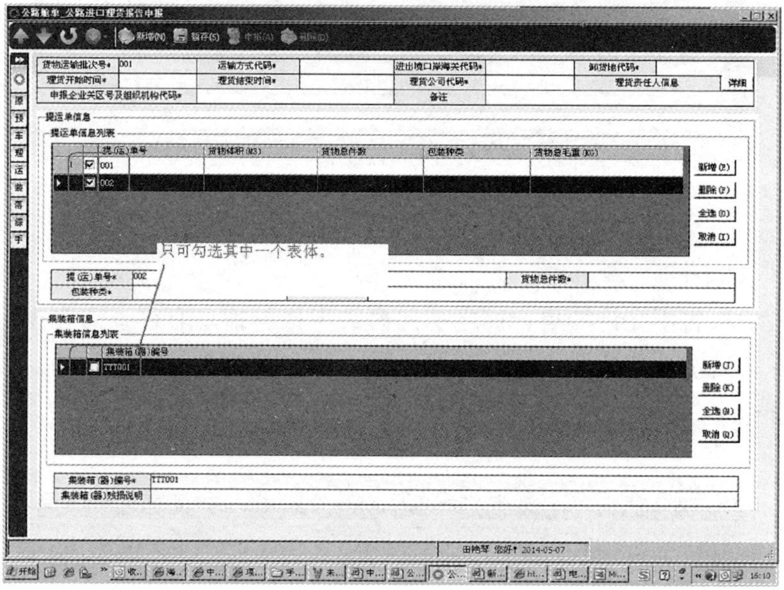

图 13－35

（六）运抵报告

出境货物、物品运抵海关监管场所时，（已备案的）海关监管场所经营人应当以电子数据方式向海关提交运抵报告，如图 13－36 所示。具体操作方法和特殊说明等信息同理货报告。

（七）装箱清单

以集装箱运输出境的货物、物品，出口货物发货人应当在货物、物品装箱以前向海关传输装箱清单电子数据（仅限于经公路运输的集装箱货

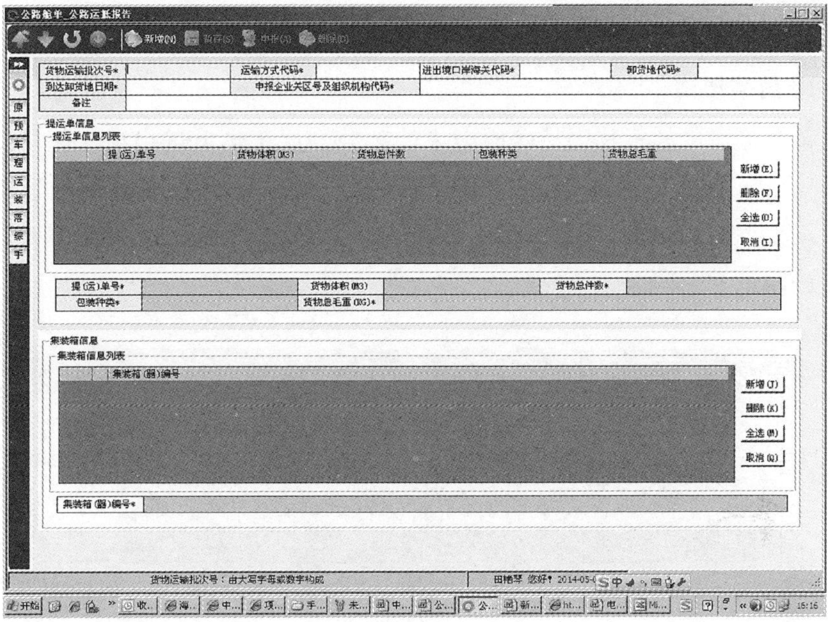

图 13 - 36

物，根据当地海关要求申报）录入界面如图 13 - 37 所示。

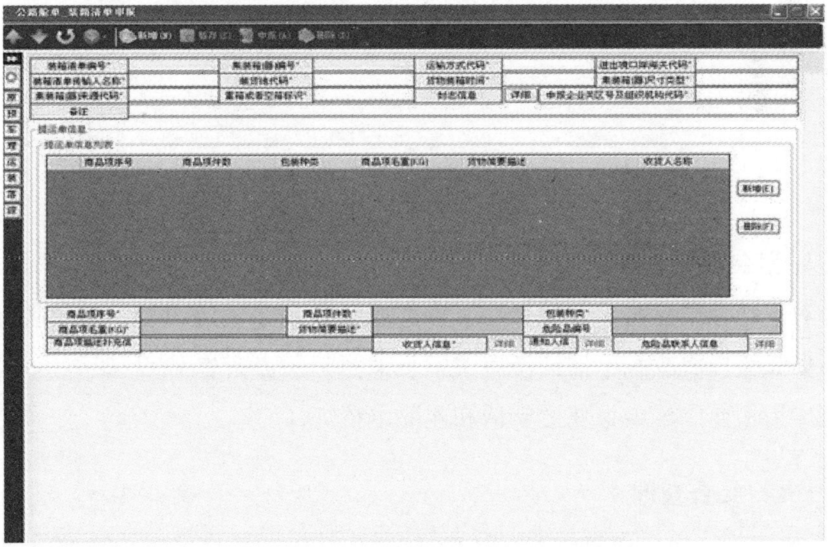

图 13 - 37

（八）落装改配

1. 落装申请

某票提运单的货物因特殊原因未能装载到原车辆上进出境，舱单传输人应当向海关提交落装申请。落装申请不允许再申报变更申请和删除申请。录入界面如图 13－38 所示。具体的录入、暂存、申报、删除操作方法同原始舱单。

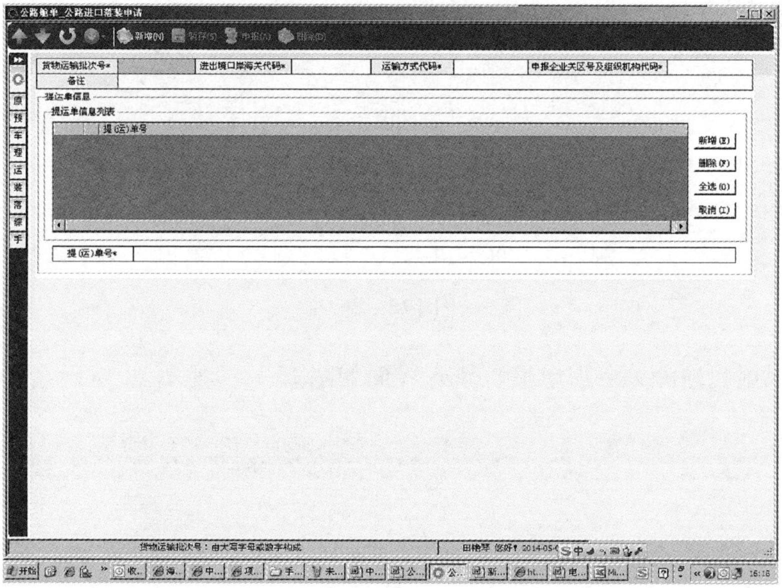

图 13－38

2. 落装改配申请

对于已办理落装手续的货物，如需改装其他车辆进出境，舱单传输人应当向海关提交改配申请，经海关审批通过后再办理其他后续手续。落装改配申请不允许再申报变更申请和删除申请。

（九）综合查询

1. 单证状态查询

对于已经申报过的数据，可通过单证状态查询功能查询当前的状态信息。在单证类型录入框中按“空格”键，从下拉列表中选择单证类型，录入货物批次等查询条件，点击“查询”按钮，系统将执行此查询操作，如图 13－39 所示。

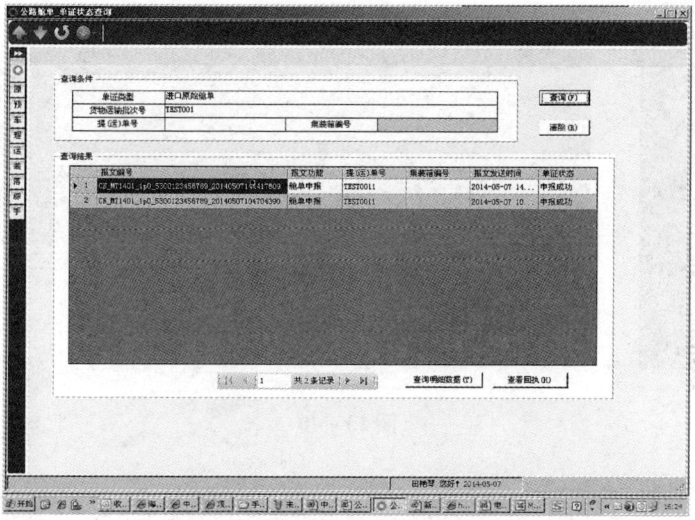

图 13－39

此处给出了包括报文编号在内的相关信息，并显示出该票数据的当前状态。

（1）如果一票单证进行了多次申报，对于每次申报的记录，在状态查询中会全部显示出来。如图 13－39 中该原始舱单提运单进行了两次申报，各自使用不同的报文编号，申报时间也不相同，其单证状态会分别显示。

（2）单证状态：申报成功后，单证状态一般为“申报成功”；在收到海关回执后，系统会根据回执内容自动更新单证状态，如图 13－40 所示。

（3）查看明细数据功能：选中查询结果中的一条记录，点击“查看明细数据”按钮，可调阅出本次申报数据的明细内容。

（4）查看回执功能：点击“查看回执”按钮，可切换到回执查询页面，并自动将本页的查询条件复制到该页面中，只需点击“查询”按钮，即可显示对应的回执信息，如图 13－41 所示。

2. **单证回执查询**

对于已经申报过的数据，可通过单证回执查询功能查询海关回执信

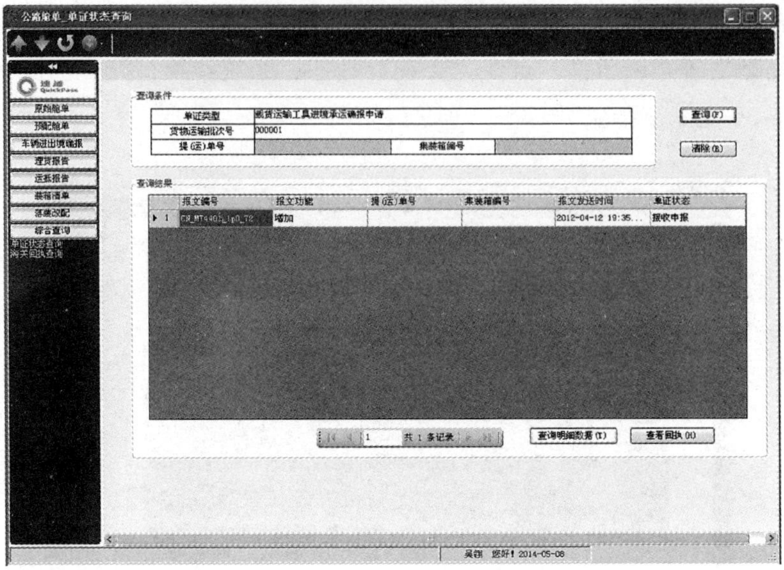

图 13－40

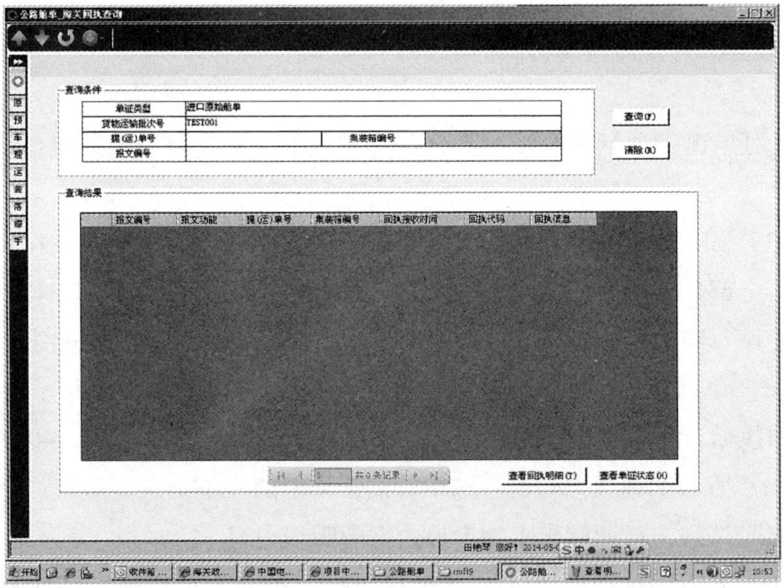

图 13－41

息，在单证类型录入框中按空格键，从下拉列表中选择单证类型，录入货物批次等查询条件，点击“查询”按钮，系统将执行查询操作，如图 13－42 所示。

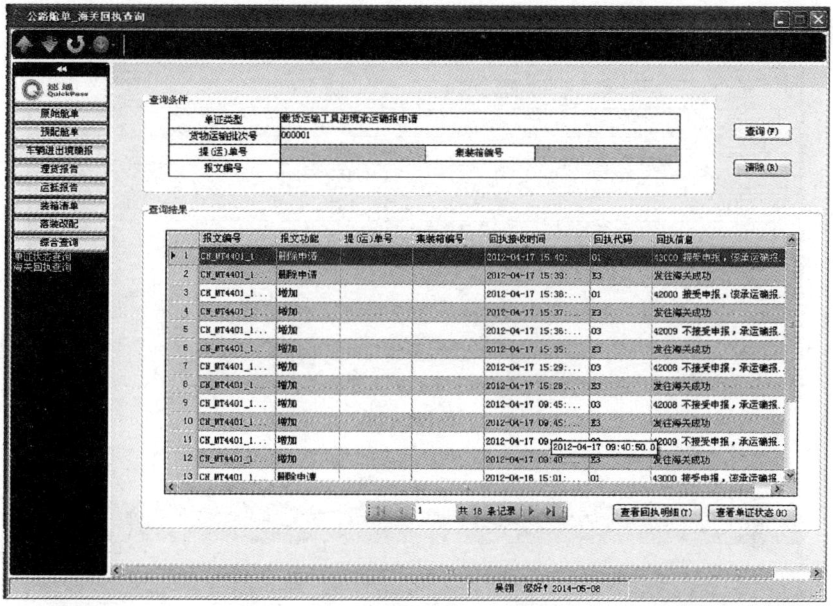

图 13－42

此处给出了包括报文编号在内的相关信息，并显示出该票数据的所有回执。由于该票数据进行了多次申报，且每次申报都有多条回执，因此在回执列表中一一列出了所有的回执信息，并按接收时间顺序倒序排列。

（1）使用报文编号查询：回执查询界面支持通过报文编号查询。如果一票数据做过多次申报操作，在状态查询中通过批次号会查询到多条申报记录，在回执查询中通过批次号也会查询到多条回执，如果只关注其中某一次申报的回执，可通过报文编号从众多的回执中过滤到该次申报的回执，方法：在查询结果中选中一条记录，通过右键的查询编号复制功能获取报文编号，粘贴报文编号到查询条件中，执行查询操作，即可只显示出该次申报对应的回执信息。

（2）查看回执明细功能：选中查询结果中的一条记录，点击“查看回执明细”按钮，可调阅出本回执的明细内容，如图 13－43、图 13－44 所示。

（3）查看单证状态功能：点击“查看单证状态”按钮，可切换到单证

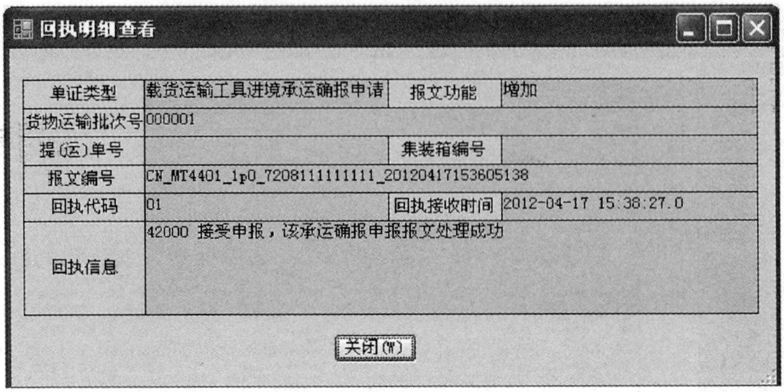

图 13 – 43

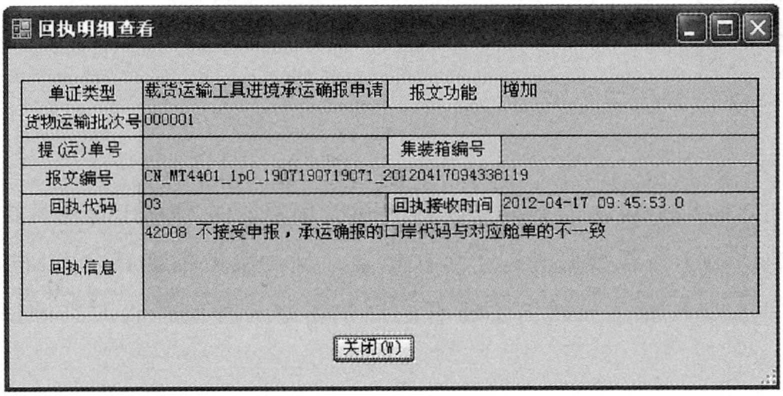

图 13 – 44

状态查询页面，并自动将本页的查询条件复制到单证状态页面中，只需点击“查询”按钮，即可显示对应的单证状态信息。

第十四章　通关作业无纸化实务操作与技巧

第一节　功能概述

一、系统开发背景

为进一步强化企业守法管理和完善风险管理运行机制，加快推进随附单证电子化，完善海关作业无纸化模式与通关流程，逐步推进单证审核依据由纸质单证为主向电子数据为主的转变，有效化解执法、廉政、管理风险，特开发通关无纸化改革系统。本章内容为通关无纸化改革的一期系统，其主要为了实现企业提交的报关单随附单据电子化，而海关内部流转单证本期仅实现报关单修撤单申请电子化。

二、系统建设目标

（一）实现通关无纸化企业的网上签约

通过电子口岸浏览器版网上签约系统，分别实现通关无纸化经营单位、电子口岸和海关三方电子签约，申报单位、电子口岸和海关三方电子签约。

（二）实现代理报关委托的网上签约

通关无纸化经营单位和申报单位通过电子口岸浏览器版系统单点登录，实现代理报关委托的电子签约和取消。

（三）实现企业递交的有关报关单随附单据的电子化

在现报关申报系统增加电子随附单据上传、申报功能，将发票、装箱清单、提（运）单、代理报关委托书/委托报关协议、合同等随附单据按照海关要求（格式化数据或扫描件等）生成电子数据传输至 H2000 系统的功能。

（四）实现报关单修改/撤销申请的申报

在现报关申报系统增加报关单修改/撤销申请功能，方便企业在本系统录入报关单修改/撤销申请，同时能实时查询报关单修改/撤销申请的审批状态等。

第二节　操作流程

一、通关无纸化企业网上签约

经营单位或申报单位登录电子口岸网站，在“快速入口”点击通关无纸化网上签约，如图 14 -1 所示。

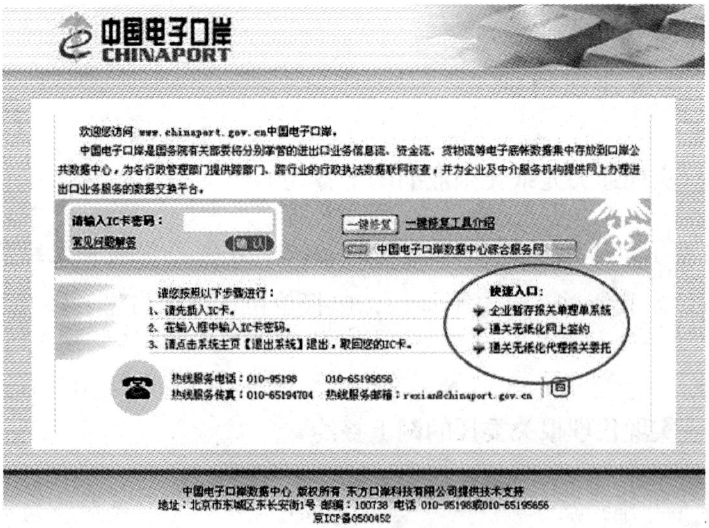

图 14 -1

将法人卡插入读卡器中，输入密码进入系统，如图 14－2 所示。

图 14－2

经营单位或申报单位可与海关、电子口岸签署无纸通关协议、解除已经签署的协议或者查询已经签署的协议，如图 14－3 所示。

图 14－3

（一）三方协议签约

企业进入“三方协议签约”菜单后，系统根据 IC 卡信息自动返填其基本信息。用户选择各地海关后，阅览协议内容，点击“确定”按钮后，可以完成“签约”操作，如图 14－4 所示。

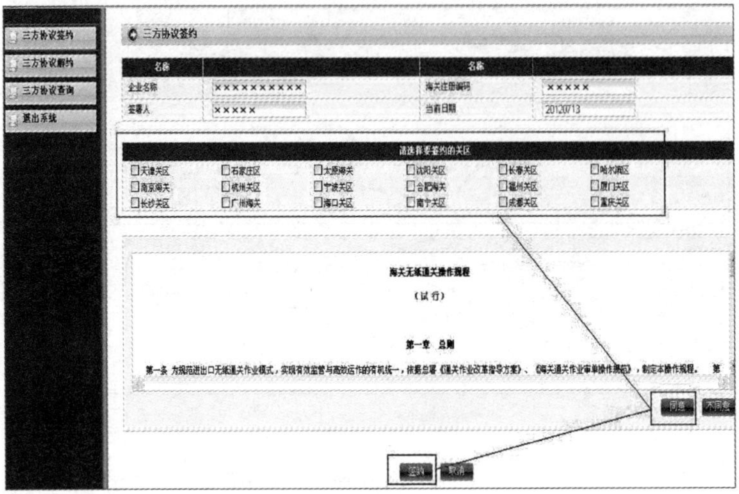

图 14－4

说明：可以选择多个海关，一并发起签约申请。

（二）三方协议解约

企业进入“三方协议解约”菜单后，系统查出该企业已经与某直属海关签署的协议。用户选择需要解约的海关后，可以进行“解约”操作，如图 14－5 所示。

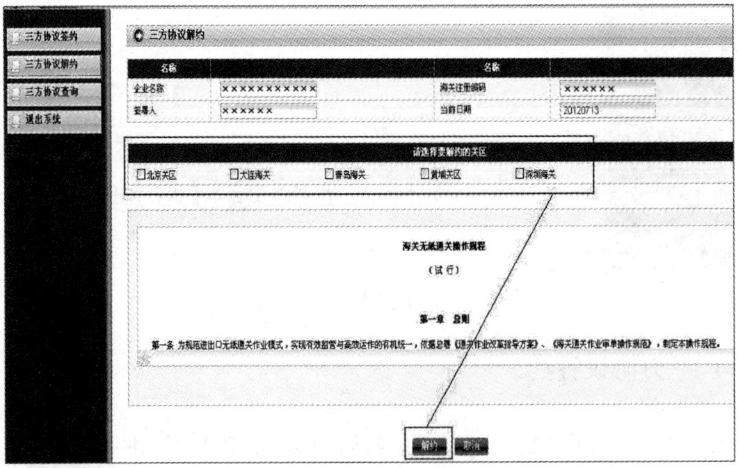

图 14－5

（三）三方协议查询

企业进入“三方协议查询”菜单后，系统查出该企业已经与某直属海关签署的协议，并展示其状态，如图 14－6 所示。

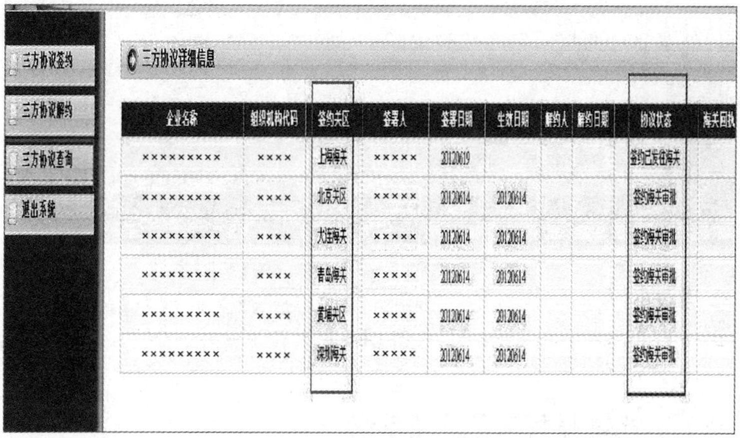

企业名称	组织机构代码	签约关区	签署人	签署日期	生效日期	解约人	解约日期	协议状态	海关回执
×××××××××	××××	上海海关	×××××	20120619				签约已发往海关	
×××××××××	××××	北京关区	×××××	20120614	20120614			签约海关审批	
×××××××××	××××	大连海关	×××××	20120614	20120614			签约海关审批	
×××××××××	××××	青岛海关	×××××	20120614	20120614			签约海关审批	
×××××××××	××××	黄埔关区	×××××	20120614	20120614			签约海关审批	
×××××××××	××××	深圳海关	×××××	20120614	20120614			签约海关审批	

图 14－6

二、代理报关委托网上签约

中国报关协会执掌系统顶级管理员卡，该卡由中国电子口岸数据中心根据要求进行配置。各地方报关协会使用的身份识别卡统一由中国报关协会进行分发授权。企业用户使用其原有的电子口岸操作卡登录系统。

经营单位或申报单位登录电子口岸网站，在“快速入口”点击“通关无纸化代理报关委托”。经营单位、申报单位持操作员卡登录浏览器版系统后，可实现双方代理报关委托签约，如图 14－7、图 14－8 所示。

说明：

（1）授权管理：供中国报关协会用户向地方报关协会用户授权及调整其关区开关。

（2）企业登记：供代理报关单位用户向报关协会申报其企业基本信息。

（3）委托报关：供代理报关单位和经营单位进行报关代理委托。

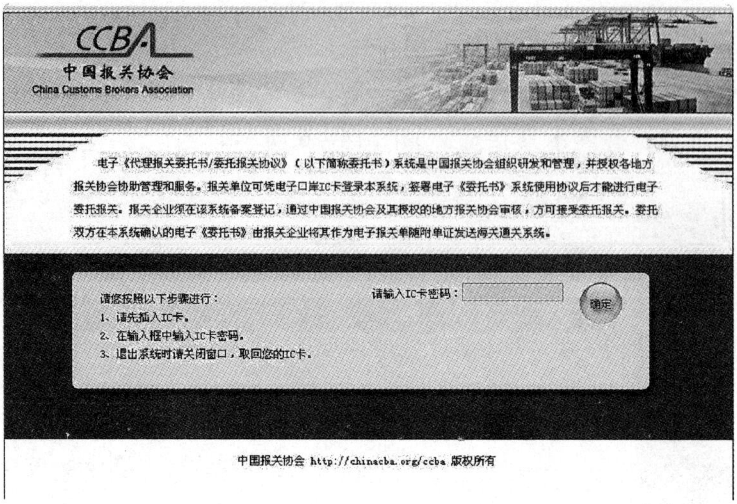

图 14－7

图 14－8

（4）查询统计：供委托协议的统计查询。

（5）账户管理：供账户充值、查询使用。

（一）授权管理

1. 中国报关协会授权

在“IC 卡号”中，输入配发的 IC 卡编号，在“海关编码”中，选定所属的关区。勾选“企业审核权”和“企业充值权”用以设定该操作员的业务权限。完成关区设定和权限设定后，点击“保存”按钮，完成授权，如图 14－9 所示。

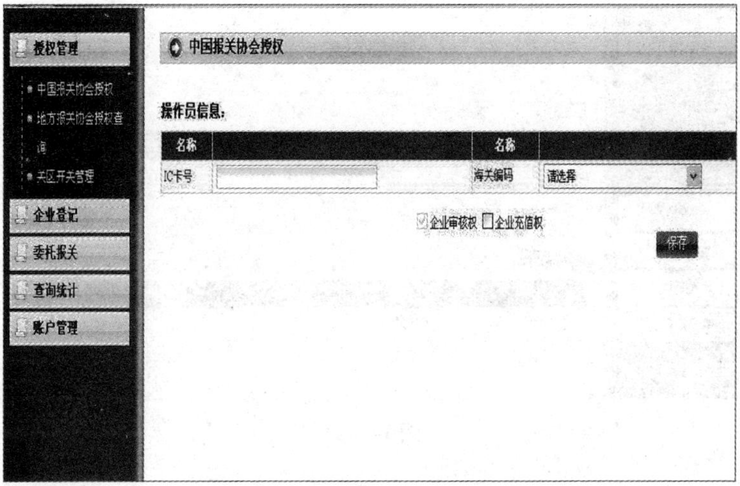

图 14－9

2. 地方报关协会授权查询

可以通过选定“关区代码”，对已经授权的信息进行查询操作。根据查询结果，对已经授权的信息进行“查阅”和“删除”，如图14－10所示。

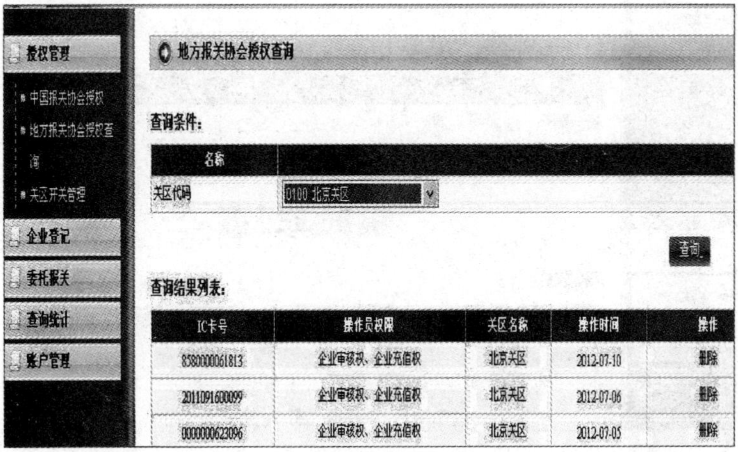

图 14－10

3. 关区开关管理

可以通过选定“关区代码”，查看该关区开关状态；也可以根据“关区开关状态”，查询各直属关区开关状态情况，如图 14－11 所示。

图 14－11

（二）企业登记

可以通过企业信息查询待审批的申报单位登记信息，也可以查询全部待审批的申报单位登记信息，如图 14－12 所示。

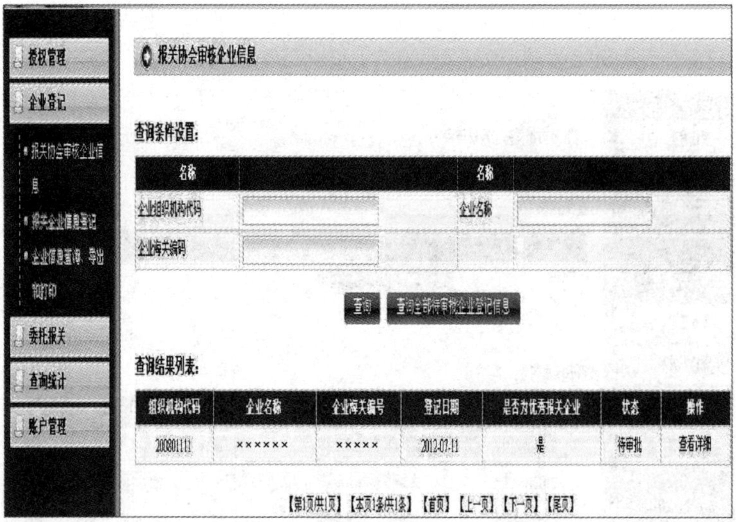

图 14－12

对申报单位登记信息进行审核，如图 14－13 所示。

图 14－13

审核申报单位报送的该企业报关员信息，对该申报单位登记信息设定有效期，并进行审核操作，如图 14－14 所示。

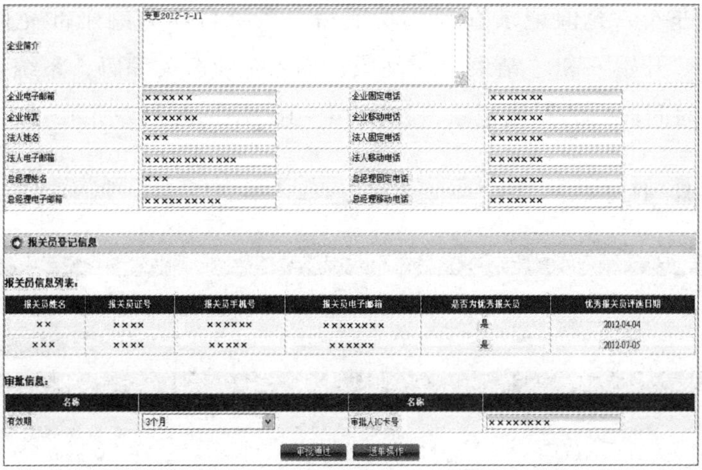

图 14－14

（三）账户管理

1. 账户充值

输入企业海关编码，系统调阅企业名称，供充值时核对用。系统自动查出该企业当前的协议份数使用情况，输入本次购入份数，点击“购入”

按钮，完成充值，如图 14－15 所示。

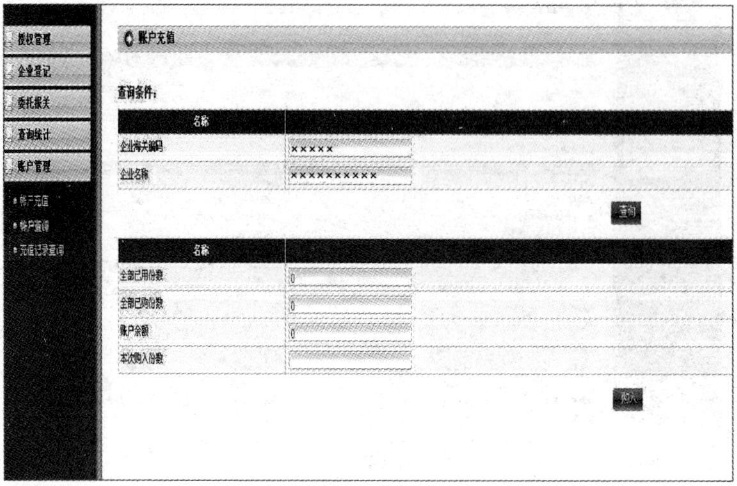

图 14－15

2. 充值记录查询

用户进入“充值记录查询”功能后，系统自动调阅全部充值记录信息。设定“开始”和“结束”时间段，输入企业海关编码，系统查出该企业在这一时间段内的充值记录，如图 14－16、图 14－17 所示。

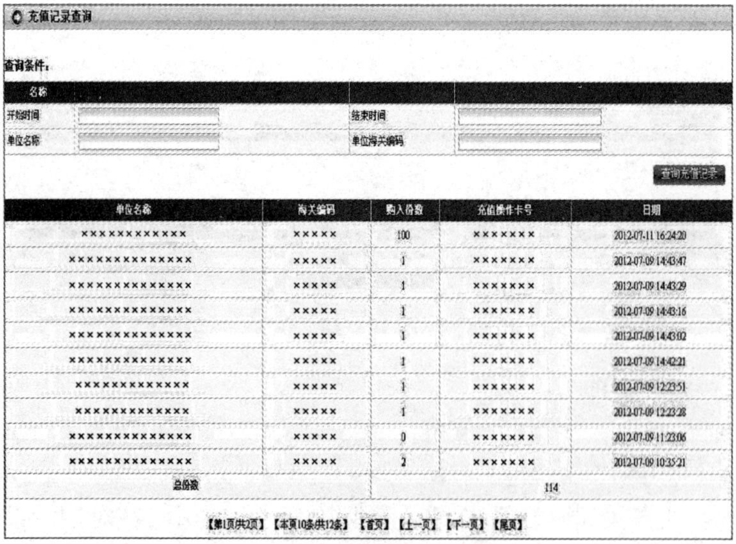

图 14－16

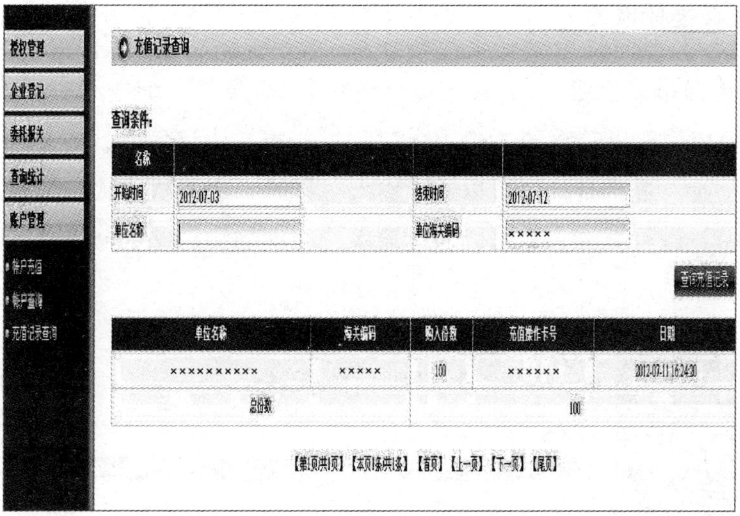

图 14－17

（四）查询统计

设定“开始”和“结束”时间点，输入“申报单位海关编码”后，可查出该时段内，企业协议使用份数，如图 14－18 所示。

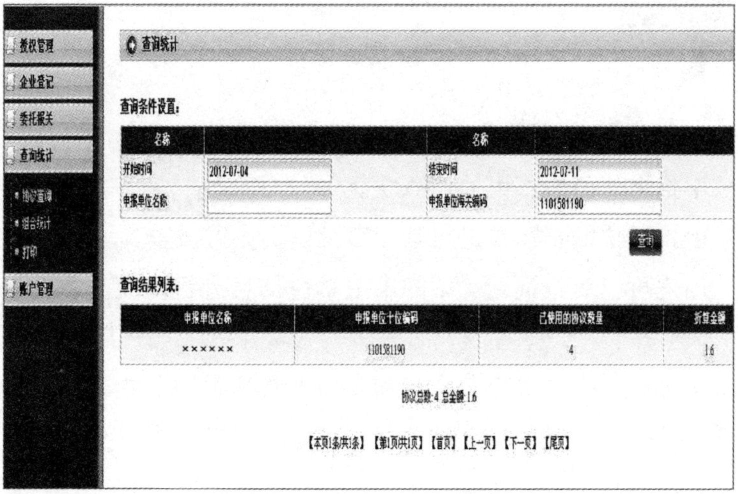

图 14－18

（五）委托报关

1. 选择报关企业

经营单位如果首次同“申报单位”进行委托协议签署，需要通过“选择报关企业”进行查找。可以通过输入对方的“组织机构代码”或“企业海关编码”进行查询，也可以通过输入“企业名称”进行模糊查询，如图14－19所示。

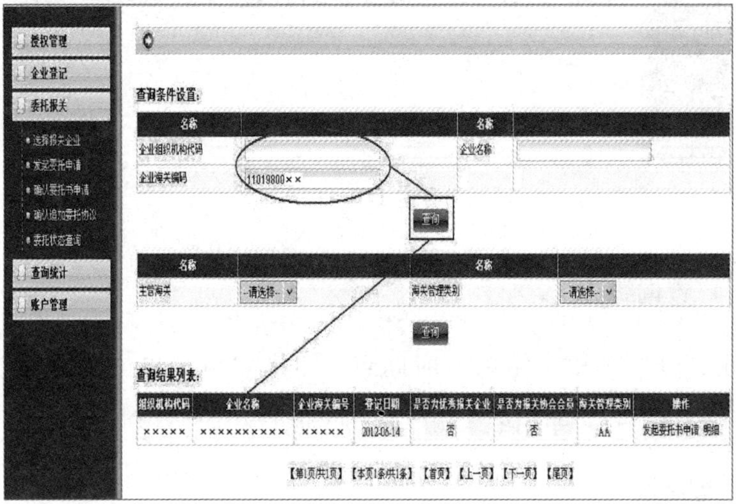

图14－19

说明：

（1）申报单位用户不可使用该功能。

（2）申报单位信息需要进行登记审批后，方可被查到。

（3）用户可以对查询列表中的申报单位信息进行查阅，并且发起委托申请。

系统也支持按照“主管海关”和“海关管理类别”为条件的查询。用户可以输入相关条件，对查询列表中的申报单位信息进行查阅，并且发起委托申请，如图14－20所示。

经营单位用户根据此前的查询结果，点击“明细”按钮后，可以查看该申报单位登记的详细信息，如图14－21所示。

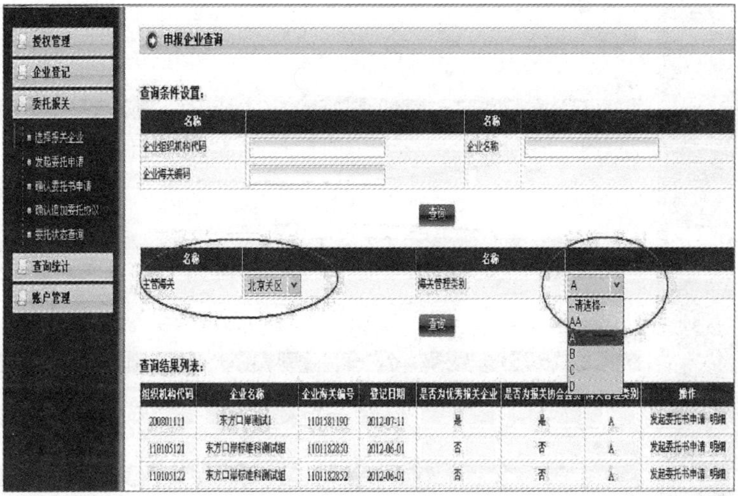

图 14－20

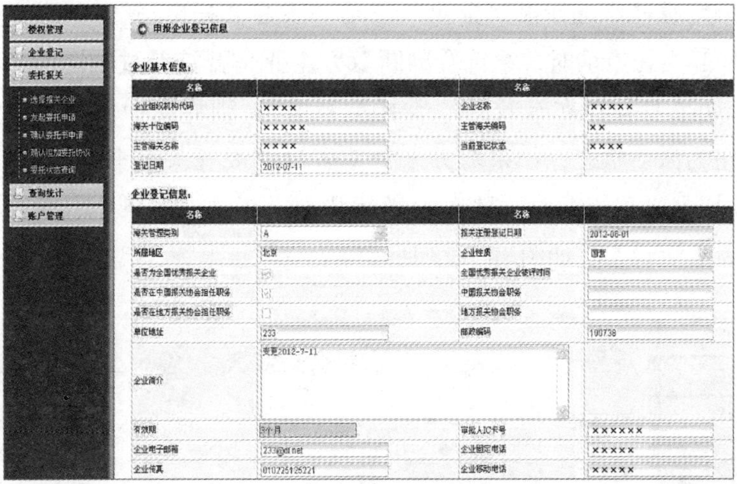

图 14－21

2. 发起委托申请

经营单位进入“发起委托申请”，可以直接输入申报单位的企业信息进行查询，并发起委托申请；经营单位也可以点选“最近委托书查询”按钮，查找与其他申报单位签订的最近的 5 个委托书，并发起委托申请，如图 14－22 所示。

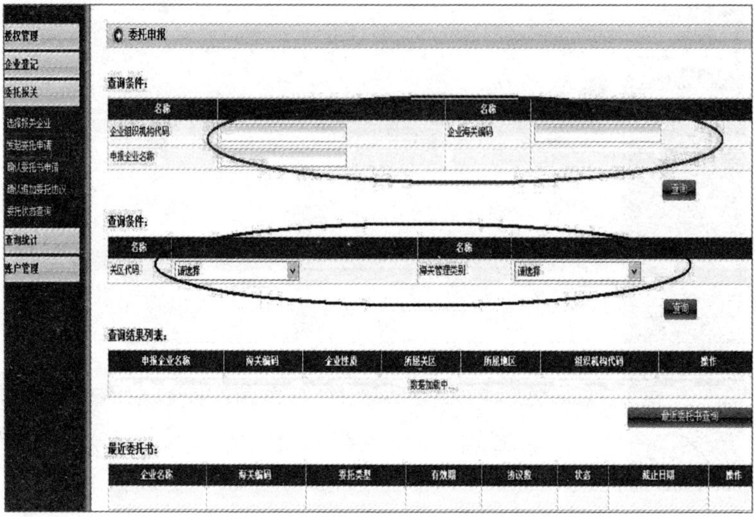

图 14－22

无论是通过“选择报关企业”还是“发起委托申请”，经营单位向申报单位发起委托申请时，系统会判断双方企业是否签署过既定的“委托关系书”。如果双方存在有效的“委托关系书”，则界面中的“追加委托协议”按钮为激活状态；如果双方未曾签署过“委托关系书”，则界面中的“建立委托书，委托申请”按钮为激活状态；在这一场景中，两个按钮不会同时为激活状态，如图 14－23 所示。

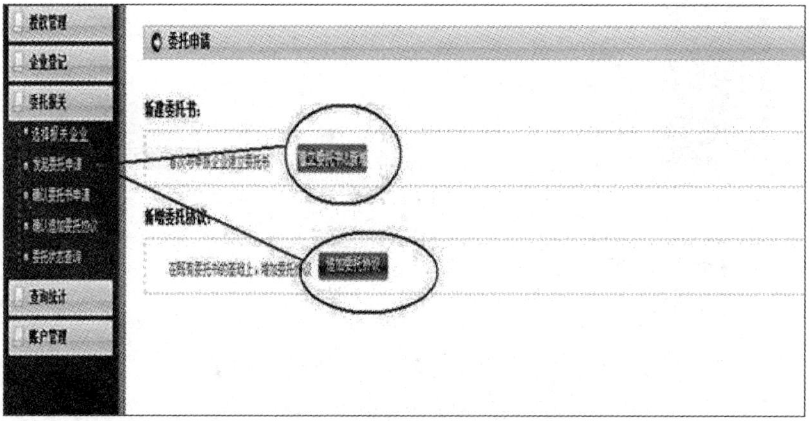

图 14－23

如果经营和申报单位用户，首次建立委托关系，则需要填写“委托书”，用户只需填写“有效期”字段内容，用户点击“新增协议”按钮，进入“委托协议”内容的填写，如图 14－24 所示。

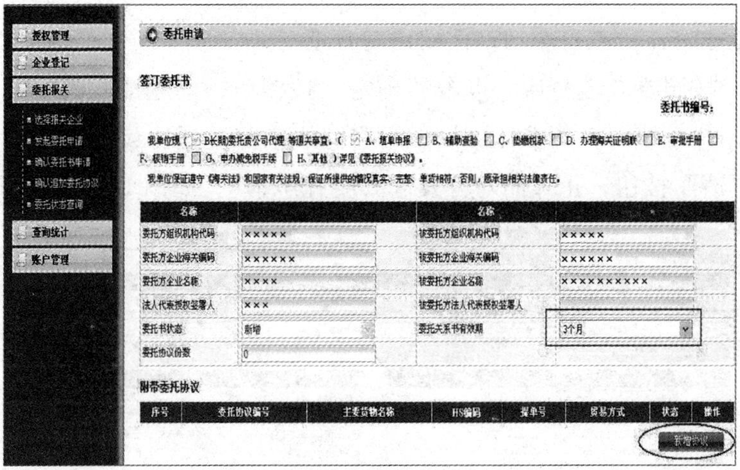

图 14－24

经营单位用户点击“新增协议”按钮之后，进入“委托协议——委托方”填写内容，如图 14－25 所示。

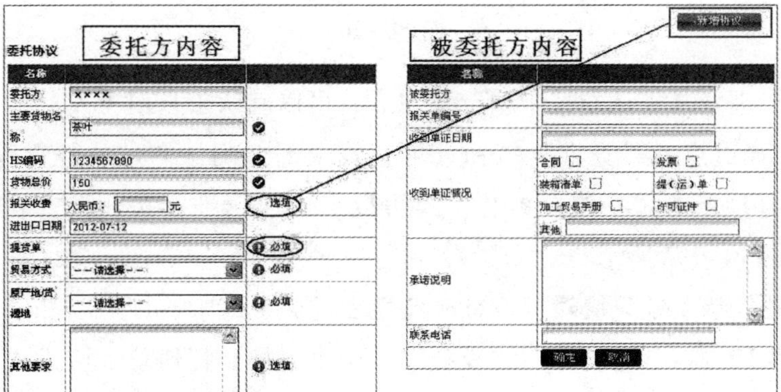

图 14－25

说明：

（1）“委托方内容”需要填写“报关收费”，其含义是本次委托报关的费用；“付款方”则是指该份委托协议的购置费。

（2）在经营单位用户发起委托申请时，委托协议内容中，右侧部分的“被委托方内容”不可填写，需要由对方填写。

用户按照要求填写后，点击“确定”按钮后，即完成一条委托协议的填写，用户可填写5条委托协议。用户完成全部委托协议的填写后，点击“发起申请”按钮，正式向对方发起“委托申请”，如图14－26所示。

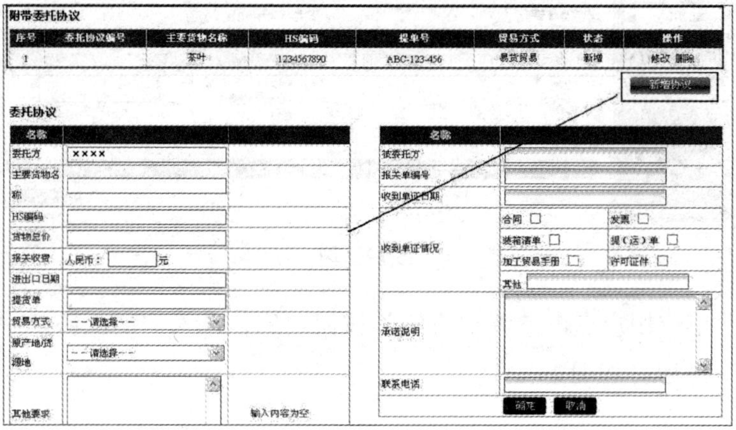

图14－26

用户进入“确认委托申请”菜单后，可以确认来自对方发起的“委托申请”，通过点击“查询”按钮，可查找全部待确认的“委托申请”。用户可以直接点击“拒绝”操作，也可以点击“明细”按钮，查看委托明细，如图14－27所示。

说明：该菜单只应对双方首次建立委托关系，未签订“委托书”的情形，如果双方在已经签订的“委托书”项下追加委托协议，应进入“确认追加委托协议”菜单。

3. 确认委托书申请

进入“明细”之后，可以浏览“委托书”的有关信息，特别是“委托关系书有效期”，也可以浏览“委托书”中附带的“委托协议”，对协议进行明细查询，也可以直接“接受”或“拒绝”，如图14－28所示。

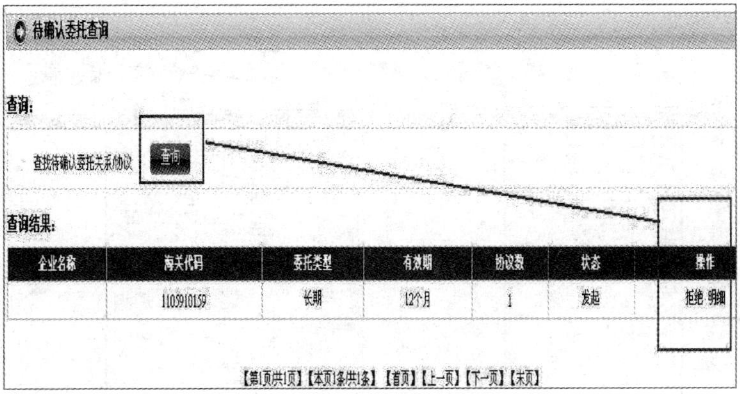

图 14－27

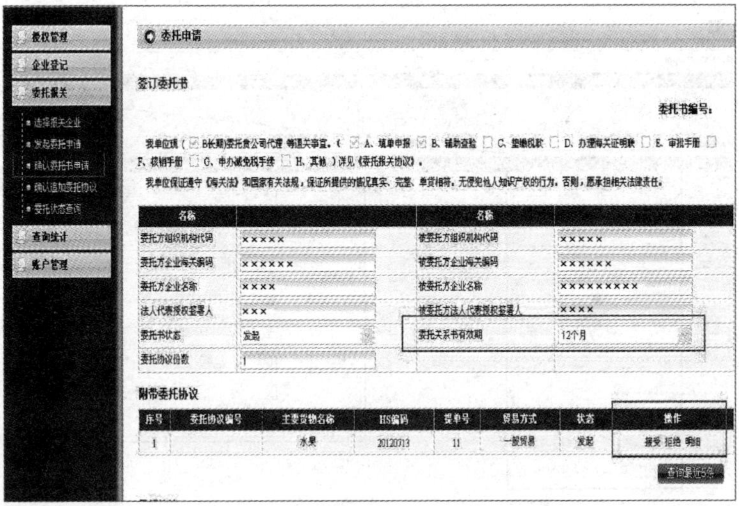

图 14－28

点击“明细”按钮之后，会显示“委托协议”的详细信息，供经营单位进行阅览，如图 14－29 所示。

说明：经营单位确认来自申报单位的委托申请时，对委托协议内容只能阅览，不能修改。

用户可以点击“确定”按钮，表示接受该份“委托书”加附带的“委托协议”，双方委托关系正式确定，用户也可以点击“拒绝委托书”按钮，如图13－30所示。

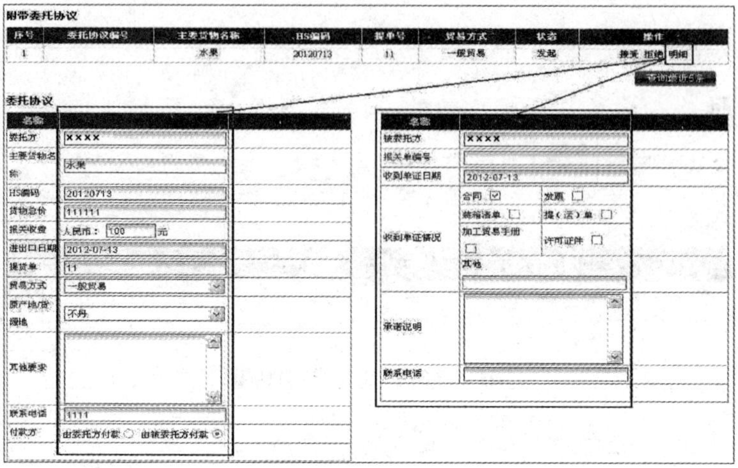

图 14－29

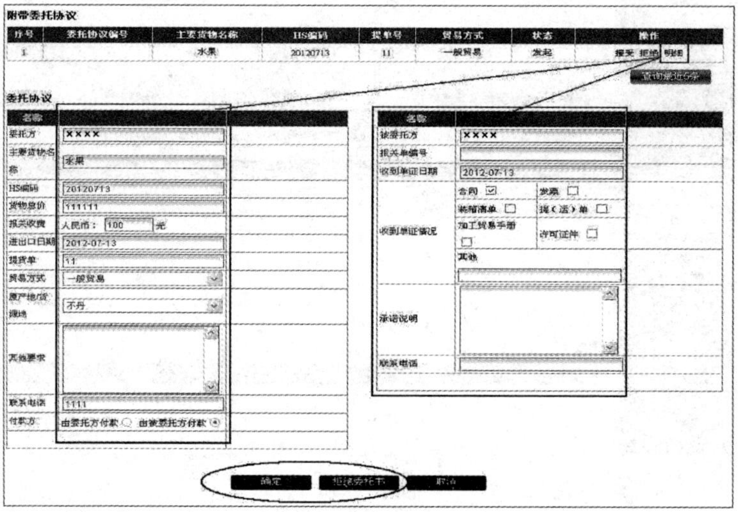

图 14－30

说明：

（1）当对方发起的委托申请中，包含多份“委托协议”时，如果需要接受该委托申请，至少需要“接受”任意一份“委托协议”方可生效。

（2）由于经营单位确认委托申请时，委托申请中的内容，均由申报单位填写，请特别注意填写的内容（如报关收费、协议付费方）是否符合双方意愿。

4. **确认追加委托协议**

如果双方已经签订了“委托书”，本次委托申请是属于“追加委托协议”，用户需要进入“追加委托协议”菜单，进行确认。

点击“明细”按钮，可以进行详细内容查阅，并进行确认。也可以直接“拒绝”，如图 14－31 所示。

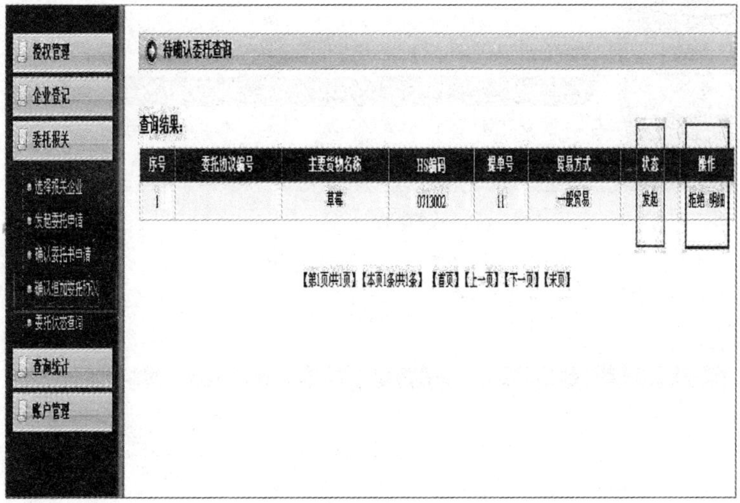

图 14－31

说明：

（1）确认“追加委托协议”的操作等同上。

（2）凡是双方首次签订“委托书”的，需要进入“确认委托书申请”菜单进行操作；凡是双方已经签署过“委托书”，在此基础上追加委托协议的，进入“确认追加委托协议”菜单进行操作。

5. **委托状态查询**

经营单位用户可以进入“委托状态查询”菜单，通过设定对方的企业信息，进行委托状态查询，如图 14－32 所示。

用户可以根据查询结果列表，查看委托的“状态”，也可以点击“查看详细”了解，如图 14－33 所示。

说明：这里只显示企业级的“委托书”相关状态，若希望查看其中具

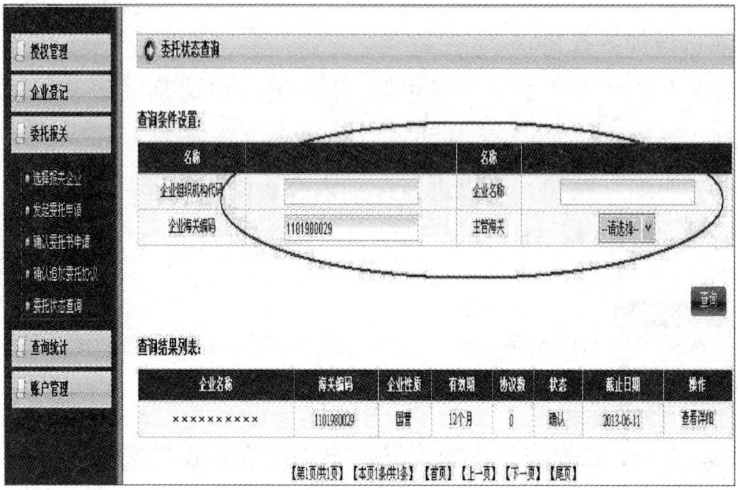

图 14－32

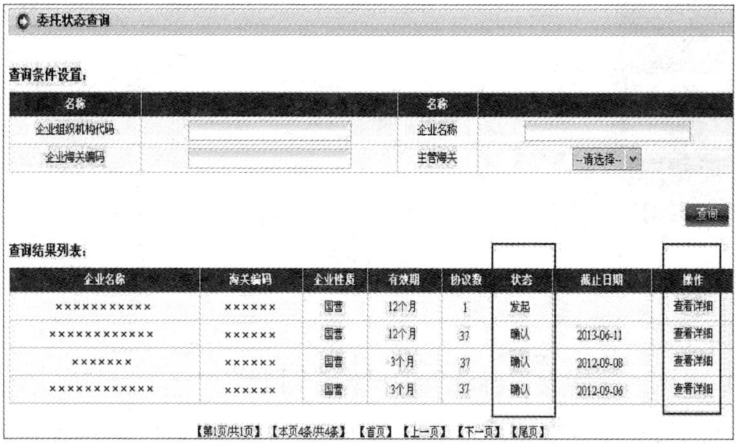

图 14－33

体某个“委托协议”的内容，需要根据“企业名称”选择进入，并点击“查看明细”进行了解。

进入到“委托书”中后，可以看到全部“委托协议”情况。用户可以通过“委托协议编号”、“提运单号”、“货物总价”和“状态”进行组合查询，如图 14－34 所示。

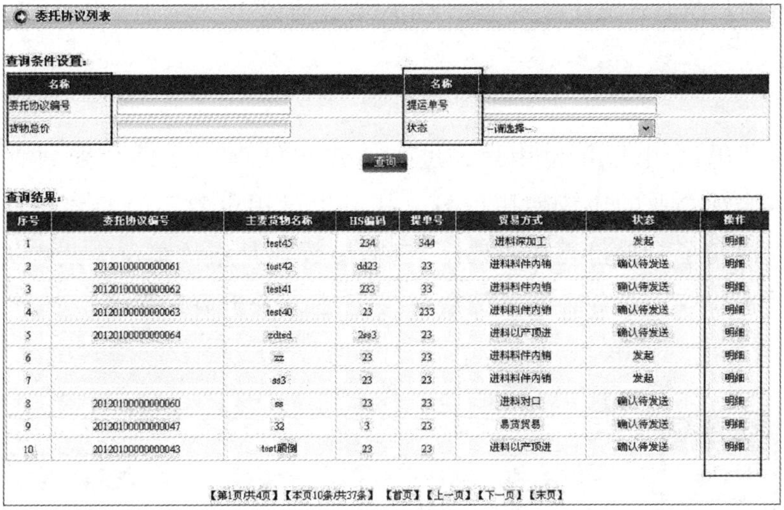

图 14－34

（六）组合统计

经营单位用户，进入“查询统计”中的“组合统计”菜单，可以通过设定时间段，进行协议使用情况查询。系统可以查出该时段内与具体多少个申报单位之间使用的协议情况，如图 14－35 所示。

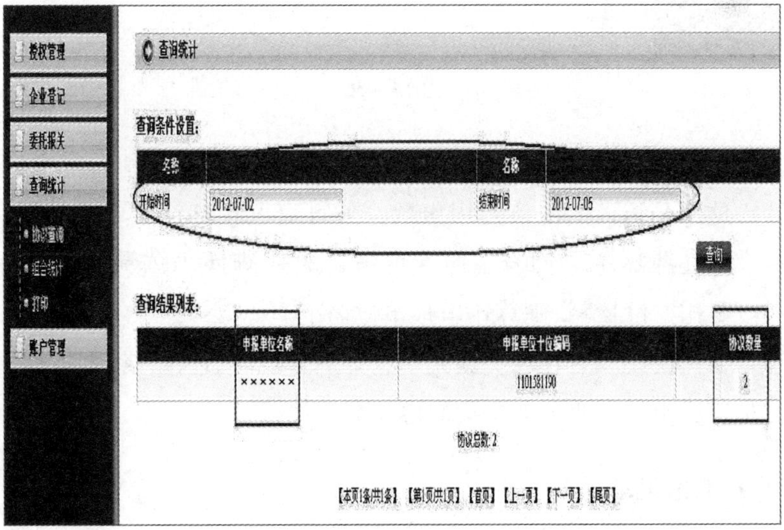

图 14－35

说明：此处只统计海关已经使用的委托协议。

（七）账户查询

经营单位/申报单位用户，进入“账户管理”中的“账户查询”，可查找当前企业的协议使用份数。其中“已用份数”是指该单位截至目前共使用了多少份委托协议，“已购份数”是指该单位一共购买了多少份委托协议，“当前可用份数”是上述二者折算的结果，如图14-36所示。

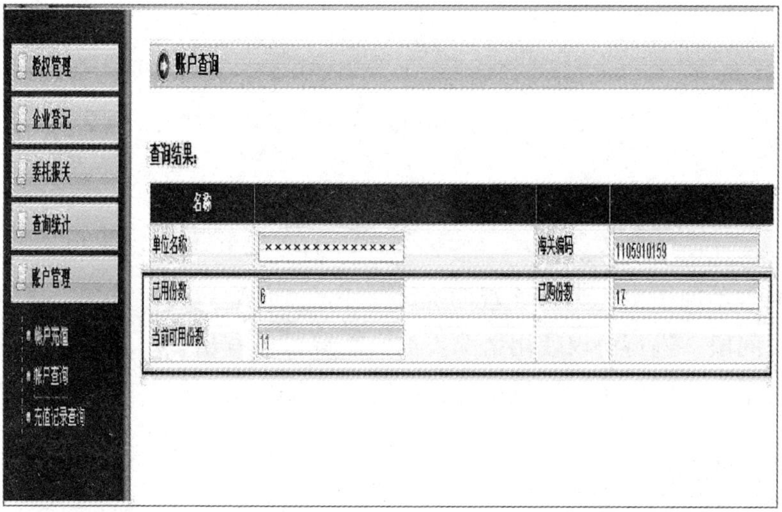

图14-36

说明：

（1）这部分统计的协议使用份数，来自双方在签订“委托协议”时，确定的“协议付款方”。如果是“委托方付款”，则算作经营单位名下；如果是“被委托方付款”，则算作申报单位名下。

（2）委托协议只有在海关使用后，才算作已经使用，系统会根据“协议付款方”从相应企业名下购买的协议数中扣减。

（八）充值记录

经营单位/申报单位进入“充值记录查询”菜单后，可以根据时间段查询企业自身的充值记录，如14－37所示。

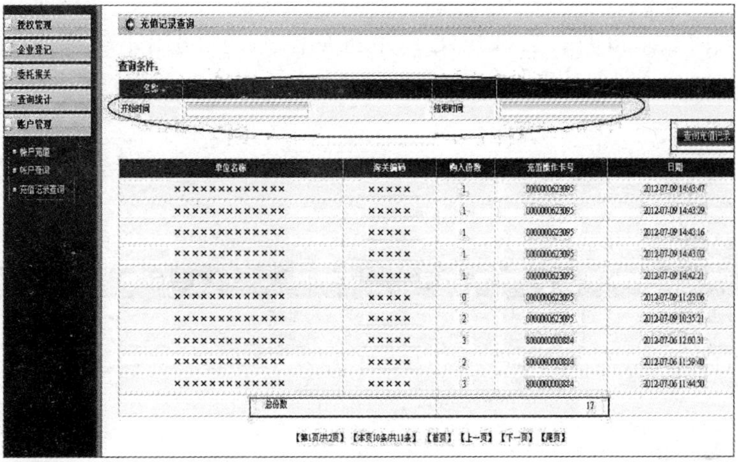

图14－37

（九）报关企业信息登记

申报单位持法人卡登录系统中“企业登记”的“报关企业信息登记”菜单，按照相关要求登记企业信息。在完成全部信息登记后，进行申报，申报后再次进入该菜单，可以根据“当前登记状态”进行查询，如图14－38所示。

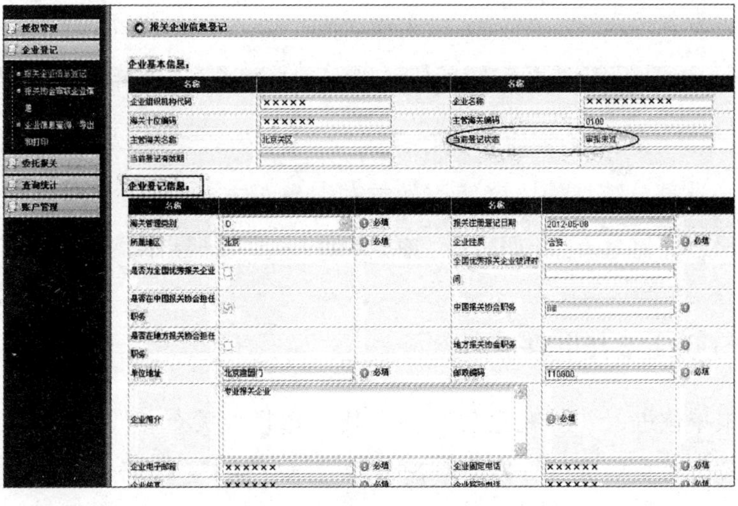

图14－38

如果登记信息被退单，可以进行编辑后重新申报。如果登记信息被审批后，有正常的信息变更，也可以进行编辑后再次申报。申报单位登记信息在报关协会审批时，会被设定“审批期限”，在超出审批期限前，也应再次向报关协会申报操作，如图 14－39、图 14－40 所示。

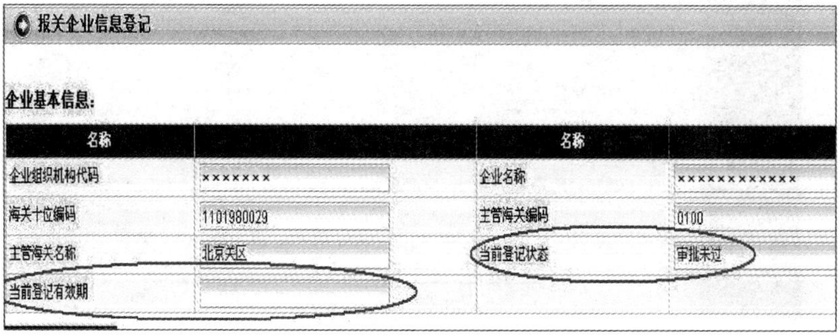

图 14－39

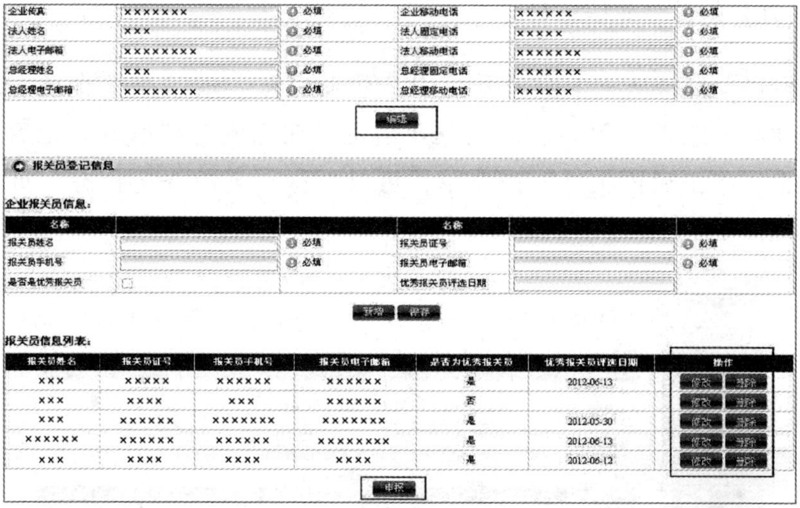

图 14－40

（十）发起委托申请

申报单位进入“委托报关”后，其“选择报关企业”菜单不可用时，申报单位可以直接进行“发起委托申请”，如图 14－41 所示。

考虑到操作效率和使用者的业务熟悉程度，申报单位用户发起委托申

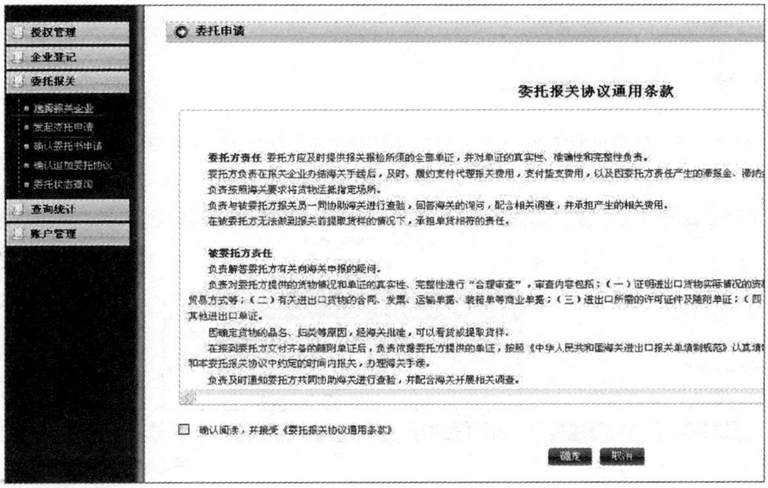

图 14 －41

请时，系统设计得较为简单直接。可以通过直接输入“委托方企业海关编码”，系统判断是否与该经营单位之间，存在有效的“委托书”数据，如图13 －42所示。

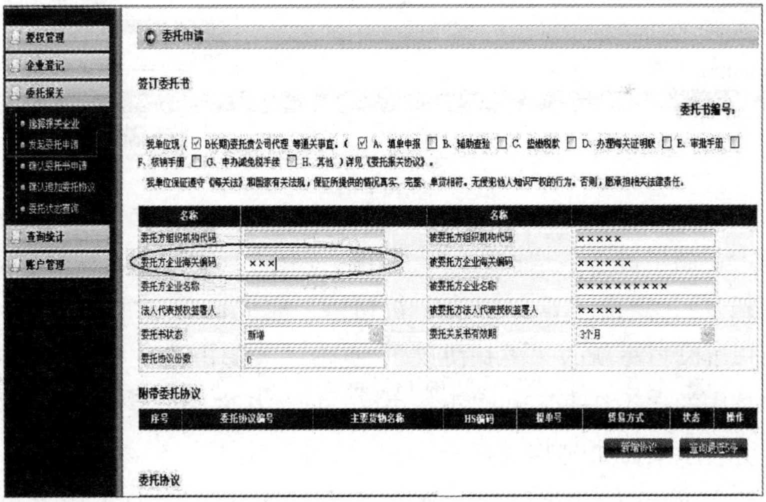

图 14 －42

此为双方尚未签署过“委托书”的情形，需要填写委托书内容（委托书有效期），如图 14 －43、图 14 －44 所示。

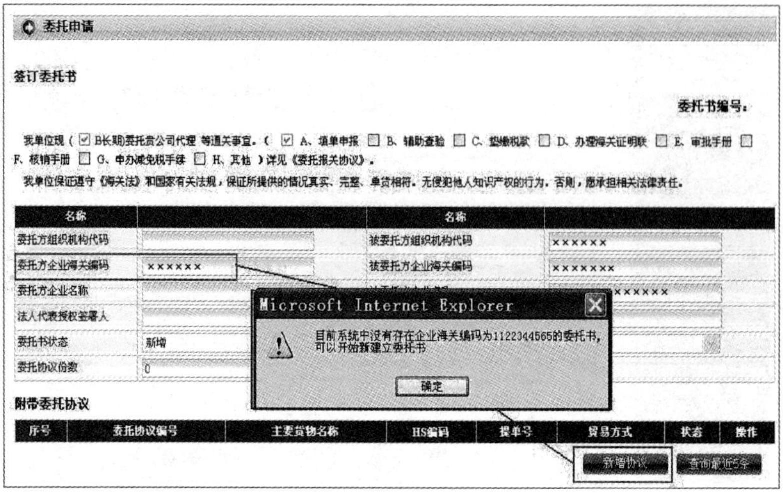

图 14－43

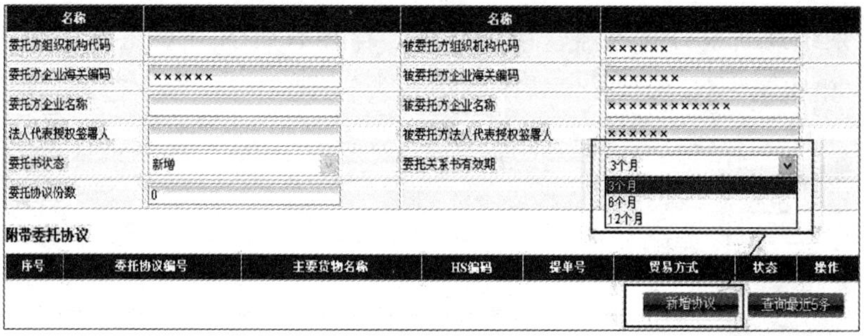

图 14－44

点击“新增协议”按钮后，开始填写委托协议中的全部内容（委托方和被委托方）；点击“保存协议”按钮后，完成该份“委托协议”的填写，可以继续填写新的“委托协议”；点击“发起申请”按钮后，将该份委托申请中的“委托书”和“委托协议”向委托方进行发起，需要对方确认后，方可生效，如图 14－45 所示。

输入“委托方企业海关编码”后，当系统判定双方存在有效的“委托书”时，将自动调取委托书内容；点击“查询最近 5 条”按钮，可以查询双方“委托书”项下，最近确认的 5 份委托协议，如图 13－46所示。

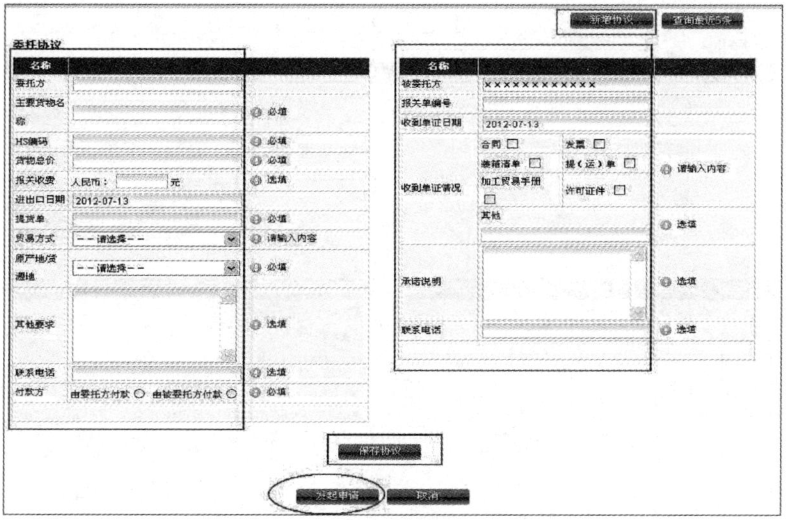

图 14－45

图 14－46

根据查询结果，可以点击“复制”按钮，系统将自动新增一份委托协议，并根据选定的委托协议，将内容进行复制，用户在进行相应修改后，完成委托协议的再生。借以减少数据录入，提升工作效率，如图 14－47 所示。

三、报关单电子随附单据上传功能说明

本功能和修撤单申请功能只能在改进版客户端中实现。本功能仅适用于通关无纸化签约企业，上传格式需为 pdf 文档（可为扫描件或由 Word、Excel 等电子文档转成的 pdf 文档）。每类电子随附单据只能

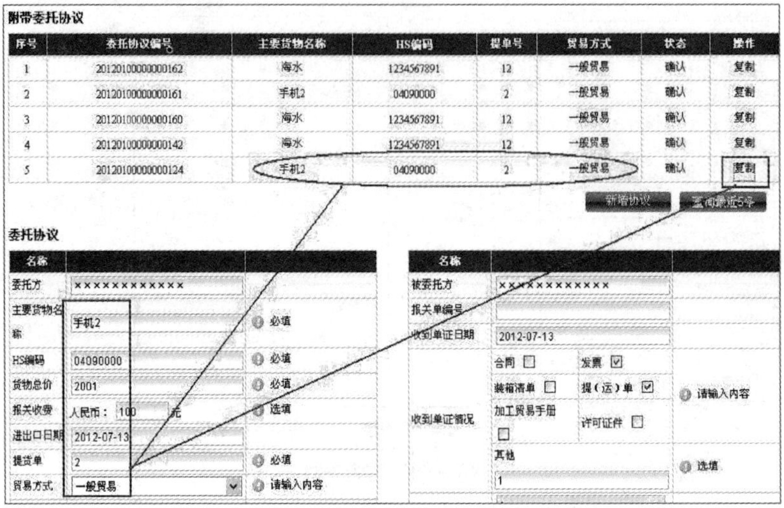

图 14－47

为 1 个 pdf 文件，每个文件为 1 个报文，每个报文不能超过 4M，每页不能超过 200k，随附单据文件名称需小于等于 64 个字符（32 个汉字）。单据上传权限同报关单录入权限；单据申报权限同报关申报权限，即有报关申报权限的卡才可进行上传单据的申报操作。电子随附单据报文和报关单报文会同时发送给 H2000 系统，但 H2000 系统接收到电子随附单据报文比报关单报文通常会晚一些，如果超过 5 分钟，报关单会被退单，企业需要重新申报报关单，但电子随附单据不需重新申报。

（一）报关单录入界面

在录入报关单相关信息后，选择报关单类型字段选项，点击下拉菜单，选择“M 通关无纸化”后按回车键，即可点击界面右上角“随附单据上传/查看”按钮，如图 14－48 所示。

（二）报关单电子随附单据上传界面

系统自动检测有无安装扫描仪，如果已安装，则显示“扫描”按钮；如果未安装，则不显示“扫描”按钮，如图 14－49 所示。

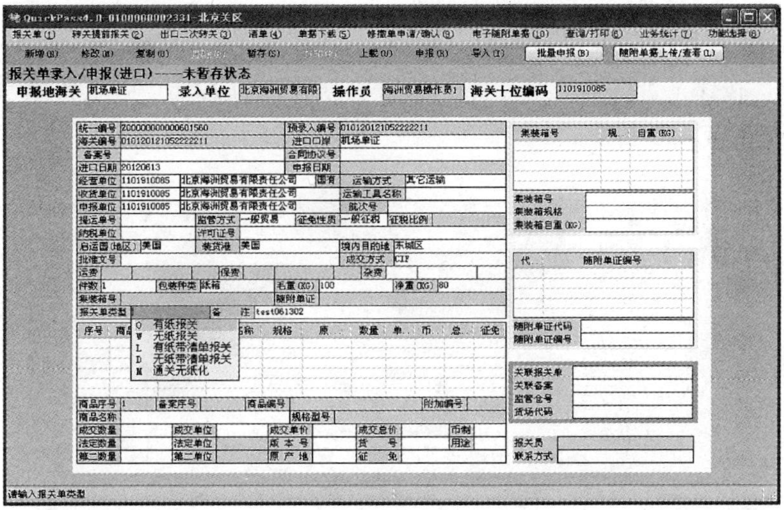

图 14－48

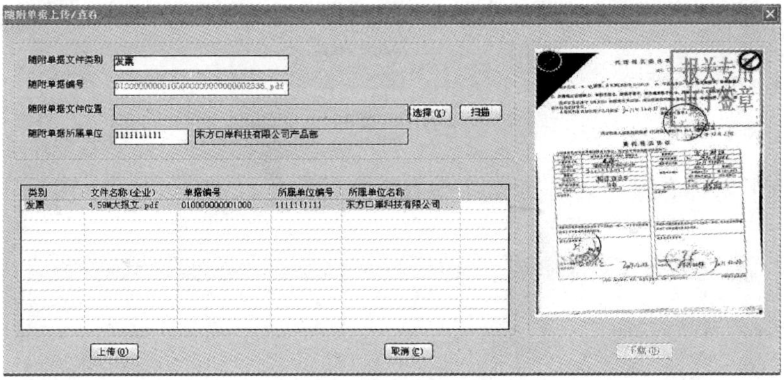

图 14－49

说明：

（1）随附单据文件类别：必填项，下拉菜单选择或手工录入下拉菜单内相应的数字代码。

（2）随附单据编号：当类别选择为“代理报关委托、减免税货物税款担保证明、减免税货物税款延期担保证明”时，为必填项，手工录入。

（3）随附单据文件位置：当类别选择为“发票、装箱单、提（运）单、合同、其他”时，为必填项。

（4）随附单据所属单位：非必填项，手工录入，前一字段为海关 10

位代码，后一字段为相应企业名称。

点击“上传”按钮后，请在报关单录入界面上方点击“暂存”或“申报”按钮，否则之前所上传的随附单据数据将丢失，需重新填写、上传，如图 14 –50 所示。

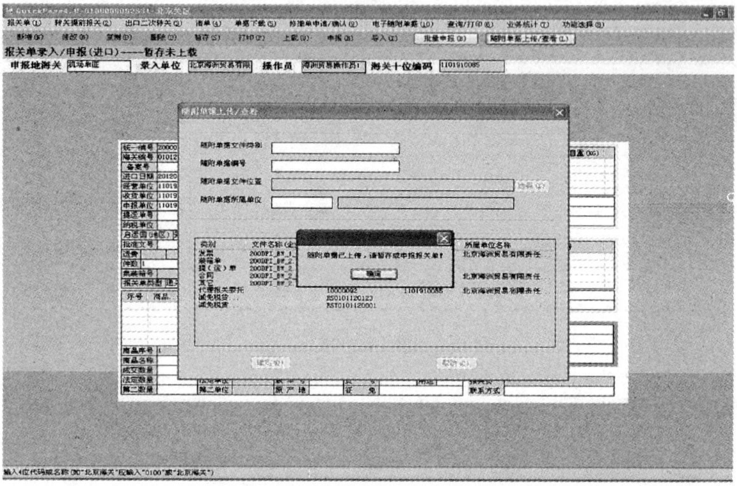

图 14 –50

点击鼠标右键，可进行删除或查看文件操作，如图 14 –51 所示。

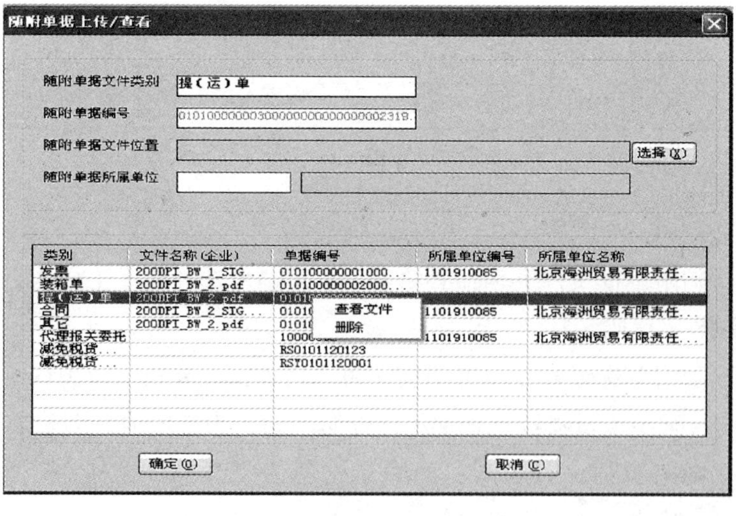

图 14 –51

（三）报关单电子随附单据查看文件界面

将鼠标移至右下角“签章信息”处，界面显示该份文件相应的签名信息，如图 14－52 所示。

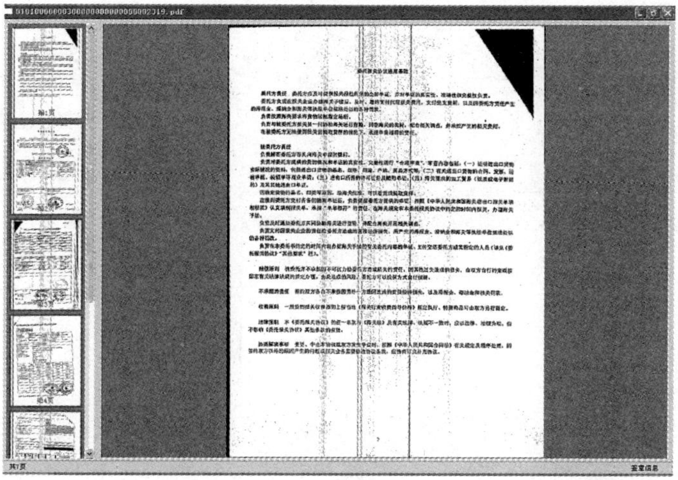

图 14－52

（四）报关单电子随附单据签章信息界面

报关单电子随附单据签章信息界面，如图 14－53 所示。

签名状态	签名有效
证书持有人	Oracle
证书有效期起	20120405
证书有效期止	20140405
签名时间	20120426160654

图 14－53

（五）报关单电子随附单据查询界面

在报关单数据查询界面中，查询到上传成功或申报后的报关单数据，点击

“查看明细”按钮，进入报关单详细信息界面，点击右上角“随附单据上传/查看”按钮，弹出如下界面，如图 14－54 所示。

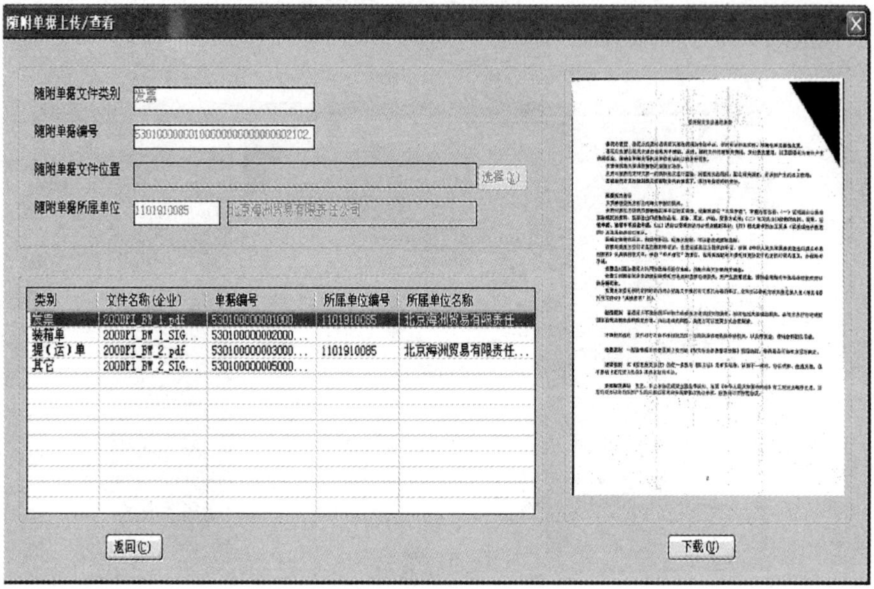

图 14－54

（六）报关单电子随附单据查询文件界面

如果上传和查询所使用的电脑相同，则直接选中某条记录，点击右键查看文件；如果上传和查询所使用的电脑不同，则需先选中某条记录，点击右边的“下载”按钮进行下载。下载完成后，方可在该记录处点击右键查看文件，如图 14－55 所示。

（七）报关单电子随附单据重传界面

已申报的报关单，海关给予重传指令后，如图 14－56 所示。首先在“报关申报——电子随附单据——补传/重传”菜单内进行查询。选中某条报关单信息后，点击界面内的“上传”按钮，即可进行重传操作。操作流程同正常上传。代理报关委托、减免税货物税款担保证明、减免税货物税款延期担保证明数据不允许重传，如图 14－57 所示。

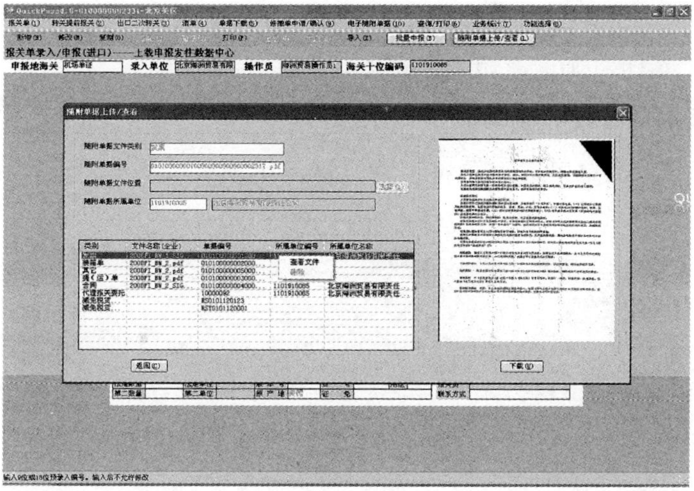

图 14－55

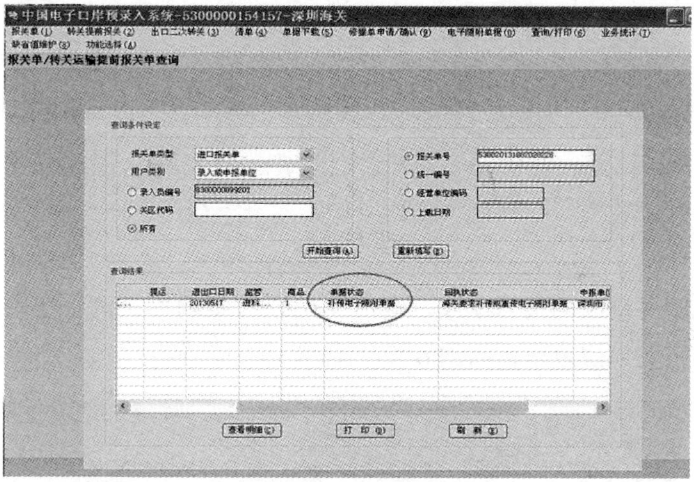

图 14－56

四、报关单修撤单申请功能说明

企业发现报关单申报数据有错时，可主动向海关申请报关单修改/撤销。申报报关单修改/撤销数据后，企业可对数据状态等进行查询。报关单的状态需为已审结，企业方可进行修改/撤销申请操作。本功能通过在报关申报系统中增加“修撤单申请”菜单实现，分为三个子菜单：修改申请、撤销申请、数据查询。该功能对地方海关设一个开关，“打开”则有此功能，“关闭”则无此功能，默认为“打开”。

1. 报关单修改申请界面

点击“修撤单申请”菜单下的“修改申请”子菜单，进入如下界面，如图 14－57 所示。

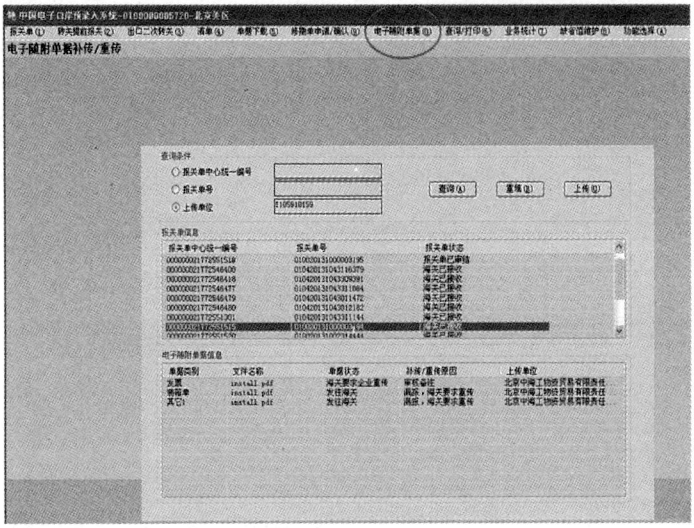

图 14－57

输入需要修改的报关单号，点击“确定”按钮后，调出相应报关单数据，进入报关单修改申请明细界面，如图 14－58 所示。

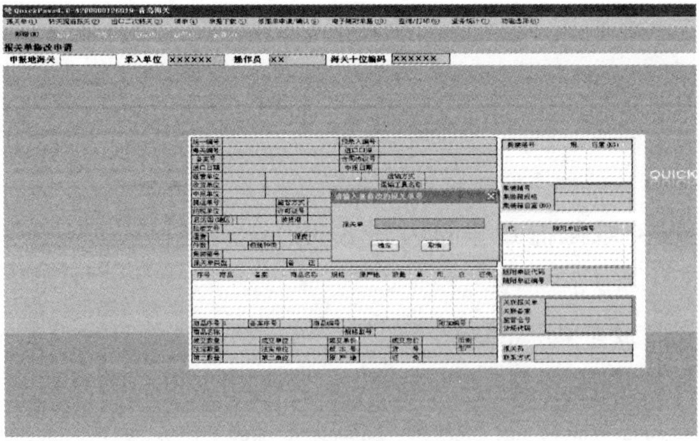

图 14－58

将光标置于欲修改的字段中，点击界面上方的“修改”按钮或使用键盘快捷键“Ctrl + M”，即可按弹出的提示框进行修改，如图 14 - 59 所示。各字段录入方法与报关单界面相同。

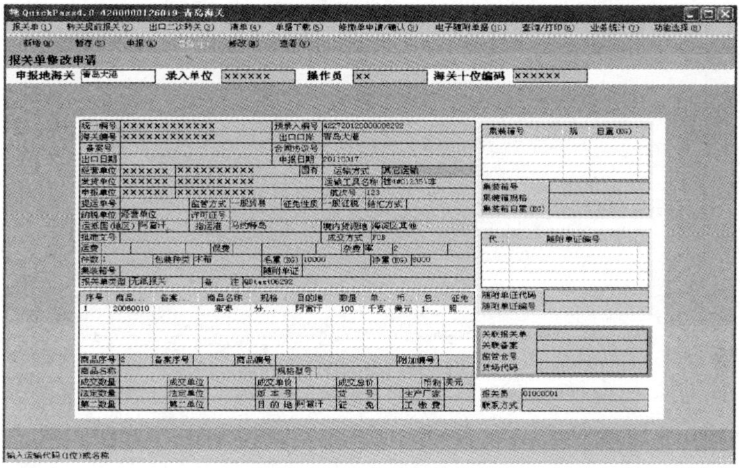

图 14 - 59

修改完毕后的字段底色为黄色，以示区别，如图 14 - 60 所示。

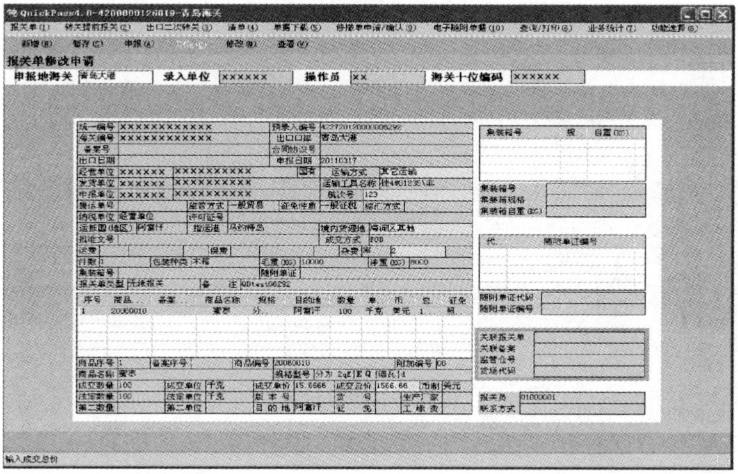

图 14 - 60

修改后的内容不会直接显示在报关单数据界面中，可随时点击界面上方的“查看”按钮，在弹出的提示框中对修改后的内容进行查看，如图 14 - 61

所示。

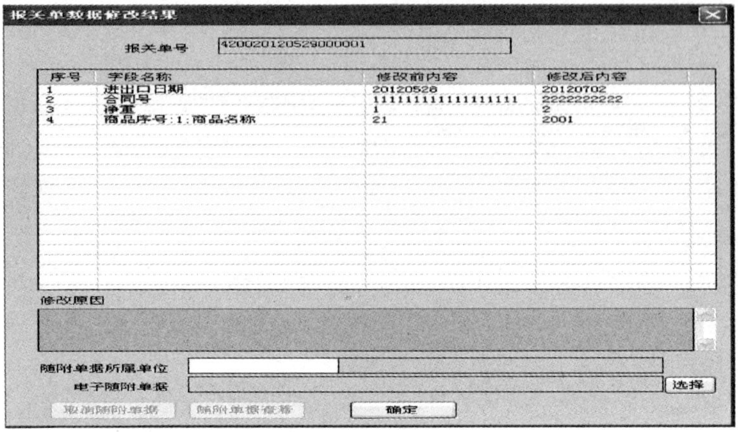

图 14 －61

当企业需要向海关传送修改报关单的相关说明附件时，可在上图界面的下方，点击“选择”按钮，在本机电脑中选择格式为 Pdf 的文件进行上传（整个 Pdf 文件不超过4MB，每页不超过200KB）。“随附单据所属单位”为非必填项，可填写所属单位的海关10 位代码后按回车键，返填所属单位名称。在输入修改原因后，点击“暂存”按钮保存数据，点击“申报”按钮申报数据。

右键点击某条记录，可进行修改或删除操作，如图 14 －62 所示。

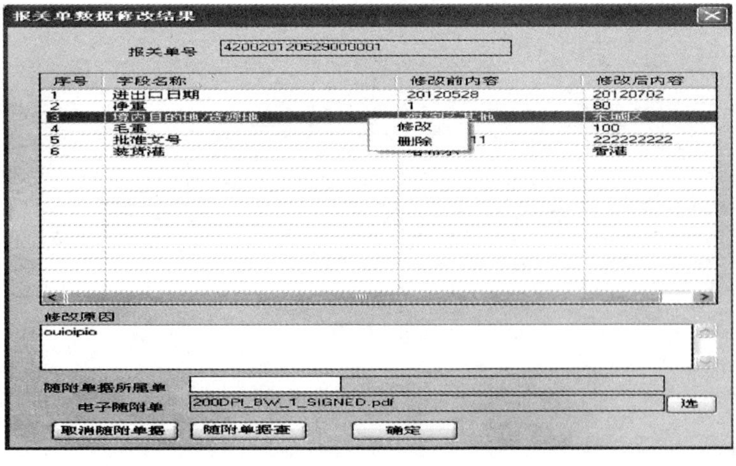

图 14 －62

2. 报关单撤销申请界面

点击“修撤单申请”菜单下的“撤销申请”子菜单，如图 14－63 所示。

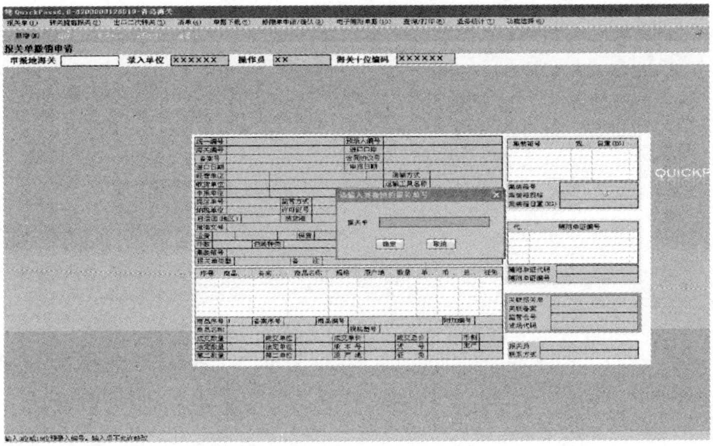

图 14－63

输入需要修改的报关单号，点击“确定”按钮。点击界面上方“申报”按钮，在弹出的界面中输入撤销原因，其他录入项可参见“修改申请”相关操作。录入完毕后，点击“确定”按钮即可将撤销申请进行申报。

3. 报关单修撤单申请查询界面

点击“修撤单申请”菜单下的“数据查询”子菜单，如图 14－64 所示。

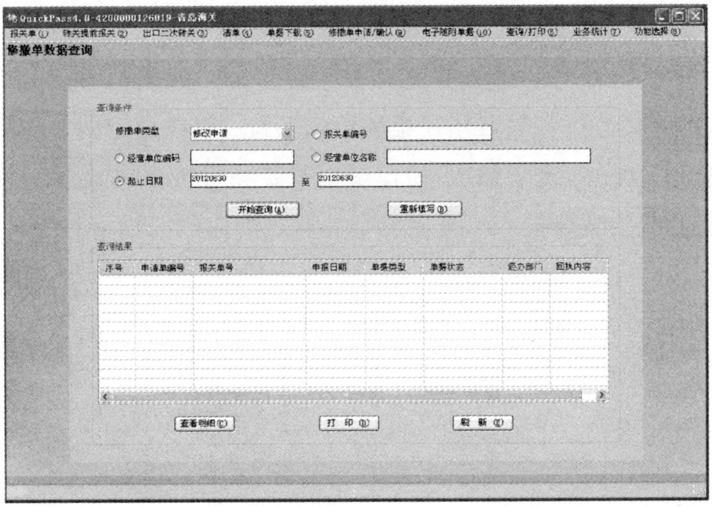

图 14－64

点击“刷新”按钮，可对列表内数据的单据状态进行刷新。点击“查看明细”按钮，可查看该条记录的详细信息，如图 14－65 所示。

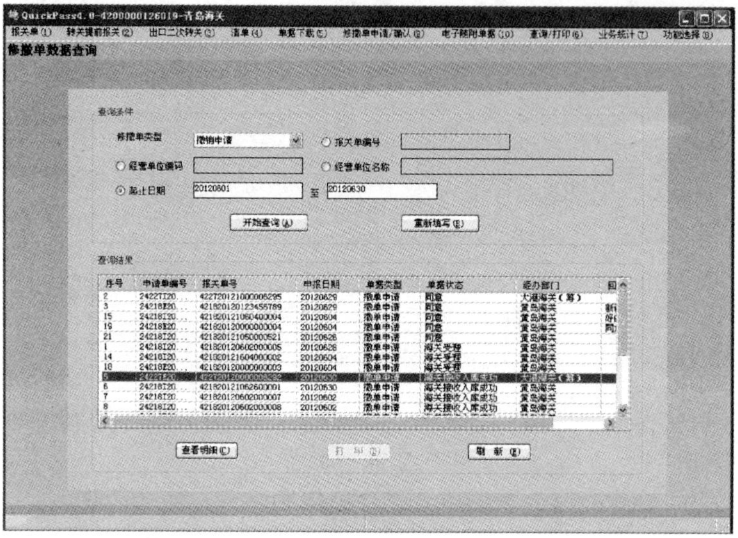

图 14－65

当查询结果列表中某条数据的状态为“同意”或“不同意”时，打印按钮变为可操作。点击“打印”按钮，可打印“进出口货物报关单修改/撤销申请表”。当修改申请内所修改的字段含“商品编号”、“商品名称”、“规格型号”、“成交币制”、“申报单价”、“申报总价”、“原产地/最终目的地”、“监管方式”、“成交方式”其中任一的，或撤销申请对应的进口报关单状态为“已放行”或出口报关单状态为“已结关”时，可根据审批结果，另行打印出“准予修改/撤销进出口货物报关单决定书”或“不予修改/撤销进出口货物报关单决定书”。

附　录

附件一　《中华人民共和国海关进出口货物报关单填制规范》

（海关总署公告2008年第52号）

为规范进出口货物收发货人的申报行为，统一进出口货物报关单填制要求，保证报关单数据质量，根据《中华人民共和国海关法》及有关法规，制定本规范。

《中华人民共和国海关进（出）口货物报关单》在本规范中采用“报关单”、“进口报关单”、“出口报关单”的提法。

报关单各栏目的填制规范如下：

一、预录入编号

本栏目填报预录入报关单的编号，预录入编号规则由接受申报的海关决定。

二、海关编号

本栏目填报海关接受申报时给予报关单的编号，一份报关单对应一个海关编号。

报关单海关编号为18位，其中第1－4位为接受申报海关的编号（海关规定的《关区代码表》中相应海关代码），第5－8位为海关接受申报的公历年份，第9位为进出口标志（“1”为进口，“0”为出口；集中申报清单“I”为进口，“E”为出口），后9位为顺序编号。在海关H883/EDI通关系统向H2000通关系统过渡期间，后9位的编号规则同H883/EDI通关系统的要求，即1－2位为接受申报海关的编号（海关规定的《关区代码表》中相应海关代码的后2位），第3位为海关接受申报公历年份4位数字的最后1位，后6位为顺序编号。

三、进口口岸/出口口岸

本栏目应根据货物实际进出境的口岸海关，填报海关规定的《关区代码表》中相应口岸海关的名称及代码。特殊情况填报要求如下：

进口转关运输货物应填报货物进境地海关名称及代码，出口转关运输货物应填报货物出境地海关名称及代码。按转关运输方式监管的跨关区深加工结转货物，出口报关单填报转出地海关名称及代码，进口报关单填报转入地海关名称及代码。

在不同海关特殊监管区域或保税监管场所之间调拨、转让的货物，填报对方特殊监管区域或保税监管场所所在的海关名称及代码。

其他无实际进出境的货物，填报接受申报的海关名称及代码。

四、备案号

本栏目填报进出口货物收发货人在海关办理加工贸易合同备案或征、减、免税备案审批等手续时，海关核发的《中华人民共和国海关加工贸易手册》、电子账册及其分册（以下统称《加工贸易手册》）、《进出口货物征免税证明》（以下简称《征免税证明》）或其他备案审批文件的编号。

一份报关单只允许填报一个备案号。具体填报要求如下：

（一）加工贸易项下货物，除少量低值辅料按规定不使用《加工贸易手册》及以后续补税监管方式办理内销征税的外，填报《加工贸易手册》

编号。

使用异地直接报关分册和异地深加工结转出口分册在异地口岸报关的，本栏目应填报分册号；本地直接报关分册和本地深加工结转分册限制在本地报关，本栏目应填报总册号。

加工贸易成品凭《征免税证明》转为减免税进口货物的，进口报关单填报《征免税证明》编号，出口报关单填报《加工贸易手册》编号。

对加工贸易设备之间的结转，转入和转出企业分别填制进、出口报关单，在报关单“备案号”栏目填报《加工贸易手册》编号。

（二）涉及征、减、免税备案审批的报关单，填报《征免税证明》编号。

（三）涉及优惠贸易协定项下实行原产地证书联网管理（香港 CEPA、澳门 CEPA，下同）的报关单，填报原产地证书代码“Y”和原产地证书编号。

（四）减免税货物退运出口，填报《减免税进口货物同意退运证明》的编号；减免税货物补税进口，填报《减免税货物补税通知书》的编号；减免税货物结转进口（转入），填报《征免税证明》的编号；相应的结转出口（转出），填报《减免税进口货物结转联系函》的编号。

（五）涉及构成整车特征的汽车零部件的报关单，填报备案的 Q 账册编号。

五、合同协议号

本栏目填报进出口货物合同（包括协议或订单）编号。

六、进口日期/出口日期

进口日期填报运载进口货物的运输工具申报进境的日期。

出口日期指运载出口货物的运输工具办结出境手续的日期，本栏目供海关签发打印报关单证明联用，在申报时免予填报。

无实际进出境的报关单填报海关接受申报的日期。

本栏目为8位数字，顺序为年（4位）、月（2位）、日（2位）。

七、申报日期

申报日期指海关接受进出口货物收发货人、受委托的报关企业申报数据的日期。以电子数据报关单方式申报的，申报日期为海关计算机系统接受申报数据时记录的日期。以纸质报关单方式申报的，申报日期为海关接受纸质报关单并对报关单进行登记处理的日期。

申报日期为8位数字，顺序为年（4位）、月（2位）、日（2位）。本栏目在申报时免予填报。

八、经营单位

本栏目填报在海关注册登记的对外签订并执行进出口贸易合同的中国境内法人、其他组织或个人的名称及海关注册编码。

特殊情况下填制要求如下：

（一）进出口货物合同的签订者和执行者非同一企业的，填报执行合同的企业。

（二）外商投资企业委托进出口企业进口投资设备、物品的，填报外商投资企业，并在标记唛码及备注栏注明“委托某进出口企业进口”。

（三）有代理报关资格的报关企业代理其他进出口企业办理进出口报关手续时，填报委托的进出口企业的名称及海关注册编码。

九、收货单位/发货单位

（一）收货单位填报已知的进口货物在境内的最终消费、使用单位的名称，包括：

1. 自行从境外进口货物的单位。

2. 委托进出口企业进口货物的单位。

（二）发货单位填报出口货物在境内的生产或销售单位的名称，包括：

1. 自行出口货物的单位。

2. 委托进出口企业出口货物的单位。

（三）收、发货单位已在海关注册登记的，本栏目应填报其中文名称及海关注册编码；未在海关注册登记的，本栏目应填报其中文名称及组织机构代码；未在海关注册登记且没有组织机构代码的，本栏目应填报 NO。使用《加工贸易手册》管理的货物，报关单的收发货单位应与《加工贸易手册》的经营企业或加工企业一致；减免税货物报关单的收发货单位应与《征免税证明》的申请单位一致。

十、申报单位

自理报关的，本栏目填报进出口企业的名称及海关注册编码；委托代理报关的，本栏目填报经海关批准的报关企业名称及海关注册编码。

本栏目还包括报关单左下方用于填报申报单位有关情况的相关栏目，包括报关员、报关单位地址、邮政编码和电话号码等栏目。

十一、运输方式

运输方式包括实际运输方式和海关规定的特殊运输方式，前者指货物实际进出境的运输方式，按进出境所使用的运输工具分类；后者指货物无实际进出境的运输方式，按货物在境内的流向分类。

本栏目应根据货物实际进出境的运输方式或货物在境内流向的类别，按照海关规定的《运输方式代码表》选择填报相应的运输方式。

（一）特殊情况填报要求如下：

1. 非邮件方式进出境的快递货物，按实际运输方式填报；

2. 进出境旅客随身携带的货物，按旅客所乘运输工具填报；

3. 进口转关运输货物，按载运货物抵达进境地的运输工具填报；出口转关运输货物，按载运货物驶离出境地的运输工具填报；

4. 不复运出（入）境而留在境内（外）销售的进出境展览品、留赠转卖物品等，填报“其他运输”（代码 9）。

（二）无实际进出境货物在境内流转时填报要求如下：

1. 境内非保税区运入保税区货物和保税区退区货物，填报“非保税区”（代码0）；

2. 保税区运往境内非保税区货物，填报“保税区”（代码7）；

3. 境内存入出口监管仓库和出口监管仓库退仓货物，填报“监管仓库”（代码1）；

4. 保税仓库转内销货物，填报“保税仓库”（代码8）；

5. 从境内保税物流中心外运入中心或从中心运往境内中心外的货物，填报“物流中心”（代码W）；

6. 从境内保税物流园区外运入园区或从园区运往境内园区外的货物，填报“物流园区”（代码X）；

7. 从境内保税港区外运入港区（不含直通）或从港区运往境内港区外（不含直通）的货物，填报“保税港区”（代码Y），综合保税区比照保税港区填报；

8. 从境内出口加工区、珠澳跨境工业区珠海园区（以下简称珠海园区）外运入加工区、珠海园区或从加工区、珠海园区运往境内区外的货物，区外企业填报“出口加工区”（代码Z），区内企业填报“其他运输”（代码9）；

9. 境内运入深港西部通道港方口岸区的货物，填报“边境特殊海关作业区”（代码H）；

10. 其他境内流转货物，填报“其他运输”（代码9），包括特殊监管区域内货物之间的流转、调拨货物，特殊监管区域、保税监管场所之间相互流转货物，特殊监管区域外的加工贸易余料结转、深加工结转、内销等货物。

十二、运输工具名称

本栏目填报载运货物进出境的运输工具名称或编号。填报内容应与运输部门向海关申报的舱单（载货清单）所列相应内容一致。具体填报要求如下：

（一）直接在进出境地或采用“属地申报，口岸验放”通关模式办理报关手续的报关单填报要求如下：

1. 水路运输：填报船舶编号（来往港澳小型船舶为监管簿编号）或者船舶英文名称。

2. 公路运输：填报该跨境运输车辆的国内行驶车牌号，深圳提前报关模式的报关单填报国内行驶车牌号+“/”+“提前报关”。

3. 铁路运输：填报车厢编号或交接单号。

4. 航空运输：填报航班号。

5. 邮件运输：填报邮政包裹单号。

6. 其他运输：填报具体运输方式名称，例如：管道、驮畜等。

（二）转关运输货物的报关单填报要求如下：

1. 进口

（1）水路运输：直转、提前报关填报“@”+16位转关申报单预录入号（或13位载货清单号）；中转填报进境英文船名。

（2）铁路运输：直转、提前报关填报“@”+16位转关申报单预录入号；中转填报车厢编号。

（3）航空运输：直转、提前报关填报“@”+16位转关申报单预录入号（或13位载货清单号）；中转填报“@”。

（4）公路及其他运输：填报“@”+16位转关申报单预录入号（或13位载货清单号）。

（5）以上各种运输方式使用广东地区载货清单转关的提前报关货物填报“@”+13位载货清单号。

2. 出口

（1）水路运输：非中转填报“@”+16位转关申报单预录入号（或13位载货清单号）。如多张报关单需要通过一张转关单转关的，运输工具名称字段填报“@”。

中转货物，境内水路运输填报驳船船名；境内铁路运输填报车名（主管海关4位关别代码+“TRAIN”）；境内公路运输填报车名（主管海关4位关别代码+“TRUCK”）。

（2）铁路运输：填报“@”+16位转关申报单预录入号（或13位载

货清单号），如多张报关单需要通过一张转关单转关的，填报“@”。

（3）航空运输：填报“@”+16位转关申报单预录入号（或13位载货清单号），如多张报关单需要通过一张转关单转关的，填报“@”。

（4）其他运输方式：填报“@”+16位转关申报单预录入号（或13位载货清单号）。

（三）采用“集中申报”通关方式办理报关手续的，报关单本栏目填报“集中申报”。

（四）无实际进出境的报关单，本栏目免予填报。

十三、航次号

本栏目填报载运货物进出境的运输工具的航次编号。

具体填报要求如下：

（一）直接在进出境地或采用“属地申报，口岸验放”通关模式办理报关手续的报关单

1. 水路运输：填报船舶的航次号。

2. 公路运输：填报运输车辆的8位进出境日期〔顺序为年（4位）、月（2位）、日（2位），下同〕。

3. 铁路运输：填报列车的进出境日期。

4. 航空运输：免予填报。

5. 邮件运输：填报运输工具的进出境日期。

6. 其他运输方式：免予填报。

（二）转关运输货物的报关单

1. 进口

（1）水路运输：中转转关方式填报“@”+进境干线船舶航次。直转、提前报关免予填报。

（2）公路运输：免予填报。

（3）铁路运输：“@”+8位进境日期。

（4）航空运输：免予填报。

（5）其他运输方式：免予填报。

2．出口

（1）水路运输：非中转货物免予填报。中转货物：境内水路运输填报驳船航次号；境内铁路、公路运输填报6位启运日期〔顺序为年（2位）、月（2位）、日（2位）〕。

（2）铁路拼车拼箱捆绑出口：免予填报。

（3）航空运输：免予填报。

（4）其他运输方式：免予填报。

（三）无实际进出境的报关单，本栏目免予填报。

十四、提运单号

本栏目填报进出口货物提单或运单的编号。

一份报关单只允许填报一个提单或运单号，一票货物对应多个提单或运单时，应分单填报。

具体填报要求如下：

（一）直接在进出境地或采用“属地申报，口岸验放”通关模式办理报关手续的

1．水路运输：填报进出口提单号。如有分提单的，填报进出口提单号＋“*”＋分提单号。

2．公路运输：免予填报。

3．铁路运输：填报运单号。

4．航空运输：填报总运单号＋“_”＋分运单号，无分运单的填报总运单号。

5．邮件运输：填报邮运包裹单号。

（二）转关运输货物的报关单

1．进口

（1）水路运输：直转、中转填报提单号。提前报关免予填报。

（2）铁路运输：直转、中转填报铁路运单号。提前报关免予填报。

（3）航空运输：直转、中转货物填报总运单号＋“_”＋分运单号。提前报关免予填报。

（4）其他运输方式：免予填报。

（5）以上运输方式进境货物，在广东省内用公路运输转关的，填报车牌号。

2. 出口

（1）水路运输：中转货物填报提单号；非中转货物免予填报；广东省内汽车运输提前报关的转关货物，填报承运车辆的车牌号。

（2）其他运输方式：免予填报。广东省内汽车运输提前报关的转关货物，填报承运车辆的车牌号。

（三）采用“集中申报”通关方式办理报关手续的，报关单填报归并的集中申报清单的进出口起止日期〔按年（4位）月（2位）日（2位）年（4位）月（2位）日（2位）〕。

（四）无实际进出境的，本栏目免予填报。

十五、贸易方式（监管方式）

本栏目应根据实际对外贸易情况按海关规定的《监管方式代码表》选择填报相应的监管方式简称及代码。一份报关单只允许填报一种监管方式。

特殊情况下加工贸易货物监管方式填报要求如下：

（一）进口少量低值辅料（即5000美元以下，78种以内的低值辅料）按规定不使用《加工贸易手册》的，填报“低值辅料”。使用《加工贸易手册》的，按《加工贸易手册》上的监管方式填报。

（二）外商投资企业为加工内销产品而进口的料件，属非保税加工的，填报“一般贸易”。

外商投资企业全部使用国内料件加工的出口成品，填报“一般贸易”。

（三）加工贸易料件结转或深加工结转货物，按批准的监管方式填报。

（四）加工贸易料件转内销货物以及按料件办理进口手续的转内销制成品、残次品、半成品，应填制进口报关单，填报“来料料件内销”或“进料料件内销”；加工贸易成品凭《征免税证明》转为减免税进口货物的，应分别填制进、出口报关单，出口报关单本栏目填报“来料成品减免”或“进料成品减免”，进口报关单本栏目按照实际监管方式填报。

（五）加工贸易出口成品因故退运进口及复运出口的，填报“来料成品退换”或“进料成品退换”；加工贸易进口料件因换料退运出口及复运进口的，填报“来料料件退换”或“进料料件退换”；加工贸易过程中产生的剩余料件、边角料退运出口，以及进口料件因品质、规格等原因退运出口且不再更换同类货物进口的，分别填报“来料料件复出”、“来料边角料复出”、“进料料件复出”、“进料边角料复出”。

（六）备料《加工贸易手册》中的料件结转转入加工出口《加工贸易手册》的，填报“来料加工”或“进料加工”。

（七）保税工厂加工贸易进出口货物，根据《加工贸易手册》填报“来料加工”或“进料加工”。

（八）加工贸易边角料内销和副产品内销，应填制进口报关单，填报“来料边角料内销”或“进料边角料内销”。

（九）加工贸易进口料件不再用于加工成品出口，或生产的半成品（折料）、成品因故不再出口，主动放弃交由海关处理时，应填制进口报关单，填报“料件放弃”或“成品放弃”。

十六、征免性质

本栏目应根据实际情况按海关规定的《征免性质代码表》选择填报相应的征免性质简称及代码，持有海关核发的《征免税证明》的，应按照《征免税证明》中批注的征免性质填报。一份报关单只允许填报一种征免性质。

加工贸易货物报关单应按照海关核发的《加工贸易手册》中批注的征免性质简称及代码填报。特殊情况填报要求如下：

（一）保税工厂经营的加工贸易，根据《加工贸易手册》填报“进料加工”或“来料加工”。

（二）外商投资企业为加工内销产品而进口的料件，属非保税加工的，填报“一般征税”或其他相应征免性质。

（三）加工贸易转内销货物，按实际情况填报（如一般征税、科教用品、其他法定等）。

（四）料件退运出口、成品退运进口货物填报“其他法定”（代码0299）。

（五）加工贸易结转货物，本栏目免予填报。

十七、征税比例/结汇方式

进口报关单本栏目免予填报。

出口报关单填报结汇方式，按海关规定的《结汇方式代码表》选择填报相应的结汇方式名称或代码。

十八、许可证号

本栏目填报以下许可证的编号：进（出）口许可证、两用物项和技术进（出）口许可证、两用物项和技术出口许可证（定向）、纺织品临时出口许可证、出口许可证（加工贸易）、出口许可证（边境小额贸易）。

一份报关单只允许填报一个许可证号。

十九、启运国（地区）/运抵国（地区）

启运国（地区）填报进口货物启始发出直接运抵我国或者在运输中转国（地）未发生任何商业性交易的情况下运抵我国的国家（地区）。

运抵国（地区）填报出口货物离开我国关境直接运抵或者在运输中转国（地区）未发生任何商业性交易的情况下最后运抵的国家（地区）。

不经过第三国（地区）转运的直接运输进出口货物，以进口货物的装货港所在国（地区）为启运国（地区），以出口货物的指运港所在国（地区）为运抵国（地区）。

经过第三国（地区）转运的进出口货物，如在中转国（地区）发生商业性交易，则以中转国（地区）作为启运/运抵国（地区）。

本栏目应按海关规定的《国别（地区）代码表》选择填报相应的启运

国（地区）或运抵国（地区）中文名称及代码。

无实际进出境的，填报“中国”（代码 142）。

二十、装货港/指运港

装货港填报进口货物在运抵我国关境前的最后一个境外装运港。

指运港填报出口货物运往境外的最终目的港；最终目的港不可预知的，按尽可能预知的目的港填报。

本栏目应根据实际情况按海关规定的《港口航线代码表》选择填报相应的港口中文名称及代码。装货港/指运港在《港口航线代码表》中无港口中文名称及代码的，可选择填报相应的国家中文名称或代码。

无实际进出境的，本栏目填报“中国境内”（代码 142）。

二十一、境内目的地/境内货源地

境内目的地填报已知的进口货物在国内的消费、使用地或最终运抵地，其中最终运抵地为最终使用单位所在的地区。最终使用单位难以确定的，填报货物进口时预知的最终收货单位所在地。

境内货源地填报出口货物在国内的产地或原始发货地。出口货物产地难以确定的，填报最早发运该出口货物的单位所在地。

本栏目按海关规定的《国内地区代码表》选择填报相应的国内地区名称及代码。

二十二、批准文号

进口报关单中本栏目免予填报。

出口报关单中本栏目填报出口收汇核销单编号。

二十三、成交方式

本栏目应根据进出口货物实际成交价格条款，按海关规定的《成交方式代码表》选择填报相应的成交方式代码。

无实际进出境的报关单，进口填报 CIF，出口填报 FOB。

二十四、运费

本栏目填报进口货物运抵我国境内输入地点起卸前的运输费用，出口货物运至我国境内输出地点装载后的运输费用。进口货物成交价格包含前述运输费用或者出口货物成交价格不包含前述运输费用的，本栏目免予填报。

运费可按运费单价、总价或运费率三种方式之一填报，注明运费标记（运费标记“1”表示运费率，“2”表示每吨货物的运费单价，“3”表示运费总价），并按海关规定的《货币代码表》选择填报相应的币种代码。

运保费合并计算的，填报在本栏目。

二十五、保费

本栏目填报进口货物运抵我国境内输入地点起卸前的保险费用，出口货物运至我国境内输出地点装载后的保险费用。进口货物成交价格包含前述保险费用或者出口货物成交价格不包含前述保险费用的，本栏目免予填报。

保费可按保险费总价或保险费率两种方式之一填报，注明保险费标记（保险费标记“1”表示保险费率，“3”表示保险费总价），并按海关规定的《货币代码表》选择填报相应的币种代码。

运保费合并计算的，本栏目免予填报。

二十六、杂费

本栏目填报成交价格以外的、按照《中华人民共和国进出口关税条例》相关规定应计入完税价格或应从完税价格中扣除的费用。可按杂费总价或杂费率两种方式之一填报，注明杂费标记（杂费标记“1”表示杂费率，“3”表示杂费总价），并按海关规定的《货币代码表》选择填报相应的币种代码。

应计入完税价格的杂费填报为正值或正率，应从完税价格中扣除的杂费填报为负值或负率。

二十七、件数

本栏目填报有外包装的进出口货物的实际件数。特殊情况填报要求如下：

（一）舱单件数为集装箱的，填报集装箱个数。

（二）舱单件数为托盘的，填报托盘数。

本栏目不得填报为零，裸装货物填报为“1”。

二十八、包装种类

本栏目应根据进出口货物的实际外包装种类，按海关规定的《包装种类代码表》选择填报相应的包装种类代码。

二十九、毛重（千克）

本栏目填报进出口货物及其包装材料的重量之和，计量单位为千克，不足一千克的填报为“1”。

三十、净重（千克）

本栏目填报进出口货物的毛重减去外包装材料后的重量，即货物本身的实际重量，计量单位为千克，不足一千克的填报为“1”。

三十一、集装箱号

本栏目填报装载进出口货物（包括拼箱货物）集装箱的箱体信息。一个集装箱填一条记录，分别填报集装箱号（在集装箱箱体上标示的全球唯一编号）、集装箱的规格和集装箱的自重。非集装箱货物填报为“0”。

三十二、随附单证

本栏目根据海关规定的《监管证件代码表》选择填报除本规范第十八条规定的许可证件以外的其他进出口许可证件或监管证件代码及编号。

本栏目分为随附单证代码和随附单证编号两栏，其中代码栏应按海关规定的《监管证件代码表》选择填报相应证件代码；编号栏应填报证件编号。

（一）加工贸易内销征税报关单，随附单证代码栏填写“c”，随附单证编号栏填写海关审核通过的内销征税联系单号。

（二）含预归类商品报关单，随附单证代码项下填写“r”，随附单证编号项下填写××关预归类书××号。

（三）优惠贸易协定项下进出口货物

“Y”为原产地证书代码。优惠贸易协定代码选择“01”、“02”、“03”、“04”、“05”、“06”、“07”、“08”、“09”填报：

“01”为“亚太贸易协定”项下的进口货物；

“02”为“中国－东盟自贸区”项下的进口货物；

“03”为“内地与香港紧密经贸关系安排”（香港CEPA）项下的进口货物；

“04” 为 “内地与澳门紧密经贸关系安排”（澳门 CEPA）项下的进口货物；

“05” 为 “对非洲特惠待遇” 项下的进口货物；

“06” 为 “台湾农产品零关税措施” 项下的进口货物；

“07” 为 “中巴自贸区” 项下的进口货物；

“08” 为 “中智自贸区” 项下的进口货物；

“09” 为 “对也门等国特惠待遇” 项下的进口货物。

具体填报要求如下：

1. 实行原产地证书联网管理的，随附单证代码栏填写 “Y”，随附单证编号栏的 “< >” 内填写优惠贸易协定代码。例如香港 CEPA 项下进口商品，应填报为：“Y” 和 “<03>”。一票进口货物中如涉及多份原产地证书或含有非原产地证书商品，应分单填报。

2. 未实行原产地证书联网管理的，随附单证代码栏填写 “Y”，随附单证编号栏 “< >” 内填写优惠贸易协定代码 + “:” + 需证商品序号。例如《亚太贸易协定》项下进口报关单中第 1 到第 3 项和第 5 项为优惠贸易协定项下商品，应填报为：“<01：1-3，5>”。

优惠贸易协定项下出口货物，本栏目填报原产地证书代码和编号。

三十三、用途/生产厂家

进口货物本栏目填报用途，应根据进口货物的实际用途按海关规定的《用途代码表》选择填报相应的用途代码。

出口货物本栏目填报其境内生产企业。

三十四、标记唛码及备注

本栏目填报要求如下：

（一）标记唛码中除图形以外的文字、数字。

（二）受外商投资企业委托代理其进口投资设备、物品的进出口企业名称。

（三）与本报关单有关联关系的，同时在业务管理规范方面又要求填报的备案号，填报在电子数据报关单中“关联备案”栏。

加工贸易结转货物及凭《征免税证明》转内销货物，其对应的备案号应填报在“关联备案”栏。

减免税货物结转进口（转入），报关单“关联备案”栏应填写本次减免税货物结转所申请的《减免税进口货物结转联系函》的编号。

减免税货物结转出口（转出），报关单“关联备案”栏应填写与其相对应的进口（转入）报关单“备案号”栏中《征免税证明》的编号。

（四）与本报关单有关联关系的，同时在业务管理规范方面又要求填报的报关单号，填报在电子数据报关单中“关联报关单”栏。

加工贸易结转类的报关单，应先办理进口报关，并将进口报关单号填入出口报关单的“关联报关单”栏。

办理进口货物直接退运手续的，除另有规定外，应当先填写出口报关单，再填写进口报关单，并将出口报关单号填入进口报关单的“关联报关单”栏。

减免税货物结转出口（转出），应先办理进口报关，并将进口（转入）报关单号填入出口（转出）报关单的“关联报关单”栏。

（五）办理进口货物直接退运手续的，本栏目填报《准予直接退运决定书》或者《责令直接退运通知书》编号。

（六）申报时其他必须说明的事项填报在本栏目。

三十五、项号

本栏目分两行填报及打印。第一行填报报关单中的商品顺序编号；第二行专用于加工贸易、减免税等已备案、审批的货物，填报和打印该项货物在《加工贸易手册》或《征免税证明》等备案、审批单证中的顺序编号。

优惠贸易协定项下实行原产地证书联网管理的报关单，第一行填报报关单中的商品顺序编号，第二行填报该项商品对应的原产地证书上的商品项号。

加工贸易项下进出口货物的报关单，第一行填报报关单中的商品顺序编号，第二行填报该项商品在《加工贸易手册》中的商品项号，用于核销对应项号下的料件或成品数量。其中第二行特殊情况填报要求如下：

（一）深加工结转货物，分别按照《加工贸易手册》中的进口料件项号和出口成品项号填报。

（二）料件结转货物（包括料件、制成品和半成品折料），出口报关单按照转出《加工贸易手册》中进口料件的项号填报；进口报关单按照转进《加工贸易手册》中进口料件的项号填报。

（三）料件复出货物（包括料件、边角料、来料加工半成品折料），出口报关单按照《加工贸易手册》中进口料件的项号填报；如边角料对应一个以上料件项号时，填报主要料件项号。料件退换货物（包括料件、不包括半成品），进出口报关单按照《加工贸易手册》中进口料件的项号填报。

（四）成品退换货物，退运进境报关单和复运出境报关单按照《加工贸易手册》原出口成品的项号填报。

（五）加工贸易料件转内销货物（以及按料件办理进口手续的转内销制成品、半成品、残次品）应填制进口报关单，填报《加工贸易手册》进口料件的项号；加工贸易边角料、副产品内销，填报《加工贸易手册》中对应的进口料件项号。如边角料或副产品对应一个以上料件项号时，填报主要料件项号。

（六）加工贸易成品凭《征免税证明》转为减免税货物进口的，应先办理进口报关手续。进口报关单填报《征免税证明》中的项号，出口报关单填报《加工贸易手册》原出口成品项号，进、出口报关单货物数量应一致。

（七）加工贸易料件放弃或成品放弃，本栏目应填报《加工贸易手册》中的进口料件或出口成品项号。半成品放弃的应按单耗折回料件，以料件放弃申报，本栏目填报《加工贸易手册》中对应的进口料件项号。

（八）加工贸易副产品退运出口、结转出口或放弃，本栏目应填报《加工贸易手册》中新增的变更副产品的出口项号。

（九）经海关批准实行加工贸易联网监管的企业，按海关联网监管要求，企业需申报报关清单的，应在向海关申报进出口（包括形式进出口）

报关单前，向海关申报“清单”。一份报关清单对应一份报关单，报关单上的商品由报关清单归并而得。加工贸易电子账册报关单中项号、品名、规格等栏目的填制规范比照《加工贸易手册》。

三十六、商品编号

本栏目应填报由《中华人民共和国进出口税则》确定的进出口货物的税则号列和《中华人民共和国海关统计商品目录》确定的商品编码，以及符合海关监管要求的附加编号组成的10位商品编号。

三十七、商品名称、规格型号

本栏目分两行填报及打印。第一行填报进出口货物规范的中文商品名称，第二行填报规格型号。

具体填报要求如下：

（一）商品名称及规格型号应据实填报，并与进出口货物收发货人或受委托的报关企业所提交的合同、发票等相关单证相符。

（二）商品名称应当规范，规格型号应当足够详细，以能满足海关归类、审价及许可证件管理要求为准，可参照《中华人民共和国海关进出口商品规范申报目录》中对商品名称、规格型号的要求进行填报。

（三）加工贸易等已备案的货物，填报的内容必须与备案登记中同项号下货物的商品名称一致。

（四）对需要海关签发《货物进口证明书》的车辆，商品名称栏应填报“车辆品牌+排气量（注明cc）+车型（如越野车、小轿车等）”。进口汽车底盘不填报排气量。车辆品牌应按照《进口机动车辆制造厂名称和车辆品牌中英文对照表》中“签注名称”一栏的要求填报。规格型号栏可填报“汽油型”等。

（五）由同一运输工具同时运抵同一口岸并且属于同一收货人、使用同一提单的多种进口货物，按照商品归类规则应当归入同一商品编号的，应当将有关商品一并归入该商品编号。商品名称填报一并归类后的商品名称；规格型号填报一并归类后商品的规格型号。

（六）加工贸易边角料和副产品内销，边角料复出口，本栏目填报其报验状态的名称和规格型号。

（七）进口货物收货人以一般贸易方式申报进口属于《需要详细列名申报的汽车零部件清单》（海关总署2006年第64号公告）范围内的汽车生产件的，应按以下要求填报：

1．商品名称填报进口汽车零部件的详细中文商品名称和品牌，中文商品名称与品牌之间用“/”相隔，必要时加注英文商业名称；进口的成套散件或者毛坯件应在品牌后加注“成套散件”、“毛坯”等字样，并与品牌之间用“/”相隔。

2．规格型号填报汽车零部件的完整编号。在零部件编号前应当加注“S”字样，并与零部件编号之间用“/”相隔，零部件编号之后应当依次加注该零部件适用的汽车品牌和车型。

汽车零部件属于可以适用于多种汽车车型的通用零部件的，零部件编号后应当加注“TY”字样，并用“/”与零部件编号相隔。

与进口汽车零部件规格型号相关的其他需要申报的要素，或者海关规定的其他需要申报的要素，如“功率”、“排气量”等，应当在车型或“TY”之后填报，并用“/”与之相隔。

汽车零部件报验状态是成套散件的，应当在“标记唛码及备注”栏内填报该成套散件装配后的最终完整品的零部件编号。

（八）进口货物收货人以一般贸易方式申报进口属于《需要详细列名申报的汽车零部件清单》（海关总署2006年第64号公告）范围内的汽车维修件的，填报规格型号时，应当在零部件编号前加注“W”，并与零部件编号之间用“/”相隔；进口维修件的品牌与该零部件适用的整车厂牌不一致的，应当在零部件编号前加注“WF”，并与零部件编号之间用“/”相隔。其余申报要求同上条执行。

三十八、数量及单位

本栏目分三行填报及打印。

（一）第一行应按进出口货物的法定第一计量单位填报数量及单位，法定计量单位以《中华人民共和国海关统计商品目录》中的计量单位为准。

（二）凡列明有法定第二计量单位的，应在第二行按照法定第二计量单位填报数量及单位。无法定第二计量单位的，本栏目第二行为空。

（三）成交计量单位及数量应填报并打印在第三行。

（四）法定计量单位为“千克”的数量填报，特殊情况下填报要求如下：

1. 装入可重复使用的包装容器的货物，应按货物扣除包装容器后的重量填报，如罐装同位素、罐装氧气及类似品等。

2. 使用不可分割包装材料和包装容器的货物，按货物的净重填报（即包括内层直接包装的净重重量），如采用供零售包装的罐头、化妆品、药品及类似品等。

3. 按照商业惯例以公量重计价的商品，应按公量重填报，如未脱脂羊毛、羊毛条等。

4. 采用以毛重作为净重计价的货物，可按毛重填报，如粮食、饲料等大宗散装货物。

5. 采用零售包装的酒类、饮料，按照液体部分的重量填报。

（五）成套设备、减免税货物如需分批进口，货物实际进口时，应按照实际报验状态确定数量。

（六）根据《商品名称及编码协调制度》归类规则，零部件按整机或成品归类的进出口商品，其对应《中华人民共和国海关统计商品目录》中的法定计量单位为非重量的，应按报验状态申报法定数量。

（七）具有完整品或制成品基本特征的不完整品、未制成品，根据《商品名称及编码协调制度》归类规则应按完整品归类的，按照构成完整品的实际数量填报。

（八）加工贸易等已备案的货物，成交计量单位必须与《加工贸易手册》中同项号下货物的计量单位一致，加工贸易边角料和副产品内销、边角料复出口，本栏目填报其报验状态的计量单位。

（九）优惠贸易协定项下进出口商品的成交计量单位必须与原产地证

书上对应商品的计量单位一致。

（十）法定计量单位为立方米的气体货物，应折算成标准状况（即摄氏零度及1个标准大气压）下的体积进行填报。

三十九、原产国（地区）/最终目的国（地区）

原产国（地区）应依据《中华人民共和国进出口货物原产地条例》、《中华人民共和国海关关于执行〈非优惠原产地规则中实质性改变标准〉的规定》以及海关总署关于各项优惠贸易协定原产地管理规章规定的原产地确定标准填报。同一批进口货物的原产地不同的，应分别填报原产国（地区）。进口货物原产国（地区）无法确定的，填报“国别不详”（代码701）。

最终目的国（地区）填报已知的出口货物的最终实际消费、使用或进一步加工制造国家（地区）。不经过第三国（地区）转运的直接运输货物，以运抵国（地区）为最终目的国（地区）；经过第三国（地区）转运的货物，以最后运往国（地区）为最终目的国（地区）。同一批出口货物的最终目的国（地区）不同的，应分别填报最终目的国（地区）。出口货物不能确定最终目的国（地区）时，以尽可能预知的最后运往国（地区）为最终目的国（地区）。

本栏目应按海关规定的《国别（地区）代码表》选择填报相应的国家（地区）名称及代码。

四十、单价

本栏目填报同一项号下进出口货物实际成交的商品单位价格。无实际成交价格的，本栏目填报单位货值。

四十一、总价

本栏目填报同一项号下进出口货物实际成交的商品总价格。无实际成交价格的，本栏目填报货值。

四十二、币制

本栏目应按海关规定的《货币代码表》选择相应的货币名称及代码填报，如《货币代码表》中无实际成交币种，需将实际成交货币按申报日外汇折算率折算成《货币代码表》列明的货币填报。

四十三、征免

本栏目应按照海关核发的《征免税证明》或有关政策规定，对报关单所列每项商品选择海关规定的《征减免税方式代码表》中相应的征减免税方式填报。

加工贸易货物报关单应根据《加工贸易手册》中备案的征免规定填报；《加工贸易手册》中备案的征免规定为“保金”或“保函”的，应填报“全免”。

四十四、税费征收情况

本栏目供海关批注进（出）口货物税费征收及减免情况。

四十五、录入员

本栏目用于记录预录入操作人员的姓名。

四十六、录入单位

本栏目用于记录预录入单位名称。

四十七、填制日期

本栏目填报申报单位填制报关单的日期。本栏目为8位数字，顺序为年（4位）、月（2位）、日（2位）。

四十八、海关审单批注及放行日期（签章）

本栏目供海关作业时签注。

本规范所述尖括号（< >）、逗号（,）、连接符（-）、冒号（:）等标点符号及数字，填报时都必须使用非中文状态下的半角字符。

相关用语的含义：

报关单录入凭单：指申报单位按报关单的格式填写的凭单，用作报关单预录入的依据。该凭单的编号规则由申报单位自行决定。

预录入报关单：指预录入单位按照申报单位填写的报关单凭单录入、打印由申报单位向海关申报，海关尚未接受申报的报关单。

报关单证明联：指海关在核实货物实际进出境后按报关单格式提供的，用作进出口货物收发货人向国税、外汇管理部门办理退税和外汇核销手续的证明文件。

附件二　中国电子口岸数据中心各分中心客服热线

序号	分中心	客服热线电话	备注
1	北京	010－85736363	
2	天津	022－84201926	
3	太原	0351－7119002/7119003	
4	石家庄	0311－87869400/87869401	
5	呼和浩特	0471－6982951/6982807	
6	满洲里	0470－2299090	
7	大连	0411－95198	
8	沈阳	024－22721753	
9	长春	0431－84601888	
10	哈尔滨	0451－82381717	
11	上海	021－962116	
12	南京	025－9688888	
13	杭州	0571－95198	
14	宁波	0574－89099000	
15	合肥	0551－3549342/3549343	
16	福州	0591－87082323	
17	厦门	0592－5653395	
18	南昌	0791－86307435/86307434	
19	青岛	0532－82955188	
20	郑州	0371－65599515	
21	武汉	027－82768383	
22	长沙	0731－84781358（含制卡）	

附件二续1

序号	分 中 心	客服热线电话	备注
23	广　　州	020－83939000	
24	深　　圳	0755－88295198	
25	拱　　北	0756－8125566（珠海） 0760－88666561（中山）	
26	汕　　头	0754－88179853（含制卡）	13889955604 （联网企业热线）
27	黄　　埔	020－82130013	
28	江　　门	010－95198	
29	湛　　江	0759－3251071	
30	南　　宁	0771－5368304/5368324	
31	海　　口	0898－66285058	
32	重　　庆	023－67709530	
33	成　　都	028－85390333	
34	贵　　阳	0851－5786091	
35	昆　　明	0871－3016523	
36	拉　　萨	0891－95198	
37	西　　安	029－83196201	
38	兰　　州	0931－7705234	
39	西　　宁	0971－8866400	
40	银　　川	0951－5679148	
41	乌鲁木齐	0991－3627333	

书目介绍

乐 贸 系 列

书名	作者	定价	书号	出版时间
外贸职场高手系列				
1. 外贸菜鸟成长记(0～3岁)	何嘉美	35.00元	978-7-5175-0070-4	2015年6月第1版
2. JAC外贸工具书——JAC和他的外贸故事	JAC	45.00元	978-7-5175-0053-7	2015年7月第1版
外贸操作实务子系列				
1. 实用外贸技巧助你轻松拿订单(第二版)	王陶(波锅涅)	30.00元	978-7-5175-0072-8	2015年7月第2版
2. 外贸全流程攻略——进出口经理跟单手记	温伟雄	33.00元	978-7-5175-0015-5	2014年5月第1版
3. 出口营销实战(第三版)	黄泰山	45.00元	978-7-80165-932-3	2013年1月第3版
4. 外贸实务疑难解惑220例	张浩清	38.00元	978-7-80165-853-1	2012年1月第1版
5. 外贸高手客户成交技巧	毅 冰	35.00元	978-7-80165-841-8	2012年1月第1版
6. 报检七日通	徐荣才 朱瑾瑜	22.00元	978-7-80165-715-2	2010年8月第1版
7. 外贸业务经理人手册(第2版)	陈文培	39.00元	978-7-80165-671-1	2010年1月第1版
8. 外贸会计实务精要	疏 影	28.00元	978-7-80165-633-9	2009年5月第1版
9. 外贸实用工具手册	本书编委会	32.00元	978-7-80165-558-5	2009年1月第1版
10. 外贸七日通(最新修订版)	黄海涛(深海鱿鱼)	22.00元	978-7-80165-397-0	2008年8月第3版
11. 金牌外贸业务员找客户——17种方法·案例·评析	陈念祥 张思羽	35.00元	978-7-80165-543-1	2008年8月第2版
12. 出口营销策略(《出口营销实战》升级版)	黄泰山 冯斌	35.00元	978-7-80165-459-5	2008年5月第1版
13. 进口实务操作指南——步骤·实例·经验技巧	中国进口网	55.00元	978-7-80165-493-9	2008年5月第1版
出口风险管理子系列				
1. 轻松应对出口法律风险	韩宝庆	39.80元	978-7-80165-822-7	2011年9月第1版
2. 出口风险管理实务(第二版)	冯 斌	48.00元	978-7-80165-725-1	2010年4月第2版
3. 50种出口风险防范	王新华 陈丹凤	35.00元	978-7-80165-647-6	2009年8月第1版

书名	作者	定价	书号	出版时间

外贸单证操作子系列

1. 跟单信用证一本通	何源	35.00元	978-7-80165-849-4	2012年1月第1版
2. 信用证审单有问有答280例	李一平　徐珺	37.00元	978-7-80165-761-9	2010年8月第1版
3. 外贸单证经理的成长日记	曹顺祥	38.00元	978-7-80165-716-9	2010年3月第1版
4. 外贸单证解惑280例	龚玉和　齐朝阳	38.00元	978-7-80165-638-4	2009年7月第1版
5. 信用证6小时教程	黄海涛（深海鱿鱼）	25.00元	978-7-80165-624-7	2009年4月第2版
6. 跟单高手教你做跟单	汪　德	32.00元	978-7-80165-623-0	2009年4月第1版

福步外贸高手子系列

1. 巧用外贸邮件拿订单	刘　裕	45.00元	978-7-80165-966-8	2013年8月第1版
2. 小小开发信　订单滚滚来——外贸开发信写作技巧及实用案例分析	薄如骢	26.00元	978-7-80165-551-6	2008年8月第1版
3. 外贸技巧与邮件实战	刘　云	28.00元	978-7-80165-536-3	2008年7月第1版

国际物流操作子系列

1. 货代高手教你做货代——优秀货代笔记（第二版）	何银星	33.00元	978-7-5175-0003-2	2014年2月第2版
2. 国际物流操作风险防范——技巧·案例分析	孙家庆	32.00元	978-7-80165-577-6	2009年4月第1版
3. 集装箱运输与海关监管	赵　宏	23.00元	978-7-80165-559-2	2009年1月第1版

通关实务子系列

1. 外贸企业轻松应对海关估价	熊　斌　赖　芸　王卫宁	35.00元	978-7-80165-895-1	2012年9月第1版
2. 报关实务一本通（第2版）	苏州工业园区海关	35.00元	978-7-80165-889-0	2012年8月第2版
3. 如何通过原产地证尽享关税优惠	南京出入境检验检疫局	50.00元	978-7-80165-614-8	2009年4月第3版
4. 海关进出口商品归类基础与训练	温朝柱	36.00元	978-7-80165-496-0	2009年1月第1版
5. 最新报关单填制实用辅导	盛新阳　彭飞	38.00元	978-7-80165-497-7	2008年10月第1版
6. 最新商品归类技巧	赵　宏	38.00元	978-7-80165-520-2	2008年9月第1版

书名	作者	定价	书号	出版时间

彻底搞懂子系列

1. 彻底搞懂信用证(第二版)	王腾　曹红波	35.00 元	978-7-80165-840-1	2011 年 11 月第 2 版
2. 彻底搞懂中国自由贸易区优惠	刘德标　祖月	34.00 元	978-7-80165-762-6	2010 年 8 月第 1 版
3. 彻底搞懂贸易术语	陈　岩	33.00 元	978-7-80165-719-0	2010 年 2 月第 1 版
4. 彻底搞懂海运航线	唐丽敏	25.00 元	978-7-80165-644-5	2009 年 7 月第 1 版
5. 彻底搞懂提单	张敏　赵通	29.80 元	978-7-80165-602-5	2009 年 6 月第 1 版
6. 彻底搞懂关税	孙金彦	29.00 元	978-7-80165-618-6	2009 年 6 月第 1 版

外贸英语实战子系列

1. 十天搞定外贸函电	毅　冰	38.00 元	978-7-80165-898-2	2012 年 10 月第 1 版
2. 外贸高手的口语秘籍	李　凤	35.00 元	978-7-80165-838-8	2012 年 2 月第 1 版
3. 外贸英语函电实战	梁金水	25.00 元	978-7-80165-705-3	2010 年 1 月第 1 版
4. 外贸英语口语一本通	刘新法	29.00 元	978-7-80165-537-0	2008 年 8 月第 1 版

外贸谈判子系列

1. 外贸英语谈判实战	王慧　吴旻　张海军　蒋晓杰　仲颖	32.00 元	978-7-80165-767-1	2010 年 9 月第 1 版
2. 外贸谈判策略与技巧	赵立民	26.00 元	978-7-80165-645-2	2009 年 7 月第 1 版

国际商务往来子系列

国际商务礼仪大讲堂	李嘉珊	26.00 元	978-7-80165-640-7	2009 年 12 月第 1 版

贸易展会子系列

外贸参展全攻略——如何有效参加 B2B 贸易商展(第二版)	钟景松	33.00 元	978-7-80165-779-4	2010 年 10 月第 2 版

区域市场开发子系列

中东市场开发实战	刘军　沈一强	28.00 元	978-7-80165-650-6	2009 年 9 月第 1 版

国际结算子系列

1. 国际结算函电实务	周红军　阎之大	40.00 元	978-7-80165-732-9	2010 年 5 月第 1 版
2. 出口商如何保障安全收汇——L/C、D/P、D/A、O/A 精讲	庄乐梅	85.00 元	978-7-80165-491-5	2008 年 5 月第 1 版

书名	作者	定价	书号	出版时间

国际贸易金融工具子系列

书名	作者	定价	书号	出版时间
1. 出口信用保险 ——操作流程与案例	中国出口信用保险公司	35.00元	978-7-80165-522-6	2008年5月第1版
2. 福费廷	周红军	26.00元	978-7-80165-451-9	2008年1月第1版

加工贸易操作子系列

书名	作者	定价	书号	出版时间
1. 加工贸易实务操作与技巧	熊　斌	35.00元	978-7-80165-809-8	2011年4月第1版
2. 加工贸易达人速成 ——操作案例与技巧	陈秋霞	28.00元	978-7-80165-891-3	2012年7月第1版

乐税子系列

书名	作者	定价	书号	出版时间
1. 外贸会计账务处理实务 ——经验·技巧分享	徐玉树	38.00元	978-7-80165-958-3	2013年8月第1版
2. 生产企业免抵退税实务 ——经验·技巧分享(第二版)	徐玉树	42.00元	978-7-80165-936-1	2013年2月第2版
3. 外贸企业出口退(免)税常见错误解析100例	周朝勇	49.80元	978-7-80165-933-0	2013年2月第1版
4. 生产企业出口退(免)税常见错误解析115例	周朝勇	49.80元	978-7-80165-901-9	2013年1月第1版

专业报告子系列

书名	作者	定价	书号	出版时间
1. 国际工程风险管理	张　燎	1980.00元	978-7-80165-708-4	2010年1月第1版

外贸企业管理子系列

书名	作者	定价	书号	出版时间
1. 小企业做大外贸的制胜法则——职业外贸经理人带队伍手记	胡伟锋	35.00元	978-7-5175-0071-1	2015年7月第1版
2. 小企业做大外贸的四项修炼	胡伟锋	26.00元	978-7-80165-673-5	2010年1月第1版

国际贸易金融子系列

书名	作者	定价	书号	出版时间
1. 国际贸易金融服务全程通(第二版)	郭党怀 张丽君　张贝	43.00元	978-7-80165-864-7	2012年1月第2版
2. 国际结算与贸易融资实务	李华根	42.00元	978-7-80165-847-0	2011年12月第1版

毅冰谈外贸子系列

书名	作者	定价	书号	出版时间
毅冰私房英语书 ——七天秀出外贸口语	毅　冰	35.00元	978-7-80165-965-1	2013年9月第1版

"关务通"品牌图书

书名	作者	定价	书号	出版时间
关务通·电子口岸系列				
1.《电子口岸实用功能(第二版)》	"关务通·电子口岸系列"编委会	46.00元	978-7-5175-0040-7	2014年11月第2版
2.《电子口岸实务操作与技巧——通关篇(第二版)》	"关务通·电子口岸系列"编委会	48.00元	978-7-5175-0037-7	2014年11月第2版
3.《电子口岸实务操作与技巧——加贸篇(第二版)》	"关务通·电子口岸系列"编委会	48.00元	978-7-5175-0035-3	2014年11月第2版
4.《电子口岸疑难解惑800例》	"关务通·电子口岸系列"编委会	48.00元	978-7-5175-0039-1	2014年11月第1版
关务通·加贸系列				
1.《<中华人民共和国海关审定内销保税货物完税价格办法>实用指南》	"关务通·加贸系列"编委会	80.00元	978-7-5175-0012-4	2014年6月第1版
2.《加工贸易及保税监管政策实务》	"关务通·加贸系列"编委会	70.00元	978-7-5175-0013-1	2014年6月第1版
3.《加工贸易典型案例启示录》	"关务通·加贸系列"编委会	60.00元	978-7-5175-0014-8	2014年6月第1版
4.《加工贸易实务操作与技巧》	"关务通·加贸系列"编委会	60.00元	978-7-80165-927-9	2013年3月第1版
5.《海关特殊监管区域和保税监管场所实务操作与技巧》	"关务通·加贸系列"编委会	60.00元	978-7-80165-926-2	2013年3月第1版
6.《加工贸易疑难解惑280例》	"关务通·加贸系列"编委会	60.00元	978-7-80165-928-6	2013年3月第1版
关务通·原产地系列				
1.《原产地实务操作与技巧》	"关务通·原产地系列"编委会	70.00元	978-7-80165-981-1	2013年10月第1版
2.《原产地疑难解惑470例》	"关务通·原产地系列"编委会	70.00元	978-7-80165-983-5	2013年10月第1版
3.《如何从原产地淘金》	"关务通·原产地系列"编委会	90.00元	978-7-80165-982-8	2013年10月第1版